Perry Schmidt-Leukel

Buddhismus verstehen

Geschichte und Ideenwelt
einer ungewöhnlichen Religion

Aus dem Englischen übersetzt
von Hans-Georg Türstig

Vom Verfasser bearbeitete, erweiterte
und autorisierte Ausgabe

Für Edda Brouwers
und Kim Lan Thai Thi,
die mich als Erste an die
Schätze des Buddhismus heranführten.

INHALT

Verzeichnis der Abbildungen ... 6
Liste der Abkürzungen ... 7
Vorwort zur deutschen Ausgabe ... 9
Vorwort zur englischen Ausgabe ... 12

Einführung ... 14

1 Buddhismus: Ein kurzer Überblick ... 21
2 Der religiöse Kontext des frühen Buddhismus ... 38
3 Siddhārtha Gautama, der Buddha ... 51
4 Der »eine Geschmack«: Befreiung ... 70
5 Viele Leben und letzte Glückseligkeit ... 90
6 Buddhistische Meditation ... 112
7 Buddhistische Ethik ... 128
8 Die Buddhistische Gemeinschaft ... 148
9 Buddhismus und Politik ... 166
10 Das Bodhisattva-Ideal ... 187
11 Das neue Verständnis des Buddhas ... 207
12 Begriff, Sprache und Wirklichkeit ... 225
13 Tantrischer Buddhismus ... 248
14 Buddhismus in China und Japan ... 269
15 Buddhismus und Moderne ... 294

Literatur ... 320
Glossar ... 340
Register ... 350

Verzeichnis der Abbildungen

Abbildung 1: Ausbreitung des Buddhismus in Asien

Abbildung 2: Wichtigste Schulen und ihre Hauptverbreitungsgebiete

Abbildung 3: Der Buddha sitzt in Meditation, Symbol für seine vollendete Weisheit

Abbildung 4: Der Buddha schreitet in die Welt, Symbol für sein vollendetes Mitleid

Abbildung 5: Der Edle Achtfache Pfad

Abbildung 6: Das Rad des Werdens

Abbildung 7: Hass, Gier und Verblendung (Detail aus Abb. 6)

Abbildung 8: Die sechs Vollkommenheiten in Beziehung zum Edlen Achtfachen Pfad

Abbildung 9: Die Drei Buddha-Körper (*trikāya*)

Abbildung 10: Die Vereinigung von Weisheit und Mitleid

Quellen

Abb. 1: Nach microsoft® encarta® Premium Suite 2005 © 1993–2004 microsoft Corporation; Zeichnung der Karte: © Peter Palm, Berlin.

Abb. 3: Gandhara (Pakistan), 3.–5. Jh. CE, in: Jeannine Auboyer, Jean-Louis nou: *Buddha. Der Weg der Erleuchtung*, Freiburg-Basel-Wien: Herder 1982, no. 49.

Abb. 4: Gandhara (Pakistan), 3.–4. Jh. CE, in: ebd. no. 78.

Abb. 6 und 7: Buddhistische Bilderwelt von Hans Wolfgang Schumann, erschienen bei Diederichs 1986, in: Heinrich Hugendubel Verlag, Kreuzlingen/München.

Abb. 10: Gemälde (Ausschnitt) aus dem Pemayangste Kloster (Sikkim); Foto: Abdruck mit freundlicher Genehmigung von Joachim Chwaszcza (www.editionsummit.de).

Liste der Abkürzungen

AN	Aṅguttara Nikāya
AP	Aṣṭasāhasrikā Prajñāpāramitā Sūtra
BCA	Bodhicaryāvatāra
Cv	Cullavagga des Vinayapiṭakas
CT	Caṇḍamahāroṣaṇa Tantra
Dhp	Dhammapada
DN	Dīgha Nikāya
HT	Hevajra Tantra
Itv	Itivuttaka
Jat	Jātaka
Kv	Kathāvatthu
Lv	Lalitavistara
Mhv	Mahāvaṃsa
MMK	Mūlamadhyamakakārikā
MN	Majjhima Nikāya
Mph	Milindapañha
Ms	Mahāyānasaṃgraha
Mv	Mahāvagga des Vinayapiṭakas
Ndk	Nidānakathā
NP	Netti Pakaraṇa
SN	Saṃyutta Nikāya
Sn	Sutta Nipāta
SpS	Saddharmapuṇḍarīka Sūtra (= Lotos-Sūtra)
SS	Śikṣāsamuccaya
SVV	Sukhāvatīvūha Sūtra
Thag	Theragāthā
Thig	Therīgāthā

Ud	Udāna
Vism	Visuddhimagga
Vn	Vimalakīrtinirdeśa Sūtra

(Sind sie mit einem »S.« versehen, so verweisen die neben den Abkürzungen stehenden Zahlen auf Seitenzahlen; ansonsten beziehen sich die Zahlen auf die jeweiligen Sūtren und ihre Abschnitte und Unterabschnitte.)

VORWORT ZUR DEUTSCHEN AUSGABE

In den letzten Jahrzehnten habe ich wiederholt erfahren, dass meine auf Englisch verfassten und publizierten Arbeiten – zum Buddhismus, zum Religionsvergleich, zur interreligiösen Theologie und zu den interreligiösen Beziehungen – in Deutschland weitgehend unbekannt geblieben sind. Umso mehr freue ich mich, dass das vor zehn Jahren erschienene Buch »Understanding Buddhism« nun auch einem deutschen Leserkreis zugänglich gemacht wird. Mein Dank gilt hierfür insbesondere Herrn Diedrich Steen vom Gütersloher Verlagshaus, der dieses Projekt von Anfang an energisch unterstützt hat. Ebenso danke ich Herrn Dr. Hans-Georg Türstig, der mit großer Sorgfalt die Übersetzung in seine sachkundigen Hände genommen hat. Nach nochmaliger Durchsicht wurde seine Übersetzung von mir in die vorliegende, autorisierte Endfassung gebracht.

Für die deutsche Ausgabe wurde dem Titel ein neuer Untertitel hinzugefügt, der die Schwerpunkte der vorliegenden Einführung verdeutlicht. Als eine »ungewöhnliche« Religion erscheint der Buddhismus dann, wenn man »Religion«, wie in den abrahamitischen Religionen, eng mit dem Glauben an einen personalen Schöpfergott verknüpft. Denn in dieser Form findet sich ein solcher Glaube im Buddhismus nicht. Doch kennt der Buddhismus durchaus eine Schöpfungsvorstellung (die Erschaffung sukzessiver Welten durch kollektives Karma) sowie den Glauben an eine transzendente und unbedingte letzte Wirklichkeit. Den Buddhismus allein auf seine philosophischen, ethischen und psychologischen Aspekte zu reduzieren, würde weder seiner ursprünglichen Gestalt, noch den meisten seiner asiatischen Weiterentwicklungen gerecht. Daher möchte diese Einführung einen Sinn für den Buddhismus als Religion wecken, aber eben als einer aus der Perspektive der monotheistischen Religionen zunächst als »ungewöhnlich« erscheinenden Religion.

Buddhismus verstehen, das heißt unter anderem: nachvollziehbar machen, warum der Buddhismus für so viele Menschen in Asien und inzwischen auch im Westen attraktiv ist. Meines Erachtens ist dies primär auf die Stärken der buddhistischen Interpretation des Lebens und den Reichtum an praktischer Erfahrung zurückzuführen und nicht etwa auf irgendwelche Faktoren, die mit dem Buddhismus selber nichts zu tun haben. Verstehen heißt aber auch, einen Sinn für die eher problematischen Aspekte zu wecken, die – wie so oft – auch im Fall des Buddhismus eng mit seinen Stärken zusammenhängen und quasi deren Kehrseite bilden. Beiden Aspekten versucht diese Einführung Rechnung zu tragen.

Gegenüber dem englischen Original wurden einige kleinere Korrekturen vorgenommen, gelegentlich kurze Verdeutlichungen hinzugefügt sowie einige Literaturhinweise ergänzt. Diese Änderungen sind so geringfügig, dass sie nicht eigens vermerkt wurden. Auf drei Änderungen möchte ich jedoch hinweisen. Die erste ist formaler Natur und betrifft die Schreibweise der chinesischen Termini, die nun, im Unterschied zur englischen Ausgabe, durchgängig der Pinyin Umschrift folgt. Zweitens wurde am Ende des dritten Kapitels ein neuer Absatz über die Verehrung des Buddhas in der Form des Bilder- und Reliquienkults eingefügt, einer Praxis, der die englische Ausgabe zu wenig Aufmerksamkeit schenkt. Die dritte Änderung betrifft schließlich die Deutung der bildlichen Darstellung des »Rad des Werdens« (siehe Abb. 6). Die spätere buddhistische Tradition hat das in der Radnabe dargestellte Federtier, das Symbol der Gier (Abb. 7), meist als einen Hahn und damit als ein männliches Wesen identifiziert. Dieser Interpretation folgt auch die englische Ausgabe dieses Buchs. Wie mein geschätzter indologischer Lehrer Dieter Schlingloff inzwischen jedoch klar gezeigt hat (Schlingloff, Zin, 2007), war hierbei ursprünglich an eine Turteltaube gedacht. Dies wirft eine interessante Frage auf: Werden Gier und Begehren hier besonders dem Weiblichen als Eigenschaft zugeschrieben, wie dies im alten indischen Erzählgut oft der Fall ist? Oder ist eher daran gedacht, dass das verlockende Gurren der Turteltaube das Begehren des Täuberichs weckt und somit die Frau auch hier als Versucherin des Mannes beziehungsweise des Mönchs erscheint? Und noch ein weiteres Detail ist erwähnenswert: Wie Schlingloff ebenfalls gut belegt, steht der weiße Kreis, auf den die Buddhafigur in der oberen rechten Ecke der Abbildung zeigt, ursprünglich nicht etwa für den Mond – wie es spätere buddhistische Darstellungen durch Einzeichnung des Mondhasen deuten –, sondern für das Nirvāṇa. Damit verweist diese in ihrer Grundstruktur sehr alte bildliche Darstellung der buddhistischen Lehre auf eine außerhalb des Wiedergeburtenkreislaufs liegende, transzendente Wirklichkeit, deren Existenz nach buddhistischer Überzeugung die Voraussetzung dafür darstellt, dass es aus dem Kreislauf der Wiedergeburten überhaupt eine Befreiung geben kann.

Perry Schmidt-Leukel
Münster, Dezember 2016

VORWORT ZUR ENGLISCHEN AUSGABE

Ohne das sanfte, aber unwiderstehliche Überredungstalent von Frank Whaling wäre dieses Buch nie geschrieben worden. Der Grund für mein ursprüngliches Zögern war, dass es bereits so viele Einführungen in den Buddhismus gibt. Doch vielleicht ist es ja berechtigt, diesen noch eine solche hinzuzufügen, die die religiösen Aspekte des Buddhismus hervorhebt und versucht, diese als eine echte und wesentliche Dimension des Buddhismus verstehbar zu machen.

Neben Frank gilt meine Dankbarkeit einer ganzen Reihe von Menschen, die auf unterschiedliche Art und Weise ihren Beitrag zum Entstehen dieses Buches geleistet haben. An erster Stelle möchte ich meine Studenten nennen. Ihre Fragen lehren uns Lehrer manchmal mehr als unsere eigenen Erklärungen – zumindest aber liegt es auch an ihren Fragen, wenn wir als Lehrer (hoffentlich) ebenfalls einige Fortschritte machen. Meine herausragenden Kollegen Ernst Steinkellner und Lambert Schmithausen haben ihr hervorragendes Fachwissen immer großzügig mit mir geteilt, wenn ich ihren philologischen Rat benötigte. Ich hoffe, dass dieses kleine Buch aus ihrer Perspektive nicht allzu viele Fehler enthält, für die ich natürlich ganz alleine verantwortlich bin. Auch Carolina Weening bin ich zu großem Dank verpflichtet. Sie scheute keine Anstrengung, das teutonische Englisch meines ersten Entwurfs in einen lesbaren Text zu verwandeln. Alles, was dieses Buch an stilistischer Stärke enthält, ist ihr Verdienst. Wenn sich in ihm immer noch einige ungeschickte Formulierungen finden, dann nur deshalb, weil ich auf sie bestanden habe. Schließlich, aber nicht weniger nachdrücklich, gilt mein Dank auch Anthony Kinahan vom Dunedin-Verlag, der mir, während er auf das endgültige Manuskript warten musste, sehr viel Geduld, eine wichtige Bodhisattva-Tugend, entgegenbrachte.

Bei der Umschrift buddhistischer und anderer Termini bin ich zumeist dem *Oxford Dictionary of World Religions* gefolgt, und wenn ich zwischen Pāli- und Sanskritformen wählen musste, habe ich in der Regel die letzteren bevorzugt.

Vor etwa dreißig Jahren brachten mir zwei außergewöhnliche Frauen, eine Buddhistin und eine Christin, zum ersten Mal den Buddhismus nahe. Ihnen ist dieses Buch gewidmet.

Perry Schmidt-Leukel
Glasgow, Mai 2006

»Glauben verstehen«, »Buddhismus verstehen« – ist das überhaupt möglich? Und wenn ja, wie? Was würde es bedeuten, den Buddhismus zu verstehen? Müsste man dazu ein Buddhist sein (oder werden)? Und von welcher Art Buddhismus sprechen wir eigentlich? Gibt es nicht viel zu viele unterschiedliche Arten von Buddhismus? Ist er nicht eine extrem vielgestaltige Religion, die in Thailand oder Sri Lanka ganz anders aussieht als etwa in Japan, Korea oder Tibet – ganz zu schweigen von Europa oder Amerika? Ist diese Vielfalt nicht viel zu groß, als dass man sie »verstehen« könnte? Und ist der Buddhismus heute nicht ganz anders, als er es zu Anfang vor ungefähr 2500 Jahren war? Wie viel müssen wir über die Geschichte dieser facettenreichen Religion wissen, um sagen zu können, dass wir zu einem gewissen Verständnis gelangt sind?

Solche Fragen sind völlig berechtigt, und es ist wichtig, sich ihnen von Anfang an zu stellen, um sich unmissverständlich darüber im Klaren zu sein, dass wir niemals so etwas wie ein allumfassendes Verständnis des Buddhismus erreichen können (auch nicht die fachkundigsten Experten). Außerdem sollten wir uns dessen bewusst sein, dass der Buddhismus (und in einem ähnlichen Sinn jede Religion) aus zwei grundlegenden Komponenten besteht. Zum einen sind dies die Buddhisten: die wirklichen, konkreten Menschen. Sie lebten und leben unter dem Einfluss und mit der Inspiration der zweiten Komponente, der buddhistischen Tradition. Wilfred Cantwell Smith (1916-2000) betonte, dass das, was wir gewöhnlich als »eine Religion« bezeichnen, im Wesentlichen aus diesen beiden Elementen besteht: der »*kumulativen Tradition*« und dem »*persönlichen Glauben*« all jener, die in der jeweiligen Tradition leben (siehe Smith, 1978). Der Begriff »Tradition« umfasst hier die Schriften, Lehren, Glaubenssätze, Philosophien, Regeln, Vorschriften, Institutionen, Gebäude, Rituale,

Gesänge, Gebete, Gewohnheiten, Kunstwerke usw. – also alles, was man als Gegenstand der Geschichte beobachten und untersuchen kann. Demgegenüber bezeichnet »Glaube« das, was die Tradition den einzelnen Personen jeweils bedeutet, oder besser noch: was ihnen das Leben selbst im Licht der jeweiligen Tradition bedeutet. Durch ihren persönlichen, existenziellen Glauben stellen Menschen eine Beziehung zwischen sich und dem her, was sie als Realität wahrnehmen und was sie als letzte, transzendente Wirklichkeit akzeptieren. Glaube und Tradition sind wechselseitig voneinander abhängig. Der Glaube drückt sich in einer konkreten religiösen Tradition aus. Deswegen verändert und transformiert sich die Tradition ständig, mit jeder neuen Generation, die in diese Tradition eintritt, und mit jeder neuen Umgebung, in die die Tradition vordringt. Ohne den Glauben würde die Tradition sterben. Umgekehrt prägt und nährt die Tradition jedoch auch den Glauben. Ohne die Inspiration einer lebendigen Tradition wäre der Glaube von seinen wichtigsten Ressourcen abgeschnitten: den Erfahrungen und Gedanken ganzer Generationen von Menschen, die in der Tradition aufbewahrt und verdichtet wurden und die deshalb dazu dienen können, andere Menschen mit derselben letzten Wirklichkeit in Kontakt zu bringen, auf die jene früheren Generationen ihr Leben ausgerichtet haben.

Das, woraus eine religiöse Tradition besteht, lässt sich unmittelbar beobachten und studieren. Glaube hingegen kann auf diese Weise nicht untersucht werden. Und doch ist es unerlässlich, den Glauben zu verstehen, wenn wir die entsprechende Tradition verstehen wollen. Denn andernfalls verfehlen wir das eigentliche Herz der Tradition. Wir müssen verstehen, was die Tradition den wirklichen Menschen, die ihr folgen, bedeutete und immer noch bedeutet. Es geht also darum, Menschen zu verstehen. Aber um die Menschen zu verstehen, müssen wir sie so verstehen, wie sie sich selber verstehen. Andernfalls haben wir nicht *sie* verstanden. Heißt das, dass wir ihren Glauben teilen müssten, um sie verstehen zu können? Einige

Religionswissenschaftler, wie zum Beispiel Raimon Panikkar (1978, S. 9f.), haben tatsächlich darauf bestanden, dass wir nur dann den Glauben anderer so verstehen können *wie sie selbst*, wenn wir von der Wahrheit ihres Glaubens überzeugt sind. Ich halte diese Auffassung für übertrieben, denn sie würde bedeuten, dass es unmöglich ist, den Glauben eines anderen zu verstehen und ihn doch gleichzeitig als falsch abzulehnen. Nach Panikkar wäre jede Ablehnung eines Glaubens darauf zurückzuführen, dass man ihn nicht versteht. Doch diese Konsequenz ist eindeutig absurd, denn sie lässt keinen Raum für eine Ablehnung, die zugleich sachkundig und berechtigt ist. Allerdings betont Panikkar zu Recht, wie wichtig es ist, die Dinge aus der Perspektive des Insiders, mit dessen Augen, zu betrachten. Um Wilfred Cantwell Smith zu zitieren (1997, S. 132f.):

> … will man den Glauben der Buddhisten verstehen, so darf man nicht auf das blicken, was »Buddhismus« genannt wird. Vielmehr sollte man, soweit wie möglich, auf die Welt blicken, und zwar mit buddhistischen Augen. Um das zu können, muss man die Einzelheiten dessen kennen, was ich die buddhistische Tradition genannt habe …

Diese Behauptung beruht auf zwei sehr wichtigen Prämissen. Zum einen müssen wir uns die buddhistische Tradition *ansehen*, um *durch sie hindurch* sehen zu können. Wir müssen verstehen, wie diese Tradition Buddhisten quasi als jene Brille diente, durch die sie ihr Leben und ihre Welt betrachteten. Zum anderen, wie Smith an anderer Stelle (1979, S. 137) sagte, sind irgendwelche Wahrheiten, die sich dabei vielleicht finden lassen, streng genommen, keine buddhistischen, sondern kosmische Wahrheiten, keine Wahrheiten im Buddhismus, sondern Wahrheiten im Universum, wie Buddhisten sie gesehen haben.

Von diesen beiden Prämissen lasse ich mich in den folgenden Kapiteln leiten. Das heißt, zum einen konzentriere ich mich auf grundlegende buddhistische Einblicke in das Leben, in seine existenziellen Herausforderungen, seine Hoffnungen und seine Verheißungen, weil ich an den Wahrheiten interessiert bin, die Buddhisten hier möglicherweise entdeckt haben. Zum anderen befasse ich mich mit den historischen Kontexten und Entwicklungen buddhistischer Ansichten. Ich zeige auf, wie die buddhistischen Ideen miteinander vernetzt sind und welche innere Logik meines Erachtens hinter ihrer geschichtlichen Weiterentwicklung steht. Ich gehe dabei freilich recht selektiv vor. Angesichts des hohen Alters dieser Tradition und der überaus vielfältigen Formen, die der Buddhismus innerhalb der unterschiedlichen Kulturen angenommen hat, in denen er sich ausbreitete, ist dies unvermeidlich. So konzentriere ich mich mehr auf die formative Periode und nicht so sehr auf die späteren Entwicklungen. Denn was später kam, lässt sich dann am besten verstehen, wenn man weiß, wie es vorher war. Und ich befasse mich mehr mit buddhistischen Ideen als mit praktischen oder soziologischen Aspekten. Das ist ein eher konservativer Ansatz, der heute oft als antiquiert, wenn nicht sogar als überholt abgelehnt wird. Aber ich habe mich dennoch für diesen Ansatz entschieden, weil ich davon überzeugt bin, dass unsere Praxis ganz erheblich von unseren Ideen bestimmt wird. Außerdem ist es in jedem Fall einfacher, eine Praxis mit Hilfe der ihr zugrunde liegenden Ideen zu verstehen als umgekehrt. Ich lehne das marxistische Dogma ab, dem sich heute so viele Soziologen verschrieben haben, wonach Religionen lediglich das Produkt und Epiphänomen ihrer sozialen Umgebung und der ökonomischen Bedingungen seien. Zweifellos sind Religionen in nicht unerheblichem Maße auch durch ihren sozio-ökonomischen Kontext bedingt, aber das Gegenteil ist nicht weniger wahr: Religionen haben ihrerseits Gesellschaften geprägt und verändert. In jedem Fall liefern soziologische Deutungen keine erschöpfende Erklärung für unser religiöses Leben.

In einer anderen Hinsicht bin ich jedoch weit weniger konservativ: Ich teile nicht die in den Religionswissenschaften vielfach immer noch vorherrschende Ansicht, dass ein Wissenschaftler eine vollkommen neutrale und objektive Darstellung des Forschungsgegenstandes bieten muss. Ich glaube, dass es (zumindest im Bereich der Religionen) unmöglich ist, vollkommen objektiv und neutral zu sein. Selbstverständlich dürfen wir die religiösen Ideen und das konkrete Datenmaterial, mit dem wir uns beschäftigen, nicht absichtlich verfälschen. Aber wenn wir versuchen, eine bestimmte Religion zu verstehen, sind es doch immer *wir*, die das tun. Und wir sind kein unbeschriebenes Blatt. Wenn wir tatsächlich versuchen, die Welt mit buddhistischen Augen anzuschauen, und das, was wir dabei sehen, ernst nehmen, wenn wir uns den buddhistischen Ansichten aussetzen und versuchen, zu begreifen, was Buddhisten verstanden haben, dann wird uns dies persönlich berühren und herausfordern. Unsere eigene Persönlichkeit ist also immer ein konstitutiver Bestandteil dieses Verstehensprozesses, und die Frage, was all dies für unser eigenes Leben bedeuten könnte, wird immer irgendwie in der Luft liegen. Diesen Sachverhalt sollten wir weder leugnen, noch ignorieren, noch ausklammern, sondern damit ganz offen und bewusst rechnen. Während also Objektivität und Neutralität meiner Meinung nach illusionäre Ziele darstellen, so können und sollten wir uns jedoch um Aufrichtigkeit und eine reflektierte Subjektivität bemühen.

Zweifellos sind auch meine eigene Wahrnehmung des Buddhismus und meine fortdauernden Bemühungen, Buddhisten zu verstehen, durch meinen persönlichen Hintergrund beeinflusst, der primär vom Christentum geprägt ist. Seit über zwanzig Jahren ist jedoch mein eigener spezifischer Weg des Christseins auch von dem durchdrungen, was ich aufgrund meiner Beschäftigung mit dem Buddhismus und durch meine tiefe Faszination für diese spirituell und intellektuell reiche Tradition gelernt habe. Manche mögen der Ansicht sein, dass mich dieser christliche Hintergrund daran hindert, den Buddhismus angemessen zu verstehen. Meinerseits bezweifele ich demgegenüber ernsthaft, dass der atheistische, naturalistische, materialistische oder säkulare Hintergrund vieler Zeitgenossen aus dem Westen (und sogar einiger asiatischer Buddhisten, die stark vom Westen beeinflusst sind) eine bessere Voraussetzung für das Verständnis des Buddhismus bietet. Natürlich war der Buddha kein »Theist« im Sinne eines Menschen, der an einen personalen Schöpfergott glaubt. Aber der Buddha war auch kein Anhänger der Cārvākas, jener frühen indischen Materialisten und Atheisten, die es unter seinen Zeitgenossen gab. Ganz im Gegenteil: Der Buddha hielt die Lehren der Cārvākas für unheilsam, denn sie leugneten universelle moralische Gesetze, ein Leben nach dem Tod, karmische Vergeltung und die endgültige Erlösung in einer und durch eine letzte transzendente Wirklichkeit. Der Buddha stellte und stellt immer noch für Theisten und Atheisten gleichermaßen eine Herausforderung dar.

Jeder Versuch, den Buddhismus zu verstehen, wird sich auch kritisch mit dem auseinanderzusetzen haben, was sich dabei als Missverständnis des Buddhismus darstellt. Historisch gesehen ist die westliche Kenntnis des Buddhismus noch ziemlich jung. Erst in der zweiten Hälfte des neunzehnten Jahrhunderts begann im Westen das wissenschaftliche und philosophische Studium des Buddhismus. Die ideologischen Konflikte der damaligen Zeit haben die abendländische Wahrnehmung des Buddhismus erheblich beeinflusst, und das führte zu einer Reihe von Missverständnissen, die bis heute in hohem Maße auf das Bild des Buddhismus einwirken. So verstand beziehungsweise missverstand man den Buddhismus als Materialismus, Nihilismus, Pessimismus, Eskapismus usw. Bisweilen waren westliche Interpreten des Buddhismus äußerst zögerlich, wenn es darum ging, ihre einmal gefassten Ansichten zu korrigieren, selbst wenn eine verbesserte Kenntnis der buddhistischen Tradition dies notwendig machte. Als beispielsweise Max Weber sein berühmt-berüchtigtes Urteil vertrat, der Buddhismus sei das Paradebeispiel einer »asozialen« Religion, vernachlässigte er dabei bewusst die Rolle des Saṅghas (der buddhistischen Gemeinschaft) und des »rechten Lebenserwerbs« für den buddhistischen Erlösungsweg (siehe Weber, 1958, S. 213-221). Oder um ein anderes Beispiel zu nennen: Albert Schweitzer war der Auffassung, die buddhistische Ethik sei vollkommen passiv und nicht in der Lage, Menschen zu wohltätigen Handlungen zu motivieren. Als er dann auf jenen kanonischen Bericht stieß, wonach der Buddha sich eigenhändig um einen schwer kranken Mönch kümmerte und seine Schüler anwies, seinem Beispiel zu folgen, zog Schweitzer den Schluss, dass der Buddha hier entgegen seiner eigenen Lehren handelte (siehe Schweitzer, 1936, S. 114). Viele solcher Klischees bestehen nach wie vor. Beispielsweise charakterisierte Papst Johannes Paul II. in seinem Buch *Die Schwelle der Hoffnung überschreiten* den Buddhismus als »eine fast ausschließlich negative Soteriologie«. Aber es haben sich auch neue Klischees entwickelt, die den Buddhismus als eine leichte und einfache Pop-Religion präsentieren, als Spiritualität ohne Dogmen und Glaubenssätze, ohne Vorschriften und Gebote, immer friedfertig und tolerant gegenüber fast allem; oder als gar keine Religion, sondern als eine Art Weisheits-Psychologie, als Lifestyle oder modische Weltanschauung, besonders geeignet für den etwas erschlafften, aber wohlhabenden, postmodernen Intellektuellen. Ich hoffe, dass der folgende Versuch, Buddhismus zu verstehen, auch einen Beitrag dazu leisten wird, zumindest einige dieser Missverständnisse auszuräumen.

Literaturhinweise: Cahill (1982); Panikkar (1978); Smith (1981); Smith (1997); Streng (1985).

Der Buddhismus entstand vor etwa 2500 Jahren im Nordosten Indiens. Im Laufe der Zeit entwickelte er sich zu einer der wichtigsten religiösen Kräfte Asiens. Im zwanzigsten Jahrhundert wurde seine Gegenwart in fast jedem Land der Welt greifbar. Um eine erste Vorstellung davon zu bekommen, wie sich der Buddhismus entwickelte, ist es hilfreich, seine lange Geschichte in fünf Perioden von jeweils etwa fünfhundert Jahren einzuteilen (siehe Conze, 1980).

Die formative Phase (500-0 v.u.Z.)

Der Buddhismus entstand als eine der Śramaṇa-Bewegungen, die sich gegen das traditionelle Leben der brahmanischen Religion Indiens auflehnten (siehe Kapitel 2). Die Śramaṇas führten ein neues religiöses Ziel ein, die endgültige Erlösung oder Befreiung, sowie eine neue Lebensweise, um dieses Ziel zu verfolgen, das Leben der religiösen Aussteiger, der heimatlosen Wanderer und Asketen. Der frühe Buddhismus teilte viele Motive und Vorstellungen der Śramaṇas, insbesondere ihre anti-brahmanische Grundhaltung, aber er brachte es auch fertig, die Jenseitsorientierung der Śramaṇas mit einer stärkeren Ausrichtung auf das Diesseits zu verbinden: Eine aktive Missionstätigkeit förderte und verbreitete ganz bewusst die Lehren des Buddhas »innerhalb der Welt«, und die Gründung des *Saṅghas*, also der »vierfältigen Gemeinschaft« (*catuṣ pariṣad*), brachte die Nonnen und Mönche der Ordensgemeinschaften mit ihren nicht-monastischen Unterstützern, den männlichen und weiblichen Laien, zusammen. Buddhistische Lehren richteten sich an die monastischen Anhänger *und* an die Laien, und es wurden für beide Gruppen praktische Regeln und Richtlinien entwickelt. Auf diese Weise wurde der Buddhismus recht schnell zu einem wichtigen religiösen Faktor in Indien. Als Kaiser Aśoka (272-232 v.u.Z.) den größten Teil der indischen

Halbinsel unter seiner Herrschaft vereint hatte, nahm er den Buddhismus an und wurde sein mächtigster Schirmherr. Unter Aśoka verbreitete sich der Buddhismus im ganzen Land und wurde – mit kaiserlicher Unterstützung – in außer-indische Länder exportiert. So gelangte er im Südosten nach Sri Lanka, wo er bis heute stark präsent ist, und erreichte im Norden und Nordwesten die hellenistischen Königreiche von Baktrien und Sogdien. Gegen Ende seiner ersten fünfhundert Jahre hatte sich der Buddhismus fest in Zentralasien etabliert, und die Mission der Dharmaguptakas, einer der frühen buddhistischen Schulen, erreichte sogar den östlichen Iran.

Während dieser formativen Phase wurde die Grundlage für ein zunehmend wachsendes und sich immer weiter verzweigendes Lehrgebäude gelegt. Es ist zwar schwer zu sagen, welche der frühen buddhistischen Lehren direkt auf den Buddha selbst zurückgehen, aber mit Sicherheit nicht alle. Die buddhistischen *sūtras* (das heißt, jene Texte, die beanspruchen, die Worte des Buddhas zu bewahren) wurden über einen Zeitraum von mehreren Jahrhunderten nicht schriftlich niedergelegt, sondern auswendig gelernt und mündlich überliefert. Alles, was man als für das Leben wirklich wichtig erachtete, musste auswendig gelernt werden, so dass dieses Wissen immer zur Verfügung stand. Mit der Zeit wurden die buddhistischen Lehren jedoch immer elaborierter, und so fingen Buddhisten an, ihre früheren, bis dahin nur memorierten Texte aufzuschreiben. Es entstanden scholastisch-systematische Abhandlungen sowie apologetische Texte und Kommentare. Der Kern des Pāli-Kanons, einer Sammlung von Texten, die die Theravāda-Schule als ihren autoritativen Kanon anerkannte, wurde im ersten Jahrhundert v.u.Z. in Sri Lanka niedergeschrieben, um in Zeiten zunehmender doktrinärer Auseinandersetzungen die aus Sicht der Theravāda-Schule echten Lehren des Buddhas zu bewahren (siehe Mhv 33:100f.). Dennoch wurde die alte Tradition des Memorierens und gemeinsamen Rezitierens der Sūtras nie ganz aufgegeben.

Offensichtlich war der Buddhismus zu keiner Zeit seiner Geschichte eine homogene Bewegung. Der Pāli-Kanon berichtet, dass sich manchmal ganze Gruppen anderer Meister zusammen mit ihren Schülern den frühen Buddhisten anschlossen und fortan den Buddha als ihren erleuchteten Lehrer anerkannten. Es ist anzunehmen, dass diese Gruppen dabei auch ihr eigenes vor-buddhistisches Erbe mitbrachten. Differenzen hinsichtlich wichtiger Themen der Lehre und der Praxis lassen sich schon in den ältesten Schichten buddhistischer Texte finden. Solche Differenzen traten nach Aśoka immer deutlicher hervor, und man erfährt von achtzehn oder vielleicht sogar mehr als zwanzig Schulen, die sich über bestimmte Aspekte der Lehre und Praxis stritten.

Zu einer wichtigen institutionellen Spaltung kam es etwa einhundert Jahre nach dem Tod des Buddhas. Sie basierte auf einer Auseinandersetzung zwischen den eher liberalen Mahāsaṅghikas und den eher konservativen Sthaviravādins über den genauen Status des Arhats, das heißt, des erleuchteten Heiligen, wie auch über einige Fragen der monastischen Disziplin. Während die Sthaviravādins Vorläufer der Theravādins sind (gegenwärtig die wichtigste buddhistische Schule in Süd- und Südost-Asien), werden die Mahāsaṅghikas oft als Wegbereiter des Mahāyāna-Buddhimus angesehen, der heutzutage in ganz Ostasien vorherrscht.

Die Entstehung des Mahāyānas (0-500)

Die wörtliche Bedeutung von »Mahāyāna« ist: »Großes Fahrzeug«. »Groß« ist dabei im Sinn von »erhaben« oder »bedeutend« zu verstehen, so wie in dem Wort »Mahārāja«, der »große König«. »Fahrzeug« bezieht sich auf die Lehre und die Disziplin, die einen zur Erleuchtung bringen. Dem entsprechend bezeichneten die Mahāyānins die Nicht-Mahāyānins und deren Lehren als »Hīnāyāna«, das heißt, als »Kleines« oder »Minderwertiges Fahrzeug«. Es handelt sich hierbei also um eine herabsetzende Bezeichnung, die daher in einer wissenschaftlichen Abhandlung über den Buddhismus nicht verwendet werden sollte.

Die Wurzeln des Mahāyānas reichen sicherlich weit in die früheste Periode der buddhistischen Geschichte zurück. Aber es ist immer noch Gegenstand zahlreicher wissenschaftlicher Diskussionen, worin genau die ursprünglichen Unterscheidungsmerkmale bestanden haben könnten. Trotz des vermutlich starken Einflusses der Mahāsaṅghikas sind die Grundvorstellungen des Mahāyānas wohl aus mehreren vor-mahāyānistischen Schulen hervorgegangen und lassen sich nicht auf nur eine einzige unter diesen zurückführen. Die Mahāyānins selber verstanden ihre eigenen Lehren als Offenbarung der wahren und tieferen Bedeutung der traditionellen buddhistischen Lehren. Ihre Lehren seien erst deswegen später aufgetaucht, weil vorher die Zeit dafür noch nicht reif gewesen war. Die Ideen des Mahāyānas nahmen in einer Reihe neuer Sūtras Gestalt an, die, so wurde behauptet, vom Buddha selbst einem auserwählten Kreis von Schülern offenbart und danach mehrere Jahrhunderte lang versteckt worden waren. Einige der frühesten Schichten dieser Texte – beispielsweise gewisse Teile der »Vollkommenheit der Weisheit-Sūtras« (Prajñāpāramitā-Sūtras) oder des Lotos-Sūtras (Saddharmapuṇḍarīka-Sūtra) – wurden möglicherweise schon im ersten Jahrhundert v.u.Z. verfasst. Aber erst während der zweiten Periode der buddhistischen Geschichte wurden immer mehr Mahāyāna-Texte geschrieben und bekannt, von denen viele äußerst umfangreich sind.

Diese Zunahme unterschiedlichster Lehrmeinungen begünstigte die Entwicklung einer buddhistischen Philosophie. Die wichtigste und einflussreichste Persönlichkeit für die neu entstehende Philosophie des Mahāyānas war Nāgārjuna, der wahrscheinlich zwischen 150 und 250 u.Z. lebte. Seine Gedanken legten den Grundstein für die Madhyamaka-Schule (die Schule des »Mittleren Weges«), doch sein Einfluss reichte weit darüber hinaus und inspirierte indirekt sogar die philosophische Renaissance des Hinduismus, die Śaṅkara (8.-9. Jh.

u.Z.) in Bewegung setzte. Im vierten Jahrhundert entwickelte sich die zweite Haupt-Schule der Mahāyāna-Philosophie, die als Yogācāra (»Yoga Übung«) oder auch als Vijñānavāda (»Bewusstseins-Schule«) bezeichnet wird und auf den Schriften von Asaṅga und Vāsubandhu beruht. Während dieser Zeit verfassten auch die nicht-mahāyānistischen Schulen systematische Abhandlungen, in denen sie ihre Lehren auf philosophisch anspruchsvolle Weise darstellten, so zum Beispiel Vāsubandhus wichtige Schrift Abhidharmakośabhāṣya (»Kommentar zur Schatzkammer der Höheren Lehre«). Nach einer Tradition des Mahāyānas ist dieser Vasubandhu identisch mit Vasubandhu, dem Yogācārin, der angeblich nach der Vollendung dieses Werkes zum Mahāyāna konvertiert sei (allerdings hegt die moderne Forschung große Zweifel daran, dass diese beiden Vasubandhus identisch sind). Auch Buddhaghosas Visuddhimagga (»Der Weg zur Reinheit«) lässt sich hier anführen, der im fünften Jahrhundert in Sri Lanka verfasst wurde. Dank dieser Arbeit und seiner umfassenden Kommentare zum Pāli-Kanon wurde Buddhaghosa zum wichtigsten Repräsentanten der Theravāda-Orthodoxie, gewissermaßen zu einer Art »Kirchenvater« des Theravādas.

Die zweite Periode der buddhistischen Geschichte ist zugleich eine Periode enormer geographischer Ausbreitung. Zu Beginn des ersten Jahrhunderts u.Z. drang der Buddhismus von Zentralasien her nach China vor und bis zum Ende des fünften Jahrhunderts hatte er sich in ganz China ausgebreitet. Mehr als 1300 buddhistische Texte wurden in diesem Zeitraum ins Chinesische übersetzt und der bedeutendste unter den Übersetzern war Kumārajīva (344-413). Von China aus gelangte der Buddhismus im dritten Jahrhundert nach Vietnam und im vierten/fünften Jahrhundert nach Korea. Zwischen dem zweiten und fünften Jahrhundert brachten buddhistische Missionare aus Indien den Buddhismus nach Kambodscha und Burma (Myanmar). Von dort gelangte er dann allmählich nach Thailand.

Der Aufstieg des tantrischen Buddhismus (500-1000)

Auch während der dritten 500 Jahre breitete sich der Buddhismus in Asien immer noch weiter aus, und in einigen Ländern, die damals zur buddhistischen Welt hinzukamen, ist der Buddhismus bis heute lebendig geblieben.

Im sechsten Jahrhundert wurde der Buddhismus in Korea offiziell anerkannt, und zwischen dem siebten und zehnten Jahrhundert erfreute sich der Buddhismus einer königlichen Schirmherrschaft in dem damals neu vereinigten Königreich von Silla. In der Mitte des sechsten Jahrhunderts gelangte der Buddhismus von Korea nach Japan, wo Prinz Shōtoku (574-622) sein engagierter Unterstützer wurde. Im siebten Jahrhundert erreichte der Buddhismus Tibet, und zwar aus zwei Richtungen: Buddhistische Missionare kamen aus den blühenden buddhistischen Kulturen in Nordindien und Zentralasien, und gleichzeitig gab es auch einen buddhistischen Einfluss aus China. Der Einfluss aus Indien erwies sich allerdings als der stärkere. Im neunten Jahrhundert wurde der Buddhismus in Tibet eine kurze Zeit lang heftig verfolgt, er überlebte aber und wurde danach nur noch stärker. China unterhielt eine ungebrochene Beziehung zu Indien, um den Zugang zu möglichst vielen buddhistischen Texten zu ermöglichen, entwickelte selber aber auch neue Lehrgebäude (die buddhistischen Schulen Tiantai zong, in deren Zentrum das Lotos-Sūtra stand, und Huayan zong, mit dem Avataṃsaka-Sūtra im Mittelpunkt). Es entstanden dort auch neue oder modifizierte Formen der Praxis (Chan = Zen, mit der Meditation im Zentrum; Jingtu = das Reine Land, mit der Verehrung des Buddhas Amituo/Amida im Zentrum). Zwar hatten diese neuen Schulen und Praxisformen ihre Wurzeln eindeutig in indischen Quellen, sie entwickelten aber auch ihren ganz eigenen, typisch chinesischen Geschmack, gewürzt mit Inhalten des Daoismus und Konfuzianismus. In der Mitte des neunten Jahrhunderts war der Buddhismus in China einer schweren Verfolgung ausgesetzt, die von daoistischen und konfuzianischen Kreisen ausging, und erreichte nie wieder seine vorherige Macht. Chan und der Buddhismus des Reinen Landes überlebten jedoch beide und bemühten sich jetzt umso intensiver und aktiver um eine Verbindung mit dem Konfuzianismus und dem Daoismus. Chinesische Formen des Buddhismus drangen auch bis nach Vietnam vor, wo sie nach und nach die nicht-mahāyānistischen Formen des Buddhismus verdrängten. Weiter südlich blühte indessen der Buddhismus in Indonesien, und dort hat er uns in den Überresten des berühmten Borobudur-Tempels ein eindeutiges Zeichen seiner Stärke aus dieser Zeitperiode hinterlassen. Nach Westen hin breitete sich der Buddhismus in dieser Zeit jedoch nicht weiter aus, da die muslimischen Länder nun eine unüberwindliche Barriere bildeten.

Diese Periode war auch die Blütezeit der buddhistischen Philosophie in Indien. Große monastische Universitäten wie die in Nālandā, Vikramaśīla oder Odantapurī wurden zu dynamischen Zentren einer äußerst anspruchsvollen intellektuellen Kultur. Beide Stränge der Mahāyāna-Philosophie, Madhyamaka und Yogācāra, brachten eine ganze Reihe hervorragender Gelehrter hervor wie Bhāvaviveka (6. Jh.), Candrakīrti (7. Jh.), Dignāga (6. Jh.) und Dharmakīrti (7. Jh.) – um nur einige wenige zu nennen.

Abgesehen von seiner fortschreitenden Ausbreitung und dem Aufblühen des religiösen und intellektuellen Lebens, ist der erstaunlichste Aspekt in der dritten Periode der buddhistischen Geschichte die Entstehung des tantrischen Buddhismus (Tantra = »Webstuhl« oder »Webkette«; aber auch »das zugrunde liegende Prinzip« oder »eigentlicher Punkt«), auch Vajrayāna genannt (Vajra = »Diamant« oder »Donnerkeil«), obwohl dieser Begriff streng genommen nur auf eine bestimmte, spätere Form des tantrischen Buddhismus zutrifft. Der Tantrismus ist kein ausschließlich buddhistisches Phänomen, sondern er entwickelte sich gleichzeitig im Hinduismus und Buddhismus. Innerhalb des Buddhismus setzt er die Lehren des Mahāyānas voraus, die er zu psychologischen und/oder kosmologischen Systemen weiterentwickelte. Er betont bestimmte Formen ritueller und meditativer Praxis und verspricht einen schnelleren Weg zur Erleuchtung. Manche tantrischen Texte verwenden häufig erotische Symbole, und tantrische Techniken beinhalten teilweise äußerst provokante antinomistische Elemente. Das religiöse Ideal des Tantras ist der Siddha (»vollendet«, »vollkommen«), jemand, der nicht nur vollkommen an Weisheit und Mitgefühl ist, sondern auch außergewöhnliche, übernatürliche Kräfte besitzt.

Der Tantrismus verbreitete sich nicht nur schnell in ganz Indien, sondern innerhalb relativ kurzer Zeit machte er sich in der gesamten buddhistischen Welt bemerkbar. So finden wir gegen Ende dieser Periode Formen des tantrischen Buddhismus in Zentralasien, China, Korea, Japan (wo Kūkai, 774-835, die kleine, aber sehr einflussreiche tantrische Shingon-Schule begründete), Vietnam, Indonesien und Sri Lanka. Nirgendwo wurde der Tantrismus jedoch so mächtig und erfolgreich wie in Tibet. Im achten Jahrhundert wurde die buddhistische Mission in Tibet von einer interessanten Mischung aus einerseits philosophisch ausgerichteten Mönchen wie dem berühmten Śāntarakṣita und seinem Schüler Kamalaśīla und andererseits tantrischen Meistern wie dem geheimnisvollen Padmasambhava durchgeführt, den der älteste tibetische Mönchsorden, Nyingma, als seinen Begründer bezeichnet. Die Symbiose aus akademischem Buddhismus und buddhistischem Tantrismus, die so typisch für den Buddhismus dieser Zeit in Nordindien und Zentralasien war, erlebte somit ihre vollendete Fortführung – und Bewahrung – im tibetischen Lamaismus.

Niedergang und Konsolidierung (1000-1500)

Die nächste Periode zeichnet sich dadurch aus, dass sich in ihr die buddhistische Welt, so wie sie in Asien mehr oder weniger bis heute existiert (siehe Abb. 1 und 2), herausbildet und in ihrem konfessionellen Profil konsolidiert. Das heißt, der Buddhismus ging in einigen früheren buddhistischen Ländern unter, während in anderen Ländern bestimmte Schulen oder Formen des Buddhismus nun eine vorherrschende oder sogar die alleinige Position gewannen.

Insbesondere ist zu erwähnen, dass der Buddhismus in dieser Periode nun allmählich aus seinem Ursprungsland Indien verschwand. Dafür gibt es verschiedene Gründe, über die viel und intensiv spekuliert wurde. Zum einen erlebte der Hinduismus eine kraftvolle Renaissance, insbesondere in sei-

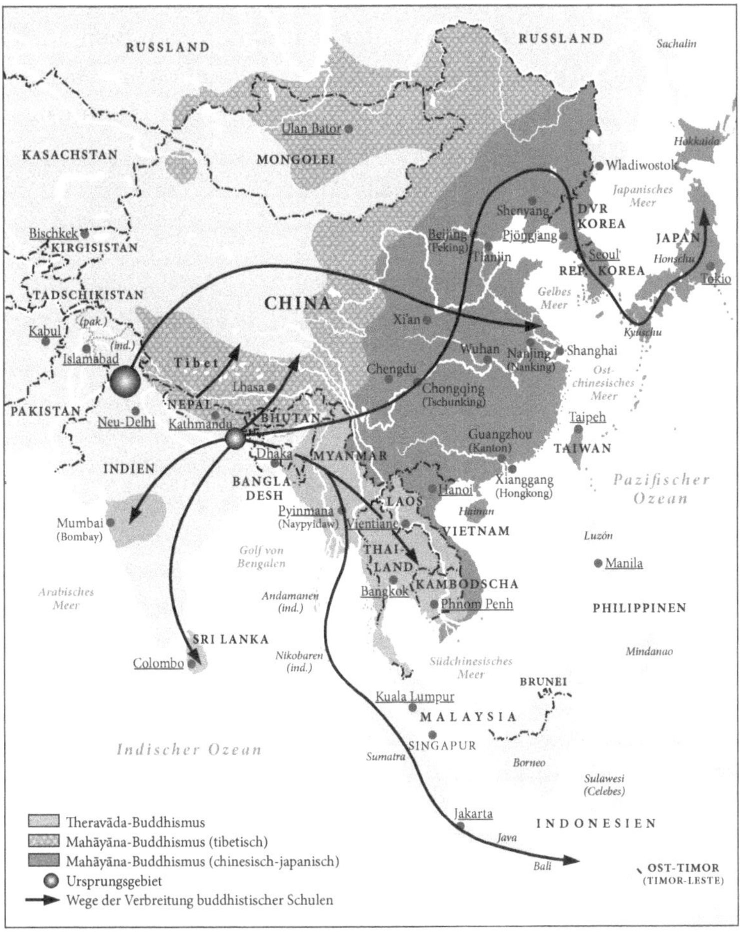

Abb. 1: Ausbreitung des Buddhismus in Asien

nen theistischen Varianten, aber auch in Gestalt des hinduistischen Tantrismus. Außerdem erlitt der Buddhismus einige heftige Schläge durch das Vordringen des Islams auf indischem Boden. Einige der buddhistischen Universitäten wurden von muslimischen Truppen überfallen und geplündert (Nālandā im Jahr 1197 und Vikramaśīla im Jahr 1203), wovon sie sich nie wieder richtig erholten. Solche Erklärungen gehen allerdings an der eigentlichen Frage vorbei: Warum konnte der Buddhismus, der ja intensive Verfolgung in anderen Ländern überlebte, seine Verluste auf eigenem Boden, in Indien, nicht wettmachen? Eine mögliche Antwort ist vielleicht, dass der Buddhismus über die Jahrhunderte hinweg dem Hinduismus

Nicht-Mahāyāna	**Mahāyāna**	**Tantrischer Buddhismus**
Theravāda, vorherrschend in: • Sri Lanka • Thailand • Laos • Kambodscha • Myanmar (Burma)	Fusionen mehrerer Mahāyāna-Traditionen, insbesondere *Reines-Land* und *Chan*, vorherrschend in: • China/Taiwan • Korea • Vietnam	Vajrayāna Orden (*Nyingma, Kagyü, Sakya, Gelug*) • Tibet • Mongolei • Ladakh, Sikkim, Bhutan
Neo-Buddismus/ Ambedkar-Buddhismus • Indien (primär Maharashtra)	Lotos-Schulen (*Tendai-* und *Nichiren*-Schulen) • Japan Reines-Land (*Jōdo Shū, Jōdo Shin Shū*) • Japan Zen (*Rinzai, Sōtō, Ōbaku*) • Japan	Fusionen von hinduistischem und buddhistischem Tantrismus • Nepal Shingon • Japan

Abb. 2: Wichtigste Schulen und ihre Hauptverbreitungsgebiete

immer ähnlicher geworden war, so dass er zu diesem keine lebendige Alternative mehr darstellte. Das sollte allerdings nicht einseitig in dem Sinn verstanden werden, dass allein der Buddhismus zu viele hinduistische Elemente in sich aufgenommen hätte (wie es häufig vom buddhistischen Tantrismus und dem späten indischen Mahāyāna gesagt wird). Die Ähnlichkeiten deuten zugleich und vielleicht sogar noch mehr darauf hin, dass der Hinduismus inzwischen so viel und in so profunder Weise von buddhistischer Spiritualität und Philosophie profitiert hatte, dass vieles von dem, was den Buddhismus einst speziell und einzigartig machte, inzwischen auch im Hinduismus zu finden war. Wenn diese These stimmt, dann ist der Buddhismus nie aus Indien verschwunden, zumindest nicht vollständig. Nur seine institutionelle Gestalt ist ausgestorben, während vieles von seinem religiösen Aroma erhalten geblieben ist. Außer in Indien erlebte der Buddhismus auch in Zentralasien und Indonesien seinen Niedergang, verschwand dort schließlich ganz und wurde durch den Islam ersetzt. Aber auch hier kann man durchaus fragen, ob der Buddhismus nicht doch seine besonderen Spuren im Islam der vormals buddhistischen Länder hinterließ, denn der Islam entwickelte hier in der Folgezeit lebendige Traditionen eines kontemplativen und mystischen Sufismus.

In China bestand der Buddhismus vor allem in den Formen des Chans (Zen) und des Reinen Landes weiter. Gelehrte chinesische Buddhisten waren häufig der Auffassung, dass sich der Konfuzianismus und der Daoismus nur ihrer Funktion nach vom Buddhismus unterschieden, nicht aber in ihrem Wesen, oder dass die drei Religionen unterschiedliche Manifestationen eines gemeinsamen Prinzips seien. Während diese Auffassung Jahrhunderte lang für eine relativ stabile Koexistenz sorgte, funktionierte dies in Korea weniger gut. Obwohl der Buddhismus in Korea während der Korya-Periode (10.-14. Jh.) zunächst eine starke Förderung erfuhr, wurde er anschließend zur Zielscheibe einer feindseligen konfuzianischen Reaktion, die ihn der meisten seiner ehemaligen Privilegien beraubte.

Im Japan der Kamakura-Periode (1185-1333) erfreute sich der Buddhismus einer religiös äußerst fruchtbaren Zeit. Alle drei populären Arten des japanischen Buddhismus – Reines-Land, Lotos und Zen – empfingen ihre wesentlichen Impulse während dieser Zeit, und zwar vor allem aufgrund solch herausragender religiöser Persönlichkeiten wie die Reines-Land-Buddhisten Hōnen (1133-1212) und Shinran (1173-1263), die Zen-Buddhisten Eisai (1141-1215) und Dōgen (1200-1253) sowie durch Nichiren (1222-1283), der mit viel Energie das Lotos-Sūtra propagierte.

Etwas Vergleichbares lässt sich auch für Tibet sagen. Eine ganze Reihe außergewöhnlicher Persönlichkeiten legte die Basis für den Buddhismus in seiner heutigen Form. Atīśa (11. Jh.) spielte eine entscheidende Rolle bei der Wiederherstellung des Buddhismus nach der schweren Verfolgung des neunten Jahrhunderts. Er war wesentlich verantwortlich für jene Missionskampagne, die in Tibet als die »zweite Verbreitung« des Dharmas bekannt ist. Die Lehren von Marpa (1012-1097), von dessen Schüler Milarepa (Mi-la-ras-pa, 1040-1123) und von Milarepas Schüler Gampopa (sGam-po-pa, 1079-1153) führten zur Gründung des Kagyü-Ordens. Der Sakya-Orden wurde von Konchok Gyalpo (11. Jh.) und seinem Sohn Gunga Nyingpo (12. Jh.) gegründet. Im vierzehnten Jahrhundert gründete der bedeutende Reformer des tibetischen Buddhismus Tsong Khapa (1357-1419) den Gelug-Orden, dessen Oberhaupt im fünfzehnten Jahrhundert zugleich auch die politische Führung Tibets übernahmen und seither den Titel »Dalai Lama« (»Meer [der Weisheit] Lehrer«) führen.

Der Buddhismus erlebte in dieser Zeit auch noch einmal eine weitere geographische Ausbreitung. In seiner tibetischen Form wurde er im dreizehnten Jahrhundert in der Mongolei eingeführt und konnte sich dort während des sechzehnten und siebzehnten Jahrhunderts fest etablieren.

In einer Reihe süd- und südostasiatischer Länder setzte sich die Theravāda-Form des Buddhismus durch und ersetzte allmählich alle anderen Schulen. Dies gilt für Sri Lanka, Myanmar (Burma), Laos, Kambodscha und Thailand sowie für einige kleinere Gebiete in den angrenzenden Ländern (beispielsweise Chittagong in Bangladesch). Andererseits blieb in Vietnam trotz eines andauernden und starken Einflusses des Theravādas die vorherrschende Form der buddhistischen Lehre das von China inspirierte Mahāyāna.

Der Buddhismus trifft auf den Westen (1500-2000)

Die Ankunft der Portugiesen in Sri Lanka (1505) eröffnete ein neues und spannendes, leider auch viel zu oft schmerzhaftes Kapitel in der Geschichte des Buddhismus: das Zusammentreffen des Buddhismus mit dem Westen. Bis zu diesem Zeitpunkt hatte es nur eine Handvoll Abenteurer geschafft, die Barriere, die die islamischen Zivilisationen bildeten, zu überwinden. Jetzt aber waren die westlichen Nationen in der Lage, über das Meer nach Osten vorzudringen. Doch sie kamen als religiöse und politische Eroberer. Sri Lanka erlebte drei aufeinander folgende Phasen westlicher Kolonialherrschaft, die jeweils ungefähr 150 Jahre dauerten: zuerst die portugiesische (1505-1658), gefolgt von der holländischen (1658-1795) und schließlich die britische (1795-1948). Erst dann erlangte Sri Lanka schließlich seine volle Unabhängigkeit wieder.

1549 drangen christliche Missionare bis nach Japan vor. 1557 wurde die portugiesische Kolonie Macao gegründet, von wo aus 1583 Missionare nach China kamen. Abgesehen von einigen wenigen bemerkenswerten Ausnahmen, war die Begegnung zwischen Buddhisten und Christen feindseliger Natur. In Sri Lanka begannen die Portugiesen mit einer teilweise blutigen Repression des Buddhismus. In Japan ermutigten Christen die neu konvertierten Herrscher, den Buddhismus zu unterdrücken, mit dem Ergebnis, dass die japanischen Behörden schließlich das Christentum verboten. Im siebzehnten Jahrhundert erlitten die japanischen Christen (ungefähr 300.000) eine der schlimmsten Verfolgungen, die das Christentum je erfahren hat, was eine beinahe vollständige Ausrottung des Christentums in Japan zur Folge hatte. Daraufhin isolierte sich das Land von nahezu jedem ausländischen Einfluss, bis die Vereinigten Staaten von Amerika in der Mitte des neunzehnten Jahrhunderts Japan dazu zwangen, sich wieder zu öffnen. Obwohl die anti-christlichen Reaktionen in China vergleichsweise milder ausfielen, wurde doch auch dort das Christentum 1724 offiziell verboten.

Im neunzehnten Jahrhundert erreichte der westliche Kolonialismus in Asien seinen Höhepunkt. Großbritannien kontrollierte Sri Lanka und Burma, Frankreich herrschte über Vietnam, Laos und Kambodscha, und beide Nationen zusammen mit Portugal, Deutschland und Russland kontrollierten Teile von China. Japan folgte dem westlichen Beispiel und errichtete seine eigene Kolonialherrschaft in Korea und in Teilen Chinas.

Zu den positiven Nebeneffekten der missionarischen und imperialistischen Aktivitäten westlicher Länder in Asien gehört jedoch, dass der Westen sehr viel mehr Wissen über den Buddhismus erlangte, als er es je besessen hatte: zunächst aufgrund ausführlicher Berichte von Missionaren und Reisenden, im neunzehnten Jahrhundert dann aber auch aufgrund des Studiums buddhistischer Schriften. Die Verbreitung dieser Texte zusammen mit der Veröffentlichung der ersten westlichen Bücher über den Buddhismus führte dazu, dass sich mehrere Europäer nun selbst als Buddhisten bezeichneten, darunter insbesondere der deutsche Philosoph Arthur Schopenhauer (1788-1860). Deutsche Buddhisten gründeten 1903 den ersten *Buddhistischen Missionsverein in Deutschland*, und 1907 entstand die einflussreiche *Buddhist Society of Great Britain and Ireland*. Der Buddhismus hatte Europa erreicht, ohne dass auch nur ein einziger asiatischer Missionar seinen Fuß auf europäischen Boden gesetzt hätte. In den Vereinigten Staaten war die Situation allerdings deutlich anders. Hier gelangte der Buddhismus durch Einwanderer aus China und Japan ins Land, zunächst über Kalifornien und später in erster Linie über Hawaii.

Die massive Präsenz von westlichen Menschen und westlichen Ideen im Osten und die deutlich bescheidenere und quasi »sauberere«, nichtsdestoweniger aber einflussreiche Präsenz von Buddhisten und buddhistischen Ideen im Westen erwiesen sich als produktive Herausforderung für beide Seiten. Ist der Buddhismus eine für die moderne Welt angemessenere Religion als das Christentum, so dass er das Letztere besser ersetzen sollte? Könnte das Christentum vielleicht entscheidende Impulse von der weniger dogmatischen Spiritualität des Buddhismus und seinem Reichtum an meditativen Erfahrungen erhalten? Während beides wichtige Fragen im Westen sind, begann der Osten, seine eigenen Fragen zu stellen: Wie viel könnte und sollte der Buddhismus von der westlichen Kultur lernen, um sich zu erneuern und zugleich aber dem Druck von Seiten des Christentums erfolgreich zu widerstehen?

Für den Buddhismus war und ist die Begegnung mit dem Christentum zwar ein wesentlicher Aspekt seiner Begegnung mit dem Westen, doch viele buddhistische Länder in Asien sahen sich mit einem anderen westlichen Phänomen konfrontiert, das ihnen gewaltiges Leid brachte: die nach-christliche Ideologie des atheistischen und materialistischen Kommunismus. Besonders in der zweiten Hälfte des zwanzigsten Jahrhunderts kam die große Mehrzahl der buddhistischen Länder Asiens unter kommunistische Herrschaft: China, Tibet, die Mongolei, Nordkorea, Vietnam, Laos und Kambodscha. Als Konsequenz wurde der Buddhismus vielen Formen von Restriktion und Unterdrückung unterworfen und war an einigen Orten, insbesondere in Kambodscha, sogar von vollständiger Vernichtung bedroht. Doch überlebte der Buddhismus in all diesen Ländern und wurde in der Mongolei, nachdem das Land seine Unabhängigkeit und Freiheit von kommunistischer Herrschaft erlangt hatte, sogar zur »Haupt-Religion« oder Staats-Religion ernannt.

Allerdings besitzen wir für einige kommunistische Länder keine sichere Kenntnis von der genauen Zahl der heute dort lebenden Buddhisten. Die Verlässlichkeit der offiziellen Statistiken dieser Länder ist schwer einzuschätzen, denn es kann durchaus sein, dass sich die Einwohner aus welchen Gründen auch immer nicht ohne weiteres als Buddhisten identifizieren. Angesichts der sehr großen Bevölkerungszahl Chinas macht es diese Unsicherheit extrem schwierig, die Gesamtzahl von Buddhisten in der Welt verlässlich zu schätzen. Wahrscheinlich liegt diese Zahl aber irgendwo in der Nähe von 500 Millionen (siehe Harvey, 1998, S. 5f.).

Zu guter Letzt möchte ich noch eine keineswegs unbedeutende Nebenwirkung der modernen Begegnung zwischen Buddhisten und dem Westen erwähnen: die Wiedergeburt des Buddhismus in Indien. Bhimrao Ambedkar (1891-1956), der erste Justizminister des modernen Indiens, kreierte eine hoch politische Synthese aus traditionellen buddhistischen Vorstellungen und den westlichen Idealen der Aufklärung – besonders im Hinblick auf die Würde und Freiheit jedes einzelnen Menschen. Für Ambedkar bot diese Synthese den effektivsten »Glauben« im Kampf gegen das indische Kastensystem mit all seinen unmenschlichen Konsequenzen. Tatsächlich gewann Ambedkars Neo-Buddhismus viele Anhänger unter den sogenannten »Unberührbaren«, der »Kaste« der Kastenlosen. Heutzutage ist dieser Neo-Buddhismus besonders stark im indischen Bundesstaat Maharashtra vertreten.

Wie keine andere Religion hat der Buddhismus das Gesicht Asiens geprägt und dabei das Leben unzähliger Menschen in kulturell so unterschiedlichen Ländern wie zum Beispiel Indien und Japan oder in der Mongolei und Thailand inspiriert und geleitet. Außerdem hat er begonnen, die Spiritualität einer wachsenden Anzahl von Menschen im Westen zu beeinflussen. »Warum hat sich der Buddhismus so erfolgreich ausgebreitet?«, fragt Richard Gombrich (1988, S. 151) von der Universität Oxford. Unterschiedliche Antworten wurden darauf gegeben. Viele Wissenschaftler verweisen auf allgemeine soziologische Faktoren, auf spezifische Situationen sozialer

Umbrüche und sozialen Wandels und insbesondere auch auf die Förderung des Buddhismus durch politische Machthaber. Ganz offensichtlich steckt in all dem ein Stück Wahrheit. Meiner Meinung nach ist aber die einfachste und überzeugendste Antwort jene, die Gombrich selbst gibt: »Der wichtigste Faktor war zweifellos die Kraft und die Schönheit seiner Gedanken« (ebd.). Auf diese werde ich im Folgenden näher eingehen. Doch zunächst müssen wir uns das religiöse Klima zur Zeit des Buddhas ansehen, unter dessen Einfluss er stand und auf das er reagierte, als er seine Einsichten verkündete.

Literaturhinweise: Bechert und Gombrich (1984); Conze (1980); Conze (2001); Habito (2005); Harvey (1998); Skilton (1997).

2 DER RELIGIÖSE KONTEXT DES FRÜHEN BUDDHISMUS

Der Brahmanismus und das Ideal eines guten Lebens

Zur Zeit des Buddhas war die vorherrschende Religion in Indien der Brahmanismus. Er beruhte auf den älteren Teilen der Veden. Diese, so glaubte man, enthalten die ewige Wahrheit, wie sie die vedischen Seher erkannt hatten. Man war der Auffassung, dass die Welt mit zahlreichen Gottheiten (*devas*) angefüllt sei. Jede Kraft in der Natur, jede Macht in der Gesellschaft und Kultur war mit einer oder mehreren göttlichen Gestalten verknüpft. Es gab Götter des Windes und des Wassers, des Feuers und der Erde, der Sonne, des Mondes und der Sterne. Bäume und Pflanzen waren von Geistern bewohnt, und Götter wachten über gemeinschaftliche Pflichten, über die Gesellschaftsordnung und über die Sitten und Gebräuche.

Trotzdem trügt der Eindruck, es handele sich hier um einen ausgeprägten Polytheismus. Der Polytheismus wurde von zwei gegensätzlichen Tendenzen in Schach gehalten und zuweilen sogar vollständig besiegt: Zum einen von der Tendenz, die Götter in eine Hierarchie einzuordnen, bei der ein einziger Gott an der Spitze stand (*Henotheismus*). Sobald das Verhältnis zwischen dem höchsten Gott und den untergeordneten Gottheiten im Sinn eines qualitativen Unterschieds verstanden wurde, befand man sich bereits auf dem Weg zum *Monotheismus*. Es waren jedoch verschiedene Götter, die zeitweise als der allen anderen Göttern überlegene Gott, als »König der Götter«, verehrt wurden – besonders Varuṇa und Indra und etwas später Brahmā und Prajāpati, der im Ṛgveda 10:121 als »Gott über allen Göttern« gepriesen wird, als der eine, der alles andere erzeugt und umfasst.

Die zweite Tendenz, die einen vollen Polytheismus abwendete, war nicht monotheistisch, sondern *monistisch*. Darin spiegelt sich die Vorstellung wider, dass letztendlich alles die Manifestation einer einzigen göttlichen Wirklichkeit ist. Die Anfänge des Monismus lassen sich bereits in jenem häufig auftretenden Prozess erkennen, bei dem verschiedene Gottheiten miteinander identifiziert werden oder bei dem man davon ausgeht, dass sie sich alle auf eine einzige letzte Wirklichkeit beziehen, wie es bekanntermaßen im Ṛgveda 1:164:46 gesagt wird: »Sie nennen ihn Indra, Mitra, Varuṇa und Agni, und er ist der himmlische, schön-gefiederte Garutmān. Die Weisen benennen das, was eins ist, mit vielen Namen ...« (Radhakrishnan und Moore, 1989, S. 21). Bedenkt man, dass das riesige Pantheon der vedischen Götter die Summe der kosmischen, natürlichen und auch sozialen Kräfte repräsentierte, dann kann die Vorstellung, dass sie alle eine einzige göttliche Wirklichkeit zum Ausdruck bringen, leicht zu einem monistischen Verständnis der Wirklichkeit insgesamt führen. Dies wirft jedoch weitere Fragen auf: Wer oder was ist diese letzte Wirklichkeit in und jenseits von allem? Ist sie selber eine Art existierendes Wesen, oder sollte man sie sich eher als eine Meta-Realität vorstellen, ähnlich dem Nichts? Und warum hat sie sich in einer so vielfältigen Bandbreite von Phänomenen manifestiert? Diese Fragen werden in einer vedischen Schöpfungshymne (Ṛgveda 10:129) aufgeworfen, die mit Recht als vielleicht *der* Schlüsseltext bezeichnet worden ist, der allem späteren philosophischen Denken Indiens zugrunde liegt, sei es buddhistisch oder hinduistisch (siehe Lindtner, 1999, S. 40f.; 48ff.).

> Weder Nichtsein noch Sein war damals;
> Es gab weder Luft, noch einen Himmel darüber.
> Was war verborgen? Worin? In wessen Schutz?
> Und gab es unergründlich tiefes Wasser?
>
> Weder Tod noch unsterbliches Leben gab es damals;
> Es gab kein Anzeichen von Nacht oder Tag.
> Windlos atmete das Eine durch seine inhärente Kraft.
> Nichts anderes existierte darüber hinaus.

... Kreative Kraft gab es da, und fruchtbare Stärke:
Unterhalb war Energie und oberhalb Impuls.

Wer weiß es bestimmt? Wer soll es hier verkünden?
Woher wurde sie geboren, woher kam diese Schöpfung?
Die Götter wurden nach der Schöpfung dieser Welt geboren:
Wer kann also wissen, woraus sie entstanden ist?

(Radhakrishnan und Moore, 1989, S. 23)

Eine andere berühmte Hymne aus dem Ṛgveda (10:90) erklärt die Welt als das Ergebnis eines uranfänglichen Opfers. Das ganze Universum, so beschreibt es diese Hymne, ist ein einziger »Mann« (*puruṣa*) oder Organismus, oder genauer gesagt: Das ganze Universum ist nur ein Viertel von dem, was dieser uranfängliche »Mann« tatsächlich umfasst. Dieser *puruṣa* wird von den Göttern geopfert, und aus den verschiedenen Körperteilen werden die Elemente der natürlichen und der sozialen Welt erschaffen – einschließlich der Götter! Das heißt, der Sonnengott, der Gott des Feuers, des Windes, die Erdgöttin und Indra, alle sind aus den verschiedenen Körperteilen des *puruṣas* erschaffen. Einerseits also führen die Götter das Opfer des *puruṣas* durch, andererseits aber sind sie selber das Ergebnis dieses Opfers. Dies legt die Vorstellung nahe, dass die Welt mit ihrer ungeheuren Vielfalt an Lebewesen, Kräften und Elementen als eine Art göttliches Selbstopfer entsteht, wobei sich die uranfängliche Einheit einer geordneten Vielfalt unterwirft, ohne dabei aufzuhören, der eine und einzige göttliche Organismus zu bleiben – in allem und hinter allem.

Der *puruṣa*-Mythos erklärte auch den Ursprung des Kastensystems. Bei der Opferung und Zerteilung des *puruṣas* wurde die Priesterkaste (*brāhmaṇas*) aus dem Mund des *puruṣas* geboren. Die Kaste der Herrscher und Krieger (*kṣatriyas*) wurde aus seinen Armen geformt. Seine Schenkel wurden zur Kaste der Händler und Bauern (*vaiśyas*), und aus seinen Füßen entstand die Kaste der Diener (*śūdras*) (Ṛgveda 10:90:12). Diese Beziehung zwischen den verschiedenen Körperteilen des *puruṣas* und den einzelnen Kasten deutet nicht nur auf deren unterschiedliche Funktionen innerhalb der Gesellschaft hin, sondern drückt zugleich auch eine soziale Hierarchie aus, die sich vom Kopf bis zu den Füßen erstreckt – mit den Brahmanen an der Spitze und den Śūdras am unteren Ende.

Die Brahmanen sahen sich selbst als Beschützer der Gesellschaftsordnung, die ihrerseits als Teil der ewigen und göttlichen kosmischen Ordnung (*ṛta*) galt. Sie kannten und lehrten den *dharma*, das heißt, das ewige »Gesetz«, das nicht nur allgemeine ethische Regeln umfasste, sondern auch die speziellen »Pflichten«, die für jeden und alle gemäß des jeweiligen Kastenstatus aus der kosmischen Ordnung abgeleitet wurden. Seinen *dharma* zu erfüllen, im Einklang mit dem *dharma* zu leben, war somit das übergreifende Ideal der brahmanischen Religion.

Die besondere Pflicht der Brahmanen bestand jedoch nicht nur darin, den Dharma zu lehren, sondern vor allem in der Durchführung der vedischen Opferrituale, von denen einige privaten oder häuslichen Charakter trugen, andere aber recht umfangreiche öffentliche Veranstaltungen waren. Durch die vedischen Texte besaßen die Brahmanen das Wissen, wie man ein Opferritual fehlerlos und damit wirksam ausführt. Ein wesentlicher Teil des vedischen Rituals bestand darin, den Göttern Opfergaben darzubringen, indem man sie im heiligen Feuer verbrannte. Normalerweise handelte es sich dabei um verschiedene Arten von Nahrungsmitteln wie Milch, Reis und Gerste, Pflanzen und Haustiere, aber auch sehr wertvolle Dinge wie etwa ein gutes Pferd. Das Feuer, vergöttlicht als der Gott Agni, transportierte die Opfergaben in die unsichtbare Welt der Gottheiten. Als Gegenleistung gewährten die Gottheiten materielle Güter, Erfolg, soziales und persönliches

Wohlergehen, ein freudvolles Leben und – besonders wichtig – männliche Nachkommen. Die Kommunikation mit den Göttern kam aber nicht nur mit Hilfe des Gottes Agni zustande, sondern auch durch Soma, einen Gott, der mit einer Pflanze assoziiert wurde, deren Saft halluzinogene oder stimulierende Eigenschaften besaß. Die veränderten Bewusstseinszustände, die Soma verursachte, verstand man als Einblicke in das Jenseits. Soma erweiterte die »Pforten der Wahrnehmung« und erhob den Priester in die himmlische Welt (siehe Ṛgveda 8:48; 9:113).

Die frühe vedische Religion zeugt von einer starken *diesseitigen* Ausrichtung. Man muss in Harmonie mit den Göttern, also mit den Kräften der Natur und Kultur, leben, um Schaden zu vermeiden und das Leben so weit wie möglich zu genießen. Die Veden erklären, dass es unabhängig von der Kastenzugehörigkeit drei allgemein gültige »Ziele der Menschen« (*puruṣārtha*) gibt: erstens im Einklang mit dem *dharma* zu leben, zweitens »Reichtum« und »Macht« (beides ist ein Wort: *artha*) zu erlangen und drittens die »Sinnesfreuden« des Lebens (*kāma*) zu genießen. In einer vedischen Hymne an den Gott Soma (Ṛgveda 9:112:1.3f.) heißt es:

> Unsere Gedanken führen uns zu unterschiedlichen Berufungen und unterscheiden die Menschen voneinander: der Zimmermann sucht nach dem, was zerbrochen ist, der Arzt nach einem Knochenbruch, und der Brahmanenpriester nach einem, der den Soma auspresst. Oh Somatropfen, fließe für Indra …
>
> Ich bin ein Dichter, mein Papa ein Arzt und die Mama eine Müllerin mit einem Mahlstein. Mit vielfältigen Gedanken streben wir alle nach Reichtum, laufen ihm nach wie das Vieh. Oh Somatropfen, fließe für Indra …

> Das angeschirrte Pferd sehnt sich nach einer leichten Karre; Verführer sehnen sich nach dem Lächeln einer Frau; der Penis nach den zwei behaarten Lippen und der Frosch nach Wasser. Oh Somatropfen, fließe für Indra ...
>
> (O'Flaherty, 1981, S. 235)

Nach den Veden sind *artha* (Reichtum/Macht) und *kāma* (sinnlicher, insbesondere sexueller Genuss) etwas, wonach wir uns alle sehnen und das wir mit Hilfe der Götter vom Leben erwarten dürfen und sollen, wenn wir im Einklang mit dem *dharma* leben.

Aber wie steht es um ein Leben nach dem Tod? Die einzelnen Bestandteile des Menschen kehren zu den entsprechenden Elementen der Natur zurück: das Licht der Augen zur Sonne, der Atem zum Wind, die Körperteile zur Erde. Die Person selber geht zum Reich der »Väter«. Die Verbrennung der Toten ist wieder mit der Funktion von Agni, dem Gott des Feuers, verbunden. So wie Agni das Opfer zu den Göttern trägt, indem er die Opfergaben verzehrt, wird er auch angerufen, die Toten in die himmlische Welt zu bringen, eine Welt der Belohnung für alle, die Gutes getan haben (siehe Ṛgveda 10:16:1-5). Diese »Belohnung« verstand man offensichtlich aber nicht als etwas, das sich essentiell von den Freuden im Diesseits unterscheidet. Das Leben nach dem Tod erschien als eine (hoffentlich) bessere Fortführung des Lebens, nicht aber als etwas vollständig anderes. Das erklärt möglicherweise, warum in einem bestimmten Stadium der Entwicklung des vedischen Brahmanismus die Vorstellung aufkam, dass auch das Leben nach dem Tod schließlich ein Ende finden würde. Angesichts der düsteren Aussicht auf einen »Wieder-Tod« (*punarmṛtyu*), kam nun die echte Befreiung von Tod und Wiedertod als das eigentliche Ziel in den Blick, nach dem es sich wirklich zu streben lohnt.

Die Herausforderung der Śramaṇas

Für den Glauben an Wiedergeburt und Wiedertod finden sich in den frühen Teilen der Veden noch keinerlei Anzeichen, und die Ursprünge dieses Glaubens, der schließlich zu einer der am weitesten verbreiteten Vorstellungen in den indischen Religionen wurde, liegen immer noch im Dunkeln. Allerdings war die weitere Entwicklung und Ausbreitung des Glaubens an Reinkarnation eng verknüpft mit der Śramaṇa-Bewegung. Der Glaube an Reinkarnation war eine starke Motivation hinter dem von den Śramaṇas (Pāli: *samaṇas* = »die Strebenden«) propagierten neuen religiösen Ideal und Lebensstil. Der Gedanke einer potentiell endlosen Wiederholung eines Lebens nach dem anderen, eines sich beständig drehenden »Rad der Wiedergeburten« (*saṃsāra*), machte in ihren Augen die traditionellen Lebensziele der vedischen Religion sinnlos. Was für einen Sinn hatte es denn, sich immer wieder auf dieselben kleinen Glücksmomente und vergänglichen weltlichen Erfolge zu freuen, also auf *kāma* und *artha*? Nichts war von Dauer, außer dieser endlosen Vergänglichkeit selber. Innerhalb dieses Kreislaufs von Wiedergeburt und Wiedertod konnte nichts als endgültig befriedigend gelten; nichts war letztendlich erstrebenswert:

> In diesem Rad der Existenzen (*saṃsāra*), was nützen einem da die sinnlichen Freuden? Denn auch ein Mann, der sich an ihnen gesättigt hat, muss ja immer wieder zur Erde zurückkehren.
> … In diesem Kreislauf des Daseins fühle ich mich wie ein Frosch in einem ausgetrockneten Brunnen.
>
> (Radhakrishnan und Moore, 1989, S. 93f.)

Diese Passage aus einer der späteren Upanischaden (Maitrī Upaniṣad 1:4) beschreibt recht eindrücklich die Motivation der Śramaṇas. Hier wird dieselbe Metapher benutzt, der wir zuvor in unserem Beispiel für die vedische Bejahung weltlicher Freuden begegnet sind: Der Frosch, der sich nach Wasser sehnt, als Symbol für das natürliche Streben aller Kreaturen nach Befriedigung und Freude. Aber während der frühe Brahmanismus davon ausging, dass das menschliche Streben tatsächlich durch *artha* und *kāma* befriedigt werden könne, dass also Reichtum und Sinnesfreuden für den Menschen dasselbe seien wie das Wasser für einen Frosch, lehnten die Śramaṇas dies ab. Das Leben im *saṃsāra* ist so, als wäre man »ein Frosch in einem wasserlosen Brunnen«. Die wahre Befriedigung der menschlichen Sehnsucht muss man anderswo finden, außerhalb der Welt des *saṃsāras*, dort wo echte Unsterblichkeit regiert, wo wir zum letzten Grund der Wirklichkeit gelangen. Dementsprechend betrachteten die Śramaṇas die Opferrituale mit ihrer Konzentration auf diesseitige Vorteile als ebenso bedeutungslos wie ein Leben in Übereinstimmung mit den Pflichten und Zielen der Gesellschaft. Sie entschlossen sich, der Welt zu entsagen und als hauslose Asketen in den Wäldern zu leben, ihre Kastenpflichten zu ignorieren und sich auf solche Praktiken zu konzentrieren, von denen sie glaubten, hierdurch die Befreiung vom *saṃsāra* zu erreichen, die letzte Wirklichkeit zu finden und die daraus resultierende bleibende Befriedigung zu erfahren:

> Diejenigen, die Opfer und Verdienst für das Wichtigste halten,
> Sie wissen es nicht besser – verblendet sind sie!
> Nachdem sie durch gute Werke die Freuden des höchsten Himmels erlangt haben,
> Kehren sie doch in diese Welt zurück oder in eine noch geringere.
>
> Doch die, die im Wald Enthaltsamkeit und Glauben üben,
> Die friedlichen Weisen, die von Almosen leben,

> Gehen frei von Leidenschaften fort durch das Tor der Sonne,
> Dorthin, wo jener unsterbliche *puruṣa* weilt …
>
> (Muṇḍaka Upaniṣad 1:2:10f.; Radhakrishnan und Moore, 1989, S. 52)

Das neue religiöse Ziel, das die Śramaṇas einführten, war also die endgültige Erlösung oder Befreiung. Zwar gab es unter den Śramaṇas ein breites Spektrum an unterschiedlichen Überzeugungen, doch stimmten sie darin überein, dass man dieses Ziel durch eine befreiende Erkenntnis erreichen könne, das heißt, durch eine Einsicht in die Natur dessen, was die wahre Wirklichkeit ist. Aber diese Art von Erkenntnis oder Einsicht lässt sich nicht in einem intellektuellen Sinn erlernen oder verstehen. Um echt und wirksam zu sein, muss sie spürbar sein; sie muss die eigene Einsicht mit der unwiderstehlichen Kraft und Gewissheit einer eindeutigen Erfahrung treffen. Deswegen verfolgten die Śramaṇas einen Lebensstil und spirituelle Praktiken, die dieser besonderen Erfahrung der befreienden Einsicht zuträglich zu sein schienen. Das bedeutete, mit den Bindungen an das Leben eines sogenannten »Hausbesitzers« (dem Leben in der gewöhnlichen Welt) zu brechen, verschiedene Formen von Meditation zu praktizieren, seinen Körper und Geist durch ein zölibatäres Leben zu disziplinieren, und manchmal auch dadurch, dass man sich schwere Entsagungen auferlegte, von verschiedenen Arten des Fastens bis hin zu selbst zugefügten Schmerzen.

Diese Śramaṇa-Bewegungen, die zwischen dem sechsten und vierten Jahrhundert v.u.Z. in Indien entstanden, bildeten eine enorme Herausforderung für Religion und Gesellschaft. Denn wenn die Śramaṇas Recht hatten, dann war das Leben gewöhnlicher Menschen mit ihren sozialen Verpflichtungen und Zielen sinnlos, die vedischen Rituale bedeutungslos und das vedische »Wissen« trügerisch. Viele der späteren Entwicklungen im religiösen Leben Indiens kann man als unterschiedliche Versuche verstehen, dieser Herausforderung beizukommen, das heißt, »das Leben eines Hausbesitzers ... mit dem Ideal der asketischen Weltentsager zu versöhnen ...« (Krishna, 1996, S. 51).

Einige der religiösen Gruppierungen, die aus den Śramaṇa-Bewegungen hervorgingen, blieben außerhalb der vedischen Orthodoxie. Sie lehnten die Veden sowie das von den Veden geförderte sozio-religiöse System ab und entwickelten stattdessen ihre eigenen religiösen Institutionen, wie zum Beispiel die Jainas und die Buddhisten. Selbst heute noch werden unter den Jainas gelegentlich einige der extremsten Formen asketischer Disziplin praktiziert: Wenn beispielsweise ein spirituell hoch entwickelter Jaina sich dem Ideal der Heiligkeit nähert, dann wird er aufhören zu essen und sich zu Tode hungern.

Der etablierte Brahmanismus unternahm seinerseits jedoch den erfolgreichen Versuch, so viel wie möglich von der Śramaṇa Spiritualität in sein eigenes religiöses System zu integrieren. Tatsächlich sind wohl Teile der Śramaṇa-Bewegung innerhalb brahmanischer Kreise entstanden, wie man an den Upanischaden sehen kann, einer Gruppe von Schriften, die im Wesentlichen zwischen 700 und 300 v.u.Z. verfasst worden sein dürften. Die Upanischaden enthalten viele Vorstellungen der Śramaṇas, einschließlich der Kritik an vedischen Texten und Ritualen. Zugleich beanspruchen sie jedoch, jenes wahre und höhere Wissen zu offenbaren, das unter der Oberfläche traditioneller vedischer Vorstellungen verborgen sei. Diese Einstellung machte es den Brahmanen möglich, die Upanischaden in die Sammlung der Veden zu integrieren, und zwar als deren letzten Teil (Vedānta = »Ende der Veden«), ja im Grunde als die Erschließung ihres tiefsten Sinns. Die befreiende Einsicht wird hier als Wahrnehmung der inneren Einheit des wahren Selbst, ātman, mit der letzten göttlichen Wirklichkeit verstanden, die jetzt häufig das *brahman* genannt wird. (Möglicherweise resultiert dies aus der Identifikation des *brahmans* als das innere Lebensprinzip des *puruṣas* – eine Identifikation, die sich bereits in einigen vedischen Texten findet [siehe Atharvaveda 1:2].) Manchmal wird die Einheit von *ātman* und *brahman* im monotheistischen Sinn als eine mystische Einswerdung verstanden. Häufiger jedoch wird sie als monistische Einheit gesehen, so dass das Selbst, *ātman*, in Wahrheit identisch mit dem alles durchdringenden göttlichen *brahman* ist.

Das neue religiöse Ziel der Śramaṇas, Erlösung (*mukti*) oder Befreiung (*mokṣa*), wurde nun den drei traditionellen Zielen, *dharma*, *artha* und *kāma*, als letztes und eigentliches Lebensziel hinzugefügt. Um das neue mit den alten Zielen zu harmonisieren, bestanden die Verteidiger der vedischen Orthodoxie jedoch darauf, dass man zunächst den *dharma* lernen und respektieren müsse; danach solle man eine Familie gründen und so die Ziele von Reichtum/Macht (*artha*) und Sinnesfreuden (*kāma*) verfolgen. Erst wenn ein Mann die Kinder seiner Kinder sehe, stehe es ihm frei, seine gesellschaftlichen Pflichten aufzugeben, das Leben eines Einsiedlers oder hauslosen Asketen zu führen und nach der letzten Befreiung (*mokṣa*) zu streben. Sollte jemand jedoch das Gefühl haben, dafür spirituell noch nicht reif zu sein, so bot die Vorstellung der Reinkarnation für dieses Problem eine Lösung an und damit zugleich einen neuen Ansatz, die vedische Gesellschaftsordnung zu konsolidieren: Seinen *dharma*, also seine Pflichten, zu erfüllen, so wurde nun erklärt, ist im Kontext der Reinkarnation ebenso wirksam wie die Durchführung von Opferritualen (so die ursprüngliche Bedeutung von *karma* = Werk). Durch gutes *karma*, das heißt dadurch, dass man im Einklang mit dem *dharma* lebt, erlangt man eine gute Wiedergeburt, vielleicht sogar in einer höheren Kaste, und kann sich so stufenweise auf das letzte Ziel der Befreiung vorbereiten.

Eine andere Reaktion auf die religiösen Brüche und Umbrüche, die die Śramaṇas auslösten, kann man im Auftreten der Cārvākas sehen. Sie bewahrten die traditionellen vedischen Lebensziele und versuchten in keiner Weise, sie mit den neuen Idealen der Śramaṇas in Einklang zu bringen. Allerdings lehnten sie nicht nur die asketische Orientierung der Śramaṇas ab, sondern verwarfen zugleich auch den gesamten religiösen Kontext des Brahmanismus und befürworteten offen eine Form von Atheismus und Materialismus (*lokāyatā*), die erstaunlich modern klingt:

> Es gibt hier keine Ursache außer der Natur.
>
> Die Seele ist einfach nur der Körper ...
>
> Es gibt keine andere Welt als diese hier; es gibt keinen Himmel und keine Hölle; das Reich von Śiva und ähnliche Gebiete wurden von dummen Betrügern anderer philosophischer Schulen erfunden.
>
> Die Freuden des Himmels sind das Essen köstlicher Speisen, die Gesellschaft junger Frauen, schöne und wertvolle Kleidung, Parfüms, Blumengirlanden, Sandelholzpaste usw.
>
> Die Schmerzen der Hölle sind die Schwierigkeiten, die einem Feinde, Waffen und Krankheiten bereiten; Erlösung (*mokṣa*) ist der Tod, das Aufhören des Lebensatems.
>
> Der Weise sollte sich ihretwegen (der Erlösung wegen) keine Mühen auferlegen. Nur ein Dummkopf verschleißt sich durch Selbstkasteiung, Fasten usw.
>
> Keuschheit und ähnliche Vorschriften wurden von cleveren Schwächlingen angeordnet ...
>
> Die Weisen sollten die Freuden der Welt genießen und sich hierzu der sichtlich geeigneten Mittel wie Ackerbau, Viehzucht, Handel, politische Verwaltung usw. bedienen.
>
> (zitiert in: Śaṅkaras Sarvasiddhāntasaṅgraha; Radhakrishnan und Moore, 1989, S. 235)

Solche Ansichten wurden im traditionellen Indien allerdings nie von der Mehrheit übernommen, obwohl sie natürlich ihre Anhänger hatten. Zur Zeit des Buddhas wurden sie vor allem von einem Lehrer namens Ajita Keśakambali energisch verkündet (siehe DN 2:23).

Wie reagierten die frühen Buddhisten auf all das? Alle Gruppierungen, seien es die Anhänger des traditionellen vedischen Brahmanismus, die unterschiedlichen Śramaṇa Kreise, und selbst die Cārvākas, stimmten dem Prinzip zu, dass »alle Lebewesen vor Leid zurückschrecken und sich nach Glück sehnen«, wie ein buddhistischer Text es ausdrückt (siehe MN 94). Auch die Buddhisten stimmten dem zu. Die große Frage war natürlich, was denn das Wesen echter Befriedigung und letzten Glücks sei, und was, dementsprechend, der richtige Weg sei, solches zu erreichen. In Übereinstimmung mit den Śramaṇas verkündeten die Buddhisten, dass letztes Glück an die Erlösung gebunden ist. Auch die Buddhisten lehnten die Autorität der Veden und die der Brahmanen ab. Aber angesichts der radikalen Weltentsager einerseits und der materialistischen Cārvākas andererseits verkündete der Buddha seine Entdeckung eines »mittleren Weges«, eines Pfades, der zur »Todlosigkeit« und zur höchsten Glückseligkeit führt, während man sowohl die Extreme der Selbstkasteiung als auch die Sucht nach sinnlichen Genüssen vermeidet (siehe SN 5:56:11).

Literaturhinweise: Brockington (1998); Flood (2002); Krishna (1996); Pande (1999).

Geschichte und Legende

»Buddha« ist kein Eigenname, sondern ein religiöser Titel und bedeutet »der Erleuchtete« oder wörtlich »der Erwachte« – jemand, der die Finsternis der existenziellen Unwissenheit überwunden hat und aus Illusion und Verblendung erwacht ist. Meist, aber keineswegs ausschließlich, bezieht sich dieser Titel auf Siddhārtha Gautama (Pāli: Siddhattha Gotama). Leider besitzen wir, aus historischer Perspektive, über Siddhārtha kaum Informationen, die als einigermaßen gesichert oder zumindest als besonders wahrscheinlich gelten könnten. Wir können wohl annehmen, dass er tatsächlich eine historische Persönlichkeit gewesen ist und nicht nur das Produkt religiöser Legende, wie einige Indologen in der Vergangenheit vermutet haben. Hinsichtlich der genauen Lebensdaten Siddhārthas herrscht allerdings sehr viel Unsicherheit. Der traditionelle Theravāda Buddhismus gibt an, dass er von 623/624 bis 543/544 v.u.Z. gelebt hat; die meisten Wissenschaftler halten jedoch 563–483 (oder 566-486) v.u.Z. für wahrscheinlicher. In der letzten Zeit hat sich eine Reihe Historiker für eine noch jüngere Datierung ausgesprochen, zumeist in der Gegend von ungefähr 450-370 v.u.Z.

Die einhellige Annahme, dass Siddhārtha achtzig Jahre alt wurde, beruht auf der traditionellen Information, wie sie sich im Pāli-Kanon findet. Der Pāli-Kanon ist unsere älteste Quelle für biographisches Wissen über den Buddha, doch häufig wird man wohl die Verlässlichkeit seiner Informationen in Zweifel ziehen müssen. Einige der dort enthaltenen Erzählungen erscheinen zwar recht glaubwürdig, andere weisen aber deutliche Anzeichen von Legenden auf. In den nachfolgenden Jahrhunderten wurden umfassende Berichte über das Leben des Buddhas geschrieben, wie beispielsweise das Mahāvastu (2. Jh. v.u.Z.) oder das berühmte Lalitavistara (1. Jh. v.u.Z.), das poetische Buddhacarita, das Aśvaghoṣa verfasste (1. Jh. u.Z.), oder die Nindānakathā (4. Jh. u.Z.), die zum Theravāda gehört. Diese »Biographien« enthalten eine Mischung aus eindeutig legendären Zügen und älteren, möglicherweise verlässlicheren Berichten. Alle zeugen jedoch von der Entwicklung einer relativ stabilen Buddha-Legende, bestehend aus einem festen Set an standardisierten Elementen. Der offensichtliche Sinn der Buddha-Legende besteht darin, wesentliche Punkte der buddhistischen Lehre anhand der Lebensgeschichte des Buddhas zu veranschaulichen, wobei der Buddha quasi als »sichtbarer *dharma*« fungiert – eine Vorstellung, die sehr alte Wurzeln besitzt (siehe AN 3,54f.; SN 22:87). Dieselbe Vorstellung kommt auch in einem anderen religiösen Titel zum Ausdruck, der dem Buddha häufig gegeben wird: »Tathāgata«, der »So Gegangene«, was bedeutet, dass der Buddha selbst »so gegangen« ist, beziehungsweise so gelebt hat, wie es der Lehre entspricht. Diese Funktion der Buddha-Legende wird durch die traditionelle Auffassung bestätigt, dass die Lebenswege aller Buddhas immer demselben Muster der wichtigsten Ereignisse aus der Buddha-Legende folgen: Jeder Buddha – wenn er denn wirklich ein »Buddha«, ein »Erwachter« ist – manifestiert oder inkarniert somit dieselbe ewige Wahrheit des buddhistischen *dharmas*, eine Vorstellung, die sich bereits im Pāli-Kanon findet (DN 14). In diesem Kapitel konzentriere ich mich in erster Linie auf jene Berichte, die historisch gesehen eher auf der verlässlichen Seite liegen dürften. Aber ich werde auch einige Elemente der Buddha-Legende einbeziehen, insofern sie eben das vermitteln, was der Buddha Buddhisten bedeutet.

Zum Buddha werden

Siddhārtha wurde in Lumbinī, in der Nähe von Kapilavastu im Nordosten Indiens geboren, nördlich des heutigen Varanasi (Benares), nahe der Grenze zu Nepal. Damals gehörte Kapilavastu zu der kleinen Republik der Śākyas, weswegen

Siddhārtha auch »Śākyamuni« genannt wird, das heißt, der »Weise aus den Śākyas«. Sein Vater Śuddhodana war der Herrscher der Republik, und deswegen gehörte Siddhārtha zur Kaste der *kṣatriyas*. Seine Mutter Māyādevī starb kurz nach seiner Geburt, und Siddhārtha wurde von seiner Tante Mahāprajāpatī, der Schwester seiner Mutter, aufgezogen. Man kann annehmen, dass dem jungen Siddhārtha eine elitäre Ausbildung zuteilwurde, die seinem Status als höheres Mitglied der Kriegerkaste entsprach. Im Alter von sechzehn Jahren wurde er mit Yaśodharā verheiratet, die seinen Sohn Rāhula gebar.

Gemäß eines autobiographischen Fragments des Pāli-Kanons lebte Siddhārtha ein privilegiertes, behütetes und durchaus luxuriöses Leben.

> Ich benutzte nur Sandelsalbe aus Benares, und meine Kopfbedeckung, meine Jacke, mein Untergewand und meine Tunika – sie alle bestanden aus Musselin aus Benares. Bei Tag und bei Nacht hielt man einen weißen Baldachin über mich, damit mich Kälte und Hitze, Staub, Spreu und Tau nicht belästigten. Ich besaß drei Paläste: einen für den Sommer, einen für den Winter und einen für die Regenzeit. Im Regenzeit-Palast kümmerten sich während der vier Monate, in denen es regnete, ausschließlich Musikantinnen um mich. In dieser Zeit verließ ich den Palast nie.
>
> (AN 3:38; Nyanaponika; Bodhi, 1999, S. 53f.)

Aber »inmitten dieser Pracht und eines gänzlich sorgenfreien Lebens« begann Siddhārtha, über das unvermeidliche Altern nachzudenken, über Krankheit und Tod, mit dem Ergebnis, dass »mein ganzer Stolz auf meine Jugend ... mein ganzer Stolz auf meine Gesundheit ... mein ganzer Stolz auf mein Leben verschwand« (ebd.).

Die Buddha-Legende hat dieser Entwicklung des jungen Siddhārthas mit der berühmten Erzählung von den »Vier Ausfahrten« einen dramatischen Ausdruck verliehen. Nach der Legende wurde Siddhārtha jungfräulich empfangen. Seine Mutter sah in einem Traum, wie er den Tuṣita-Himmel verließ und sich in Gestalt des königlichen Symbols eines weißen Elefanten durch ihre rechte Seite in ihren Leib begab. Geboren wurde er, indem er auf wunderbare Weise und denselben Weg, nämlich durch ihre rechte Seite (die als die edle Seite gilt), den Leib seiner Mutter wieder verließ. Unmittelbar nach seiner Geburt machte er sieben Schritte, erklärte sich selbst zum »Höchsten in der Welt« und verkündete, dass dieses Leben sein letztes sein würde. Ein weiser Brahmane sagte voraus, dass Siddhārtha, weil er die zweiunddreißig körperlichen Merkmale eines großen Wesens aufweise, entweder zu einem Weltenherrscher (*cakravartin*) werden würde oder aber zu einem vollkommen »Erleuchteten« – einem Buddha. Sein Vater gab Ersterem den Vorzug, und so umgab er seinen Sohn mit jedem erdenklichen Luxus und achtete darauf, dass man Siddhārtha von allem fernhielt, was in ihm eine religiöse Sehnsucht auslösen könnte. Doch als junger Mann wurde Siddhārtha neugierig auf das Leben außerhalb der Palastmauern und unternahm einen Ausflug. Bei dieser Gelegenheit sah er zum ersten Mal in seinem Leben einen Greis, der »gebeugt wie ein Dachbalken, gebrochen, auf einen Stock gestützt, wackelig und krank, und dessen Jugend vollständig geschwunden war«. Als Siddhārtha seinen Wagenlenker fragte, was dem Mann denn fehle, erfuhr er, dass dieser einfach nur alt sei und dass alle, einschließlich Siddhārtha selbst, einst »alt werden müssen«. Siddhārtha war schockiert und kehrte zum Palast zurück. Bei einer zweiten Ausfahrt begegnete er zum ersten Mal einem »Mann, der an einer schweren Krankheit litt und in seinem eigenen Urin und Kot lag«. Wieder fragte Siddhārtha seinen Wagenlenker und erfuhr, dass Krankheit unvermeidlich sei. Bei einer dritten Ausfahrt wurde er erstmals in seinem Leben mit dem Anblick eines Toten konfrontiert. Siddhārtha fragte seinen Wagenlenker:

»Warum wird dieser Mann ein Toter genannt?«
»Prinz, er wird ein Toter genannt, weil seine Eltern und andere Verwandten ihn nie wieder sehen werden und er sie auch nicht.«
»Aber bin ich denn auch dem Sterben unterworfen und vom Tod nicht ausgenommen?«
»Wir beide, du und ich, Prinz, sind dem Sterben unterworfen und vom Tod nicht ausgenommen.«

Jetzt war Siddhārtha zutiefst verstört: »Schande über die Geburt, wenn an dem, der geboren wird, das Alter, die Krankheit und der Tod zutage treten müssen.« Nichts konnte seine Sorgen vertreiben oder ihn ablenken. In der Nacht, als er sich von den schlafenden Körpern seiner Musikantinnen und Gespielinnen umringt sah, überwältigte ihn das Gefühl, »mitten auf einem Leichenfeld« zu sein.

Bei seiner vierten und letzten Ausfahrt begegnete Siddhārtha einem Śramaṇa. Sein Wagenlenker erklärte ihm, dass dies jemand sei, der wirklich dem Dharma folgt, »der wahrlich in heiterem Gleichmut lebt, Gutes tut, wohltätige Handlungen ausführt, ungefährlich ist und echtes Mitgefühl mit den Lebewesen hat«. Da entschloss sich Siddhārtha, selber ein Śramaṇa zu werden. Mit Tränen in den Augen versuchte sein Vater, ihn umzustimmen, aber Siddhārtha erwiderte, er werde nur bleiben, wenn Śuddhodana ihm die Freiheit von Alter, Krankheit und Tod schenken könne. In dieser Nacht warf Siddhārtha noch einmal einen Blick auf seinen schlafenden Sohn Rāhula, dann verließ er den Palast seines Vaters und machte sich auf die Suche nach dem »Todlosen« (siehe Lv, Ndk und DN 14; Zitate aus Walshe, 1995, 207-221).

Es besteht kein Zweifel daran, dass die traditionellen Beschreibungen von Buddhas Leben das hauptsächliche Motiv, das den Prinzen Siddhārtha zur religiösen Suche antrieb, in seiner existenziellen Konfrontation mit der Vergänglichkeit des Lebens sehen. Es gibt allerdings ein kleines Fragment im Pāli-Kanon, das auf eine weitere Erfahrung hindeutet, die Siddhārthas Entscheidung beeinflusst haben könnte, nämlich die Konfrontation mit menschlicher Gewalt:

> Angst entsteht, wenn man sich der Gewalt bedient – seht doch die Leute an, wie sie miteinander streiten und kämpfen! Aber ich will euch jetzt von dem Schrecken und Entsetzen berichten, die ich selbst erlebt habe.
>
> Als ich die Menschen in Feindschaft gegeneinander kämpfen sah, wie Fische zappelnd in seichtem Wasser, da wurde ich von Furcht ergriffen.
>
> Einmal musste ich einen Ort finden, an dem ich Schutz suchen konnte, aber nirgendwo sah ich so einen Ort. Nichts auf dieser Welt ist beständig und kein einziger Teil von ihr ist unveränderlich.
>
> Ich habe sie alle gesehen, wie sie im gegenseitigen Streit gefangen waren, und deswegen spürte ich solch eine Abneigung.
>
> (Sutta-Nipāta 935–38a; Saddhatissa, 1987, S. 109)

Die Erfahrung von Gewalt und Krieg, an die diese Verse erinnern, mögen durchaus dazu beigetragen haben, dass der junge Siddhārtha, der ja selber zur Kriegerkaste gehörte, sich dazu entschloss, nicht die Karriere eines weltlichen Herrschers zu verfolgen, sondern nach einer religiösen Antwort auf diesen Aspekt des Lebens zu suchen.

Die Buddha-Legende erzählt, dass Siddhārtha, nachdem er das Leben eines Śramaṇa gewählt hatte, zunächst bestimmte Formen der Meditation erlernte, die ihn zwar in tiefe Zustände der Versenkung führten, nicht aber zur Befreiung von Alter,

Krankheit und Tod. Also verstärkte er seine Bemühungen und nahm die damals strengsten asketischen Praktiken auf:

> Meine Askese bedeutete, ... dass ich nackt umherzog, ... nur einmal am Tag oder alle zwei Tage Nahrung zu mir nahm ... manchmal sogar nur einmal alle zwei Wochen ... ich war einer, der sich die Haare und den Bart ausriss. Ich war einer, der ununterbrochen aufrecht dastand und es ablehnte, sich hinzusetzen. Ich war einer, der ununterbrochen hockte ... Ich war einer, der auf einem Dornenbett lag ... Auf so unterschiedliche Weise verbrachte ich meine Zeit damit, meinen Körper zu quälen und zu foltern.
>
> (MN 12; Ñāṇamoli; Bodhi, 2001, S. 173)

Diese radikale Askese brachte ihn zwar dem Tod näher, nicht aber dem Ziel seiner Suche. War alles vergeblich gewesen? Oder gab es vielleicht einen anderen Weg?

In diesem Stadium erinnerte sich Siddhārtha an ein Erlebnis aus seiner Jugend, als er unter einem schattigen Baum saß und dabei eine innere Ruhe jenseits sinnlicher Freude und unangenehmer Gefühle verspürte. War es möglich, dass dieses Erlebnis die richtige Richtung angezeigt hatte? Dass es auf einen Weg jenseits der Extreme seines ehemals luxuriösen Lebens und der anschließenden Jahre schmerzhafter Selbstkasteiung verwies? Er gab seine asketischen Übungen auf und begann damit, wieder normal zu essen. Nachdem er seine Gesundheit und Kraft zurückerlangt hatte, widmete er sich einer Form der Meditation, die einen Zustand inneren Gleichmuts und innerer Stille herbeiführte, jenseits aller Empfindungen von Freude und Schmerz. In diesem Zustand erlebte Siddhārtha schließlich in drei Etappen (in drei »Nachtwachen«) die Erleuchtung (*bodhi*): Zuerst erinnerte er sich an alle seine früheren Leben; dann verstand er den Mechanismus, der alle Wesen an den Kreislauf der Reinkarnation bindet. Und schließlich erkannte er die Wahrheit über die Wurzeln des menschlichen Verhängnisses und den Weg zu einer dauerhaften Befreiung. Nicht nur verstand er all das, sondern es wurde ihm zu seiner eigenen Erfahrung:

> Als ich das so erkannte und sah, wurde mein Geist vom Makel des sinnlichen Begehrens, vom Makel der Existenz und vom Makel der Unwissenheit befreit. Als er befreit war, kam das Wissen: »Er ist befreit.« Ich erkannte unmittelbar: »Die Geburt ist zerstört, das heilige Leben ist vollendet, getan ist, was zu tun war, es gibt keine Wiederkehr mehr zu irgendeiner Form der Existenz.«
>
> (MN 33; Ñāṇamoli; Bodhi, 2001, S. 342)

Diese innere Gewissheit einer dauerhaften Befreiung vom *saṃsāra*, dem Kreislauf von Wiedergeburt und Wiedertod, war jedoch nur der negative Ausdruck des positiven Erreichens von Nirvāṇa (Pāli: *nibbāna*), der letzten Wirklichkeit jenseits von Geburt und Tod und allem Leid:

> Ich erlangte die von Geburt freie höchste Sicherheit aus der Gefangenschaft, Nibbāna ...
> Ich erlangte die vom Alter freie höchste Sicherheit aus der Gefangenschaft, Nibbāna ...
> Ich erlangte die von Krankheit freie höchste Sicherheit aus der Gefangenschaft, Nibbāna ...
> Ich erlangte die vom Tod freie höchste Sicherheit aus der Gefangenschaft, Nibbāna ...
> Ich erlangte die vom Leid freie höchste Sicherheit aus der Gefangenschaft, Nibbāna ...
> Ich erlangte die von Befleckungen freie höchste Sicherheit aus der Gefangenschaft, Nibbāna ...

> Das Wissen und die Erkenntnis stiegen in mir auf: »Meine Befreiung ist unerschütterlich ...«
>
> (MN 36; Ñāṇamoli; Bodhi, 2001, S. 259f.)

Mit dieser Erfahrung war Siddhārtha Gautama zum »Buddha« geworden, zum Erleuchteten beziehungsweise Erwachten. Für den Ursprung des Buddhismus war diese Erleuchtung entscheidend. Aber ebenso entscheidend war auch der Entschluss des Buddhas, seine Einsicht anderen mitzuteilen, die Wahrheit, die er entdeckt hatte, nicht für sich zu behalten, sondern sie mit anderen zu teilen. Die Motivation für diesen Entschluss ist das Mitleid des Buddhas. Die Buddha-Legende bringt dies in zwei Erzählungen klar zum Ausdruck.

Gemäß der einen Erzählung hatte der Buddha zunächst nicht vor, zu predigen oder zu lehren, sondern wollte schweigen, weil die Wahrheit, die er entdeckt hatte, »schwer zu erkennen und schwer zu verstehen, friedvoll und erhaben, durch rein gedankliche Schlussfolgerung nicht zu erreichen ist«; eine Wahrheit, die »gegen den weltlichen Strom geht« (MN 26). Als aber der Gott Brahmā Sahampati die Gefahr erkannte, dass der Buddha möglicherweise nicht lehren würde, erschien er vor ihm und flehte ihn im Namen der Welt an: »Die Welt wird verloren gehen, die Welt wird untergehen«, falls er, der Buddha, sich entscheiden sollte, zu schweigen. »Öffne die Tore zum Todlosen! Lass alle den Dhamma (*dharma*) hören, den der Makellose gefunden hat.« Da stimmte der Buddha »aus Mitleid« mit den Lebewesen zu (MN 26).

Gemäß der zweiten Erzählung war es nicht der Buddha selbst, dessen Geist »sich zum Schweigen neigte«. Vielmehr wollte Māra (eine böse Gottheit, der Versucher, der mit der Verkettung an die Sinnesfreuden und die Welt des Todes assoziiert wird) den Buddha unmittelbar nach dessen Erleuchtung dazu überreden, auf das Lehren zu verzichten, die Welt sofort zu verlassen und in das endgültige Nirvāṇa einzugehen. Doch der Buddha erwiderte, dass er die Welt nicht verlassen werde, bis er den Orden für die Mönche und den für die Nonnen und auch eine Gemeinschaft von Laien gegründet habe, damit der

Abb. 3: Der Buddha sitzt in Meditation, Symbol für seine vollendete Weisheit.

Dharma und der Weg zur Erlösung fest verwurzelt seien und »überall der Menschheit gut verkündet werden« (DN 16:3:35). Beide Erzählungen betonen also, dass der Buddha bei den Ak-

Abb. 4: Der Buddha schreitet in die Welt, Symbol für sein vollendetes Mitleid

tivitäten nach seiner Erleuchtung keinerlei eigene Interessen verfolgte. Alles, was er für sich selbst gesucht hatte, hatte er durch seine Erleuchtung erreicht – »getan ist, was zu tun war«, lautet die traditionelle Formel in den verschiedenen Berichten über seine Erleuchtung. Seine späteren missionarischen Aktivitäten und die Gründung der buddhistischen Gemeinschaft dienten ausschließlich dem Heil der anderen und waren allein durch sein altruistisches, selbstloses »Mitleid« (*karuṇā*) motiviert. Dies zu betonen war den Buddhisten wohl deswegen wichtig, weil es eine Tradition gab, wonach jemand, der die Erleuchtung erlangt hat, schweigt. Selbst der Begriff für einen »Weisen«, *muni*, bedeutet wörtlich »der Schweigende«. Hierfür gibt es zwei Gründe. Erstens transzendiert die höchste Wahrheit alles, was mit Worten ausgedrückt werden kann, und zweitens schmeckt Missionstätigkeit nach Eigeninteresse, nach einer Bindung an die Welt, von der man noch nicht befreit ist. Dementsprechend heißt es im Pāli-Kanon, dass der Buddha einst von einem Dämon mit den Worten gerügt wurde: »Als vollkommen Befreiter, der alle Knoten gelöst hat, ist es für dich, einen Asketen, nicht recht, andere zu unterweisen« (SN 10:2; Bodhi, 2000, S. 306). Darauf antwortete der Buddha, dass das Belehren anderer keine neuen Bindungen erzeuge, wenn der eigene Geist klar und die Motivation das Mitleid ist. Es gibt Anzeichen dafür, dass eine solche Kritik am Buddha von Nicht-Buddhisten vorgebracht wurde. Deswegen verteidigten die Buddhisten ihre Behauptung, dass der Buddha tatsächlich ein Erleuchteter sei, mit dem Argument, der Buddha habe in beidem Vollkommenheit erlangt: in der Weisheit *und* im Mitleid. Während seine Weisheit (*prajñā*) tatsächlich in einen Bereich vorgedrungen war, der jenseits aller Worte liegt und ihn von allen Fesseln an diese Welt befreit hatte, trieb ihn sein selbstloses Mitleid (*karuṇā*) dazu an, allen »die Tore zum Todlosen zu öffnen«. Ohne die Erleuchtung des Buddhas und ohne sein Mitleid, das heißt seine Entscheidung, die Lehre zu verkünden, wäre der »Buddhismus« nie entstanden. Der

Buddhismus beruht somit auf genau dieser inneren Einheit von Weisheit und Mitleid (siehe Abb. 3 und 4).

Das Leben als ein Buddha

Zur Zeit seiner Erleuchtung war der Buddha fünfunddreißig Jahre alt. Er verbrachte die folgenden fünfundvierzig Jahre seines Lebens als wandernder Lehrer, erteilte Menschen aus allen Gesellschaftsschichten seinen Rat, brachte sie in Gemeinschaften von Mönchen, Nonnen und Laien zusammen und belehrte sie, wie man den Weg, den er entdeckt hatte, zu gehen habe. Seine allererste Predigt eröffnete er mit den Worten:

> Bhikkhus (»Mönche«)! Wer in die Hauslosigkeit gegangen ist, sollte diese beiden Extreme meiden. Welche beiden? Das Streben nach sinnlicher Freude in sinnlicher Lust, die niedrig und vulgär ist, der Weg der Weltlinge, unwürdig und unheilsam; und das Streben nach Selbstkasteiung, die schmerzhaft ist, unwürdig und unheilsam. Jenseits dieser beiden Extreme ist der Tathāgata zum mittleren Weg erwacht, der die Schau hervorbringt, der die Erkenntnis hervorbringt, der zum Frieden führt, zu unmittelbarem Wissen, zur Erleuchtung, zum Nibbāna.
>
> (SN 5:56:11, Bodhi, 2000, S. 1844)

Es lohnt sich, an dieser Stelle die Schilderung der Buddha-Legende kurz zu unterbrechen und ihre Bedeutung im damaligen Kontext zu reflektieren. Die beiden wichtigsten Perioden im Leben Siddhārthas vor seiner Erleuchtung – das luxuriöse Leben in den Palästen seines Vaters und die Jahre qualvoller Askese – repräsentieren die beiden miteinander rivalisierenden Orientierungen der damaligen Zeit: auf der einen Seite die traditionellen Ziele von *artha* (Reichtum/Macht) und *kāma* (Sinnesfreuden), wie sie von Brahmanen und Cārvākas gleichermaßen bekräftigt wurden, und auf der anderen Seite die radikale Askese und Weltentsagung, die so viele aus den Śramaṇa-Bewegungen befürworteten. In seiner Ablehnung des traditionellen Brahmanismus wie auch des Materialismus der Cārvākas stimmt der Buddha grundsätzlich mit den Śramaṇas und deren neuem religiösen Ideal überein, nämlich dem Streben nach einer letzten Befreiung. Doch er lehnt ihre strengen Formen von Askese und ihre totale Weltabkehr und Jenseitsorientierung ab. In diesem Sinn zieht sich der Buddha nicht aus der diesseitigen Welt zurück, wozu ihn der Versucher Māra verführen wollte. Indem die frühe buddhistische Bewegung den vom Buddha entdeckten und verkündeten Weg als den »mittleren Weg« charakterisierte, verwies sie somit auf die Begründung eines neuen religiösen Ansatzes, der über den bestehenden Optionen und jenseits von ihnen stand. In der Tat kennzeichnet dies den Anfang einer langen buddhistischen Geschichte, bei der es immer wieder darum geht, die Einsichten und die Spiritualität der Śramaṇas für ein Leben in dieser Welt fruchtbar und praktikabel zu machen.

Dieser neue Ansatz drückt sich auch in den weiteren traditionellen Berichten vom Leben des Buddhas aus, in den vielen Details zu den Aktivitäten nach seiner Erleuchtung. Zugleich werden dabei die beiden grundsätzlichen Aspekte illustriert, die ihn zu einem Buddha machen. Er wird als ein Lehrer vorgestellt, dessen *Weisheit* den rivalisierenden religiösen und ideologischen Anschauungen seiner Zeit überlegen ist, und als jemand, dessen Persönlichkeit von *Mitleid* durchdrungen ist.

Zu allererst wird der Buddha als jemand dargestellt, der dem etablierten Brahmanismus äußerst kritisch gegenübersteht: Die alten vedischen Hymnen seien von Menschen verfasst worden, die in der Meditation keinen Erfolg hatten (DN 27:33), und wer den Veden folge, gleiche Blinden, die sich von Blinden führen lassen (DN 13). Ihr Glaube sei unbegründet, der *dharma*, wie ihn der Buddha lehrt, jedoch tiefgründig (MN 95). Natürlich habe der Buddha diesen *dharma* nicht selber erfunden. Vielmehr handle es sich um eine kosmische Wahrheit, die er wiederentdeckt habe, wie jemand, der eine antike Stadt, die vom Dschungel überwuchert und vergessen worden war, wiederentdeckt und erneuert habe (SN 12:65). Die rituellen Waschungen und Reinigungsrituale, die die Brahmanen empfehlen, seien nutzlos (MN 7), und ihr Brauch, Tiere zu opfern, nicht nur nutzlos, sondern zudem barbarisch. Ein wirklich *nützliches* Opfer dagegen sei es, die Notleidenden zu unterstützen sowie die tugendhaften Asketen (DN 5; Sn 284-315). Die Götter um Hilfe anzuflehen, um nach dem Tod eine himmlische Wiedergeburt zu erlangen, sei ebenso unsinnig, wie dafür zu beten, dass ein Stein aus einem tiefen Teich wieder auftauche, in dem er zuvor versunken war (SN 42:6). Die Vorstellung, dass ein Schöpfergott alles verursacht, was jemand erlebt, wird abgelehnt, weil damit die menschliche Freiheit und Verantwortung geleugnet werde, was wiederum jede Motivation, nach Erlösung zu streben, untergrabe (AN 3:61). Das Kastensystem oder, genauer gesagt, die Annahme, dass der Wert, die Moral oder der spirituelle Zustand eines bestimmten Individuums aus dessen Geburt oder Kaste abgeleitet werden können, wird zurückgewiesen (Sn 116-142; 594ff; Dhp 383-423; MN 84). Die Behauptung der Brahmanen, ihre Geburt verleihe ihnen einen moralisch und religiös erhabenen Status, wird scharf abgelehnt (MN 93). Ein »wahrer Brahmane« könne nur jemand sein, der tatsächlich gemäß den Prinzipien des *dharmas* lebt, und zwar so, wie der Buddha sie gelehrt habe (Dhp 383-423). Dementsprechend wird erklärt, dass die Anhänger des Buddhas »aus seinem Mund geboren« seien, denn der Körper des Buddhas sei »der Körper des Brahmās« (DN 27:9), was ganz offensichtlich eine deutliche Anspielung auf den Anspruch der Brahmanen ist, sie seien aus dem Mund des *puruṣas* geboren (MN 93; siehe oben S. 40f.)

Der Buddha stellte auch einige Ideen der Upanischaden in Frage (sofern ihm diese bekannt waren), vielleicht deswegen, weil sie in den offiziellen Brahmanismus integriert wurden.

Ansichten (die wohl auf Ideen der Upanischaden anspielen) wie, »das, was das Selbst ist, ist die Welt; nach dem Tod werde ich unvergänglich, dauerhaft und ewig sein und keiner Veränderung mehr unterliegen; ich werde so lange dauern wie die Ewigkeit«, werden als »ganz und gar närrische Lehren« (MN 22) abgelehnt. Nicht die Brahmanen, sondern der Buddha offenbare den Weg, der zur Vereinigung mit Brahmā führt, nämlich durch die Entwicklung eines liebevollen, mitleidvollen, mitfreudigen und gleichmütigen Geistes (DN 13).

Die Buddhisten verstanden und präsentierten sich als die »wahren Brahmanen« und bekräftigten damit, dass sie und nicht etwa die Angehörigen der Brahmanenkaste als die wahre religiöse Autorität anerkannt werden sollten, als die eigentlichen Hüter der Prinzipien von richtig und falsch. In diesem Sinn erklärte der Buddha, ein König solle auf die Asketen und Brahmanen hören, die dem *dharma* folgen, und er solle ihren Rat beherzigen, wenn es darum gehe, was heilsam und was unheilsam ist, was zu Leiden und was zu Wohlergehen führt (DN 26:5; siehe Collins, 1998, S. 604). Und so wird der Buddha tatsächlich oft als jemand dargestellt, der mit Herrschern und Königen spricht und ihnen Ratschläge erteilt.

Die kanonischen Berichte präsentieren den Buddha als jemanden, der auch den anderen religiösen oder nicht-religiösen Weltanschauungen seiner Zeit äußerst kritisch gegenüberstand. Die Leugnung der Wiedergeburt, des Karma-Gesetzes und der letzten Befreiung durch die Materialisten (DN 1:23) wird als »unwahr« und »heimtückisch« verurteilt (MN 110), als eine Ursache für unheilvolle Zustände (MN 114). Die deterministische Weltanschauung, wonach alles durch das Karma bestimmt ist, wie auch die gegensätzliche Auffassung, wonach alles aus reinem Zufall geschieht, werden beide abgelehnt, weil sie dem Menschen Freiheit und Verantwortung absprechen und damit die Motivation für ernsthafte religiöse Anstrengungen untergraben (AN 3:61). Die Jainas werden sowohl für ihre selbstquälerischen asketischen Praktiken als auch für ihr grobes und mechanistisches Verständnis des Karmas getadelt, wobei der Buddha Letzteres als die hauptsächliche Ursache für ihre falschen Praktiken ansah (MN 14; 56; 101). Trotzdem wird der Buddha aber auch als jemand dargestellt, der eine gewisse Sympathie für die Jainas hegte. So ermahnte er einst einen ehemaligen Laien-Unterstützer der jainistischen Śramaṇas, der gerade zu einem Anhänger des Buddhas geworden war, seine Unterstützung für die Jainas nicht einzustellen (MN 56).

Das Leben des Buddhas war nicht frei von Konflikten. Der schwerste darunter entstand durch seinen Vetter Devadatta. Devadatta war Mitglied des buddhistischen Ordens, wollte aber härtere Formen asketischer Disziplin durchsetzen. Im Pāli-Kanon wird berichtet, dass er nicht nur versucht habe, den Orden zu spalten (mit gewissem Erfolg), sondern sogar drei, allerdings erfolglose Anschläge auf das Leben des Buddhas ausführte (Cv 7:2-4).

Allen Kontroversen und Konflikten zum Trotz wird die Persönlichkeit des Buddhas aber immer als einfühlsam und mitleidvoll dargestellt. Bei einer ganzen Reihe von Gelegenheiten brachte er deutlich seine Missachtung aller Kastenunterschiede und anderer Formen sozialer Diskriminierung zum Ausdruck. So ehrte er beispielsweise öffentlich den Aussätzigen Suppabuddha, indem er diesem einen Platz zu seiner Rechten anbot (Ud 5:3). Die Einladung zum Essen im Hause der Hetäre Ambapālī lehnte er selbst dann nicht ab, als einige Edelmänner ihn davon abzuhalten versuchten (DN 16:2:14-19). Er sprach hochachtungsvoll über den Trunkenbold Sarakāni als jemanden, der die erste Stufe der Heiligkeit erlangt habe (SN 55:24). Als er dem Panthaka begegnete, einem Mann, der aus seinem eigenen Haus und Hof verstoßen worden war, legte der Buddha zärtlich seinen Arm um ihn, tröstete ihn mit freundlichen Worten, gab ihm ein Leinentuch, um seine Füße zu reinigen, und nahm ihn in die Gemeinschaft auf (Thag 557-566). Mit seinen eigenen Händen wusch der Buddha einen Mönch und kümmerte sich um ihn, als dieser an einer schweren Durchfallerkrankung litt und von seinen Mitmönchen vernachlässigt worden war. Sie wurden vom Buddha mit den Worten getadelt: »Ihr Mönche! Wer sich um mich kümmern würde, ... der soll sich um die Kranken kümmern« (Mv 8:26:1-4). Kindern brachte er bei, keine Tiere zu quälen (Ud 5:4). Er lehrte eine liebevolle Freundlichkeit, die niemanden ausschließt, eine liebevolle Freundlichkeit, die nachsichtig ist, verzeiht und selbst den schlimmsten Feind mit einbezieht (MN 21). Als einmal wegen Wassermangels ein Krieg auszubrechen drohte, griff der Buddha aktiv ein und schaffte es, den Streit zwischen den verfeindeten Stämmen zu schlichten. Dadurch verhinderte er das unmittelbar bevorstehende Gemetzel (Jat 536). Was wahre Liebe bedeutet, sagte der Buddha, kann man an einer Mutter sehen, die ihr Kind mit ihrem eigenen Leben beschützt (Sn 149). Das Bild des Buddhas im Pāli-Kanon findet sich zusammengefasst in den Worten des Laienanhängers Jīvaka: »Dass Brahmā mit Liebe lebt, habe ich gehört. Aber dass der Ehrwürdige (der Buddha) immer mit Liebe lebt, habe ich mit meinen eigenen Augen gesehen« (MN 55).

Im Alter von achtzig Jahren war der Buddha krank und schwach geworden. Auf dem Rückweg in seine Heimatstadt Kapilavastu verschlechterte sich aufgrund einer Lebensmittelvergiftung sein Gesundheitszustand rapide. Schließlich starb er in Kuśinagara, umgeben von einer großen Gruppe von Anhängern. Mit seinen letzten Worten berührte er noch einmal das entscheidende Thema der Vergänglichkeit. Er zeigte den ihn umringenden Anhängern seinen gealterten Körper und sprach: »Alles Bedingte ist von Natur aus vergänglich, strebt unermüdlich weiter« (DN 16:6; Walshe, 1995, S. 270). Dann trat er ein letztes Mal in jenen meditativen Zustand ein, in dem er einst die Erleuchtung erlebt hatte, und in diesem Zustand ging er ein in den letzten Frieden des Nicht-Bedingten, des Nirvāṇas.

War der Buddha damit der Welt entzogen und hatte ihr allein den Dharma (seine Lehre) und den Saṅgha (seine Gemeinschaft) hinterlassen? Schon sehr früh empfanden Buddhisten, dass die nach der Verbrennung erhaltenen Reliquien des Buddhas in gewisser Weise immer noch seine Gegenwart oder zumindest seine Kraft vermitteln konnten. Die Stūpas, oft das Zentrum buddhistischer Kultstätten, stellen symbolische Hügelgräber dar. Sie beherbergen Reliquien oder Texte und dienen, ebenso wie die zahlreichen Buddha-Bildnisse und Buddha-Statuen, der rituellen Verehrung Buddhas. So wurden Bilderkult und Reliquienkult zu einer in der gesamten buddhistischen Welt und in allen Richtungen des Buddhismus verbreiteten Praxis. Daran änderte sich auch nichts, als man später im Mahāyāna-Buddhismus ohnehin von einer bleibenden Präsenz des Buddhas ausging (siehe Kapitel 11). Aufgrund der hohen Bedeutung dieser Form der devotionalen Praxis wurden Buddhisten während des Mittelalters und der frühen Neuzeit in westlichen Berichten meist als *idololatrae*, das heißt als »Bilderverehrer« oder »Götzendiener« bezeichnet. Im neunzehnten und zwanzigsten Jahrhundert hat eine einseitig rationalistisch orientierte Form westlicher Buddhismus-Interpretation jedoch dazu geführt, diesen Aspekt buddhistischer Praxis entweder völlig zu ignorieren oder in seiner religiösen Bedeutung zu unterschätzen. Zwar gab es auch im Buddhismus selbst vereinzelte Strömungen, die dem Bilder- und Reliquienkult skeptisch bis ablehnend gegenüberstanden. Doch für die große Mehrzahl der Buddhisten Asiens gilt dieser bis heute als eine natürliche Bekundung ihrer inneren Wertschätzung und Öffnung für alle drei »Juwelen«: für den *Buddha*, der den *Dharma* (die Lehre) konkret und somit auch bildlich verkörpert, und für den *Saṅgha* (die Gemeinschaft), der dem Buddha nachfolgt (siehe hierzu auch Strong 2004; Freiberger, Kleine 2011, 267-282; Crosby 2014, 43-68; Emmerich 2017).

Literaturhinweise: Carrithers (1983); Pye (1979); Seth (1992); Thomas (1992).

Befreiung vom Leid

In einer seiner vielen Parabeln und Gleichnisse veranschaulicht der Buddha seine Lehre mit folgendem Vergleich:

> So wie das große Meer nur einen einzigen Geschmack hat, den Geschmack des Salzes, so hat dieser Dhamma und diese Disziplin auch nur einen Geschmack, den Geschmack der Befreiung ...
>
> (AN 8:19; Nyanaponika; Bodhi, 1999, S. 204)

Doch Befreiung wovon? Vom »Leid« (*duḥkha*, Pāli: *dukkha*) – und zwar in doppelter Hinsicht: von der eigenen *Leiderfahrung* und davon, anderen *Leid zuzufügen* (siehe MN 13). Zwei äußerst populäre buddhistische Erzählungen veranschaulichen diese beiden Aspekte: die Geschichten von Kisāgotamī und Aṅgulimāla.

Kisāgotamī war eine schöne junge Frau, glücklich verheiratet mit dem einzigen Sohn eines reichen Kaufmanns. Als sie ihr erstes Kind gebar, einen Jungen, war ihr Glück vollkommen. Doch als ihr kleiner Sohn gerade anfing zu laufen, starb er plötzlich. In ihrer Verzweiflung nahm Kisāgotamī den toten Körper ihres Kindes und rannte wie von Sinnen los, um Hilfe zu suchen. Da traf sie einen buddhistischen Mönch, der ihr riet, sich an den Buddha zu wenden. Als sie den Buddha um ein Heilmittel bat, antwortete dieser, dass er für die Zubereitung einige Senfkörner benötige. Sie müssten jedoch aus einem Haushalt kommen, in dem noch nie jemand gestorben sei. Kisāgotamī lief unverzüglich los, um nach solchen Senfkörnern zu suchen – aber vergeblich. Da erkannte sie schließlich die Allgegenwärtigkeit des Todes, ließ den Leichnam ihres Kindes zurück und begab sich wieder zum

Buddha. Da belehrte sie der Buddha über die Verbindung zwischen Tod und Leid und darüber, dass man Befreiung erlangen könne, wenn man an nichts mehr anhaftet. Kisāgotamī wurde eine buddhistische Nonne und erlangte schon bald die Erleuchtung (aus den traditionellen Kommentaren zu den Therīgāthā; Thig 212-223).

Aṅgulimāla war der Anführer einer Verbrecherbande, der Dorfbewohner und Reisende in der Gegend von Kosala terrorisierte. Da der König von Kosala, Pasenadi, nicht in der Lage war, seiner habhaft zu werden, beschloss der Buddha, Aṅgulimāla aufzusuchen. Aṅgulimāla war »ein Mörder, mit Blut an den Händen, ein Gewalttäter, erbarmungslos gegenüber allen Lebewesen«. Die Finger, die er seinen Opfern abschnitt, trug er als Kette um seinen Hals (so die wörtliche Bedeutung seines Namens: »Fingerkette«). Als Aṅgulimāla den Buddha erblickte, zog er augenblicklich sein Schwert, um diesen zu töten. Der Buddha aber wandte seine übernatürlichen Kräfte an und bewirkte, dass Aṅgulimāla, so schnell er auch rannte, dem Buddha keinen Schritt näher kam, während er, der Buddha selber, weiter gelassen seines Weges ging. Schließlich hielt Aṅgulimāla fassungslos inne und rief dem Buddha zu: »Bleib stehen, Asket! Bleib stehen!« Darauf entgegnete der Buddha: »Ich stehe schon, Aṅgulimāla. Jetzt bleib auch du stehen.« Verblüfft antwortete Aṅgulimāla:

> Asket, während du weiter gehst, sagst du mir, dass du stehst;
> Und jetzt, nachdem ich stehen geblieben bin, sagst du, dass ich nicht stehe.
> So frage ich dich, Asket, was das bedeuten soll:
> Was heißt es, dass du stehst und ich nicht?
>
> Der Buddha erwiderte:
> Aṅgulimāla, ich bin für immer stehen geblieben,
> ich verzichte auf Gewalt gegen Lebewesen;

> Aber du kennst keine Zurückhaltung gegenüber Lebewesen;
> Deswegen stehe ich und du nicht.
>
> (MN 86; Ñaṇamoli; Bodhi, 2001, S. 710f.)

Aṅgulimāla war zutiefst getroffen von diesem traumähnlichen Gegensatz: Auf der einen Seite rannte er unentwegt und verfolgte etwas, das er doch nie erreichte, und auf der anderen Seite dieser heitere und friedvolle Gleichmut des Buddhas. Blitzartig erkannte er das Verhängnis seines Lebens. Da beschloss er, ein buddhistischer Mönch zu werden, und erlangte bereits nach kurzer Zeit die Erleuchtung. Als der König Pasenadi von Aṅgulimālas Bekehrung erfuhr, sagte er: »Es ist wunderbar, … phantastisch, wie der Erhabene den Ungezähmten zähmt, dem Friedlosen Frieden bringt … wir selber konnten ihn nicht mit Gewalt und Waffen zähmen, doch der Erhabene zähmte ihn ohne Gewalt oder Waffen« (ebd. S. 713).

Die Vier Edlen Wahrheiten

Die Befreiung vom Leid ist der »eine Geschmack« der Lehre des Buddhas. Befreiung kommt dadurch zustande, dass man beide Übel an ihrer Wurzel packt, die eigene *Leiderfahrung*, wie bei Kisāgotamī, und die *Leidenszufügung*, wie bei Aṅgulimāla. Aber was sind die Wurzeln, und wie lassen sie sich beseitigen? Das ist das Thema einer der wichtigsten Lehrformeln des frühen Buddhismus: die sogenannten »Vier Edlen Wahrheiten«. Nach buddhistischer Tradition erkannte sie der Buddha in seiner Erleuchtung und verkündete sie in seiner ersten Predigt:

> Dies … ist die edle Wahrheit über das Leid: Geburt ist Leid, Alter ist Leid, Krankheit ist Leid, Tod ist Leid; Vereinigung mit Unliebem ist Leid; Trennung von Liebem ist Leid; nicht erlangen, was man begehrt, ist Leid; kurz

> gesagt, die fünf Gruppen (*skandhas*) des Anhaftens sind Leid.
>
> Dies ... ist die edle Wahrheit über die Ursache des Leids: Es ist der Durst, der zu erneutem Dasein führt, der von Vergnügen und Lust begleitet ist, der hier und dort nach Ergötzen sucht; das heißt, der Durst nach Sinnengenuss, der Durst nach Dasein, der Durst nach Vernichtung.
>
> Dies ... ist die edle Wahrheit über das Erlöschen des Leids: Es ist das restlose Verschwinden und Erlöschen eben dieses Durstes, ihn aufgeben und zurücklassen, frei von ihm sein, sich nicht mehr auf ihn stützen.
>
> Dies ... ist die edle Wahrheit über den Weg, der zum Erlöschen des Leids führt: Es ist dieser Edle Achtfache Pfad; das heißt, rechte Anschauung, rechte Absicht, rechte Rede, rechtes Handeln, rechter Lebenserwerb, rechte Anstrengung, rechte Achtsamkeit, rechte Konzentration.
>
> (SN 56:11; Bodhi, 2000, S. 1844)

Häufig wird der Buddha in den Schriften als ein »kundiger Arzt« gepriesen. In der Tat folgt seine zentrale Lehre, so wie sie in den Vier Edlen Wahrheiten ausgedrückt ist, einer medizinischen Vorgehensweise, worauf bereits der Vimuttimagga (11:2:11), eine der frühen buddhistischen dogmatischen Abhandlungen, hinweist: Die Erste Edle Wahrheit erhebt die *Symptome* der Krankheit. Darauf folgt die *Diagnose* der Ursache des Problems, eine Ursache, die in der Zweiten Edlen Wahrheit als »Begehren« beziehungsweise wörtlich als »Durst« (*tṛṣṇā*; Pāli: *taṇhā*) bezeichnet wird. Die Dritte Edle Wahrheit präsentiert die *Prognose.* Weil die Prognose optimistisch ausfällt, verschreibt die Vierte Edle Wahrheit eine *Therapie*, nämlich den Edlen Achtfachen Pfad. Die »Krankheit« selber wird *duḥkha* genannt, was gewöhnlich mit »Leid« oder

»Leiden« übersetzt wird. Die Bedeutung von *duḥkha* ist allerdings viel umfassender und grundsätzlicher als »Leid« im engeren Sinne. *Duḥkha* ist ein Fachterminus für das, was der Buddhismus als das unerlöste menschliche Leben betrachtet. Das wird deutlich, wenn man sich die Erste Edle Wahrheit genauer ansieht.

In der ersten Zeile werden als Beispiele für *duḥkha* zunächst Geburt, Alter, Krankheit und Tod angeführt. Die Triade *Alter*, *Krankheit* und *Tod* repräsentiert die auffälligsten Erscheinungsformen der Vergänglichkeit des Lebens. In der Buddha-Legende (siehe oben S. 54f.) erkennt Siddhārtha seine eigene Vergänglichkeit, indem er auf seinen ersten drei Ausfahrten einem Alten, einem Kranken und schließlich einem Toten begegnet. Und so ruft er aus: »Schande über die Geburt, wenn an dem, der geboren wird, das Alter, die Krankheit und der Tod zutage treten müssen.« Die »Geburt« ist also insofern mit eingeschlossen, als Geburt den Eintritt in ein vergängliches Leben markiert, das unweigerlich zu Alter, Krankheit und Tod führt. Doch in welchem Sinn wird dieses Leben nun als *duḥkha* bezeichnet? Die nächste Zeile gibt hierauf Antwort. »*Duḥkha*« oder »Leid« im weiteren Sinne ist die Vereinigung mit dem, was man nicht mag, beziehungsweise die Trennung von dem, was man mag. Im Grunde genommen bedeutet *duḥkha* also »Frustration«, »unbefriedigtes Streben« oder, wie es nun weiter heißt: »nicht erlangen, was man begehrt«. Vor diesem Hintergrund wird deutlich, dass *duḥkha*/Frustration als ein Merkmal des vergänglichen Daseins an sich gesehen wird. Dies setzt voraus, dass unsere tiefste Sehnsucht und unser eigentliches Streben der Freiheit von Alter, Krankheit und Tod gelten. Doch diese Sehnsucht wird beständig und immer wieder aufs Neue frustriert (siehe DN 22:17 und MN 141:19). In der letzten Zeile der Ersten Edlen Wahrheit bezeichnet der Buddha *duḥkha* als die »fünf Gruppen (*skandhas*) des Anhaftens«. Ich möchte die Interpretation dieses Ausdrucks vorläufig zurückstellen und zunächst die Zweite und Dritte Edle Wahrheit näher betrachten.

Das »unedle« und das »edle Streben«

Wenn das menschliche Verhängnis grundsätzlich darin besteht, dass das menschliche Sehnen und Streben unerfüllt bleiben, dann – so folgerten viele Interpreten des Buddhismus – besteht die buddhistische Lösung darin, das Wünschen als solches auszulöschen. Das *»Begehren«* oder den *»Durst«* (*tṛṣṇā* – den die Zweite Edle Wahrheit als die Ursache des Leids identifiziert und der gemäß der Dritten Edlen Wahrheit überwunden werden muss) haben diese Interpreten so verstanden, dass damit jegliches menschliche Sehnen oder Streben, ganz gleich in welcher Form, gemeint sei. Ich halte dies für ein folgenreiches Missverständnis. Im Rückblick auf Siddhārthas eigene Suche nach Befreiung unterscheidet das Ariyapariesanā Sutta des Pāli-Kanons (MN 26) zwischen zwei radikal unterschiedlichen Formen des »Strebens«, das heißt, zwei verschiedenen Richtungen der existenziellen Orientierung: dem »unedlen« und dem »edlen Streben«:

> Und was ist das unedle Streben? Da strebt jemand, der selber Geburt, Alter, Krankheit, Tod, Kummer und Befleckung unterworfen ist, nach dem, was ebenfalls Geburt, Alter, Krankheit, Tod, Kummer und Befleckung unterworfen ist.
>
> Und was ist Geburt, Alter, Krankheit, Tod, Kummer und Befleckung unterworfen? Frau und Kinder, Knechte und Mägde, Ziegen und Schafe, Geflügel und Schweine, Elefanten, Rinder, Hengste und Stuten, Gold und Silber … Diese Objekte des Strebens sind Geburt, Alter, Krankheit, Tod, Kummer und Befleckung unterworfen; und wer daran anhaftet, hiervon betört ist und sich dem gänzlich verschreibt, der strebt, obwohl er selber Geburt, Alter, Krankheit, Tod, Kummer und Befleckung unterworfen ist, nach dem, was ebenfalls Geburt, Alter, Krankheit, Tod, Kummer und Befleckung unterworfen ist.

> Und was ist das edle Streben? Da hat jemand, der selber Geburt, Alter, Krankheit, Tod, Kummer und Befleckung unterworfen ist, die Gefahr in dem erkannt, was Geburt, Alter, Krankheit, Tod, Kummer und Befleckung unterworfen ist. Deswegen strebt er nach der höchsten Befreiung aus der Gefangenschaft, nach dem Nibbāna, das ungeboren, alterslos, krankheitslos und todlos ist, frei von Kummer und Befleckung. Dies ist das edle Streben.
>
> (MN 26; Ñāṇamoli; Bodhi, 2001, S. 254ff.)

Das »edle Streben«, das Streben nach dem Nirvāṇa, wird in den frühen buddhistischen Texten nicht kritisiert. Im Gegenteil: Es wird nachdrücklich dazu ermahnt, sich diesem Streben mit voller Absicht und mit aller Kraft zu widmen. Dieses Streben gilt als eine unverzichtbare geistige Einstellung auf dem buddhistischen Pfad. Ausdrücklich spricht der Edle Achtfache Pfad daher von »rechter *Anstrengung*«. Kritisiert wird hingegen das »unedle Streben«, die Bindung an und Fixierung auf die vergänglichen Dinge dieser Welt. In dieser Haltung bleibt der Strebende »unersättlich, ein Sklave seines Begehrens« (MN 82). Auf diese Weise ist er »dem Kummer unterworfen«, denn so wird sein Streben das eigentliche Ziel nie erreichen, sondern ist zur Frustration verurteilt. Das »edle Streben« wird dagegen mit dem Erreichen von Nirvāṇa zu dauerhafter Erfüllung führen. Das Streben nach dem Nirvāṇa verschwindet von selbst, wenn das Ziel erreicht ist (siehe SN 5:51:15); alles Leiden, alle Frustration hören auf. Die verborgene und verdeckte, aber eigentliche Sehnsucht aller empfindenden Lebewesen gilt somit dem Nirvāṇa, dem »Todlosen« (*amṛta*), dem endgültigen Frieden und Glück.

Meines Erachtens ist das »Begehren« beziehungsweise der »Durst«, von dem in der Ersten Edlen Wahrheit die Rede ist, im Sinne des »unedlen Strebens« zu verstehen. Der »Durst«, der sich an den Sinnenfreuden entzündet, ist eine Form der Verblendung, bei der man sein existenzielles Streben ganz auf die vergänglichen Dinge dieser Welt richtet. »Durst« ist diesbezüglich eine sprechende Metapher: Der Durst kann zwar vorübergehend gelöscht werden, aber er wird niemals ganz gestillt. In diesem Sinn ist »Durst« die Ursache des »Leids«, *duḥkha*. Aufgrund dieses »Durstes« bleiben die empfindenden Lebewesen an den *saṃsāra* gebunden, an den Kreislauf von ständiger Wiedergeburt und Wiedertod: »Es ist der Durst, der zu erneutem Dasein führt«, erklärt die Zweite Edle Wahrheit. Weil dieser Durst nach einem Dasein im *saṃsāra* jedoch unweigerlich zu Frustration führt, kann er leicht in einen »Durst nach Vernichtung« umschlagen: »nicht erlangen, was man begehrt«, wird zur Ursache negativer und destruktiver Tendenzen dazu, anderen und sich selbst Leid zuzufügen.

Die Lösung, die die Dritte Edle Wahrheit empfiehlt, besteht nun aber nicht darin, jegliches Streben aufzugeben, sondern nur dieses verblendete, falsch ausgerichtete Streben, das als »Durst« oder »unedles Streben« bezeichnet wird. Doch was heißt dies konkret?

Anhaftung und Nicht-Anhaftung

Beim »unedlen Streben« hängt man an den vergänglichen Dingen dieser Welt und ist »hiervon betört«, wie unser Text sagt. Der Buddhismus bezeichnet diesen Zustand als »Anhaftung« oder »Anklammern« (*upādāna*). Den »Durst« zu überwinden bedeutet demnach, die »Anhaftung« zu überwinden. Aber wie kann man Anhaftung aufgeben? »Durst« und »Anhaftung« beruhen auf einer falschen Erwartung, auf der Illusion, dass die Dinge dieser Welt unsere tiefste Sehnsucht stillen könnten. Deshalb können »Durst« und »Anhaftung« nur überwunden werden, wenn man von dieser Verblendung befreit wird. Diese Befreiung geschieht durch zwei unterschiedliche Einsichten. Zum einen ist es die auf Erfahrung beruhende *negative* Einsicht: »Kein Ding ist es wert, daran zu haften« (AN 7:58;

Nyanaponika; Bodhi, 1999, S. 189). Jedes Anhaften ist vergeblich, weil alles der Vergänglichkeit (*anitya*) unterliegt, so dass wir es nicht festhalten können. Außerdem gibt es nichts, bei dem es sich lohnen würde, daran zu haften, denn sein Besitz bietet nicht jene endgültige Erfüllung, die wir in Wirklichkeit suchen. Um das zu veranschaulichen, verweisen die buddhistischen Schriften als Beispiel häufig auf Könige: Stellt all die Macht und der Reichtum, den sie besitzen, sie wirklich zufrieden? Streben sie nicht unermüdlich nach immer noch »mehr«? Alles, was vergänglich (*anitya*) ist, so lautet die Schlussfolgerung, ist zugleich unbefriedigend beziehungsweise *duḥkha*.

Doch allein diese negative Einsicht reicht nicht aus, um echte Befreiung von Anhaftung zu erlangen. Sie muss durch die *positive*, ebenfalls auf Erfahrung beruhende Einsicht ergänzt werden, dass es in der Tat eine andere Art von Glück gibt: eine endgültige Seligkeit und Erfüllung, gegenüber der alles andere seine Anziehungskraft verliert. Der Buddha hat dies mit folgender Parabel verdeutlicht (MN 75): Ein Aussätziger lindert den schmerzhaften Juckreiz seiner Haut dadurch, dass er seinen Körper an einem Holzkohlefeuer dörrt. Die Hitze der Holzkohle bringt tatsächlich »ein gewisses Maß an Befriedigung und Genuss«, führt aber letztlich zu einer Verschlechterung des Zustands der Haut und verschlimmert die Symptome nur noch, was wiederum das weitere Verlangen nach dem Holzkohlefeuer nur noch verstärkt. Aber angenommen, der Aussätzige wird von einem kundigen Arzt geheilt. Dann wird er fortan das Holzkohlefeuer, das ihm zuvor so begehrenswert erschien, als das wahrnehmen, was es in Wirklichkeit ist: als heiß und gefährlich. Der Mann findet es jetzt überhaupt nicht mehr begehrenswert und beneidet auch die anderen Aussätzigen nicht, die es immer noch zu ihrer Erleichterung verwenden.

In gleicher Weise wird die Anhaftung durch die Sinnesfreuden hervorgerufen. Doch dies führt nicht zu endgültiger Erfüllung, sondern zu einem Teufelskreis. Dieser Kreis kann jedoch durch eine radikale Kur aufgebrochen werden, nämlich durch die Erfahrung einer Befriedigung, die besser, ja qualitativ vollkommen anders ist, als das eher begrenzte Maß an Befriedigung und Genuss, das man durch die Sinnesfreuden erlangt. Der Buddha erklärt:

> ... ich habe es aufgegeben, nach Sinnesfreuden zu gieren ... und ich verweile ohne Durst, mit einem Geist inneren Friedens ... Warum ist das so? Weil es ... eine Freude jenseits der Sinnesfreuden gibt, jenseits der unheilsamen Zustände, eine Freude, die sogar die göttliche Seligkeit übertrifft. Da ich darin meine Freude finde, bin ich auf Minderwertiges nicht neidisch und finde daran keinen Gefallen.
>
> (MN 75; Ñāṇamoli; Bodhi, 2001, S. 611; ähnlich auch in MN 14)

Die vollkommene Befreiung von Anhaftung kommt erst durch die Erfahrung des Nirvāṇas in der Erleuchtung zustande. Doch die negative Einsicht, dass den vergänglichen Dingen unvermeidlich Enttäuschung innewohnt, und der positive Vorgeschmack auf das Nirvāṇa, den man durch Meditationserfahrungen bekommt, können die Anhaftung schwächen, den Durst verringern und einen so auf die endgültige befreiende Erfahrung vorbereiten.

Anhaftung manifestiert sich sowohl als Hunger auf angenehme Empfindungen, wie auch als Abneigung oder Hass gegenüber unangenehmen Empfindungen. Anhaftung zu überwinden bedeutet nun aber nicht, dass es keine angenehmen oder unangenehmen Empfindungen mehr gibt. Es bedeutet vielmehr, dass man nicht mehr durch Gier oder Aversion an diese Empfindungen gebunden ist. Wenn eine angenehme Empfindung auftritt, dann »giert der gut unterrichtete edle Schüler ... nicht nach diesem Vergnügen und giert auch nicht weiterhin nach Vergnügen«. Und wenn die angenehme Empfindung verblasst und ein schmerzliches Gefühl auftritt, dann »empfindet er keinen Kummer, trauert und jammert nicht ... und verzweifelt nicht«. Weder ein angenehmes noch ein unangenehmes Gefühl können »Gewalt über seinen Geist erlangen« (MN 36; Ñāṇamoli; Bodhi, 2001, S. 334). Einen solchen Menschen vergleicht der Buddha mit einem Reh im Wald, das sich auf einen Berg von Fallstricken legen kann, ohne dass es vom Jäger eingefangen wird (siehe MN 26). Und mit der Befreiung von Anhaftung kommt die Freiheit vom Leiden: »Inmitten von Kummer bleibt man unbekümmert« (SN 1:31:1; Bodhi, 2000, S. 105).

Die Lehre vom Nicht-Selbst

Anhaftung bezieht sich nicht allein auf Dinge, die wir besitzen oder besitzen wollen, oder auf andere Menschen, auf die wir uns, sei es durch Attraktion oder durch Aversion, fixieren. In einem weitaus stärkeren Sinn bezieht sie sich auf die konstitutiven Bestandteile unserer eigenen individuellen Existenz. Nach westlicher Tradition unterscheidet man gewöhnlich zwei (Leib und Seele) oder drei (Leib, Seele und Geist) solcher Bestandteile, wohingegen der Buddhismus fünf Komponenten oder Gruppen (*skandhas*) unterscheidet: einen materiellen Bestandteil (wörtlich: »Form«, hier: der Körper) und vier geistige Komponenten: Empfindung, Wahrnehmung, Geistesformationen beziehungsweise karmische Gestaltungskräfte (das heißt, mentale Phänomene, die unseren Geist ausbilden und gestalten, wozu der Wille und die vom *karma* bedingten Neigungen gehören) und Bewusstsein. Auf diese »fünf Gruppen«, die zusammen ein Individuum ausmachen, bezieht sich die letzte Zeile der Ersten Edlen Wahrheit: »die fünf Gruppen (*skandhas*) des Anhaftens sind Leid« (siehe oben S. 73). Denn auch diese fünf Komponenten des Individuums sind vergänglich und nicht in der Lage, dauerhafte Erfüllung zu verleihen. Deswegen soll man jedes Anhaften an ihnen aufgeben. Anhaftung kreist hier um die

Vorstellung von einem »Ich« oder »Selbst«. Das Anhaften an den fünf Gruppen des individuellen Daseins manifestiert sich in dem Gedanken beziehungsweise in der Einstellung: »Das gehört mir, das bin ich, das ist mein Selbst (*ātman*).« Die buddhistische Tradition berichtet davon, dass der Buddha kurz nach seiner ersten Predigt, in der er die Vier Edlen Wahrheiten verkündete, seine ersten Schüler belehrte, jede einzelne dieser fünf Gruppen mit der entgegengesetzten Haltung zu betrachten: »das gehört mir nicht, das bin nicht ich, das ist nicht mein Selbst« (Mv 6:38-47).

Der entscheidende Punkt an dieser sogenannten »Nicht-Selbst«-Lehre (Nicht-Selbst: *an-ātman*; Pāli: *an-attā*) besteht darin, eine Einstellung zu kultivieren, mit der wir nicht mehr an dem anhaften, wovon wir normalerweise denken, dass es unser Selbst ausmacht. Der Buddha hebt diesen spirituell-praktischen Aspekt der Lehre vom Nicht-Selbst hervor, indem er betont, dass die Kultivierung einer solchen selbst-losen Einstellung zu »Ent-Zauberung« und »Befreiung« führt. Erneut gibt er ein aufschlussreiches Gleichnis: Sieht man Gärtner in einem öffentlichen Park, wie sie Gras, Stöcke, Zweige und Blätter wegtragen und verbrennen, denkt man dann: »Sie tragen mich weg und verbrennen mich?« Sicher nicht, denn man würde die Gartenabfälle ja nicht als das eigene Selbst betrachten oder als etwas, das zum eigenen Selbst gehört. Genau so, fährt der Buddha fort:

> Lasst alles los, was nicht euer ist. Habt ihr es losgelassen, dann wird euch dies zu langem Wohlergehen und Glück führen. Was ist nicht euer? Körperlichkeit ist nicht euer ... Empfindung ist nicht euer ... Wahrnehmung ist nicht euer ... Geistesformationen sind nicht euer ... Bewusstsein ist nicht euer. Gebt all das auf.
>
> (MN 22; Ñāṇamoli; Bodhi, 2001, S. 235)

Offensichtlich ist das Sammeln und Verbrennen von Gartenabfällen eine Metapher für die Unbeständigkeit der fünf Gruppen, mit anderen Worten: eine Metapher für unsere Sterblichkeit. Somit besitzt die *negative Einsicht*, die das Nicht-Anhaften unterstützt, insgesamt drei Facetten oder »drei Merkmale« (*trilakṣaṅa*): Alle Dinge innerhalb der saṃsārischen Existenz sollte man erstens als unbeständig (*anitya*) ansehen, zweitens als unfähig, bleibende Erfüllung zu bieten (*duḥkha*), und drittens als »nicht das Selbst« (*anātman*).

Als Folge seiner Lehre vom Nicht-Selbst lehnte der Buddha jegliche Lehre von einem »Selbst« ab. Alle Lehren vom Selbst würden lediglich zu Anhaftung und Leiden führen. Insbesondere erscheint es vom buddhistischen Standpunkt aus als absurd, irgendeine der unbeständigen und unbefriedigenden Komponenten des Individuums mit einem göttlichen, unveränderlichen und glückseligen *ātman* (»Selbst«) zu identifizieren. Deswegen lehnte der Buddha die Brahman-Ātman-Lehre der Upanischaden (beziehungsweise das, was er davon kannte) als »völlige Torheit« ab (siehe MN 22). Allerdings war die Befreiung von Anhaftung auch das große Ziel der Upanischaden. Die späteren Upanischaden gingen denn auch implizit auf diese buddhistische Kritik ein und stellten klar, dass ihre Vorstellung vom Selbst oder *ātman* ganz und gar nicht identisch sei mit jenen vergänglichen Komponenten des Individuums, von denen der Buddhismus spricht (z.B. Maitrī-Upaniṣad 3:1-2).

Obwohl der Buddha also jegliche Form einer Lehre vom Selbst ablehnte, hat er doch nie ausdrücklich erklärt, dass es überhaupt kein Selbst gibt. Als er einmal offen gefragt wurde, ob es ein Selbst gebe oder nicht, schwieg er (siehe SN 44:10). Trotzdem ist die buddhistische Tradition dieser Haltung kaum gefolgt und neigte stattdessen zu der Behauptung, dass es kein Selbst gibt. Aber es finden sich Ausnahmen. Die wohl bedeutsamste Ausnahme ist der große Philosoph des Mahāyānas, Nāgārjuna, der ausdrücklich feststellte, der Buddha habe weder gelehrt, dass es ein Selbst gibt, noch, dass es kein Selbst gibt (siehe MMK 18:6).

Wenn nun, wie ich in meiner Interpretation vorgeschlagen habe, die frühe buddhistische Lehre vom Nicht-Selbst vor allem dem pragmatischen Ziel dient, das »edle Streben« zu unterstützen, insofern es in ihr eben vor allem darum geht, die Nicht-Anhaftung zu bewirken, könnte man daraus dann nicht den Schluss ziehen, dass wir uns, oder unser »wahres Selbst«, mit diesem »edlen Streben« identifizieren sollen? Wenn wir dazu aufgerufen sind, uns von der vergänglichen und unbefriedigenden Welt zu lösen und ganz bewusst unserer wahren Neigung zum »Todlosen«, zum Nirvāṇa zu folgen, wären wir dann nicht berechtigt, diese Neigung als unsere wahre Natur, als unser wahres Selbst anzusehen? Die frühen buddhistischen Texte sagen das zwar nicht ausdrücklich, aber an einigen Stellen gibt es tatsächlich Formulierungen, die dem sehr nahe kommen: Wenn es zum Beispiel heißt, dass »alle Dinge die Befreiung als ihr *Wesen* haben, in das Todlose eintauchen, mit dem endgültigen Ziel des Nirvāṇas« (AN 10:58), oder wenn gesagt wird, dass unser Geist seinem ursprünglichen Wesen nach rein und leuchtend ist und alle seine »Befleckungen« (Gier, Hass und Verblendung) von außen kommen (siehe AN 1:10f.). Das impliziert offensichtlich, dass Anhaftung und all ihre negativen Wirkungen unserer wahren Natur entgegenstehen, deren »leuchtendes« Wesen man so verstehen kann, dass damit ihre Neigung zum Nirvāṇa ausgedrückt ist (siehe Harvey, 2004, 166-179; Gowans, 2003, 154-156). Diese alte Tradition wurde zur Grundlage für die Vorstellung des späteren Mahāyānas, dass alle Wesen das Potenzial haben, ein Buddha zu werden, weil alle bereits die »Buddha-Natur« besitzen – und diese wird manchmal sogar explizit als der *ātman* oder das »Höchste Selbst« (*paramātman*) der Wesen bezeichnet (siehe Hookham, 1991, S. 100-104).

Der Edle Achtfache Pfad und die Rolle der Einsicht

Die Vierte Edle Wahrheit handelt von der »Therapie« für das menschliche Verhängnis: Was sollten wir tun, um die Befreiung von »Durst«, Anhaftung und dem daraus resultierenden Leid zu erlangen? Wie können wir das todlose und leidfreie Nirvāṇa erreichen? Die Antwort besteht aus einem Pfad mit acht Teilen. Es handelt sich dabei allerdings nicht im strengen Sinn um acht aufeinander folgende Stufen, sondern eher um acht wichtige Bereiche, innerhalb derer man nach persönlicher Weiterentwicklung streben sollte. Diese sind miteinander und untereinander verknüpft, so dass sich jeder Fortschritt in einem Bereich auch auf den Fortschritt in anderen Bereichen auswirkt. Und »so wie der Ganges sich nach Osten neigt, senkt und strömt, so neigt sich, senkt sich und strömt ein Bhikkhu, der den Edlen Achtfachen Pfad kultiviert, zum Nibbāna« (SN 5:45:91; Bodhi, 2000, S. 1548).

Die acht Teile des Pfades werden traditionell in folgender Weise den drei Prinzipien (eigentlich: »Schulungen«, *śikṣā*) der Einsicht/Weisheit (*prajñā*), der Moral/Ethik (*śīla*) und der Meditation/Konzentration (*samādhi*) zugeordnet:

Einsicht / Weisheit *prajñā*	(1) rechte Anschauung (2) rechte Absicht
Moral / Ethik *śīla*	(3) rechte Rede (4) rechtes Handeln (5) rechter Lebenserwerb
Meditation / Konzentration *samādhi*	(6) rechte Anstrengung (7) rechte Achtsamkeit (8) rechte Konzentration

Abb. 5: Der Edle Achtfache Pfad

Grundlegend ist hierbei die Vorstellung, dass die Art, wie wir leben, davon anhängt, wie wir unser Leben wahrnehmen und verstehen. Deswegen setzt *Moral*, das heißt, ein moralisch gutes Leben, *Einsicht* voraus, also ein Verständnis davon, was im und am Leben wirklich wichtig ist. Aber um diese Einsicht zu erwecken, zu vertiefen und schließlich zu vollenden, so dass moralische Tugend unmittelbar aus dem eigenen Herzen fließt, bedarf es der *Meditation.* Im sechsten und siebten Kapitel werde ich die Themen buddhistische Meditation und buddhistische Ethik eingehender behandeln, damit sich die zu diesen beiden Prinzipien gehörenden Glieder des Edlen Achtfachen Pfades besser verstehen lassen. Den Rest dieses Kapitels möchte ich hingegen dafür verwenden, noch etwas zum ersten der drei Prinzipien und zu seiner Rolle innerhalb des Edlen Achtfachen Pfades zu sagen.

Im vollen Sinn ist das *befreiende Wissen* beziehungsweise die *Einsicht* nichts anderes als die Erleuchtung selbst. In dieser Hinsicht bezeichnet sie das Ziel und das Ende des Pfades. Andererseits steht die Einsicht aber auch am Beginn des Pfades – eben als das Prinzip, dem die beiden ersten Aspekte des Pfades zugeordnet sind. An einer Stelle des Kanons heißt es einmal, Einsicht sei die »Morgenröte« aller heilsamen Dinge, genauso wie die Morgenröte der Vorbote des vollen Sonnenaufganges ist (siehe AN 10:121).

Der Einsicht wird deshalb eine solch große Bedeutung zugemessen, weil, wie oben gezeigt, Befreiung von Anhaftung nur durch Einsicht zustande kommen kann und weil »rechte Absicht«, der zweite Teil des achtfachen Pfades, aus der »rechten Anschauung« hervorgeht. Das heißt, um spirituell wirksam zu sein, muss Einsicht auf der eigenen, persönlichen Erfahrung beruhen. Man kann nur dann von Anhaftung frei werden, wenn man selber mittels eigener Erfahrung erkennt, dass »kein Ding es wert ist, daran zu haften«, und dass es ein anderes Glück gibt, »das sogar die göttliche Seligkeit übertrifft«. Vollständig kann diese Einsicht allerdings erst am Ende des Pfades verwirklicht werden, das heißt in der eigenen Erleuchtung. Solange man noch unterwegs ist, lässt sich der Status der Einsicht als eine fruchtbare Spannung zwischen eigener Erkenntnis und zuversichtlichem Vertrauen (*śraddhā*) auf die erleuchteten Worte des Buddhas charakterisieren.

Auf der einen Seite ermutigte der Buddha die Menschen daher, etwas nicht nur deswegen zu tun, weil es als eine akzeptierte Tradition gilt, weil es von den Heiligen Schriften vorgeschrieben wird, weil es auf logischem Denken oder auf der Autorität eines Gurus beruht. Nur wenn man selber erkennt, dass etwas, das von den Weisen abgelehnt wird, auch wirklich unheilsam ist und zu Unheil und Leid führt, soll man davon Abstand nehmen. Oder, im umgekehrten Fall, man soll etwas tun, nicht nur, weil die Weisen es gepriesen haben, sondern weil man selber erkennt, dass es heilsam ist und zu Wohlbefinden und Glück führt (siehe AN 3:65). So fragt der Buddha bisweilen seine eigenen Schüler, ob sie etwas nur deswegen akzeptieren, weil er es lehrt, oder weil sie es selber verstanden haben (z.B. MN 38).

Auf der anderen Seite aber gilt, dass die Lehren des Buddhas, die ja seiner Erleuchtung entspringen, den ausschlaggebenden Impuls für das je eigene Verstehen geben. In diesem Sinn sind Glaube und Vertrauen unbedingt notwendig. Eine narrative Standard-Beschreibung des buddhistischen Heilsweges, die im Pāli-Kanon häufig wiederholt wird (z.B. DN 2; 3; usw.; MN 27; 38; usw.), hebt diesen Sachverhalt deutlich hervor: Wenn ein vollkommen erleuchteter Buddha, ein Tathāgata, in der Welt erscheint, lehrt er den Dharma. Und wenn ein Haushälter den Dharma hört, »gewinnt er Vertrauen zum Tathāgata«. Deswegen ist die anfängliche Einsicht, von der der Edle Achtfache Pfad spricht, die »rechte Anschauung«, in erheblichem Maß zugleich auch ein »rechter *Glaube*«. Der Buddha kennt das Ziel und den Weg zum Ziel aus seiner eigenen Erfahrung; ein Schüler hingegen muss ihm vertrauen. Wie ein weiser Kuhhirt, der die Furt kennt, an der er seine Herde sicher durch den Fluss bringen kann, so ist auch der Buddha imstande, seine Anhänger sicher ans »andere Ufer« zu führen. Wie die Herde ihrem Hirten folgt, so sollen die Schüler ihr »Vertrauen« auf den Buddha »setzen« (MN 34). Doch dabei führt der Buddha seine Schüler zu ihrer eigenen Einsicht, indem er sie allmählich und auf individuell abgestimmte Weise lehrt, und zwar je nach der Art und dem Maß ihres eigenen Verstehens (siehe DN 9; 28).

Aber hat der Buddha wirklich alles verkündet und offenbart? War er imstande, alle Fragen zu beantworten? Während so gut wie alle späteren buddhistischen Traditionen die Allwissenheit des Buddhas bekräftigen, räumen sie trotzdem ein, dass er aus pragmatischen Gründen seine Lehren allein auf das beschränkt habe, was für die Erlösung notwendig ist.

Im Pāli-Kanon wird von Māluṅkyāputta, einem der Schüler des Buddhas, erzählt, dass er den Orden verlassen wollte, weil der Buddha ihm nicht erklärt hatte, ob die Welt ewig oder nicht ewig, endlich oder unendlich ist; ob die Seele und der Körper dasselbe oder verschieden sind; ob nach dem Tod ein Tathāgata noch existiert, nicht existiert, zugleich existiert und nicht existiert oder weder existiert noch nicht existiert. Als der Buddha davon hörte, erzählte er dem Māluṅkyāputta folgendes Gleichnis: Angenommen, ein Mann wurde von einem vergifteten Pfeil verwundet, aber glücklicherweise bringen seine Freunde schnell einen guten Arzt herbei, der sein Leben retten könnte. Würde der Mann dann sagen, dass er dem Arzt erst dann erlaube, den Pfeil herauszuziehen und ihn zu behandeln, nachdem dieser ihm erklärt habe, wer den Pfeil abgeschossen hat, zu welcher Kaste der Betreffende gehört, ob er groß oder klein ist, dunkel- oder hellhäutig, in welchem Dorf er lebt, was für einen Bogen und was für eine Sehne er benutzt hat, was für einen Pfeil, was für Pfeilfedern und so weiter? Der Verwundete würde sicher sterben, ehe all seine Fragen beantwortet sind. Aber, fuhr der Buddha fort, was auch immer die

Antwort auf Māluṅkyāputtas Fragen sein mag, in jedem Fall »gibt es die Geburt, das Alter und den Tod, es gibt Kummer, Wehklagen, Schmerzen, Trauer und Verzweiflung, deren Vernichtung ich hier und jetzt lehre« (MN 63; Ñāṇamoli; Bodhi, 2001, S. 535). Māluṅkyāputtas Fragen beantworte er deswegen nicht, weil deren Erklärung »nicht förderlich ist, nicht zu den Grundlagen des heiligen Lebens gehört, nicht zur Aufhebung der Verblendung führt, zur Freiheit von den Leidenschaften, zum Aufhören, zum Frieden, zum unmittelbaren Wissen, zur Erleuchtung, zum Nibbāna« (ebd. S. 536). Das Einzige, das er, der Buddha, jemals erklärt habe, ist das Leid (*duḥkha*), die Ursache des Leids, das Erlöschen des Leids und der Weg, der zum Erlöschen des Leids führt. Deswegen, so heißt es im Text, solle man das unerklärt lassen, was nicht erklärt wurde, und sich an das halten, was erklärt wurde. Etwas ganz Ähnliches betont das berühmte Gleichnis vom Floß: Wie ein Floß nur dafür gebaut wird, um das andere Ufer zu erreichen, und nicht, um es auf trockenem Boden mit sich herumzutragen, so besteht der einzige Sinn des Dharmas, den der Buddha verkündet, darin, »ans andere Ufer zu gelangen«. Man solle aus dem Dharma nicht selbst einen Gegenstand des Festhaltens und der Anhaftung machen (siehe MN 22).

Bedeutet das, dass der Buddha jegliche Form von Metaphysik ablehnte, dass seine Lehren überhaupt keine metaphysischen oder kosmologischen Elemente beinhalten? Häufig verstehen zeitgenössische westliche und manchmal auch östliche Interpreten den Buddha in diesem Sinn. Meines Erachtens ist jedoch auch dies ein Missverständnis. Der Buddha lehnte keineswegs alle metaphysischen Behauptungen ab. Er verwarf lediglich solche metaphysischen Spekulationen, die er als nicht förderlich für die endgültige Befreiung ansah. Denn seine Erklärung des Leids und des Weges zur Überwindung des Leids setzen einige wichtige metaphysische Überzeugungen voraus, die seine Lehren eindeutig von den Ansichten der materialistischen Cārvākas unterschieden: den

Glauben an die Wiedergeburt, den Glauben an das Karma und den Glauben an die endgültige Glückseligkeit des unbedingten Nirvāṇas.

Literaturhinweise: Burton (2004); Collins (1982); Gowans (2003); Harvey (2004); Matthews (1994); Pérez-Remón (1980).

Saṃsāra: Der Kreislauf der Reinkarnation

> Bhikkhus, ein Anfang dieses Saṃsāras lässt sich nicht entdecken. Einen Anfang der Wesen, die in ihm umherschweifen und herumwandern, durch Unwissenheit gefangen und von Begehren gefesselt, kann man nicht erkennen …
> Der Strom von Tränen, den ihr vergossen habt, während ihr auf dieser langen Reise umhergeschweift und herumgewandert seid, weinend und jammernd, weil ihr mit Unliebem vereint und von Liebem getrennt wart – allein das ist mehr Wasser, als es in allen vier großen Weltmeeren zusammen gibt. Für so lange Zeit habt ihr, Bhikkhus, den Tod der Mutter erlebt, … den Tod des Vaters, … den Tod des Bruders, … den Tod der Schwester, … den Tod des Sohnes, … den Tod der Tochter, … den Verlust von Verwandten, … den Verlust von Reichtum, … den Verlust durch Krankheit …
> Es ist genug, um Abscheu gegenüber allen Gestaltungskräften zu empfinden, genug, um ihnen gegenüber leidenschaftslos zu werden, genug, um von ihnen befreit zu werden.
>
> (SN 15:3; Bodhi, 2000, S. 652f.)

Wie viele ihrer Zeitgenossen in den Śramaṇa-Bewegungen waren auch die frühen Buddhisten davon überzeugt, dass die Vorstellung der Wiedergeburt den unbefriedigenden und in der Tat leidvollen Charakter des unerlösten Lebens in aller Klarheit deutlich macht. Der Kreislauf der Reinkarnation, *saṃsāra*, wird keineswegs als eine Art immerwährendes Leben gefeiert. Im

Gegenteil: Er gilt als immerwährender Tod, als die potenziell endlose Fortsetzung des vergänglichen Daseins, das sich, ohne einen erkennbaren Anfang, unbestimmbar in die Vergangenheit zurückerstreckt.

Auf sehr lebendige Weise wird das buddhistische Verständnis des *saṃsāras* in einer standardisierten graphischen Darstellung veranschaulicht, die zumeist das »Rad des Werdens« (*bhavacakra*) genannt wird. Das früheste erhaltene Beispiel findet man in den berühmten Höhlengemälden von Ajanta (6. Jh. u.Z.). Es gibt aber in einer buddhistischen Schrift (*Divyāvadāna*) eine noch viel ältere Anleitung dazu, wie dieses Bild zu malen ist (siehe Schlingloff; Zin, 2007). Sehen wir uns nun eine jüngere tibetische Version des *bhavacakras* (siehe Abbildung 6) etwas genauer an, um die buddhistische Reinkarnationslehre besser zu verstehen.

Das »Rad des Werdens« wird in den Klauen eines schrecklichen Ungeheuers gehalten. Ursprünglich wurde dieses Ungeheuer als die Vergänglichkeit an sich erklärt und später als ein mythologisches Wesen personifiziert, das eng mit dem Tod verknüpft ist: nämlich entweder als Yama oder aber als Māra, den wir bereits aus der Buddha-Legende als den bösartigen Versucher kennen. Wie dem auch sei, das Ungeheuer ist eine symbolische Darstellung der Vergänglichkeit aller Formen der Existenz im Saṃsāra. Das Rad selbst ist in vier Ringe oder Ebenen unterteilt. Der erste, äußere Ring enthält zwölf Bilder, die die zwölf Glieder der Kette des »abhängigen Entstehens« (*pratītyasamutpāda*, siehe dazu unten S. 99-103) symbolisieren. Der nächste und breiteste Ring zeigt die sechs (in anderen Versionen fünf) Bereiche der Wiedergeburt. Der Ring nahe der Nabe veranschaulicht die Bewegungen des Abstiegs und Aufstiegs: Auf der rechten Seite werden die Menschen von Māra mit einem Seil, an das sie gefesselt sind, nach unten gezogen, während sich auf der linken Seite die Menschen nach oben bewegen, indem sie auf die Worte des Buddhas hören. Das Zentrum schließlich zeigt eine Schlange, ein Federtier (ursprünglich eine Turteltaube, später oft als Hahn gedeutet) und ein Schwein. Sie bilden einen Kreis, indem sie einander in den Schwanz beißen, und symbolisieren die drei Wurzeln des Übels: Hass (Schlange), Gier (Turteltaube) und Verblendung (Schwein).

 Abb. 6: Das Rad des Werdens

Die im zweiten Ring dargestellten sechs Bereiche der Wiedergeburt sind in drei untere und drei obere Felder aufgeteilt. Die unteren Felder zeigen die unangenehmen Formen von Reinkarnation, während die oberen die angenehmeren Bereiche darstellen. Im unteren Teil sieht man im Uhrzeigersinn zuerst das Reich der Tiere, dann in der Mitte unten die kalten und heißen Höllen und links davon das Reich der Hungergeister. Geht man weiter nach oben, so sieht man zuerst die Welt der Menschen und dann, in der Mitte oben, den Himmel der friedlichen Götter und rechts davon das Reich der zornigen Götter, der *asuras*. Die Darstellungen des *bhavacakras* mit nur fünf Abschnitten zeigen in der Regel die friedlichen und zornigen Gottheiten in einem einzigen himmlischen Bereich. Auch in unserem Beispiel gehen diese beiden Felder ineinander über.

Diese fünf oder sechs Bereiche weisen auf die Formen und Welten hin, in denen saṃsārische Lebewesen wiedergeboren werden. Das heißt, die Wiedergeburt ereignet sich nicht nur in menschlicher Form. Wenn Menschen schlechtes Karma angesammelt haben, werden sie in einer der niederen Welten wiedergeboren: als Tier, als Insasse einer der zahlreichen heißen oder kalten Höllen oder als hungriges Gespenst. Haben sie dagegen gutes Karma erworben, so werden sie entweder erneut als Mensch oder als eine der friedlichen oder zornigen Gottheiten wiedergeboren. Nur Wesen, die über Empfindung verfügen, können wiedergeboren werden. Oder anders gesagt, man kann nur in einer solchen Lebensform reinkarniert werden, bei der es möglich ist, Freude und Leid bewusst zu erleben. Nach der älteren traditionellen buddhistischen Auffassung ist damit die Wiedergeburt als Pflanze oder als ein materieller Gegenstand, etwa als ein Berg, ausgeschlossen. Pflanzen (insbesondere Bäume) und Berge oder Flüsse können jedoch durchaus von Geistwesen bewohnt sein, und diese Geister sind wiederum Teil des Kreislaufs der Wiedergeburten.

In keiner Lebensform des Saṃsāras währt das Leben ewig. Doch gibt es bei der Dauer der Lebenszeiten beträchtliche Unterschiede, etwa zwischen dem Leben eines Insekts und dem einer Gottheit (*deva*). Das Leben der *devas* und auch das Leben jener Wesen, die in den Höllen leiden, ist unvorstellbar lang und kann sogar zahlreiche Weltzeitalter umspannen. Aber es dauert nicht ewig. Eines Tages muss auch jede Gottheit sterben und wird, je nach Karma, in einer anderen Lebensform wiedergeboren. Ihr früherer Platz – beispielsweise als der Gott Indra oder Brahmā – wird dann sofort von einem anderen Wesen ausgefüllt, das als diese Gottheit wiedergeboren wird, so dass es in der Himmelswelt niemals unbesetzte Stellen gibt. Aber das Dasein der einzelnen Gottheiten ist ebenso vergänglich wie alle anderen Daseinsformen im *saṃsāra*. Auch das Leben in der Hölle kommt eines Tages, nach einer ähnlich langen Zeitperiode wie das Leben in einer Himmelswelt, an sein Ende, woraufhin dann eine neue Wiedergeburt erfolgt. Die Vorstellung von einem unwiderruflichen, nicht erlösbaren, unendlichen Leiden in der Hölle ist dem Buddhismus fremd. Allerdings wurde bisweilen diskutiert, ob es eventuell einige Wesen gibt, denen jegliches Potenzial für die Erleuchtung und somit für die Erlösung fehlt (den sogenannten *icchantikas*), so dass sie zwar nicht zwangsläufig auf immer in der Hölle, wohl aber im *saṃsāra* verbleiben (siehe Liu, 1984).

Während das Dasein in den niederen Bereichen besonders leidvoll und nicht erstrebenswert ist, wenn auch in unterschiedlichem Ausmaß, so ist das Dasein in den himmlischen Bereichen voller göttlicher Freuden. Genauer gesagt, es ist einfach zu schön! Es ist zu angenehm und zu lang, um den in Wahrheit vergänglichen und unbefriedigenden Charakter des saṃsārischen Daseins zu erkennen. Es ist also das Leben als Mensch, das die besten Voraussetzungen für die Erkenntnis der Wahrheit und somit für das Erreichen der endgültigen Erlösung bietet. Das macht das menschliche Leben zu etwas Besonderem und Wertvollem. Häufig betonen die buddhistischen Schriften, dass es sehr schwierig ist und unvorstellbar lange dauert, bis man wieder als Mensch geboren wird, wenn man erst einmal in die niederen Bereiche abgestürzt ist. Daher ermutigen sie den Menschen, das Beste aus dieser seltenen Gelegenheit zu machen, die eine Wiedergeburt als Mensch bietet, um den Ausweg aus dem saṃsārischen Dasein zu finden. Dies ist in den beiden innersten Kreisen des großen Rades dargestellt (siehe Abbildung 7).

Abb. 7: Hass, Gier und Verblendung (Detail aus Abb. 6)

Karma

Im Zentrum des Rades finden wir Hass, Gier und Verblendung, symbolisch dargestellt als Schlange, Turteltaube (oder Hahn) und Schwein. Sie gehören untrennbar zusammen, insofern Hass die verblendete Reaktion auf eine unangenehme Empfindung und Gier die verblendete Reaktion auf eine angenehme Empfindung ist (siehe AN 3:68). Hass, Gier und Verblendung gelten als die hauptsächlichen »Befleckungen« (*kleśa, kilesa*) des Geistes. Sie halten das ganze Rad in Bewegung (siehe AN 10:174). Dies wird besser verstehbar, wenn wir uns die buddhistische Karma-Lehre näher ansehen.

»Karma« bedeutet wörtlich »Tat« oder »Handlung«. Ursprünglich bezog sich dieser Begriff auf die religiösen Handlungen der Brahmanen, insbesondere auf das vedische Opferritual als eine wirkmächtige Handlung. Unter den Śramaṇas wurde das Verständnis von »Karma« dann auf das »menschliche Handeln« insgesamt ausgeweitet, insofern sich dieses auf die Art der Wiedergeburt auswirkt und die nächste Form des Daseins bestimmt: Das heißt, gute Handlungen führen zu einer guten Reinkarnation und schlechte Handlungen zu einer schlechten. Der Buddhismus entwickelte nun eine psychologisch verfeinerte Version dieser Anschauung. Unsere »Handlungen« haben nicht nur eine Wirkung auf unsere zukünftige Wiedergeburt, sondern sie beeinflussen auch unsere spirituelle Entwicklung. Nach buddhistischer Ansicht ist das eigentliche »Karma«, die eigentliche »Tat«, unser »Wille« beziehungsweise unsere »Absicht«, denn unsere Handlungen in Gedanken, Worten und Werken folgen aus dem, was wir gewollt haben (AN 6:63; MN 56). Die Erzeugung von gutem oder schlechtem Karma oder genauer gesagt von guten oder schlechten karmischen Tendenzen ist daher nach buddhistischer Auffassung in erster Linie ein mentaler Prozess.

Jenes Wollen, das schlechte karmische Wirkungen hervorbringt (indem es zu moralisch schlechten Handlungen in Gedanken, Worten und Werken führt, zu einer spirituell negativen Charakterdisposition und schließlich zu einer schlechten Wiedergeburt), ist in erheblicher Weise von Gier, Hass und Verblendung durchdrungen. Umgekehrt führt die Mäßigung oder Verringerung von Gier, Hass und Verblendung sowie deren allmähliche Ersetzung durch die gegenteiligen Eigenschaften, das heißt, durch Gleichmut, liebevolle Freundlichkeit und Einsicht, zu moralisch gutem Handeln in Gedanken, Worten und Werken, zu einer spirituell positiven Charakterdisposition und so auch zu einer guten Wiedergeburt (siehe AN 3:70). Die Summe all unseres Wollens in einem konkreten Leben und der dementsprechenden Handlungen manifestiert sich somit als eine bestimmte karmische Neigung oder Tendenz, die zu einer entsprechenden Wiedergeburt führt. Ein Text vergleicht dies mit einem Baum, der schief gewachsen ist. Wird er einst gefällt, so kippt er in eben jene Richtung, in die er sich schon zuvor geneigt hat (siehe Netti-Pakaraṇa 788). Wenn jedoch der Geist und alle daraus entspringenden Handlungen völlig frei sind von Gier, Hass und Verblendung, dann werden keine weiteren karmischen Konsequenzen erzeugt (AN 3:34 und 10:174). Gier, Hass und Verblendung gelten somit als die Formen, in denen sich der »Durst« – der gemäß der Zweiten Edlen Wahrheit (siehe oben S. 73) die Wurzel der Wiedergeburt ist – in der spirituellen und moralischen Charakterneigung der eigenen Persönlichkeit manifestiert und infolgedessen auch im eigenen Verhalten.

Auf dem Hintergrund dieses Verständnisses des Karma-Prozesses werden zwei unterschiedliche, aber zusammenhängende spirituelle Einstellungen möglich. Erstens kann man versuchen, sein Karma zu verbessern, um so eine bessere Wiedergeburt zu erlangen beziehungsweise um zu vermeiden, dass man in einem schlechten Bereich wiedergeboren wird. Zweifellos wurde diese Einstellung zu einem besonders starken Motiv in der Moral buddhistischer Volksfrömmigkeit. Aber da diese Motivation immer noch durch Anhaftung, nämlich an den eher angenehmen Aspekten der saṃsārischen Existenz, geprägt ist, ist sie nicht identisch mit dem »edlen Streben«. Die zweite Einstellung besteht deshalb darin, nach endgültiger Befreiung zu streben, also nach der Freiheit von jeglicher karmischer Vergeltung, sei diese nun positiv oder negativ, und zwar durch eine vollständige Läuterung von allen, selbst den subtilsten Formen von Gier, Hass und Verblendung (siehe MN 117). Weil jedoch »gutes Karma« beinhaltet, dass man die gröberen Formen von Gier, Hass und Verblendung vermeidet, gilt, dass die Verbesserung des Karmas nicht nur eine bessere Wiedergeburt verheißt, sondern auch in Aussicht stellt, dass man der Erleuchtung näherkommt, insofern man nämlich auf diese Weise eine für die Erleuchtung vorteilhaftere geistige Disposition entwickelt.

Besonders wichtig für das buddhistische Verständnis des Karmas ist, dass die karmische Disposition – das heißt die spezifische Mischung individueller Neigungen zu Gier, Hass und Verblendung oder eben zum Gegenteil – von einem Leben zum nächsten übertragen wird. Ob der Charakter eines bestimmten Individuums eine positive Disposition für die Erkenntnis des *dharmas* in sich trägt oder ob er dieser Erkenntnis eher unbeugsam entgegensteht, hängt von den karmischen Prägungen und Neigungen ab, die das betreffende Individuum aus einer früheren Existenz mitbringt (siehe Vism 3:83ff.; 17:271). Im Licht dieser Überzeugung gewinnt die Reinkarnationsidee nun auch einen ermutigenden Aspekt, insofern sie die Möglichkeit beinhaltet, sich über mehrere oder sogar ausgesprochen zahlreiche aufeinander folgende Leben hinweg spirituell weiterzuentwickeln, bis einst die endgültige Erlösung erreicht ist. Diese Idee eines spirituellen Fortschritts, der sich über eine unter Umständen lange Serie von Wiedergeburten hinweg vollzieht, wurde zu einem wichtigen Merkmal des buddhistischen Verständnisses der spirituellen Entwicklung individueller Wesen. Auf diese Weise erhält die ansonsten trostlose Lehre von der Reinkarnation eine optimistische Dimension.

Diese grundlegende Botschaft wird durch die Bilder im ersten Ring, der die Nabe des *bhavacakras* umschließt, verdeutlicht: Lebt man auf die Weise des »unedlen Strebens«, dann ist man von der »Fessel des Māras« gebunden, das heißt von den Sinnenfreuden, die die Anhaftung auslösen und das Individuum immer tiefer in Gier, Hass und Verblendung hinabziehen und damit in die niederen Bereiche der Wiedergeburt. Die Alternative ist auf der linken Seite des Rings dargestellt. Man wendet sich vom »Durst« ab (versinnbildlicht dadurch, dass man dem dargereichten Kelch den Rücken zuwendet), man hört auf die Worte des Buddhas und steigt dadurch allmählich zu besseren Formen der Wiedergeburt auf und letztlich zur endgültigen Befreiung aus dem *saṃsāra*.

Vor diesem Hintergrund wende ich mich nun dem äußeren Ring zu, der das Prinzip des abhängigen Entstehens darstellt.

Das Prinzip des abhängigen Entstehens

Gemäß der Buddha-Legende führte die Erleuchtung des Buddhas auch dazu, dass er das Prinzip des »abhängigen Entstehens« (*pratītyasamutpāda*) erkannte (siehe Mv 1:1-4; Ud 1:1-4). Im Pāli-Kanon findet sich die Lehre vom »abhängigen Entstehen« in verschiedenen Versionen. Die größte Verbreitung erlangte jene Version, die zwölf ursächlich miteinander verbundene Glieder aufzählt. Dies ist auch die Version, die in dem äußeren Ring des *bhavacakras* dargestellt ist. Die Darstellung der zwölf Glieder beginnt oben rechts der Mitte und folgt dann dem Uhrzeigersinn:

1. »Unwissenheit« oder Verblendung (symbolisiert durch einen Blinden mit Krücke);
2. »Geistesformationen« oder karmische Gestaltungskräfte (symbolisiert als ein Töpfer);
3. »Bewusstsein« (ein ruheloser Affe);
4. »Name und Form«, das heißt, das Individuum, bestehend aus Körper und Geist (zwei Männer in einem Boot);
5. die »sechs Sinne« – das heißt, die normalen fünf Sinne und der Geist als sechster Sinn (ein Haus mit sechs Fenstern);
6. »Kontakt« der Sinne mit ihren Objekten (ein Paar beim Geschlechtsverkehr);
7. »Empfindung« (ein Mann mit einem Pfeil, der sich in sein Auge bohrt);
8. »Durst« (ein Mensch, der einen Becher erhebt);
9. »Anhaftung« oder Anklammern (ein Affe, der nach einer Frucht greift);

10. »Werden« beziehungsweise Dasein (eine schwangere Frau);
11. »Geburt« (eine Frau beim Gebären);
12. »Alter und Tod … und die ganze Masse des Leidens« (ein Mann, der über ein Leichenfeld geht).

Der Sinn des Schemas liegt in der Betonung einer kausalen Abhängigkeit unter den zwölf Gliedern: In Abhängigkeit von (1) Unwissenheit entstehen die (2) karmischen Gestaltungskräfte; in Abhängigkeit von den karmischen Gestaltungskräften entsteht (3) Bewusstsein – und so weiter, bis zum zwölften Glied, »Alter und Tod«. Häufig wird die gesamte Kette auch in ihrer negativen Form wiederholt, was das Prinzip der kausalen Abhängigkeit noch weiter verdeutlicht. Das heißt, aufgrund des Erlöschens von (1) Unwissenheit hören die (2) karmischen Gestaltungskräfte auf, – und so weiter, bis hin zum Erlöschen von »Alter-und-Tod … und der ganzen Masse des Leidens«.

Bereits im dogmatischen Schema der Vier Edlen Wahrheiten zeigt sich, dass der buddhistischen Lehre ein starkes kausales Denken zugrunde liegt: Um vom Leid befreit zu werden, muss man erkennen und anerkennen, was die Ursache des Leids ist. Und wenn man die Ursache beseitigt, dann wird auch ihre Wirkung, das Leid, verschwinden. Dasselbe kausale Denken kommt auch in der Formel vom »abhängigen Entstehen« zum Tragen, wird hier aber deutlich ausgeweitet: Leid wird mit der Tatsache erklärt, dass wir ein vergängliches Leben führen (12), das das Resultat von Geburt (11) ist, die wiederum das Resultat des »Werdens« (10), das heißt, das Resultat der Teilhabe am saṃsārischen Prozess ist, was auf der Anhaftung (9) beruht, die durch den »Durst« (8) verursacht ist. Bis zu diesem Punkt stimmt der *pratītyasamutpāda* mit den Vier Edlen Wahrheiten überein. Doch während die Analyse in den Vier Edlen Wahrheiten mit dem »Durst« als letzter Ursache endet, geht die Lehre vom abhängigen Entstehen weiter und untersucht die Bedingungen dafür, dass der »Durst« entsteht. Der »Durst« entsteht in Abhängigkeit von der Empfindung (7). Dann werden die Faktoren aufgelistet, die zur Empfindung führen. Empfindung setzt einen Sinneskontakt (6) voraus, der auf den jeweiligen Sinnesfähigkeiten (5) beruht, die zu einem konkreten, mit Geist und Körper versehenen Individuum (4) gehören. Aber dieses Individuum entsteht nicht als ein unbeschriebenes Blatt. Es ist selber bedingt von einem Bewusstsein (3), das durch die karmischen Gestaltungskräfte (2) aus einer vorangegangenen Existenz gebildet wird, die ihrerseits in Kraft treten, weil sie eine Manifestation der grundlegenden existenziellen »Unwissenheit« oder »Verblendung« (*avidyā*) (1) sind.

Verglichen mit den Vier Edlen Wahrheiten, hebt das Schema des »abhängigen Entstehens« somit drei Dinge besonders hervor: Erstens ist der »Durst« nur insofern die Grundursache des Leidens und des saṃsārischen Daseins, als er selber das Ergebnis von *Unwissenheit*, Illusion oder Verblendung ist. Um den Durst zum Verschwinden zu bringen, muss man folglich die Unwissenheit bekämpfen. Zweitens ist alles innerhalb des *saṃsāras* nicht nur unbeständig/vergänglich (*anitya*) und unbefriedigend (*duḥkha*), sondern auch *kausal bedingt* – ja, es ist gerade deswegen vergänglich, weil seine *Entstehung abhängig* ist von bestimmten kausalen Bedingungen. Drittens muss *Reinkarnation* selber, wie im Übergang vom zweiten zum dritten und vom zehnten zum elften Glied angedeutet wird, als *ein kausaler Prozess* verstanden werden.

Besonders dieser letzte Aspekt eröffnet nun einen Weg, wie sich Reinkarnation denken lässt, ohne dabei eine Seelenwanderung anzunehmen, das heißt, ohne die Voraussetzung eines unveränderlichen Selbst oder einer unveränderlichen Seele, die von einem Leben zum nächsten wandert. Die fünf Gruppen (*skandhas*), die ein Individuum ausmachen, bilden demnach eine Abfolge von körperlichen Partikeln und mentalen Ereignissen (zusammen *dharmas* genannt), die jeweils nur für einen einzigen Augenblick existieren. Wenn ein solcher

Partikel oder ein solches Ereignis vergeht, löst dies zugleich die Entstehung eines unmittelbar nachfolgenden ähnlichen Partikels und Ereignisses aus. Das Individuum besteht also aus einem kontinuierlichen Prozess, das heißt, aus einem Strom kausal miteinander verknüpfter Faktoren. Diese Theorie erklärt die verschiedenen Veränderungen, denen jedes Individuum im Fluss der Zeit unterworfen ist. Außerdem benötigt sie keine statische, unveränderliche Seele (oder Selbst) und setzt eine solche auch nicht voraus. Schließlich erklärt diese Theorie den Prozess der Reinkarnation. Die letzten mentalen Ereignisse eines Sterbenden verursachen das nächste Leben – das bedeutet, sie bilden den Ursprung der unmittelbar nachfolgenden mentalen Phänomene und Dispositionen, die den Beginn der nächsten Existenz ausmachen. Der neue Strom von Ereignissen, der die nächste Existenz bildet, ist somit nicht vollkommen neu; er ist vielmehr die Fortsetzung des vorherigen Stroms in einer anderen Form, aber mit all den entsprechenden karmischen Tendenzen und Neigungen. Aus diesem Grund ist der Übergang vom letzten Augenblick des Todes zum ersten Augenblick des neuen Lebens nicht völlig verschieden von dem jeweiligen Übergang der einzelnen, aufeinander folgenden Augenblicke *innerhalb* einer Lebenszeit. Letztendlich, sagt Buddhaghosa (5. Jh. u.Z.), lebt jedes Wesen immer nur einen Augenblick lang, stirbt und wird im nächsten Augenblick wiedergeboren, so wie ein rollendes Rad in jedem Augenblick immer nur mit einem Punkt den Boden berührt und sich auf diese Weise vorwärts bewegt (siehe Vism 8:39). Im Milindapañha finden sich für diesen Übergang noch weitere Vergleiche: Es ist wie die letzte Flamme einer ausgebrannten Kerze, an der sich eine neue Kerze entzündet, oder wie geschlagene Milch aufhört, Milch zu sein und zu Joghurt wird, und Joghurt zu Butter und Butter zu Butterschmalz (vgl. Mph 2:2:1).

Diese Interpretation von Reinkarnation (und eigentlich aller Veränderungen in der Zeit) als einer Kette augenblicklicher Ereignisse, die kausal miteinander verknüpft sind, hat bedeutende Auswirkungen auf das Verständnis von Identität. Einen Verstorbenen und den Wiedergeborenen kann man weder als vollkommen miteinander identisch bezeichnen, noch als vollkommen voneinander verschieden – so wie auch innerhalb einer einzigen Lebenszeit ein alter Mann weder genau dieselbe Person ist, die er als kleines Baby war, noch eine vollkommen andere Person. Vielmehr liegt der Veränderung in beiden Fällen schlicht die kontinuierliche Fortsetzung eines kausal verknüpften Prozesses zugrunde (siehe Mph 2:2:1).

Wenden wir uns nun jenem Ziel zu, in dem dieser kontinuierliche Prozess zu seinem Ende kommt, wo jede Wiedergeburt aufhört und endgültige Glückseligkeit erlangt wird.

Nirvāṇa

Die wörtliche Bedeutung von »*Nirvāṇa*« ist »Erlöschen«, und das hierfür gewöhnlich verwendete Bild ist das Erlöschen einer Flamme oder eines Feuers. Nirvāṇa ist das Erlöschen aller unheilsamen Faktoren: das Erlöschen von Durst und Unwissenheit, von Anhaftung, Gier, Hass und Verblendung, von jeglicher Identifikation mit den fünf Gruppen als dem eigenen Selbst (siehe oben S. 80-83.) und von allen daraus entstehenden Übeln: dem Leid und der beständigen Wiedergeburt in die vergängliche Existenz des *saṃsāras*. Nachdem der Buddha in seiner Erleuchtung das Nirvāṇa erfahren hatte, verkündete er: »Das Todlose (*amṛta*) ist gefunden« (MN 26).

Die mit der Lehre des »abhängigen Entstehens« verbundene Einsicht, wonach alles Bedingte der Vergänglichkeit unterliegt, erfordert es, dass das Nirvāṇa, wenn es wirklich todlos ist, selber eine nicht-bedingte beziehungsweise unbedingte (*asaṃskṛta*) Wirklichkeit sein muss. Nur, wenn es tatsächlich solch eine unbedingte Realität gibt, ist eine Befreiung aus der bedingten Existenz des *saṃsāras* möglich. Dies ist die Logik der folgenden berühmten Textstelle über das Nirvāṇa:

> Es gibt, ihr Bhikkhus, etwas Nicht-Geborenes (*ajātam*), Nicht-Gewordenes (*abhūtam*), Nicht-Gemachtes (*akataṃ*), Nicht-Bedingtes (*asaṅkhataṃ*). Wenn es, ihr Bhikkhus, kein Nicht-Geborenes, Nicht-Gewordenes, Nicht-Gemachtes, Nicht-Bedingtes gäbe, dann wäre ein Ausweg aus dem Geborenen, Gewordenen, Gemachten, Bedingten nicht erkennbar. Weil es aber ein Nicht-Geborenes, Nicht-Gewordenes, Nicht-Gemachtes, Nicht-Bedingtes gibt, deswegen lässt sich ein Ausweg aus dem Geborenen, Gewordenen, Gemachten, Bedingten erkennen.
>
> (Ud 8:3 und Itv 43; siehe Ireland, 1997, S. 103 und 180)

Versteht man das Nirvāṇa als eine unbedingte Wirklichkeit, so beinhaltet dies nicht nur, dass es tatsächlich todlos ist, sondern es bedeutet auch, dass es sich beim Nirvāṇa nicht einfach nur um einen mentalen Zustand handelt. Zwei der einflussreichsten klassischen buddhistischen Abhandlungen, der Milindapañha (4:7:13-17) und der Visuddhimagga (16:67-74), präsentieren das folgende Argument: Wäre Nirvāṇa lediglich der Zustand des Erleuchteten (das heißt, seine Freiheit von Durst und Anhaftung, von Befleckung und Leid), dann wäre es bedingt – das heißt, seine Existenz wäre abhängig von der Vollendung des Edlen Achtfachen Pfades. Aber als bedingte Wirklichkeit wäre es nicht mehr wirklich »todlos«. Deswegen muss man den Zustand eines Erleuchteten als das Erreichen oder als die Wahrnehmung einer unbedingten Realität verstehen, *die unabhängig davon besteht, dass jemand sie erreicht.* Es ist also die unbedingte Wirklichkeit des Nirvāṇas, die die Erleuchtung ermöglicht, und nicht etwa umgekehrt.

Das Erreichen des Nirvāṇas kennzeichnet das Ende des Saṃsāras. Deswegen sollte man das Nirvāṇa nicht als immerwährendes Leben missverstehen, denn als solches wäre es qualitativ nicht wirklich verschieden von der potenziell immerwährenden Existenz im Saṃsāra. Man sollte das Nirvāṇa aber auch nicht als Annihilation deuten, das heißt, als jene Art der endgültigen Vernichtung, wie sie nach Auffassung der Materialisten beim Tod stattfindet. Die fälschliche Idee vom Nirvāṇa als Annihilation wird im Pāli-Kanon wiederholt zurückgewiesen (z.B. SN 22:85; Itv 49). Aber was ist dann der Status eines Erleuchteten nach seinem letzten Tod? Wie wir bereits gesehen haben, weigerte sich der Buddha, die Frage zu beantworten, ob ein Tathāgata nach dem Tod existiert oder nicht, oder beides, oder keins von beidem (siehe oben S. 87f.). Weil ein Erleuchteter jede Art von Anhaftung an den fünf vergänglichen Gruppen, die seine individuelle Existenz ausmachen, aufgegeben hat, weil er also sein Selbst nicht mehr mit irgendeiner dieser Gruppen identifiziert, ist er selber unidentifizierbar geworden: »Er ist tiefgründig, unermesslich und unergründlich wie das Meer« (MN 72; Ñāṇamoli; Bodhi, 2001, S. 594). In einem sehr alten Abschnitt des Pāli-Kanons wird die Frage aufgeworfen: »... ist dieser Mensch verschwunden, existiert er dann einfach nicht mehr oder ist er in einer Art Zustand andauernden Wohlergehens?« Und der Buddha antwortet:

> Wenn ein Mensch erloschen ist, gibt es nichts mehr, womit man ihn messen könnte. Das, anhand dessen man über ihn sprechen könnte, gibt es für ihn nicht mehr; man kann nicht sagen, dass er nicht existiert. Wenn alle Wege des Daseins, alle Phänomene beseitig sind, dann sind auch alle Wege der Beschreibung beseitigt.
>
> (Sn 1075b-6; Saddhatissa, 1987, S. 123)

Das Nirvāṇa ist unbeschreiblich (MN 44) und unvergleichlich (Sn 1149). Dennoch hat die buddhistische Tradition das Nirvāṇa mit zahllosen positiven Attributen und Metaphern gepriesen. Es ist »endgültige Glückseligkeit« (Dhp 203), tiefster Frieden, Reinheit, Freiheit, Obdach und Erlösung, unendlich, sicher, ausgezeichnet, wunderbar usw. (siehe Chandrkaew, 1982, S. 20-44; Collins, 1998, S. 191-233). Diese Attribute ebenso wie die vielen attraktiven Metaphern basieren auf der Erfahrung des Nirvāṇas durch die Erleuchteten (Mph 4:8:61-75). »Wie können wir wissen, dass das Nirvāṇa wirklich Glückseligkeit ist?«, fragt König Milinda im Milindapañha. »Indem wir den Jubel derer hören, die es erfahren haben«, lautet die Antwort des Mönchs Nāgasena (siehe Mph 3:4:8). So möchte ich diesen Abschnitt mit dem ausführlichen Zitat einer solchen Metapher für das Nirvāṇa beenden:

> Oh König, so wie die Nahrung eine Stütze für das Leben aller Lebewesen ist, so ist das Nirvāṇa, wenn man es erlangt hat, die Stütze des Lebens, denn es beendet Alter und Tod. Dies ist die erste Qualität der Nahrung, die dem Nirvāṇa innewohnt.
> Weiter, oh König, so wie die Nahrung die Kraft aller Lebewesen stärkt, so stärkt auch das Nirvāṇa … die höheren Kräfte aller Wesen. Dies ist die zweite Qualität der Nahrung, die dem Nirvāṇa innewohnt.
> Weiter, oh König, so wie die Nahrung die Quelle der Schönheit aller Wesen ist, so ist auch das Nirvāṇa … für alle Wesen die Quelle der Schönheit der Heiligkeit. Dies ist die dritte Qualität der Nahrung, die dem Nirvāṇa innewohnt.
> Weiter, oh König, so wie die Nahrung dem Leid aller Wesen ein Ende setzt, so setzt das Nirvāṇa … jenem Leid aller Wesen ein Ende, das aus jeder bösen Veranlagung entsteht. Dies ist die vierte Qualität der Nahrung, die dem Nirvāṇa innewohnt.
> Weiter, oh König, so wie die Nahrung die Schwäche des Hungers in allen Wesen überwindet, so überwindet das Nirvāṇa … in allen Wesen die Schwäche, die aus dem Hunger und jeder Art von Schmerz entsteht.

(Mph 4:8:70; leicht modifiziert nach Rhys Davids, 1962b, S. 192)

Eine Religion ohne Gott?

Häufig versichern Einleitungen in den Buddhismus ihren Lesern, dass der Buddhismus eine Religion ohne Gott sei. Aber ist diese Darstellung wirklich angemessen?

Die Antwort hängt davon ab, was man unter »Gott« versteht. Wie wir gesehen haben, glaubt der traditionelle Buddhismus an die Existenz zahlreicher Gottheiten, die die himmlischen Bereiche bevölkern. Aber diese *devas* sind genauso saṃsārische Wesen wie die Menschen, Tiere, Geister und die Insassen der Höllen. Im weiteren Sinn sind daher die Gottheiten immer noch Teil *dieser* Welt. Jedenfalls sind sie nicht transzendent. Wenn man also unter »Gott« eine transzendente Wirklichkeit versteht, eine Wirklichkeit jenseits von allem, was bedingt und vergänglich ist, dann kommen die buddhistischen Gottheiten, die *devas*, hierfür eindeutig nicht in Frage. Das Nirvāṇa hingegen wird nun tatsächlich als eine transzendente und letzte Wirklichkeit verstanden. Es ist jenseits des *saṃsāra*, es ist unbedingt und es ist »todlos«. Wenn es das ist, was man unter »Gott« versteht, dann ist der Buddhismus keineswegs gott-los (siehe Conze, 2001, S. 26).

Allerdings gilt das Nirvāṇa nicht als Schöpfer der saṃsārischen Welt. Das Nirvāṇa ist das Ziel und die Bedingung der endgültigen Erlösung, wohingegen »Gott« in den sogenannten »theistischen« Religionen normalerweise sowohl als der Erlöser wie auch als der Schöpfer der Welt verstanden wird. Der Buddha stand dem Glauben an einen Schöpfergott (*īśvara*) kritisch gegenüber, wenn dieser Glaube ein Verständnis der Welt beinhaltet, in der alles vom Schöpfer vorherbestimmt ist, so dass die Menschen nicht mehr für ihre eigene spirituelle Entwicklung verantwortlich wären. Denn das würde jegliche Motivation untergraben, den Heilsweg zu beschreiten, und dadurch die Menschen sogar davon abhalten (siehe AN 3:60). Aus genau demselben Grund hat der Buddha auch ein deterministisches Verständnis der

Wirkweise des Karmas abgelehnt und ebenso die materialistische Auffassung, wonach unsere Taten überhaupt keine moralischen oder spirituellen Konsequenzen haben. Später entwickelte der Buddhismus jedoch seine eigene Schöpfungslehre, und zwar im Kontext einer zyklischen Kosmologie: Jedes Weltsystem mit seinen fünf oder sechs Bereichen der Reinkarnation unterliegt dem Zerfall. Den Grund dafür, dass nach dem vollständigen Zusammenbruch eines bestimmten Weltsystems wieder eine neue Welt entsteht, findet man im kollektiven Karma der Wesen aus der untergegangenen Welt. Denn wenn die karmische Tendenz eines individuellen Wesens dafür verantwortlich ist, in welcher Form es zukünftig wiedergeboren wird, dann ist das kollektive Karma der Wesen dafür verantwortlich, dass jene Daseinsbereiche, zu denen ihre karmischen Tendenzen neigen, wieder neu entstehen und so zusammen ein neues Weltsystem bilden (siehe Abhidharmakośa 4:1). Diese Vorstellung impliziert, dass es für den Saṃsāra im wörtlichen Sinn keinen Anfang in der Zeit geben kann. Denn jede neue Welt ist das Ergebnis der karmischen Kräfte, die von Wesen aus einer vorhergehenden Welt stammen. Nach der Auffassung vieler klassischer buddhistischer Philosophen garantiert dieses Szenario mehr kosmische Gerechtigkeit als die Vorstellung, dass ein Gott all die verschiedenen Wesen mit ihren enorm unterschiedlichen Lebensbedingungen erschuf, ungeachtet ihrer individuellen karmischen Verdienste oder Verfehlungen. Das Schicksal eines jeden einzelnen Wesens hinge dann ja ausschließlich von den persönlichen Entscheidungen und Erwägungen eines solchen Schöpfergottes ab, was ihn aus buddhistischer Sicht zu einem äußerst ungerechten kosmischen Tyrannen macht (siehe Schmidt-Leukel, 2006, S. 127-141). Wenn nun aber die Entstehung von aufeinander folgenden Welten auf kollektivem Karma beruht, und wenn die eigentliche Kraft hinter dem karmischen Prozess die echte, aber verborgene Sehnsucht der Wesen nach dem Nirvāṇa ist, dann könnte man argumentieren, dass auch das Nirvāṇa letztlich eine gewisse kreative Wirkung auf die Welt ausübt, und zwar genau dadurch, dass es das letzte erlösende Ziel der Wesen ist, das Ende, dem alle Dinge zustreben (siehe AN 10:58). In späteren Formen des Mahāyānas und des tantrischen Buddhismus wird die letzte Wirklichkeit ausdrücklich als die ewige Quelle von allem verstanden. Jede Welt ist nicht nur das karmische Produkt verblendeter Wesen, sondern in einem tieferen Sinn ein Reines Land, das von einem überweltlichen Buddha erschaffen wird, um die Befreiung der Wesen zu ermöglichen, während alle überweltlichen Buddhas selber aus der letzten Wirklichkeit hervorgehen und diese manifestieren (siehe unten S. 212ff., 220ff., 254f.).

Wie gezeigt, bekräftigt der Buddhismus also eindeutig die Existenz einer letzten transzendenten Wirklichkeit, und zwar als jene metaphysische Bedingung, ohne die eine Erlösung unmöglich wäre. In dieser Hinsicht findet sich sogar ein Aspekt von *Gnade*. Allein schon die Tatsache, dass es eine solche unbedingte Wirklichkeit überhaupt gibt, ist nicht das Resultat irgendeiner menschlichen Bemühung. Dass sie *wirklich da ist*, ist die große (Wieder-)Entdeckung des Buddhas. Und es ist auch eine Art von Gnade, dass diese Wirklichkeit und der Weg zu ihr durch das Mitleid des Buddhas offenbart wurden. Dementsprechend wird der Buddha als »der Geber des Todlosen« gepriesen (MN 18; Ñāṇamoli; Bodhi, 2001, S. 203), und seine Schüler (so jubelt der Pāli-Kanon) haben das »Todlose ... umsonst erhalten« (Khuddaka-Pāṭha 6:7).

Man hat unter anderem argumentiert, dass Nirvāṇa und Gott insofern völlig verschieden seien, als dass das Nirvāṇa kein personales, liebendes Wesen ist (z.B. Gowans, 2003, S. 151). Allerdings ist es mehr als fraglich, ob sich der »Gott«, an den die großen theistischen Traditionen des Judentums, Christentums und Islams oder auch bestimmte Formen des Hinduismus glauben, ohne weitere Einschränkung einfachhin als ein »personales, liebendes Wesen« charakterisieren lässt. Zweifellos bekräftigen die theistischen Traditionen, dass man Gott auf gültige Weise als eine Wirklichkeit erfahren und lobpreisen kann, die mit uns *wie* eine liebende Person in Beziehung tritt. Aber sie bekräftigen zugleich, dass es sich bei dieser Ausdrucksweise um ein menschliches Bild, um eine Analogie handelt, und dass Gottes Sein in Wahrheit alles transzendiert, was wir uns vorstellen oder zum Ausdruck bringen können. Der Gott der großen theistischen Traditionen ist nicht weniger unbeschreiblich als das Nirvāṇa des traditionellen Buddhismus. Aber in welcher Beziehung steht das Nirvāṇa zu uns? Das unvorstellbare Nirvāṇa, so heißt es, wird *sichtbar* durch das liebende, mitleidvolle und selbstlose Leben der Erleuchteten, durch ihre voll entfaltete und befreite Persönlichkeit:

> In welcher Weise, ... ist das Nibbāna direkt sichtbar ...? ... wenn Gier, Hass und Verblendung aufgegeben wurden, dann trachtet man weder nach seinem eigenen Schaden, noch nach dem Schaden anderer, noch nach dem Schaden beider; dann erfährt man in seinem Geist kein Leid und keinen Kummer mehr. Auf diese Weise ... ist das Nibbāna direkt sichtbar, unmittelbar, lädt einen ein, zu kommen und zu sehen, ist der Mühe wert, und wird von den Weisen persönlich erfahren.
>
> (AN 3:55; Nyanaponika; Bodhi, 1999, S. 57)

Aufgrund dieser Form der sichtbaren Gegenwart im Erleuchteten ist das Nirvāṇa nicht nur vollkommen transzendent, sondern auch zutiefst immanent inmitten des Saṃsāras. Der Buddha hat die Welt nicht verlassen, wie Māra es von ihm gefordert hatte, sondern blieb aus Mitleid in ihr gegenwärtig. Und alle, die seinen Fußspuren folgen, die Bodhisattvas (siehe Kapitel 10), tun dasselbe. Das *bhavacakra* (Abbildung 6) zeigt in jedem saṃsārischen Bereich einen Bodhisattva, der auf dem

Weg zur Überwindung des Leidens Trost spendet, Wegweisung bietet und Beistand leistet. Gilt hier also etwa nicht, dass die transzendente Wirklichkeit das Gesicht einer liebenden Person annimmt, nämlich durch ihre Manifestation in jedem erleuchteten Wesen?

Literaturhinweise: Collins (1998); Gethin (1998); Halbfass (2000); Harvey (2004); Pandit (1993).

In aller Regel gehört es zum westlichen Bild des Buddhismus, ihn mit Meditation zu verbinden. Dieses Bild ist nicht völlig falsch, obwohl es durchaus auch einige spätere Formen des Buddhismus gibt, in denen Meditation nur eine untergeordnete Rolle spielt oder sogar gänzlich aufgegeben wurde (wie etwa in einigen Formen des japanischen Buddhismus des Reinen Landes). Gemeinsam mit Einsicht und Moral ist Meditation eines der *drei Prinzipien*, die dem Edlen Achtfachen Pfad zugrunde liegen, und gilt daher traditionell als unverzichtbar für den Weg zur Erlösung/Befreiung.

Der frühe Buddhismus verfügte über eine große Bandbreite an unterschiedlichen Formen von *Meditation*, die jeweils verschiedene Funktionen erfüllen. Trotz dieser Unterschiede geht es jedoch bei allen Meditations-Methoden um das Training beziehungsweise die Schulung des eigenen Geistes. Durch Meditation sollen jene geistigen Voraussetzungen entwickelt werden, die sowohl für die Verwirklichung der *Moral* als auch für den Erwerb und die Verinnerlichung von *Einsicht* vorteilhaft sind. Einige dieser meditativen Praktiken stammen offensichtlich aus vorbuddhistischer Zeit, wurden aber beibehalten, insofern man sie als besonders hilfreich für die Verwirklichung der buddhistischen Ziele ansah.

Meditation und Moral

Das sechste Glied des Achtfachen Pfads, die »rechte Anstrengung«, verbindet jene Glieder des Pfades, die zum Prinzip der »Moral« (*śīla*) gehören, mit den Gliedern, die sich auf »Konzentration/Meditation« (*samādhi*) beziehen. »Rechte Anstrengung« wird dabei formal – und sehr systematisch – als jenes Streben erklärt, bei dem man sich bemüht, »das Auftauchen von nicht aufgetauchten schlechten unheilsamen geistigen Zuständen zu verhindern«, »schlechte unheilsame Zustände, die aufgetaucht sind, zu überwinden«, »unaufgetauchte heilsame geistige Zustände zu erzeugen« und »heilsame geistige Zustände, die aufgetaucht sind, zu bewahren, ... und weiter wachsen zu lassen bis hin zur vollkommenen Vollendung der Entwicklung« (siehe DN 22:21; Walshe, 1995, S. 348). Diese Beschreibung umfasst alle Facetten und Formen religiösen Strebens, betrachtet sie aber unter dem besonderen Aspekt der Kultivierung des eigenen Geistes. Deswegen ist der beharrliche Versuch, ein moralisch gutes Leben zu führen, in sich auch schon eine Art von Meditationsübung, das heißt, eine Form von geistigem Training oder innerer Schulung.

Moralisch gutes Verhalten sollte allerdings nicht nur das Resultat innerer Disziplin und entsprechender Anstrengung sein. Vielmehr besteht das buddhistische Ideal darin, dass moralisch gutes Verhalten und eine moralische Einstellung dem eigenen Wesen entspringen. Daher gibt es eine bestimmte Art von Meditationsübung, die dabei helfen soll, einen guten und liebevollen Geist zu entwickeln, der sich dann auf natürliche Weise in gutem und liebevollem Verhalten ausdrückt. Diese Übung wird als die »Kultivierung« oder »Entfaltung« (*bhāvanā*) der vier »göttlichen Verweilzustände« oder »Unermesslichkeiten« (*apramāṇas*) bezeichnet. Nach der üblichen kanonischen Beschreibung »verweilt« der Praktizierende darin, dass er alle vier Himmelsrichtungen, »über sich, unter sich, um sich herum und überall«, mit einem Geist durchdringt, der »alle so wie sich selbst ... die ganze Welt ... mit *liebevoller Freundlichkeit*, ... mit *Mitleid*, ... mit *uneigennütziger Mitfreude*, ... mit *Gleichmut*, überschwänglich, erhaben, unermesslich, ohne Feindseligkeit und ohne Böswilligkeit umfängt« (siehe MN 7:13-16; Ñāṇamoli; Bodhi, 2001, S. 120; meine Hervorhebungen). Ich werde die Beziehungen zwischen diesen vier geistigen Qualitäten und ihren Einfluss auf das buddhistische Verständnis der Moral im nächsten Kapitel eingehender behandeln (siehe unten S. 139-142). Hier sei jedoch noch kurz erwähnt, dass diese besondere Form von Meditation (gemeinsam mit weiteren Aspekten buddhistischer

Spiritualität) auch Eingang in die Yoga-Sūtren des Patañjali (1:33), einen der einflussreichsten hinduistischen Texte über meditative Praxis, gefunden hat.

Verschiedene Formen der kontemplativen Betrachtung

Eine große Gruppe frühbuddhistischer Meditationsübungen dient der Betrachtung, Vergegenwärtigung und Visualisierung zentraler Themen der buddhistischen Religion und ihrer jeweiligen Symbole. Es gibt eine ganze Reihe unterschiedlicher Sammlungen solcher Betrachtungen, die sich auf Themen beziehen wie den Buddha, den Dharma, den Saṅgha (»Gemeinschaft«), die Moral, die Freigebigkeit, die himmlischen Wesen, den Körper, den Tod, den Frieden (des Nirvāṇas) usw. (siehe z.B. AN 1:26; 1:35; 5:57; 10:60). Der Übende wird dazu angehalten, in gelassener und stiller Kontemplation über die ausgezeichneten Eigenschaften des Buddhas nachzusinnen, über den vielfachen Nutzen des Dharmas, über die Nachteile, die mit dem Körper zusammenhängen, und so weiter. Kontemplative Betrachtungen dieser Art haben grundsätzlich einen gegenständlichen Charakter. Sie lassen sich durchaus mit der meditativen Vergegenwärtigung der Mysterien des Lebens und Sterbens Christi vergleichen, wie wir sie in der Praxis mittelalterlicher christlicher Kontemplation finden. In der buddhistischen Praxis können solche kontemplativen Vergegenwärtigungen allerdings auch eine weniger kognitive Form annehmen, bei der der Übende dann beispielhafte oder symbolische Repräsentationen des jeweiligen Themas einfach nur visuell fokussiert, entweder indem er sie ganz konkret ansieht oder indem er (oder sie) sich diese Objekte mit geschlossenen Augen im Geist bildlich vorstellt. Später wurden solche Techniken der geistigen Visualisierung in den Meditationsformen des Mahāyānas und Tantras besonders wichtig (siehe Kapitel 13). Dabei übt ein Meditierender, sich Bilder der Buddhas und Bodhisattvas oder komplexer geometrischer Strukturen (*maṇḍalas*), die vielfältige Aspekte der buddhistischen Lehre repräsentieren, in seinem Geist bildlich vorzustellen. Es gibt deutliche Belege dafür, dass meditative Visualisierungen einen ganz erheblichen Einfluss auf den Ursprung und die weitere Entwicklung der buddhistischen Kunst ausgeübt haben (siehe Schlingloff, 1987).

Ein typisches Beispiel früher buddhistischer Kontemplation bietet die Meditation über den Tod. Die buddhistischen Schriften betrachten es als selbstverständlich, dass Menschen eine tiefsitzende Neigung haben, die Tatsache ihrer Sterblichkeit zu ignorieren beziehungsweise zu verdrängen (z.B. Dhp 286ff.; Thag 276). Die Kontemplation über den Tod soll dem entgegenwirken und das Bewusstsein dafür entwickeln, dass der Tod unvermeidlich ist, dass niemand davon ausgenommen ist, dass das menschliche Leben sehr kurz und der Zeitpunkt des Todes unvorhersehbar ist (siehe Vism 8:1-41). Das Leben, so soll es sich der Übende vergegenwärtigen, gleicht einem Tautropfen, der bei Sonnenaufgang verschwindet, oder einer Blase im Wasser, die bald zerplatzt (AN 7:70).

Das primäre Ziel dieser Übung besteht darin, das allgemeine Wissen um die Tatsache des Todes in ein persönliches Bewusstsein der eigenen Sterblichkeit zu verwandeln. Diesem Ziel dient auch eine besonders herausfordernde Form der Visualisierung: Hierbei stellt sich der Übende vor, »er sähe einen Leichnam, fortgeworfen auf einem Leichenfeld liegend, schon ein, zwei Tage tot, aufgebläht, bleich, mit Flüssigkeiten, die aus ihm heraussickern« oder »er sähe einen Leichnam, fortgeworfen auf einem Leichenfeld liegend, wie er von Krähen, Falken, Geiern, Hunden, Schakalen und allen möglichen Würmern aufgefressen wird«. Die Reihe dieser Visualisierungen wird so lange weitergeführt, bis schließlich nur noch das Bild der nackten Knochen eines Skeletts übrig bleibt. Auf jeder einzelnen Stufe des vorgestellten Prozesses von Verwesung und Verfall soll der Übende an seinen eigenen Körper denken: »Auch dieser Körper hat dieselbe Natur, auch er wird einmal so aussehen, er ist nicht von diesem Schicksal ausgenommen« (MN 10:14-30; Ñāṇamoli; Bodhi, 2001, S. 148). Diese Meditationspraxis wurde nicht allein in der Form geistiger Vorstellung durchgeführt. Explizit werden »Leichenfelder« als Plätze genannt, die hierfür genügend konkretes Anschauungsmaterial bieten. Regelmäßig erscheinen sie in einer Standard-Liste jener Orte, die für die unterschiedlichen Formen von Meditation als besonders geeignet gelten (»ein Wald, der Fuß eines Baumes, ein Berg, eine Schlucht, eine Höhle am Berghang, ein Leichenfeld, ein Dickicht im Dschungel, eine offene Fläche [oder: ein leeres Zimmer], ein Strohhaufen« (siehe MN 27:17; 38; DN 2; 3. usw.).

Im Zusammenhang mit der Kontemplation über den Tod werden mehrere Ziele genannt: Zum einen soll das konkrete Bewusstsein von der Unvorhersehbarkeit des Todes den Übenden dazu motivieren, noch ernsthafter und eifriger nach spirituellem Fortschritt zu streben (siehe AN 8:73-4). Zum anderen soll die klare Einsicht, dass auch der schönste Körper eines Tages unvermeidlich als verwesender Leichnam enden wird, ein schnell wirksames Gegenmittel gegen sexuelle Lust bieten (siehe MN 13:18-30). Und das nüchterne Gewahrsein, dass auch die eigene körperliche Existenz demselben Schicksal nicht entgehen kann, soll dem Übenden dabei helfen, jegliche Identifikation mit dem Körper (siehe AN 6:29) und jedes Anhaften am Körper aufzugeben: »Unabhängig verweilt er, an nichts in der Welt haftet er an« (MN 10:15; Ñāṇamoli; Bodhi, 2001, S. 148).

Die Leichenbetrachtung gehört immer noch zum Repertoire zeitgenössischer Meditationsformen, vor allem innerhalb des Theravāda-Buddhismus. So verwendet beispielsweise Santi Asoke, eine radikale buddhistische Reform-Gruppe in Thailand, äußerst abstoßende Fotos von massiven Verletzungen, Unfallopfern und Ähnlichem als moderne Substitute für die früheren Leichenfelder. Andere zeitgenössische Buddhisten haben die Methode der Leichenbetrachtung jedoch als »eine krankhafte Obsession« kritisiert, die »pathologischen Abnormalitäten« gefährlich nahe komme (Takeuchi, 1983, S. 18f.). Auch der Pāli-Kanon berichtet davon, dass diese Form der kontemplativen Praxis innerhalb der frühen buddhistischen Bewegung eine Welle religiös motivierter Suizide ausgelöst habe, woraufhin der Buddha empfahl, dass die Mönche ihre Meditationspraxis ändern und zur Übung der achtsamen Atembeobachtung übergehen sollten (siehe SN 54:9).

Kontemplationsübungen, die der Betrachtung besonderer Facetten der buddhistischen Lehre dienen, haben eine interessante Weiterentwicklung in Form der Zen-Praxis der *Kōan*-Meditation erlebt (siehe Kapitel 14). Ein *kōan* besteht aus einer kurzen Geschichte und/oder Frage, die normalerweise einen bestimmten Aspekt der buddhistischen Lehre (hier der mahāyāna-buddhistischen Lehre) betrifft. Im Gegensatz zu den älteren Formen der Kontemplation strebt die *kōan*-Praxis allerdings danach, die Verinnerlichung der Einsicht auf einer Ebene zu erreichen, die weder diskursiv, noch imaginär oder visuell bestimmt ist. Vielmehr soll der Übende mit Hilfe eines unlösbaren Rätsels, eines Dilemmas oder einer Paradoxie an einen Punkt gebracht werden, an dem er oder sie alle Versuche einer kognitiven Lösung aufgibt und stattdessen eine spontane, existenzielle Erwiderung auf das Problem entdeckt. Als nur ein Beispiel für diese Praxis möchte ich hier ein Koan zitieren, das das alte Kontemplationsthema der Sterblichkeit in dieser neuen Weise aufgreift:

> Es ist wie bei einem Mönch, der an einem Baumast über dem Abgrund hängt und sich nur mit den Zähnen festhält. Seine Hände ergreifen keinen Zweig, seine Füße berühren keinen Ast, und ein anderer Mann unter dem Baum fragt ihn: »Warum ist Bodhidharma aus dem Westen nach China gekommen?« Wenn der Mann in dem Baum nicht antwortet, lässt er die Frage offen, und wenn er sie beantwortet, fällt er herunter und verliert sein Leben. Was soll er also jetzt tun?
>
> (Mumonkan 5)

Das Kultivieren der Achtsamkeit

Das siebte Glied des Edlen Achtfachen Pfads, die »rechte Achtsamkeit« (*smṛti*, Pāli: *sati*, bedeutet »Rückbesinnung/Vergegenwärtigung« oder »genaue Aufmerksamkeit«) wird in der Standard-Erklärung des Pfads als die vollständige Bewusstheit hinsichtlich des Körpers, der Empfindungen, des Geistes und der Geistesinhalte definiert, die frei ist von jeglichem »Verlangen und Sehnen nach der Welt« (siehe MN 141:30; DN:22:21; Walshe, 1995, S. 349). Die alte narrative Darstellung des Heilswegs beschreibt dies folgendermaßen:

> Hier handelt ein Mönch mit klarer Bewusstheit, wenn er ausgeht oder zurückkehrt, nach vorn oder nach hinten blickt, sich beugt oder streckt, sein Obergewand und sein Untergewand trägt und seine Bettelschale hält, wenn er isst, trinkt, kaut und schluckt, wenn er Kot und Urin ausscheidet, wenn er geht, steht, sitzt oder liegt, wacht, spricht oder schweigt, bei all dem handelt er mit klarer Bewusstheit.
>
> (DN 2:65; Walshe, 1995, S. 100)

Achtsamkeit ist hier eng verknüpft mit dem sogenannten »Bewachen der Sinnestore«. Das bedeutet, dass der Übende im Hinblick auf alle Eindrücke der fünf Sinne, sowie auf alle geistigen Aktivitäten und alle sie begleitenden Empfindungen stets wachsam bleiben soll, um an nichts von all dem anzuhaften, was eben nur dann möglich ist, wenn er eine beständige Achtsamkeit aufrechterhält.

Eine solche beständige Achtsamkeit kann mit Hilfe bestimmter Formen von Meditationsübungen gewissermaßen »antrainiert« werden. Die hierfür grundlegende Übung ist die achtsame Atem-Beobachtung. Der Praktizierende sitzt aufrecht mit gekreuzten Beinen (in der berühmten Lotos-Stellung) und beginnt, den Fluss des Atems aufmerksam zu beobachten: »Er atmet lang ein und weiß: ›Ich atme lang ein‹; oder er atmet lang aus und weiß: ›Ich atme lang aus‹. Atmet er kurz ein, so weiß er: ›Ich atme kurz ein‹; atmet er kurz aus, so weiß er: ›Ich atme kurz aus‹« (MN 10:4; Ñāṇamoli; Bodhi, 2001, S. 146). Bei dieser Übung soll der Atem nicht reguliert oder in irgendeiner Form manipuliert werden. Vielmehr geht es darum, einfach nur achtsam zu beobachten, wie der Atem kommt und geht. Durch das Kommen- und Gehenlassen des Atems erfährt (und lernt) der Übende für sich selbst, was es bedeutet, loszulassen und an nichts anzuhaften: »Unabhängig verweilt er, an nichts in der Welt haftet er an« (ebd. S. 146). Diese geistige Haltung ruhiger und klarer Beobachtung, ohne einzugreifen, wird sodann auf die Empfindungen hin ausgedehnt: »Verspürt er eine angenehme Empfindung, so weiß ein Bhikkhu: ›Ich verspüre eine angenehme Empfindung‹; verspürt er eine schmerzhafte Empfindung, so weiß er: ›Ich verspüre eine schmerzhafte Empfindung‹« (ebd. S. 149), und so weiter. Achtsam beobachtet der Übende, wie die angenehmen, schmerzhaften oder indifferenten Empfindungen auftreten und wieder verschwinden, und dadurch, dass er sie nur *beobachtet*, vermeidet er oder sie, an ihnen zu haften. Nun wird die Übung auf den Geist ausgeweitet: Geistige Zustände, die in Form von Gier, Hass und Verblendung auftreten, und auch Zustände, die von diesen negativen Qualitäten frei sind, werden ebenfalls einfach nur beobachtet, ohne jeden Versuch, irgendetwas damit oder dagegen zu »machen« – denn dieses achtsame Beobachten-Ohne-Einzugreifen ist selbst schon die Praxis des Nicht-Anhaftens und wird deswegen zu der gewünschten »Reinigung« von den Befleckungen führen. Darum wird die Achtsamkeitsübung im Pāli-Kanon auch als der »direkte Pfad zum Verschwinden von Schmerz und Kummer, ... zum Erlangen des Nirvāṇas« gepriesen (siehe MN 10:2; DN 22:1).

Unter den verschiedenen Meditationen über den Tod befindet sich auch eine, die den Übenden auffordert, über die Kürze des Lebens mit dem Gedanken nachzusinnen: »Ach, wenn ich nur noch für jene kurze Zeit lebte, die ich nach dem Ausatmen einatme oder nach dem Einatmen ausatme, so würde ich meinen Geist auf die Lehren des Gesegneten ausrichten. Vieles könnte ich dann noch erreichen!« (AN 8:73; Nyanaponika;: Bodhi, 1999, S. 224f.). Aber was bedeutet dieses »Vieles«, das in der Kürze eines letzten Atemzugs noch erreicht werden kann? Welches bedeutende Werk lässt sich denn in einem einzigen Augenblick tun? Im Buddhismus lautet die Antwort: Diesen einen Atemzug mit Achtsamkeit ausführen.

Im zwanzigsten Jahrhundert wurden Meditationstechniken zur Entfaltung der Achtsamkeit, insbesondere die achtsame Atembeobachtung, vor allem im Theravāda-Buddhismus auf breiter Ebene neu belebt (siehe Kornfield, 1977; Nyanaponika, 1971). Außerdem weisen diese Techniken eine bemerkenswerte Ähnlichkeit zum *zazen* (wörtlich: »in Meditation sitzen«) auf, beziehungsweise zu jener Art von Zen-Meditation, die nicht auf der *kōan*-Praxis beruht, sondern »einfach nur sitzen« (*shikantaza*) ist. Auch andere Formen religiöser Praxis, wie etwa die Rezitation der Sūtren oder die Ausführung bestimmter Rituale, werden häufig als Hilfen zur Kultivierung von Achtsamkeit angesehen, auch wenn dies nicht der primäre Sinn dieser Praktiken ist. Und so gut wie alle buddhistischen Schulen würden wohl zustimmen, dass die alltägliche Lebenskunst zu einem großen Teil darin besteht, Achtsamkeit und Gleichmut miteinander zu verbinden.

Versenkungsübungen und das Erreichen des Nirvāṇas

Nach der Buddha-Legende erlebte Siddhārtha Gautama die Erleuchtung, als er sich in einem bestimmten Zustand meditativer Versenkung befand. Während einige kanonische Aufzeichnungen auch von Menschen berichten, denen die Erleuchtung spontan und außerhalb der Meditation widerfuhr (Thag 270, 274, 302, 410, 465), so wird doch normalerweise erwartet, dass sie sich in der Meditation ereignet. Das Ziel von

Meditation oder genauer gesagt, von jenen spezifischen Formen der Meditation, denen wir uns jetzt zuwenden werden, besteht darin, im Übenden die geeignete innere Disposition für das Erreichen des Nirvāṇas zu erzeugen. Diese Formen der Meditation wurden zutreffend als »enstatische« (nach »innen« gerichtete) Übungen beschrieben (siehe Griffith, 1997, S. 36ff.), da sie voraussetzen, dass man sich von äußeren Reizen zurückzieht und in immer tiefere Zustände innerer Erfahrung vordringt.

Eine dieser enstatischen Meditationen ist als die »vier *dhyānas*« (*dhyāna* = »Versenkung«) beziehungsweise als »*rūpa dhyāna*« (»formhafte Versenkung«) bekannt. Hierbei handelt es sich um jene Meditationspraxis, die mit Buddhas eigener Erleuchtung verknüpft ist. Sie besteht aus einer Abfolge von vier Versenkungszuständen: Der *erste* Zustand (oder *dhyāna*) wird charakterisiert als »Verzückung und Freude aufgrund von Abgeschiedenheit« und ist noch »von Gedankenfassung und Denkbewegung begleitet«. Im *zweiten* Zustand bleibt die überwältigende Freude bestehen, aber die diskursive Aktivität des Geistes kommt zur Ruhe und wird in die »Einspitzigkeit des Geistes« transformiert. Während des *dritten dhyāna* geht die beglückende Verzückung in eine ruhigere Form von Wonne über, und der Geist befindet sich in einem Zustand achtsamen Gleichmuts. Im *vierten dhyāna* gibt es weder Freude noch Schmerz, sondern nur »die Reinheit der Achtsamkeit aufgrund des Gleichmuts« (siehe MN 27:19-22; Ñāṇamoli; Bodhi, 2001, S. 275f.). In diesem Zustand kann dem Übenden dieselbe befreiende Einsicht zuteilwerden wie dem Buddha, das heißt, er oder sie kann die Erinnerung an frühere Leben, ein vollkommenes Verständnis der karmischen Gesetzmäßigkeit und der Vier Edlen Wahrheiten erlangen und die vollendete endgültige Befreiung vom Durst und allen noch verbliebenen Resten der Anhaftung erfahren.

Es gibt jedoch noch eine andere Form der enstatischen Meditation, die »*ārūpya dhyāna*« (»formlose Versenkung«)

genannt wird. Auch sie besteht aus einer Abfolge geistiger Zustände, die sich jedoch wesentlich von den Zuständen der »formhaften Versenkung« (*rūpa dhyāna*) unterscheiden. Nach einigen vorbereitenden Meditationsübungen, bei denen ein Übender zunächst starr auf einen sichtbaren farbigen Gegenstand blickt (zum Beispiel auf eine blaue oder rote Scheibe) und sich dann auf das von diesem Gegenstand ausgelöste innere geistige Rückbild konzentriert, erreicht er oder sie schließlich einen Punkt, an dem jegliche innere oder äußere Wahrnehmung von »Form« beziehungsweise »Gestalt« zurückgelassen wird; allein das Gewahrsein der *Unendlichkeit des Raumes* oder der Leere bleibt. Dies ist der erste Versenkungszustand von *ārūpya dhyāna*. Dann wird die Wahrnehmung der Raumunendlichkeit ebenfalls zurückgelassen, so dass sich im *zweiten Zustand* das Gewahrsein auf die *Unendlichkeit des Bewusstseins* oder der Wahrnehmung selber reduziert. Auch dieser Zustand wird überwunden und es tritt die *dritte Stufe* ein, die durch die Wahrnehmung *»nichts ist da«* charakterisiert ist. Doch selbst dieses Gewahrsein kann noch weiter transzendiert werden. So wird der *vierte Zustand* als ein Zustand von »weder-Wahrnehmung-noch-nicht-Wahrnehmung« beschrieben. Auch hiermit ist allerdings noch nicht das Ende erreicht. Ihren Höhepunkt erreicht die Übung der »formlosen Versenkung« erst im *fünften Zustand*, dem »Erlöschen von Wahrnehmung und Empfindung« (z.B. MN 77:22). Der Übende befindet sich jetzt in einer Art katatonischem Zustand oder Scheintod. Doch gibt es in ihm noch Körperwärme und die Sinne sind zwar nicht mehr aktiv, aber nicht gebrochen. Daher kann und wird ein Übender aus dieser Trance wieder heraustreten (siehe MN 43:23ff.).

Einige kanonische Texte erklären diesen Zustand als die körperliche Erfahrung des Nirvāṇas, das heißt, als die unmittelbare Wahrnehmung des Nirvāṇas, hier und jetzt (siehe AN 9:42-51; MN 121). Doch wie kann man überhaupt von einer Wahrnehmung sprechen, wenn dieser Zustand als das »Erlöschen von Wahrnehmung und Empfindung« charakterisiert wird? Diese Frage wird ausdrücklich gestellt (siehe AN 10:6f.; 11:7f.). Die Antwort darauf lautet, dass in diesem Zustand nichts von dieser oder irgendeiner anderen Welt wahrgenommen wird, aber dass es sich genau deshalb um die Wahrnehmung des »friedvollen ... Nirvāṇas« handelt. Was also zum völligen Stillstand gekommen ist, ist die Wahrnehmung der Welt der unterschiedlichen Eindrücke und Begriffe (*prapañca*) (AN 4:174), und das Nirvāṇa ist eine Wirklichkeit jenseits dieses *prapañca* (AN 6:14). Dieselbe Terminologie, das heißt die Rede vom »Zurruhekommen des *prapañcas*« wird auch von Nicht-Buddhisten verwendet (zum Beispiel in der Māṇḍūkya Upaniṣad 1:7), und zwar um damit auf die Unausdrücklichkeit der Erfahrung der letzten Wirklichkeit hinzuweisen. Ja, es könnte sogar durchaus der Fall sein, dass die »formlose« Meditation insgesamt einen nicht- beziehungsweise vor-buddhistischen Ursprung hat.

Bisweilen äußern sich einige Texte im Pāli-Kanon recht kritisch gegenüber der »formlosen« Meditation. So weisen sie die Behauptung zurück, dass die »formlose« Meditation zur Erfahrung des Nirvāṇas führt (siehe MN 26:15f.), oder sie fordern, dass diese Meditationspraxis unbedingt durch eine Unterweisung in der buddhistischen Lehre ergänzt werden muss (siehe AN 9:36). Der Hauptunterschied zwischen der »formhaften« und der »formlosen« Versenkungspraxis besteht darin, dass bei der erstgenannten die Erfahrung des Nirvāṇas mit einem klaren begrifflichen Verständnis der Vier Edlen Wahrheiten verknüpft ist, während bei der letztgenannten die Erfahrung des Nirvāṇas mit einem völligen Verschwinden jeglicher kognitiver Aktivität einhergeht. Es gibt einige Hinweise darauf, dass diese beiden unterschiedlichen Einstellungen einen Konflikt beziehungsweise Spannungen zwischen eher dogmatisch und eher mystisch orientierten Gruppierungen innerhalb der frühen buddhistischen Bewegung widerspiegeln (siehe AN 6:46; siehe auch La Vallée Poussin, 1936-1937;

Schmithausen, 1981). Wie dem auch sei, die meisten traditionellen Texte verfolgten eine harmonisierende Lösung, indem sie die formhaften und die formlosen Versenkungszustände zu einer einzigen Sequenz von neun aufeinander folgenden Zuständen zusammenfassen, die dann mit dem »Erlöschen von Wahrnehmung und Empfindung« endet.

Eine dritte Form der Versenkungsmeditation oder Trance-Technik liegt vermutlich dem Lehrschema der »höheren« oder »übernatürlichen Kräfte« (*abhijñā*) zugrunde. Dieses Schema ist meistens in die üblichen Beschreibungen des Heilsweges integriert und taucht dort als Liste besonderer Fähigkeiten auf, die man durch Meditation erwirbt (siehe DN 2:85-98; MN 77:30-36). Allerdings scheint sich dahinter eine eigenständige Form der Versenkungspraxis zu verbergen. Im Unterschied zu den beiden enstatischen Formen könnte man sie als »ek-statisch« bezeichnen, denn sie beinhaltet eine klassische »außerkörperliche« Erfahrung. In und mit Hilfe der Meditation erzeugt der Übende im Inneren »einen anderen Körper, der eine Gestalt hat, mit allen Gliedern, aber von geistiger Natur« ist. Mit diesem ätherischen Körper tritt er aus seinem materiellen Körper heraus, als würde er »einen Grashalm aus der Blattscheide« oder »ein Schwert aus seiner Scheide ziehen«. Wenn er auf diese Weise seinen Körper aus Fleisch und Blut verlassen hat (der vermutlich immer noch in bewegungsloser Meditation dasitzt), erlebt er die Fähigkeit, sich zu vervielfältigen, zu erscheinen und zu verschwinden, durch Wände zu gehen, in die Erde einzutauchen, als wäre sie flüssig, auf dem Wasser zu gehen, als wäre es fest, mit gekreuzten Beinen in den Himmel aufzusteigen, Sonne und Mond mit seinen Händen zu berühren und sogar in die himmlischen Gefilde der Götter zu fliegen. Mit dem »göttlichen Ohr« hört er Töne von nah und fern; mit dem »göttlichen Auge« sieht er in die Herzen und in den Geist aller Lebewesen. Dann erlangt er die Fähigkeit, sich an seine früheren Leben zu erinnern, versteht das karmische Gesetz und die Vier Edlen Wahrheiten und erlangt so die endgültige Befreiung. Die Erschaffung eines ätherischen Leibes, der sich in die Luft erheben, die Grenzen des Raums transzendieren kann und telepathische Fähigkeiten besitzt, stellt also eine weitere Technik dar, um schließlich die vollkommene Erleuchtung zu erlangen. Es ist eine visionäre, schamanistische Form der Meditation, die uns hier neben der »formhaften« und der »formlosen« Meditation als dritter Weg begegnet, auf dem man zum letzten Ziel des Nirvāṇas gelangen kann.

Es scheint so, als würden diese drei Formen der Versenkungsübung nicht nur drei paradigmatische Modelle von Meditation repräsentieren, sondern drei wiederholt auftretende Typen buddhistischer Spiritualität vorwegnehmen: den weisen Meister, der sich durch klares Verstehen der Lehre auf das Ziel der Erlösung zubewegt; den kontemplativen Mystiker, der sich dem Nirvāṇa nähert, indem er jegliches begriffliche Verstehen transzendiert; und schließlich den schamanischen *siddha*, der das Ziel mittels seiner außergewöhnlichen visionären und magischen Fähigkeiten erreicht (siehe unten S. 264ff.).

Ein Vorgeschmack auf das Nirvāṇa

Im frühen Buddhismus wurde Meditation primär von Mönchen und Nonnen und nicht von den Laienanhängern praktiziert. Der Grund hierfür liegt größtenteils in den konkreten Lebensumständen. Ein ernsthaftes Meditationstraining erfordert nicht nur sehr viel Zeit, sondern auch bestimmte Bedingungen, die der täglichen Übung zuträglich sind, sowie die Anwesenheit eines erfahrenen Meisters beziehungsweise Gurus. Daher war für die Mehrzahl der Laienanhänger eine intensive Meditationspraxis einfach keine realistische Option. Ihre Tage waren ausgefüllt mit Arbeit und der Sorge für ihre Familien, und sie wurden ermutigt (wie wir im nächsten Kapitel sehen werden), diese Aufgaben soweit wie möglich im Geist des Buddhismus zu erfüllen. Trotzdem sind scheinbar einige der reicheren Laienanhänger des Buddhas durchaus in der Lage gewesen, wenigstens einige Erfahrungen mit Meditation zu machen. Denn es gibt Texte, in denen sie angehalten werden, nach den unteren Stufen der »formhaften Versenkung« und der damit verbundenen überwältigenden Freude zu streben. Auf diese Weise, so heißt es, könnten sie eine Art von Glück erleben, das von ganz anderer Natur ist als das ihnen ansonsten allein bekannte Glück der Sinnenfreuden (siehe AN 5:176).

Die buddhistischen Texte erklären, dass die Freude und Verzückung der ersten beiden Stufen der »formhaften Versenkung« daher stammen, dass bestimmte geistige Hindernisse überwunden sind. Denn ohne die zumindest vorübergehende Überwindung der sogenannten »fünf Hemmnisse« können die Versenkungszustände nicht eintreten. Dabei handelt es sich um: (1) Gier oder Begehren, (2) Böswilligkeit oder Hass, (3) Trägheit und Faulheit, (4) Unruhe und Gewissensbisse und (5) Zweifel. Diese Hemmnisse werden ersetzt durch: (1) innere Freiheit, (2) Mitleid mit allen Wesen, (3) Achtsamkeit, (4) innerer Friede und (5) Klarheit. Das Resultat ist dann eben jene überschwängliche Freude, die die ersten beiden Stufen der »formhaften Versenkung« begleitet. Der Pāli-Kanon veranschaulicht das mit fünf kurzen Gleichnissen: Der Übende fühlt sich wie ein Geschäftsmann, dessen Geschäfte so erfolgreich sind, dass er seine Schulden zurückzahlen kann und noch genug übrig hat, um seiner Frau Geschenke zu kaufen. Oder wie ein Mann, der sich von einer langen schweren Krankheit erholt hat, seinen Appetit wiedergewinnt und neue Lebenskraft verspürt. Oder wie jemand, der aus dem Gefängnis entlassen wurde und entdeckt, dass seine Besitztümer alle noch unversehrt und unberührt erhalten sind. Oder wie ein Sklave, der freigelassen wird und jetzt sein eigener Herr ist. Oder wie ein Händler, der seine Waren auf einem langen und sehr gefährlichen Weg durch Wüstengebiete transportiert hat und nun sicher am Ziel angekommen ist (siehe DN 2:68-74). Erfährt man das Verschwinden der fünf Hemmnisse, dann »ist es so, als wäre man befreit von Schulden, Krankheit, Fesseln, Sklaverei und den Gefahren der Wüste« (DN 2:74; Walshe, 1995, S. 102).

Die fünf Hemmnisse sind nun aber nichts anderes als Varianten der drei Wurzeln des Übels: Gier, Hass und Verblendung. Nur durch das Erlangen der Erleuchtung verschwinden sie vollständig und dauerhaft. Aber das impliziert auch, dass ihre zeitweilige Überwindung in der Meditation und die Freude der Befreiung, die damit verbunden ist, im Grunde so etwas wie einen Vorgeschmack auf das Nirvāṇa darstellt.

Literaturhinweise: Bronkhorst (1986); Griffith (1987); Griffith (1997); Kornfield (1977); Nyanaponika (1971); Vetter (1988).

Die Ethik und der Heilsweg

Nachdem wir uns bisher mit den beiden Prinzipien der Einsicht/Weisheit und der Meditation befasst haben, wende ich mich nun der Moral und damit dem dritten der drei Struktur-Prinzipien des Edlen Achtfachen Pfads zu (siehe oben S. 84f.). Hier stellt sich die Frage, warum ein moralisches Leben überhaupt als integraler, ja unverzichtbarer Teil des Heilswegs gilt. Bevor ich im Folgenden darauf eingehe, was der Buddhismus konkret meint, wenn er von einem moralisch guten Leben spricht, ist daher zunächst zu klären, welche Rolle die Moral als solche innerhalb des Buddhismus spielt.

Der in dieser Hinsicht zentrale Gesichtspunkt wurde bereits angedeutet: Selber Leid zu erfahren *und* anderen Leid zuzufügen haben beide die gleiche existenzielle Wurzel, den »Durst« und dessen Manifestation als »Anhaftung«. Ein wichtiger Text aus dem Pāli-Kanon, das »Größere Sutta über die Gruppen des Leids« (MN 13), hebt diesen Punkt sehr deutlich hervor. Ob wir unter der Vergänglichkeit des Lebens leiden, unter dem Verlust von etwas, das uns lieb ist, unter Alter, Krankheit und Tod, oder ob anderen Leid zugefügt wird durch »falsches Verhalten in Werken, Worten und Gedanken« (konkret genannt werden: Einbruch, Ehebruch, Streitereien, Kämpfe und Kriege) – *beide* Formen des Leids gehen zurück auf »Durst« und »Anhaftung«, die durch die irreführenden Versprechungen der Sinnenfreuden hervorgerufen werden. Dass wir selber leiden und anderen Leid zufügen, stammt aus derselben Wurzel, dem verblendeten Streben nach weltlichen Freuden und dem Anhaften an ihnen. Der bedeutende Mahāyāna-Philosoph Śāntideva (8. Jh.) hat dies mit folgendem Aphorismus ausgedrückt:

> Sein ist das Messer, mein ist der Körper –
> die zweifache Ursache des Leidens.
> Er ergriff das Messer, ich meinen Körper.
>
> (BCA 6:43; Crosby; Skilton, 1995, S. 54)

Śāntideva stellt sich hier vor, Opfer eines gewalttätigen Angriffs zu werden. Für das resultierende Leid sind zwei Faktoren entscheidend: der Angriff mit einem Messer und der verletzliche Körper. Letztlich aber gibt es nur eine Wurzel: das »Ergreifen« beziehungsweise »Anhaften«. Die Leidverursachung, der Angriff, beruht auf der Anhaftung des Angreifers an seinen bösartigen Zielen (»Er ergriff das Messer«), und die Leiderfahrung des Opfers beruht auf der Anhaftung am eigenen Leben (»... ich meinen Körper«).

Wenn »Durst« und »Anhaftung« die eine Wurzel des Leids bilden – des Leids, das man selber im saṃsārischen Dasein erfährt, und des Leids, das man anderen zufügt –, dann bedeutet dies, dass jeder erfolgreiche Versuch, im eigenen Leben den »Durst« zu reduzieren und die »Anhaftung« zu mäßigen, auch zu einem Lebenswandel führt, der für andere weniger Leid verursacht (zumindest weniger absichtlich zugefügtes Leid) – und genau hierin liegt der grundsätzliche Sinn von Moral im Buddhismus: Leid reduzieren, Leid lindern, weniger Leid verursachen. Moral ist deswegen ein innerer Bestandteil des Heilswegs, weil sie ein Teil jenes erlösenden Prozesses ist, der darin besteht, »Durst« und »Anhaftung« zu überwinden.

Ein moralisch gutes Leben zu führen hat demnach immer einen doppelten Nutzen: *Anderen* wird geholfen und die *eigene* spirituelle Entwicklung oder karmische Neigung wird positiv beeinflusst. Das zeigt sich besonders deutlich an einer der zentralen buddhistischen Tugenden, dem »Geben« (*dāna*) beziehungsweise der »Freigebigkeit«. Durch »Geben« entsteht eine Situation, bei der beide Seiten gewinnen. Nicht nur der Empfänger profitiert von der Gabe, sondern auch der Spender –

insbesondere aus buddhistischer Sicht, denn durch Geben erwirbt man nicht allein karmische Verdienste, sondern man wirkt der Anhaftung in ihrer tief sitzenden Form als gierigem Festhalten, dem Nicht-Loslassen, entgegen. An einer Stelle beschreibt der Pāli-Kanon das gesamte moralische Leben mit seiner zweifachen nützlichen Wirkung als eine einzige große Gabe an die Wesen: Indem er kein Leben zerstört, nicht stiehlt, sexuelles Fehlverhalten meidet, nicht lügt und die Verwendung von Rauschmitteln unterlässt …

> … schenkt der edle Schüler unzählig vielen Wesen die Freiheit von Angst, die Freiheit von Feindseligkeit und die Freiheit von Unterdrückung. … Dadurch wird er selbst unermessliche Freiheit von Angst, Feindseligkeit und Unterdrückung genießen. Dies ist eine große Gabe und eine Flut an gutem Verdienst.
>
> (AN 8:39; leicht modifiziert nach Nyanaponika; Bodhi, 1999, S. 216)

Der zweifache Nutzen eines moralisch guten Lebens ist mit einer zweifachen Motivation verknüpft: »Indem man sich selbst beschützt, beschützt man andere; indem man andere beschützt, beschützt man sich selbst« – so wie bei einem Balanceakt mit zwei Akrobaten jeder seinen Partner beschützt, indem er sich auf sich selbst konzentriert, und sich selbst beschützt, indem er sich auf seinen Partner konzentriert (siehe SN 5:47:19). Kümmert man sich um seine eigene spirituelle Entwicklung, so erweist man damit auch anderen Wesen einen Dienst; und wenn man Liebe zu anderen entwickelt, so hilft man damit auch sich selbst. Dementsprechend wird ausdrücklich erklärt, dass jemand, der nur um seiner selbst willen den Heilsweg geht, zu tadeln ist, während jemand, der um seiner selbst willen und um der anderen willen dem Pfad folgt, zu loben ist (siehe AN 7:64).

Dass die Moral einen integralen Bestandteil des buddhistischen Heilswegs darstellt, beinhaltet noch zwei weitere Aspekte: *Erstens* steht die Moral in einer Beziehung wechselseitigen Einflusses zu den beiden anderen zentralen Prinzipien des Pfads, zu Einsicht/Weisheit und zu Meditation. Moral wird »durch Weisheit geläutert«, und umgekehrt wird »Weisheit durch Moral« geläutert (siehe DN 4; Walshe, 1995, S. 131). Die moralische Anstrengung gilt als Vorbedingung für eine rechte Meditationspraxis (so beispielsweise in der Reihenfolge des Edlen Achtfachen Pfades und auch in dem zuvor bereits erwähnten alten narrativen Heilsweg-Schema, siehe oben S. 84ff.). Und umgekehrt gibt es, wie wir gesehen haben, spezielle Meditationsübungen, die unmittelbar auf die Entwicklung eines moralisch guten Geistes abzielen.

Zweitens leistet Moral als integraler Bestandteil des Pfads einen Beitrag zum endgültigen Erlangen der Erleuchtung. Hat man das Ziel erreicht, wird jedoch dadurch die Moral nicht irrelevant. Vielmehr sind mit der Erleuchtung die Wurzeln unmoralischen Verhaltens völlig ausgemerzt, so dass die Tugend eines Erleuchteten als vollkommen gilt. Ein Erleuchteter wird gut handeln, da er selbst gut geworden ist.

Sich des Bösen enthalten und das Gute tun

Drei Glieder des Edlen Achtfachen Pfads (3-5) werden traditionell unter dem Prinzip der »Moral« (śīla) zusammengefasst: »rechte Rede« (3), »rechtes Handeln« (4) und »rechter Lebenserwerb« (5). Was damit im Einzelnen gemeint ist, wird in den üblichen kanonischen Beschreibungen (DN 22, MN 141, usw.) häufig auf indirekte Weise erklärt, indem gesagt wird, welche Verhaltensweisen zu vermeiden sind. »Rechte Rede« bedeutet, Lügen zu vermeiden sowie jede Form der Rede, die bösartig ist, die Menschen entzweit und die schroff, frivol oder unnütz ist. »Rechtes Handeln« wird damit erklärt, dass man es unterlässt, empfindende Wesen (auch Tiere!) zu verletzen und zu töten. Außerdem soll man nicht »nehmen, was einem nicht gegeben wurde« und sexuelles Fehlverhalten vermeiden. Letzteres bedeutet, keine sexuellen Beziehungen zu Frauen zu pflegen, die noch unter dem Schutz ihrer Familie stehen, die mit jemand anderem verheiratet oder verlobt sind oder die aus religiösen Gründen enthaltsam leben. Von Mönchen und Nonnen wird vollständige sexuelle Abstinenz verlangt. »Rechter Lebenserwerb« bedeutet, solche Einkommensquellen zu vermeiden, die eine Schädigung anderer Wesen beinhalten, wie zum Beispiel Waffenhandel oder Menschenhandel, der Handel mit Fleisch, Rauschmitteln oder Gift. »Rechter Lebenserwerb« bedeutet aber auch das Vermeiden von Betrug und Habgier. Es ist bemerkenswert, dass der »rechte Lebenserwerb« als ein separates und eigenständiges Glied des Edlen Achtfachen Pfads aufgeführt wird, denn rein logisch gesehen gehört er ja bereits zum »rechten Handeln«. Dass er dennoch seine eigene Erwähnung findet, zeigt, wie sehr der Buddha sich der besonderen Bedeutung der ökonomischen Dimension im Leben eines jeden Menschen bewusst war.

Wenn nun das richtige moralische Verhalten dadurch erklärt wird, was man alles *nicht* tun soll, so basiert dies auf der grundlegenden buddhistischen Überzeugung, dass die Moral dazu beiträgt, die Ursachen des Leids zu überwinden, das heißt in diesem Fall, jene Handlungen aufzugeben, die Leid erzeugen. Leider hat dies bei einer Reihe von westlichen Interpreten zu der falschen Schlussfolgerung geführt, dass die buddhistische Ethik lediglich eine passive Moral des Vermeidens beinhalte. Buddhistische Texte betonen jedoch ganz allgemein, dass man die Wurzeln des Übels dadurch am wirkungsvollsten bekämpft, dass man das gegenteilige Verhalten praktiziert (z.B. AN 6:107-116; NP 244). Dementsprechend gehören zur buddhistischen Moral auch positive und aktive Handlungen.

Beispielsweise gehört es zur »rechten Rede«, die Wahrheit zu sagen, so zu reden, dass dadurch Versöhnung, Freundschaft und Harmonie gefördert werden, sanfte, liebevolle, vernünftige und hilfreiche Worte zu sprechen, und Worte, die den Dharma erklären (siehe MN 114; AN 10:176). »Rechtes Handeln« bedeutet grundsätzlich, behutsam und freundlich zu handeln und »allen Wesen gegenüber voll Mitleid zu sein«. Der positive Inhalt von »rechtem Handeln« und »rechtem Lebenserwerb« wird konkret ersichtlich durch die zahlreichen praktischen Richtlinien für den Umgang mit den Eltern, Lehrern, dem Ehepartner, den Kindern, Freunden, dem Herrn oder dem Knecht, sowie mit Brahmanen und Śramaṇas. So heißt es etwa in dem sehr populären Sigālovāda-Sutta (DN 31): Kinder sollen ihre Eltern ehren, ihnen dankbar sein und sie unterstützen, wenn sie in Not oder alt geworden sind; Eltern sollen ihren Kinder ihre Liebe zeigen, indem sie ihnen Tugenden vermitteln, sie auf einen Beruf vorbereiten und ihnen zur rechten Zeit ihr Erbe vermachen; Schüler sollen gegenüber ihren Lehrern aufmerksam und hilfsbereit sein, und Lehrer sollen ihre Schüler nicht nur unterrichten, sondern sie auch loben, sie anderen weiterempfehlen und sie beschützen; ein Ehemann soll sich um seine Frau kümmern, indem er sie »ehrt und nicht verachtet, ihr gegenüber nicht untreu ist, ihr Autorität verleiht und sie mit Schmuck versorgt«. Umgekehrt soll eine Ehefrau »ihre Arbeit angemessen organisieren, sich dem Gesinde gegenüber freundlich verhalten, nicht untreu sein, den Besitz bewahren, geschickt und fleißig sein bei allem, was sie zu tun hat«. Freunde werden dazu angehalten, sich gegenseitig zu vertrauen und zu helfen, einander darauf hinzuweisen, was für den anderen gut ist, und »gleichzubleiben in guten wie in schlechten Zeiten«. Ausgesprochen human sind, gemessen an der damaligen Zeit, die Regeln für die Behandlung der Knechte und Mägde. Man soll »ihnen nur solche Arbeit geben, die ihren Kräften angemessen ist, ... sie mit Essen und Lohn versorgen, ... sich um sie kümmern, wenn sie krank sind, ... besondere Delikatessen mit ihnen teilen und ... ihnen auch ausreichend arbeitsfreie Zeit geben«. Im Gegenzug sollen Bedienstete und Arbeiter fleißig sein, ihre Herren nicht betrügen oder bestehlen, und sie sollen um deren guten Ruf bemüht sein. Religiöse Bettelmönche sollen von den Laienanhängern mit Gaben unterstützt werden, und umgekehrt sollen die Mönche die Laien darüber belehren, wie sie ein gutes Leben führen können (siehe Walshe, 1995, S. 461-469). Als der Beste unter jenen, die Sinnenfreuden und Reichtum genießen, wird derjenige gepriesen, der seine Besitztümer rechtmäßig erwirbt, der bereit ist, sie mit anderen zu teilen, und der seinen Reichtum frei von Gier und Anhänglichkeit nutzt, weil er sich der Gefahren des Anhaftens bewusst ist (siehe AN 10:91).

Moralisches Leben schließt nach buddhistischem Verständnis auch eine erweiterte soziale Dimension mit ein. So wird beispielsweise empfohlen, öffentliche Parkanlagen einzurichten, Brücken zu bauen, Brunnen zu graben und Obdachlosen eine Unterkunft zu geben (siehe SN 1:1:47; ähnlich auch Jat 31). Darüber hinaus finden sich im Kanon auch moralische Unterweisungen für Könige. Sie betreffen sowohl die Tugenden, die ein König praktizieren soll, als auch die Prinzipien guten Regierens. Letztere beinhalten, dass Könige dem Gemeinwohl den Vorrang geben, ermahnen sie zur Unterstützung der Notleidenden und fordern sogar den Schutz der Tiere (siehe DN 26:5). Bei der Behandlung der buddhistischen Politik werde ich darauf nochmals detailliert zurückkommen (siehe Kapitel 9).

Viele der oben genannten moralischen Ratschläge richten sich an buddhistische Laienanhänger. Für Mönche und Nonnen gelten, angesichts ihres besonderen Lebensstils und ihrer speziellen Aufgabe, andere praktische moralische Anforderungen. Die größte Gabe, die die Ordensanhänger zu geben vermögen, ist die Gabe des buddhistischen Dharmas (siehe z.B. AN 9:5; Dhp 354). Durch die Ernsthaftigkeit ihrer eigenen religiösen Anstrengung leisten sie ganz allgemein ihren Beitrag dazu, dass diese Gabe auch tatsächlich weitergegeben wird. Vergleichbar mit den speziellen Geboten für die Laien, gibt es auch einige besondere moralische Anforderungen an Mönche und Nonnen, die ihrer spezifischen monastischen Lebensweise entsprechen, wie beispielsweise die Aufforderung, sich um die Mitbrüder oder Mitschwestern zu kümmern, wenn diese krank sind (Mhv 8:26:1-4), oder auf stille und liebevolle Weise einander zu dienen (siehe DN 16:1:11; MN 31; AN 5:105).

Die moralischen Mindestanforderungen für Laienanhänger wie für Mönche und Nonnen sind in den berühmten »fünf Regeln« (*pañca śīla*) zusammengefasst:

1) sich der Zerstörung von Leben enthalten;
2) sich des Nehmens dessen, was nicht gegeben wurde, enthalten;
3) sich sexueller Verfehlungen enthalten;
4) sich unrechter Rede enthalten;
5) sich »von Wein, Schnaps und Rauschmitteln, enthalten, die zu Nachlässigkeit führen«.

(siehe AN 8:25; Nyanaponika; Bodhi, 1999, S. 207)

Für Mönche und Nonnen bedeutet die dritte Regel, im Zölibat zu leben. Zusätzlich zu den zahlreichen und ausführlichen Regeln, die speziell die Ordensdisziplin betreffen, sind sie auch verpflichtet, noch folgende allgemeine Regeln zu befolgen: (6) sich nach Mittag fester Nahrung zu enthalten, (7) Veranstaltungen mit Tanz, musikalischen Darbietungen usw. zu meiden, (8) sich aller Parfüms und persönlichen Schmucks zu enthalten, (9) keine hohen, luxuriösen Betten zu benutzen, (10) kein Gold oder Silber anzunehmen. In einigen Ländern hat es sich zu einer verbreiteten Tradition entwickelt, dass an buddhistischen Feiertagen auch die Laienanhänger einige dieser zusätzlichen Regeln befolgen (gewöhnlich mit Ausnahme der letzten Regel).

Die ersten vier der zuvor genannten allgemeinen »fünf Regeln« betreffen mehr oder weniger dieselben Gebiete wie das dritte und vierte Glied des Edlen Achtfachen Pfades: die »rechte Rede« und das »rechte Handeln«. Zu diesen vier moralischen Mindestanforderungen (nicht töten/verletzen, nicht stehlen, kein schädigendes sexuelles Verhalten, nicht lügen) gibt es viele Parallelen in allen bedeutenden Weltreligionen – ein Umstand, den man auch bei den zeitgenössischen Bemühungen um die Formulierung einer globalen Ethik deutlich gewürdigt hat (siehe Küng, 1996). Zwar findet auch die fünfte Regel (Enthaltung von berauschenden Substanzen) ihre Entsprechung in anderen religiösen Traditionen, aber im buddhistischen Kontext verweist diese Regel doch auf den spezifischen Zusammenhang zwischen Moral und Meditation, das heißt auf den Aspekt der Schulung des eigenen Geistes, die eben voraussetzt, dass man den Geist nicht benebeln, sondern klar halten soll.

Ehe wir uns jetzt die buddhistische Einstellung zur Entwicklung eines moralisch guten Geistes genauer ansehen, sei noch eine letzte Anmerkung zum Prinzip der *Epikie* gemacht, das heißt, zur Frage der Zulässigkeit moralisch problematischen Verhaltens im Sinne des kleineren Übels. Erlaubt die buddhistische Ethik ein solches Prinzip oder werden die moralischen Regeln als kompromisslose, unverletzbare Gesetze angesehen? Während es durchaus eine gewisse Tendenz zu Letzterem gibt, so bekräftigt der Buddhismus doch auch, dass, soweit es die karmischen Konsequenzen unseres Verhaltens betrifft, die Motivation hinter den Handlungen entscheidender ist als die Taten selber. Deswegen gibt es einige buddhistische Texte, die der Auffassung zustimmen, dass in bestimmten Situationen eine moralisch gute Intention es auch erlaubt oder manchmal sogar erfordert, etwas zu tun, wodurch bestimmte moralische Regeln verletzt werden. Insbesondere wenn es darum geht, wie sich ein Staat im Einklang mit buddhistischer Moral regieren lässt, mussten Fragen wie die Legitimität der Bestrafung von Übeltätern (wodurch man ihnen ja Schaden zufügt) oder der militärischen Verteidigung des Landes (wobei man Lebewesen tötet) geklärt werden. Schon die relativ frühe Abhandlung *Milandapañha* bekräftigt, dass Handlungen moralisch nicht verwerflich sein können, wenn sie in guter Absicht und zum Wohl der Menschen ausgeführt werden – auch wenn sie manchmal Schmerzen verursachen, wie beispielsweise im Fall einer notwendigen, aber schmerzhaften medizinischen Behandlung (siehe Mph 4:1:33). Die Betonung, dass es primär auf die gute Absicht ankommt, hat weitreichende Implikationen für die soziale und politische Ethik, auf die ich später noch zurückkommen werde. Jetzt aber geht es zunächst darum, was der Buddhismus überhaupt unter einer guten Absicht versteht und wie man diese nach buddhistischer Auffassung entwickeln kann.

Die Entwicklung eines moralisch guten Geistes

»Den Dingen geht der Geist voran« – heißt es in den beiden berühmten Anfangsversen des *Dhammapadas*, einer der am weitesten verbreiteten buddhistischen Schriften. Dabei handelt es sich um ein Axiom buddhistischer Ethik, denn – wie die Verse weiter ausführen – schlechte Worte und schlechte Taten gehen aus einem boshaften Geist hervor, gute Worte und gute Taten aus einem reinen Geist (siehe Dhp 1f.). Als Folge dieser grundsätzlichen Überzeugung konzentriert sich der buddhistische Diskurs weitgehend auf die Entwicklung eines moralisch guten Geistes. Erneut hat dies einige Interpreten zu dem falschen Schluss geführt, dass der Buddhismus kein Interesse an praktischen Handlungen kenne. Doch gerade wegen der Handlungen (in Worten und Taten) beginnt der Buddhismus mit dem Geist, der Quelle, aus der die Worte und Taten entspringen.

Die gute Gesinnung beziehungsweise die »rechte Absicht«, das zweite Glied des Edlen Achtfachen Pfads (siehe oben S. 84f.), verbindet das Prinzip der Einsicht/Weisheit mit dem Prinzip der Moral; denn das rechte Verhalten erwächst aus der rechten Absicht, wie sie unter dem Einfluss der »rechten

Anschauung«, dem ersten Glied des Pfads, geformt wird. Die kanonischen Texte erklären »rechte Absicht« als die »Absicht zur Entsagung, die Absicht, nichts Böses zu wollen, und die Absicht zur Nicht-Grausamkeit« (MN 141:25 oder DN 22:21; Ñāṇamoli; Bodhi, 2001, S. 1100). Die zu den Pfadgliedern zwei bis vier in enger Beziehung stehende Klassifikation des zehnfachen heilsamen und unheilsamen Verhaltens (in Gedanken, Worten und Werken) erklärt die heilsame Gesinnung als eine innere Haltung, die frei ist von Begierde, Böswilligkeit und Hass (siehe MN 114; AN 10:206). Während also das erste Glied des Edlen Achtfachen Pfades, die »rechte Anschauung«, gegen das Grundübel der Verblendung beziehungsweise Unwissenheit gerichtet ist, tritt das zweite Glied den beiden weiteren Grundübeln, der Gier und dem Hass, entgegen. Wie zuvor gezeigt, sind Gier und Hass die beiden Grundformen, in denen sich Anhaftung manifestiert, und als solche bilden sie die geistigen Wurzeln des moralisch verwerflichen Verhaltens. Da das eigene Selbst der Dreh- und Angelpunkt der Anhaftung ist, ist eine unmoralische Haltung wesentlich mit der Ichbezogenheit verknüpft: »Möge das, was einem anderen gehört, meins werden!« – lautet der strukturelle Subtext von Gier und Habgier (MN 114). Und die strukturelle Grundlage des Hasses besteht darin, anderen um des eigenen Vorteils oder der eigenen Genugtuung willen Schmerz zu bereiten (siehe Dhp 291). Dementsprechend ist der moralisch gute Geist ein Geist, der frei (oder zumindest relativ frei) ist von diesen beiden negativen Haltungen. Stattdessen ist er von der entgegengesetzten Haltung geprägt, das heißt, von Freigebigkeit, Mitfreude und Gleichmut anstelle der Gier und von liebevoller Freundlichkeit und Mitleid anstelle des Hasses. An die Stelle der Ichbezogenheit treten die Nicht-Unterscheidung zwischen Selbst und anderen sowie die Selbstlosigkeit.

Gegen alle unmoralischen Formen von Ichbezogenheit bekräftigt der Buddhismus die sogenannte »Goldene Regel«: »Was mir unangenehm und unlieb ist, ist auch anderen unangenehm und unlieb. Wie kann ich da anderen das antun, was mir selber unangenehm und widerwärtig ist?« (SN 55:7; siehe auch Sn 705). Die Gier gilt als ein Übel, das schwer zu überwinden ist (AN 3:68) und das sich nur durch die tiefgreifende Einsicht in den unbefriedigenden Charakter des saṃsārischen Daseins besiegen lässt. Allerdings kann man die Gier durch die Entwicklung von Gleichmut dämpfen. Den Hass hingegen kann man direkter angehen, indem man liebevolle Freundlichkeit entwickelt (*maitrī*, Pāli: *mettā*). Nochmals, der Schlüssel hierzu liegt darin, die Unterscheidung zwischen sich selbst und anderen zu überwinden.

Wie bereits erwähnt, ist die Entwicklung eines liebevollen Geistes gegenüber allen Lebewesen, ob Freund oder Feind, das Ziel einer besonderen Meditationsübung des frühen Buddhismus (siehe oben S. 113f.). In seinen Anleitungen zu dieser Art von Meditation empfiehlt Buddhaghosa, zunächst damit zu beginnen, sich selber Glück zu wünschen: »Möge ich glücklich und frei vom Leiden sein.« Nur wenn man in der Lage ist, sich selbst zu lieben, kann man diese Liebe auch auf andere ausdehnen. Dementsprechend soll man, so Buddhaghosa, im zweiten Schritt dieser Meditationsübung die liebevolle geistige Einstellung, die man zu sich selbst hegt, auf einen guten Freund richten, anschließend auf eine neutrale Person und schließlich auf eine feindlich gesinnte Person, bis es schließlich möglich wird, diese Liebe unterschiedslos für alle Wesen zu empfinden, so dass man sich aufrichtig wünscht, dass »alle glücklich und frei von Leid sein mögen« (siehe Vism 9:1-12). Buddhaghosa ist realistisch genug, um hierbei Schwierigkeiten zu erwarten. Wenn jemand nicht in der Lage ist, bösartige Gefühle einer bestimmten Person gegenüber zu überwinden, dann soll er sich vorstellen, dass die betreffende Person in einem früheren Leben einst die eigene geliebte Mutter, der geliebte Vater oder Bruder, die geliebte Schwester oder Tochter, der geliebte Sohn oder Freund war. Denn, so zitiert Buddhaghosa die kanonischen Schriften, innerhalb der unfassbaren Länge des saṃsārischen

Daseins »ist es nicht einfach, ein Wesen zu finden, das früher einmal nicht die eigene Mutter … der eigene Vater … (usw.) gewesen ist« (SN 15:14-19; siehe Vism 9:36; Ñāṇamoli, 1999, S. 297f.). Die Entfaltung dieses Bewusstseins der universalen Verwandtschaft aller Lebewesen soll dazu verhelfen, von allen negativen Empfindungen frei zu werden. Wie wichtig es ist, jegliche Form von Hass oder Böswilligkeit zu überwinden, betont Buddhaghosa, indem er daran erinnert, dass dies vom Buddha selbst gelehrt und durch das Gleichnis von der Säge bekräftigt wurde: Selbst wenn irgendwelche Verbrecher einen mit einer scharfen Säge buchstäblich in Stücke zerteilten, sollte man ihnen gegenüber keinen Hass und keine Feindseligkeit entwickeln, sondern sie mit liebevoller Freundlichkeit umschließen (das Gleichnis findet sich in MN 21).

Dem buddhistischen Versuch, einen guten und liebevollen Geist zu entwickeln, unterliegt jedoch ein gravierendes Problem, das nicht allein die buddhistische Ethik betrifft, sondern in jeder ernsthaften Ethik auftaucht: die Wechselbeziehung zwischen Eigeninteresse und Uneigennützigkeit beziehungsweise Altruismus. Was ist die Motivation für das Bemühen, liebevoll und freundlich zu sein? Will man ein moralisch guter Mensch werden, *um sein eigenes Karma zu verbessern* (unabhängig davon, ob es dabei um die Aussicht auf eine bessere Wiedergeburt geht oder – wie auf dem Edlen Achtfachen Pfad – darum, der endgültigen *Erlösung näherzukommen)*? Wenn dem so ist, dann wäre die Motivation für die Entwicklung eines liebevollen Geistes immer noch (oder sogar primär) eine egoistische, auf sich selbst bezogene Motivation. Das kann allerdings kaum als selbstlose, das heißt, als altruistische Motivation gelten, und wenn man sie als eine solche ansieht, so wäre das lediglich eine weitere Form von Selbstbetrug. Der Versuch, eine auf andere gerichtete Liebe um des eigenen spirituellen Fortschritts willen zu entwickeln, krankt also scheinbar an einem strukturellen Defekt: Wenn er dem eigenen Fortschritt dient, dann ist es keine echte Liebe. Wenn es aber keine echte Liebe ist, dann macht man auch keinen spirituellen oder moralischen Fortschritt.

Buddhaghosa diskutiert dieses Problem zwar nicht ausdrücklich, aber er macht eine interessante Bemerkung, die wohl seine eigene Lösung des Problems andeutet. Er zitiert die kanonische Aussage, wonach man Liebe »gleichermaßen für alle« entwickeln muss, und kommentiert: »Gleichermaßen ... für alle, das heißt, für alle, für niedriger gestellte, gleich gestellte oder höher gestellte, für die, die man als freundlich, feindlich oder neutral einstuft, usw., in gleicher Weise wie für sich selbst.« Für die letzten Worte schlägt er sogar eine andere Lesart vor, nämlich »als gleich mit sich selbst«, und erklärt: »... ohne die Unterscheidung zu treffen ›dies ist ein anderes Wesen‹ – das ist damit gemeint« (Vism 9:47; Ñāṇamoli, 1999, S. 301). Das Problem, dass Liebe keine echte Liebe zu sein scheint, wenn sie aus spirituellem Eigeninteresse heraus kultiviert wird, löst sich ganz offensichtlich auf, wenn die Unterscheidung zwischen sich selbst und anderen aufgegeben ist.

Eine andere Lösung (die zunächst zwar *ähnlich* zu sein scheint, aber letztlich doch deutlich verschieden ist) wird von Śāntideva in seiner Darstellung des Bodhisattva-Pfads (siehe Kapitel 10) präsentiert. Das Paradox, wonach Liebe zu anderen, die primär aus Selbstliebe geschieht, keine wahre Liebe zu anderen ist, wird deutlich gesehen: »Alle, die in der Welt leiden, leiden deswegen, weil sie ihr eigenes Glück suchen. Alle, die in der Welt glücklich sind, sind es deswegen, weil sie das Glück der anderen suchen« (BCA 8:129). Ähnlich wie Buddhaghosa empfiehlt Śāntideva, sich zunächst bewusst zu machen, dass alle Wesen gleichermaßen Leid und Glück erleben, und dass man deswegen anderen ebenso helfen soll, wie man sich selbst hilft (BCA 8:90-96). Und das bedeute, andere wie sich selbst oder als das eigene Selbst zu akzeptieren (8:136). Allerdings, fährt Śāntideva fort, kann diese Haltung nur mit Hilfe eines »Austauschs von Selbst und anderen« verwirklicht werden (8:120). Um das Leid zu überwinden – sowohl das eigene, als auch das der anderen –, »darf man kein anderes Anliegen haben als das Wohl aller Lebewesen« (8:137; siehe Crosby; Skilton, 1995, S. 94-104). Nur aufgrund echter Selbstlosigkeit kann man selber spirituelle Fortschritte erzielen, und echte Selbstlosigkeit ist nur möglich, wenn man das eigene Selbst vergisst und die anderen an dessen Stelle setzt, indem man ausschließlich um das Wohl der anderen bemüht ist. Genau das ist der Punkt, an dem die Ethik des Mahāyānas über den Standpunkt des Theravādas, wie er von Buddhaghosa repräsentiert wird, hinausgeht.

Nicht-Anhaftung und Engagement

Eine Frage ist jedoch immer noch offen: Ist die Liebe zu anderen beziehungsweise die echte Sorge für andere nicht zwangsläufig eine Form von Anhaftung? Wenn das wahre Ziel des Buddhismus darin besteht, alle Anhaftungen zu lösen, muss es dann nicht auch das letzte Ziel sein, alle Regungen der Liebe aufzugeben? Hier stehen wir erneut einem weit verbreiteten Missverständnis der buddhistischen Ethik gegenüber. Die Auseinandersetzung mit diesem Missverständnis führt uns allerdings zu dem, was man als das eigentliche Herz der buddhistischen Spiritualität betrachten kann: die Vereinbarkeit von liebevollem Engagement mit Anhaftungslosigkeit.

Eine Anzahl von Aussagen im Pāli-Kanon scheint auf den ersten Blick die Unvereinbarkeit von Liebe und Nicht-Anhaftung zu lehren. Zum Beispiel ruft der Buddha, als er einem Vater begegnet, der den Tod seines einzigen Sohnes beklagt, aus: »Kummer, Jammer, Schmerz, Trauer und Verzweiflung kommen von denen, die uns lieb sind; sie entstehen durch die, die wir lieben« (MN 87; Ñāṇamoli; Bodhi, 2001, S. 718). Bei einer ähnlichen Gelegenheit lehrt er, dass all die, »die aufgeben, was ihnen lieb ist, … die Wurzel des Kummers ausreißen« (Du 2,7; Ireland, 1997, S. 29). Außerdem wird gesagt, dass der Weise frei ist von jeder Art Vorliebe und Abneigung (siehe Sn 811) usw. Andererseits wird jedoch »liebevolle Freundlichkeit« (*maitrī*, Pāli: *mettā*) häufig als »Gemütserlösung« (Pāli: *cettovimutti*) bezeichnet, und das bezieht sich eindeutig auf die Befreiung des Geistes von Anhaftung. In einem Loblied über die liebevolle Freundlichkeit (Itv 27 und AN 8:1) heißt es:

> Für einen, der voll Achtsamkeit entwickelt
> Grenzenlos liebevolle Güte
> Und die Zerstörung des Anhaftens sieht,
> Sind die Fesseln abgetragen.
>
> (Itv 27; Ireland, 1997, S. 169)

Der Buddhismus unterscheidet zwischen solchen Formen von Liebe, die nichts anderes darstellen als eine weitere Art der Anhaftung, und einer Form von Liebe, die das Potenzial hat, Anhaftung zu überwinden und mit vollendeter Anhaftungslosigkeit vereinbar ist. Wären die frühen Buddhisten nicht davon überzeugt gewesen, dass eine solche anhaftungslose Liebe möglich ist, so hätten sie den Buddha nicht als jemanden präsentieren können, der alle Formen von Anhaftung aufgegeben, aber nichtsdestoweniger liebevolle Freundlichkeit und Mitleid vollkommen verwirklicht hat.

Die Unterscheidung von anhaftenden und nicht-anhaftenden Formen der Liebe beruht offenbar auf den beiden folgenden ausschlaggebenden Kriterien: Echte liebevolle Freundlichkeit, die mit Freiheit von Anhaftung einhergeht, muss erstens selbstlos sein, das heißt, es geht ihr allein um das Wohl der anderen und nicht um das eigene; und zweitens wird sie keine Unterschiede machen, das heißt, sie gilt Freund und Feind in gleicher Weise. Solange Liebe Unterschiede macht, solange man die einen liebt und die anderen hasst, ist Anhaftung im Spiel: Man liebt die einen, weil man von ihnen einen Nutzen hat, und man weist die anderen wegen des Gegenteils zurück – so dass sich hierbei Anhaftung als positive und negative Fixierung zeigt (siehe oben S. 79f.). Aber selbst jene Liebe, die

Unterschiede macht und auf diese Weise differenziert, kann immer noch einen befreienden Aspekt haben, nämlich dann und in dem Maß, in dem sie zugleich ein Element selbstloser Fürsorge enthält. So fährt denn auch das gerade zitierte Loblied auf die Liebe fort:

> Wenn mit unverdorbenem Geist
> Er auch nur ein einziges Wesen durchdringt
> Mit liebevoll freundlichen Gedanken,
> Dann bringt ihm das Verdienste ein.
>
> (Ireland, 1997, S. 169)

Das Ideal bleibt jedoch die Entwicklung »eines Geistes, der Mitleid mit allen Lebewesen empfindet« (ebd., S. 170). Dies kommt auch in dem berühmtesten der frühen buddhistischen Loblieder auf die Liebe zum Ausdruck, dem Mettā-Sutta (SN 143-152):

> Wie eine Mutter ihr einziges Kind unter Einsatz ihres eigenen Lebens beschützt,
> So soll er ein grenzenloses Herz für alle Wesen kultivieren.
> Voll grenzenloser Liebe mögen seine Gedanken die ganze Welt durchdringen:
> Oberhalb, unterhalb und überall, ohne Hindernis, ohne Hass, ohne Feindschaft.
>
> (Sn 149-150; Saddhatissa, 1987, S. 16)

Hier sind beide Kriterien der anhaftungslosen Liebe vereint: Sie soll so selbstlos sein wie die Liebe einer Mutter, die für ihr Kind ihr Leben geben würde, und sie soll unterschiedslos alle Lebewesen einschließen. Nicht selten betonen die buddhistischen Schriften, dass es einen großen spirituellen Wert hat, sein eigenes Leben aus Liebe zu anderen zu opfern. Besonders die Geschichten über die früheren Leben des Buddhas, die sogenannten Jātakas, erzählen, dass der »Bodhisattva« (das heißt, jemand, der auf dem Weg ist, dereinst ein Buddha zu werden) sein Leben wiederholt für andere geopfert hat und dadurch selbstloses Mitleid und selbstlose Liebe entwickelte (z.B. Jat 12; 316, 407). Das Opfer des eigenen Lebens gilt als die Krönung der Tugend des »Gebens« (*dāna*) (siehe BCA 7:25).

Ein weiterer Aspekt ist noch zu ergänzen: Es gibt, nach buddhistischer Auffassung, nicht nur eine Form von Liebe, die vollkommen vereinbar ist mit Nicht-Anhaftung. Vielmehr sind Liebe und Anhaftungslosigkeit in einer ganz wesentlichen Hinsicht aufeinander angewiesen und beeinflussen sich wechselseitig. Sie sind also nicht nur miteinander vereinbar, sondern sie ergänzen einander. Auch dieser Aspekt lässt sich wieder gut anhand von Buddhaghosas Betrachtungen über die Entwicklung eines liebevollen Geistes veranschaulichen.

Liebevolle Freundlichkeit gehört, wie wir gesehen haben, zu einer Gruppe von vier geistigen Eigenschaften, den vier »göttlichen Verweilzuständen« oder den vier »Unermesslichkeiten« (*apramāṇas*), das heißt: »liebevolle Freundlichkeit«, »Mitleid«, »Mitfreude« und »Gleichmut«. Nach Buddhaghosa gibt es für jede dieser geistigen Haltungen oder Eigenschaften einen »nahen Feind« und einen »fernen Feind«. Der »ferne Feind« ist einfach die diametral entgegengesetzte Haltung; der »nahe Feind« hingegen ist eine Haltung, die auf den ersten Blick der echten Eigenschaft in mancher Hinsicht ähnelt; allerdings ist sie in Wahrheit trotzdem ein »Feind«, eine ganz andere und nicht weniger entgegengesetzte Einstellung. Im Fall von »liebevoller Freundlichkeit« zum Beispiel ist der »ferne Feind« die »Böswilligkeit«. Ihr »naher Feind« jedoch ist die »Gier«, die bisweilen tatsächlich wie echte Liebe aussehen kann, in Wirklichkeit aber ganz andere Interessen verfolgt als das Wohl des anderen. Der »ferne Feind« des Gleichmuts besteht aus Gier und Missgunst – und somit aus jenen beiden Formen der Anhaftung, die zugleich der nahe und der ferne

Feind der »liebevollen Freundlichkeit« sind. Der Gleichmut beschützt daher die liebevolle Freundlichkeit vor ihren beiden Feinden, weshalb die liebevolle Freundlichkeit den Gleichmut benötigt. Der nahe Feind des Gleichmuts ist die weltliche Gleichgültigkeit, das heißt, jene Teilnahmslosigkeit, der es gar nicht um den Unterschied zwischen verdienstvollem und schädlichem Tun geht, die also unsensibel ist für Gutes wie für Schlechtes. Daher schützt die liebevolle Freundlichkeit, gemeinsam mit der Einsicht, den Gleichmut gegen seinen »nahen Feind«, eben gegen diese gleichgültige, selbstzufriedene Einstellung. Liebevolle Freundlichkeit und Gleichmut sind also wechselseitig aufeinander angewiesen und verhindern so ihre Degeneration in Gier beziehungsweise in Gleichgültigkeit. Die *eine* geistige Gesinnung, das heißt, die gleichmütig gestimmte Liebe beziehungsweise der durch Liebe geprägte Gleichmut drückt sich sodann konkret in den beiden komplementären geistigen Haltungen des Mitleids und der Mitfreude aus: Sie wird zum Mitleid angesichts des Leidens anderer (genauer gesagt: sie wird zum Wunsch, dieses Leid auszulöschen) und zur Mitfreude angesichts des (spirituellen) Wohlergehens anderer (siehe Vism 9:94f.).

Buddhaghosa fasst die Komplementarität von liebevoller Freundlichkeit und Gleichmut in der folgenden Beschreibung der »Großen Wesen« zusammen und kommt darin der Ethik des Mahāyānas nahe:

> Unerschütterlich und entschlossen sind sie ausgerichtet auf das Wohl und zum Glück der Lebewesen.
> Aufgrund der Unerschütterlichkeit liebender Freundlichkeit stellen sie die anderen an die erste Stelle (vor sich selbst). Aufgrund des Gleichmuts erwarten sie keinen Lohn.
>
> (Vism 9:124; Ñāṇamoli, 1999, S. 318)

Die »Großen Wesen« (Pāli: *mahāsattā*), die Buddhaghosa hier im Sinn hat, sind der Buddha und alle, die seinen Fußspuren folgen, also jene, die im Mahāyāna als »Bodhisattvas«, als »Erleuchtungs-Wesen«, bezeichnet werden. Die vollkommene Anhaftungslosigkeit und das vollendete Mitleid des Buddhas beweisen, dass liebevolle Anteilnahme und Nicht-Anhaftung einander ergänzen, und sie zeigen auch, wie diese Komplementarität funktioniert. Der Buddha dient dem Buddhismus als das große Beispiel für den Versuch, einerseits der grundlegenden Einsicht der Śramaṇas treu zu bleiben, das heißt, der Einsicht in die Notwendigkeit, von aller Anhaftung befreit zu werden, und andererseits diese Einsicht für eine Spiritualität fruchtbar zu machen, die zugleich zum Wohl aller Wesen an dieser Welt liebevoll Anteil nimmt.

Literaturhinweise: Aronson (1980); Dharmasiri (1989); Harris (1997); Harvey (2000); Keown (2001), Küng (1996); Runzo und Martin (2001).

Die vierfältige Gemeinschaft

Gewöhnlich bekennen sich Menschen als Buddhisten, indem sie die sogenannte »dreifache Zuflucht« (siehe Mv 1:12:4 und AN 8:25) aussprechen:

> Ich nehme meine Zuflucht zum Buddha,
> Ich nehme meine Zuflucht zum Dharma,
> Ich nehme meine Zuflucht zum Saṅgha.

Was genau ist nun aber dieser »Saṅgha«, bei dem Buddhisten ihre »Zuflucht« suchen? Wörtlich bedeutet *Saṅgha* einfach »Gruppe« oder »Gemeinschaft«, doch in der buddhistischen Tradition hat dieser Begriff mindestens drei Bedeutungen erlangt: Im *weitesten Sinne* bezeichnet er die »vierfältige Gemeinschaft« (*catuṣ pariṣad*), das heißt: Mönche (*bhikṣus*; Pāli: *bhikkhus*), Nonnen (*bhikṣuṇīs*; Pāli: *bhikkhunīs*), männliche Laienanhänger (*upāsakas*) und weibliche Laienanhänger (*upāsikās*). Als Māra den Buddha überreden wollte, die Welt zu verlassen, widerstand der Buddha – gemäß der Legende – dieser Versuchung mit den Worten, er werde nicht eher dahinscheiden, bis dass der Dharma gut verkündet, fest etabliert und zusammen mit dieser vierfältigen Gemeinschaft erblüht sein wird: eine Gemeinschaft, die selber dem Pfad folgt und anderen Menschen den Pfad auf kundige Weise vermittelt (siehe DN 16:3:34f.; siehe auch DN 29:14f., siehe oben S. 59ff.).

In einem wichtigen kanonischen Text (AN 4:7) wird der Begriff »*saṅgha*« ausdrücklich in diesem *weiten Sinn* benutzt. Zugleich werden dabei jene Tugenden betont, die die »Mönche« und »Nonnen« sowie die männlichen und weiblichen »Laienanhänger« erst zu echten Schülern und Schülerinnen des Buddhas machen: Wenn sie »weise, diszipliniert und erfahren (oder: zuversichtlich) sind, tiefes Verstehen besitzen und den Dharma vermitteln, indem sie selber im Einklang mit dem Dharma leben«, dann sind sie der »Schmuck« und das »Licht des Saṅghas«.

Zumindest in den frühen buddhistischen Schriften bezieht sich der Begriff »*saṅgha*« meistens jedoch in einem speziellen, *engeren Sinn* nur auf die ordinierten Mitglieder der beiden institutionalisierten Orden, das heißt auf die Mitglieder des Mönchs- und des Nonnenordens. In diesem Sinn kann der Begriff entweder eine bestimmte lokale monastische Gemeinschaft bezeichnen oder auch die universale Gemeinschaft der Mönche und Nonnen aller Zeiten und aller Orte.

Neben diesem weiteren und engeren Sinn gibt es aber auch noch eine *dritte Bedeutung*, bei der sich dieser Begriff auf so etwas wie den »idealen Saṅgha« bezieht, manchmal auch der »Edle Saṅgha« (*ārya-saṅgha*) genannt. Dieser Saṅgha umfasst all jene, die eine der vier Stufen der Heiligkeit erreicht haben, von der niedrigsten Stufe des »in den Strom Eingetretenen« (dies bezeichnet jemanden, der die Erleuchtung definitiv in einem Zeitraum von höchstens sieben Leben erlangen wird) bis hin zur höchsten Stufe, dem *arhat* (Pāli: *arahat*), das heißt, jemand, der bereits erleuchtet ist. In gewisser Weise ist dieser ideale Saṅgha kleiner als der institutionalisierte monastische Saṅgha, denn nicht jeder Mönch und nicht jede Nonne hat einen der vier Heiligkeitsgrade erlangt. Zugleich ist der ideale Saṅgha aber auch größer als der institutionalisierte Orden, denn auch die Laienanhänger können alle vier Stufen der Heiligkeit erreichen. Vielleicht ist der ideale Saṅgha nicht einmal auf jene begrenzt, die sich als »Buddhisten« bekennen. Das hängt davon ab, wie Buddhisten die Möglichkeit einschätzen, bestimmte Stufen der Heiligkeit auch mit Hilfe anderer Religionen zu erlangen (siehe Kapitel 15). Insgesamt spricht einiges für die Annahme, dass es der Saṅgha in diesem dritten Sinn ist, zu dem Buddhisten in der dreifachen Bekenntnisformel ihre »Zuflucht« nehmen und in den sie ihr Vertrauen setzen (siehe Gombrich, 1988, S. 2; Prebish, 1996, S. 3).

Ob nun im weitesten Sinn oder im idealen Sinn, der Zweck des Saṅghas ist ein zweifacher: Er soll dazu helfen, dass man im Einklang mit dem Dharma lebt, um dadurch die eigene Erlösung zu erreichen. Und er dient dem Ziel, den Dharma zum Segen aller anderen Wesen zu verbreiten. Der Zweck des Saṅghas in seiner institutionalisierten monastischen Form besteht darin, die optimalen Bedingungen für beide Ziele zu bieten: Er dient dem inneren spirituellen Fortschritt jedes einzelnen Ordensmitglieds und zugleich der Ausbreitung der Botschaft des Buddhas zum Heil und Wohl der ganzen Welt. Dieser doppelte Zweck spiegelt sich auch in der zunächst vielleicht überraschenden Selbstbezeichnung der Ordensmitglieder als »Śramaṇas und Brāhmaṇas« wider. Aus buddhistischer Sicht verfolgen die Mönche und Nonnen das alte Ideal der Śramaṇas, mit Hilfe eines asketischen Lebenswandels (den der Buddhismus allerdings erheblich abgemildert hat) nach persönlicher Erlösung zu streben. Indem sie sich nun zugleich als »Brāhmaṇas« oder häufig sogar als »die wahren Brahmanen« präsentieren, verbinden sich die Ordensmitglieder aber auch mit der brahmanischen Tradition und bekräftigen dadurch ihren Anspruch, die Hüter und Lehrer des wahren Dharmas zu sein.

Auch die Erzählungen über die Gründung des Saṅghas bringen diesen doppelten Zweck deutlich zum Ausdruck. Nach seiner ersten Predigt ermutigte der Buddha seine Schüler, die zugleich als die ersten Mönche gelten, das »heilige Leben um der vollständigen Auslöschung des Leidens willen« zu führen (Mv 1:6:32ff.). Nicht lange danach beauftragte er sie außerdem damit, den Dharma zu verbreiten:

> Geht jetzt, ihr Bhikkhus, und wandert zum Segen für die Vielen, zum Wohl der Vielen, aus Mitleid mit der Welt, zum Besten, zum Segen und zum Wohl von Göttern und Menschen. Keine zwei unter euch sollen denselben Weg gehen. Predigt, ihr Bhikkhus, die Lehre, die herrlich

> am Anfang, herrlich in der Mitte und herrlich am Ende ist, getreu nach Geist und Buchstaben; verkündet ein unübertreffliches, vollkommenes und reines Leben der Heiligkeit.
>
> (Mv 1:11:1; Rhys Davids; Oldenberg, 1881, S. 112f.)

Auch die Laienanhänger sind an diesem doppelten Zweck des Saṅghas beteiligt, und zwar in dem Maß, wie es ihre eigenen Lebensumstände erlauben. Das heißt, sie sollen sich primär darauf konzentrieren, im Alltag ein sittliches Leben zu kultivieren, wodurch sie sich selbst ebenso helfen wie ihren Mitmenschen oder Mitwesen. Zudem sind sie dazu aufgerufen, *dāna*, das »Geben« beziehungsweise die »Freigebigkeit«, zu praktizieren. Dadurch fördern sie einerseits ihre eigene Nicht-Anhaftung; andererseits partizipieren sie durch ihre Gaben an den Orden indirekt an der Verbreitung des Dharmas – und damit an einer grundlegenden Aufgabe des Ordens. Laienanhänger sollen jedoch nicht nur die Verbreitung des Dharmas finanzieren, sondern sie sollen auch selber den Dharma verbreiten und andere Menschen ermutigen, im Einklang mit dem Dharma zu leben (siehe AN 8:25). Es wird in den alten kanonischen Texten sogar von vereinzelten Fällen berichtet, in denen Laien die Mönche über den Dharma belehrten (siehe AN 8:21).

Das Leben im Orden wird vom *vinaya*, das heißt von der »Regel« oder »Disziplin« bestimmt. Diese Regel lieferte dem Orden jenen institutionellen Rahmen, der seinen Bestand über die Lebensspanne des Buddhas hinaus garantieren sollte. Nach den kanonischen Schriften entsprach dies bereits der Intention des Buddhas selbst: Das Leben im Einklang mit der monastischen Regel galt als Garantie dafür, dass »dieses heilige Leben weitergeht und für eine lange Zeit bestehen bleibt zum Segen und Wohl der Vielen und aus Mitleid für die Welt …« (DN 29:17; Walshe, 1995, S. 432). Kurz vor seinem

Tod erinnerte der Buddha seine Schüler nochmals daran, dass der Dharma und die monastische Regel nach seinem Dahinscheiden ihre »Lehrer« sein würden (siehe DN 16:6:1). Wenn die Mönche nach beidem lebten, dann werde es in der Welt keinen Mangel an Erleuchteten geben (siehe DN 16:5:27). Ein entscheidender Schritt zur institutionellen Autonomie des Ordens bestand darin, dass der Buddha die Vollmacht zur Ordination neuer Mönche an den Orden selbst übertrug, ein Schritt, den er, nach Auskunft der Schriften, schon in einem sehr frühen Stadium vollzogen hatte (siehe Mv 1:21:1-4).

Die Sorge um das zukünftige Überleben und Wohlergehen des Ordens zeugt davon, dass man dies keineswegs als selbstverständlich betrachtete. In einer Reihe von Textstellen wird sogar deutlich die Erwartung ausgedrückt, dass der Orden einst als Folge seines spirituellen Niedergangs ganz verschwinden werde oder doch zumindest diese Gefahr bestehe. Die Zahl der Regeln werde anwachsen (was denn auch tatsächlich geschah), aber die Anzahl jener, die die Erleuchtung erlangen, werde abnehmen; das Auftreten von Häresien werde das Wissen um den wahren Dharma gefährden; die vierfältige Gemeinschaft werde ihre Achtung vor dem Buddha, vor dem Dharma und vor dem Saṅgha sowie vor der spirituellen Ausbildung und der Meditation verlieren (SN 16:13; AN 1:19; 4:116), und es werde ihr an gegenseitigem Respekt mangeln (AN 5:201; 7:56). Normalerweise sind solche Befürchtungen als Warnung formuliert und mit der Zusicherung verbunden, dass der Dharma blühen und der Saṅgha gedeihen wird, wenn man das Gegenteil der genannten Übel praktiziert.

Es gibt allerdings noch eine weitere Tradition bezüglich der Dekadenz des Saṅghas, die seinen Untergang und damit auch den des (Verstehens und Lehrens des) Dharmas auf die Gründung des Nonnenordens zurückführt. Nach dieser Tradition überredete Buddhas Schüler Ananda auf Bitten der Tante des Buddhas, Mahāprajāpatī, den Buddha, Frauen in den Orden aufzunehmen, obwohl der Buddha anfänglich dagegen war. Zuerst habe Ananda den Buddha gefragt, ob Frauen imstande seien, als Frauen die vier Stufen der Heiligkeit zu erlangen. Die Frage impliziert, dass in diesem Fall Frauen dadurch ja zu Mitgliedern des idealen Saṅghas werden würden. Nachdem der Buddha bestätigt hatte, dass dies tatsächlich möglich ist, argumentierte Ananda weiter, dass Frauen dann auch formell zur Ordination zugelassen werden sollten. Der Buddha stimmte zu, habe sodann aber vorausgesagt, dass der Orden als Folge hiervon geschwächt und nur noch fünfhundert anstatt eintausend Jahre überdauern werde (siehe Cv 10:1-2).

Durch diese Erzählung wird deutlich, wie revolutionär die Gründung eines weiblichen Ordens damals immer noch war. Zwar gab es wohl etwas Entsprechendes auch schon bei den Jainas, aber im offiziellen Brahmanismus spielten Frauen keine bedeutende religiöse Rolle. Die Haltung der Buddhisten war eine andere. Als einmal der König Pasenadi, ein Unterstützer des Buddhas, diesem sein Unglück über die Geburt einer Tochter klagte, belehrte ihn der Buddha, es könne durchaus sein, dass sich eine Frau als besser, weiser und tugendhafter als ein Mann erweise (siehe SN 3:16). Als offensichtliches Zugeständnis an den patriarchalen Geist der damaligen Zeit wurde der Nonnenorden jedoch im Rang dem Mönchsorden nachgeordnet und mit zusätzlichen Regeln belastet (wobei einige dieser Regeln allerdings eindeutig dem besonderen Schutz der Frauen dienten). Im Grunde waren das Leben und die Funktion des Nonnenordens identisch mit dem des Mönchsordens. Einige Nonnen (wenn auch nicht sehr viele) waren als ausgezeichnete Lehrerinnen des Dharmas anerkannt, und ihre Worte wurden sogar im Kanon aufgezeichnet (siehe MN 44; SN 5:10). Mehrere Zeugnisse aus dem Kreis der frühen Nonnen zeigen, wie sehr sie ihr monastisches Leben als eine persönliche Befreiung erlebten, manchmal auch von ganz gewöhnlichen Formen von *duḥkha*:

Oh frei, ja frei! O glorreich frei
Bin ich, befreit von drei gekrümmten Dingen: –
Von Mahlstein und Mörser und von meinem buckligen
Herrn!

(Thig 11, Rhys Davids, 1909, S. 15; siehe auch Thig 23)

Das Leben im Orden

Das buddhistische Ordensleben beruht auf einigen einfachen Prinzipien, die sich aus dem doppelten Zweck des Saṅghas ergeben: Auf der einen Seite bietet es dem einzelnen Mitglied die Gelegenheit, den Dharma zu erlernen (das heißt vor allem, die Sūtren auswendig zu lernen), seinen Sinn zu studieren und durch eigene Praxis zu erforschen, die eigene Sittlichkeit auch in geringfügigen und unscheinbaren Aspekten des Verhaltens zu vervollkommnen sowie intensiv und ausdauernd die verschiedenen Formen von Meditation zu üben. Kurz gesagt, das monastische Leben soll dem Mönch oder der Nonne dabei helfen, die drei grundlegenden Prinzipien des Edlen Achtfachen Pfades zu verwirklichen: Einsicht, Moral und Konzentration/Meditation. Sie gelten denn auch als die drei Gebiete der monastischen »Schulung« (*śikṣā*). In einem Text heißt es, dass alle monastischen Vorschriften in diesen drei Prinzipien enthalten sind (siehe AN 3:85). So dient es denn auch dieser Schulung, dass die Mönche und Nonnen ein Leben in (relativer) Armut, in Mäßigung und in Keuschheit führen und sich verbindlich zur Einhaltung der gemeinschaftlichen Regel verpflichten. Auf der anderen Seite ist das Leben im Orden so organisiert, dass die Ordensmitglieder mit den buddhistischen Laienanhängern und mit der gewöhnlichen Welt in Kontakt bleiben müssen. Auf diese Weise ist sichergestellt, dass sich zahlreiche Gelegenheiten zur Predigt und Belehrung ergeben und so der Verbreitung des Dharmas gedient wird.

Das Mindestalter für den Eintritt in den Orden beträgt sieben oder acht Jahre. Allerdings kann man in diesem jungen

Alter nur eine niedere Form von Ordination empfangen. Für die vollständige Ordination muss man mindestens zwanzig Jahre alt sein (vom Zeitpunkt der Empfängnis an gerechnet). Kinder benötigen für den Ordenseintritt die Zustimmung ihrer Familien. Einige Personengruppen sind von der Ordination ausgeschlossen, wie beispielsweise aktive Soldaten oder Sklaven, die von ihren Herren nicht freigelassen wurden, aber auch Diebe oder Menschen, die verschuldet sind. Offenbar wollte man mit solchen Regelungen verhindern, dass der Ordenseintritt als einfacher Ausweg aus solchen Problemlagen missbraucht wird. Es gibt aber auch noch weitere Gruppen, die von der Ordination ausgeschlossen sind, wie beispielsweise Menschen mit ansteckenden Krankheiten, mit schweren Behinderungen oder nicht klar identifizierbarem Geschlecht. Hierfür dürften wohl vorwiegend pragmatische Aspekte des Ordenslebens verantwortlich gewesen sein. Irrelevant für die Ordenszulassung war jedoch die Kaste. Nach buddhistischem Verständnis legte man beim Eintritt in den Orden seine Kaste ab (siehe AN 8:19) – eine Besonderheit, die von großer Bedeutung für eine Gesellschaft war, in der das religiöse Leben beinahe vollständig durch die Kaste bestimmt war und in der der offizielle Brahmanismus Menschen der niedrigsten Kaste vom Studium des Dharmas ausschloss.

Mit dem Eintritt in den Orden legt der Postulant keine lebenslangen Gelübde ab, sondern verpflichtet sich lediglich, solange nach den monastischen Regeln zu leben, wie er oder sie nicht »die Robe ablegt«, das heißt, den Orden wieder verlässt. Aber normalerweise bestand im frühen Buddhismus durchaus die Erwartung, dass man für den Rest des Lebens im Orden verbleibt. Als äußerliches Zeichen dafür, dass man dem früheren Leben in der Welt entsagt hat, wird das Haupthaar geschoren und man legt die monastische Robe an. Ursprünglich sollte die Robe aus alten, weggeworfenen Stoffresten angefertigt sein, doch hat man diese Sitte schon ziemlich früh aufgegeben. Normalerweise werden die Roben von Laienanhängern gespendet, die ihre Unterstützung durch eine gute Gabe, in diesem Fall eine »gute Robe«, ausdrücken wollen. Um jedoch zumindest die Erinnerung an die ursprüngliche Gepflogenheit zu bewahren, wird der Stoff für die Robe zuerst in Stücke zerschnitten und dann wieder zusammengenäht.

Die Anzahl und Art der persönlichen Besitztümer war auf einige wenige Dinge beschränkt: eine dreiteilige Robe (bei Nonnen: fünfteilig), eine Bettelschale, ein Rasiermesser, eine Nadel, ein Gürtel, ein Wasserfilter und, falls benötigt, Medizin. Manchmal wurden weitere Dinge hinzugefügt, wie zum Beispiel ein Zahnholz oder ein Wanderstab, und in neuerer Zeit auch Dinge wie Sandalen, ein Schirm, eine Tasche, ein Handtuch, Bücher, eine Uhr, ein Mobiltelefon, ein Laptop usw. Trotzdem mussten und müssen Mönche und Nonnen lernen, »mit wenigem zufrieden zu sein« (siehe Gombrich, 1988, S. 88). Doch im Vergleich zu den radikaleren Śramaṇa-Gruppen, die manchmal buchstäblich überhaupt nichts besaßen, nicht einmal Kleider, stellte das Leben nach der buddhistischen Regel eine ziemlich moderate Form von Askese dar.

In der Anfangszeit des Ordens verbrachten die Mönche und Nonnen die meiste Zeit ohne eine dauerhafte Unterkunft. Sie wanderten von Dorf zu Dorf, schliefen im Freien und folgten damit dem Śramaṇa-Ideal der »Hauslosigkeit«, während sie dabei gleichzeitig den Dharma verbreiteten. Nur in der Regenzeit sollten sie für eine dreimonatige Klausur an einem einzigen Ort verweilen. Die hierfür nötigen Gebäude wurden von wohlhabenden Laienanhängern gestiftet und entwickelten sich schon bald zu dauerhaften Klöstern, in denen Mönche und Nonnen in einfachen Zimmern oder Hütten wohnen konnten.

Auch das Essen musste von den Laienanhängern kommen. Ursprünglich gingen die Mönche hierzu in ein nahe gelegenes Dorf, sammelten ein, was ihnen gegeben wurde, und verzehrten es gemeinsam vor Mittag, denn nach zwölf Uhr waren feste Speisen nicht mehr erlaubt. Bald jedoch wurde es unter Laienanhängern auch zur Gewohnheit, Mönche und Nonnen zum

Essen einzuladen. Den Mönchen war es nicht gestattet, solche Einladungen abzulehnen, denn sie galten als ausgezeichnete Gelegenheiten, den Laien religiöse Unterweisungen zu geben. Dort wo sich dauerhafte Klöster entwickelten, brachten die Laienanhänger das Essen entweder zum Kloster oder sie richteten eine an das Kloster angegliederte Küche ein, in der sie die Mahlzeiten für die Mönche und Nonnen zubereiteten. Doch auch die traditionellen Almosengänge werden noch häufig praktiziert, besonders in den Ländern des Theravāda-Buddhismus. Die strikte Abhängigkeit der Ordensmitglieder von den Laien führt beide Teile der buddhistischen Gemeinschaft eng zusammen: Den Laienanhängern wird so die Gelegenheit geboten, das Leben und die Mission des Ordens zu unterstützen, indem sie Essen, Kleidung, Unterkunft und Medikamente spenden – also alles, was der Orden benötigt, um existieren zu können. Mönchen und Nonnen bietet sich umgekehrt die Gelegenheit, ihre Pflicht gegenüber und in der Gesellschaft zu erfüllen, indem sie den Dharma verkünden und als spirituelle Ratgeber in allen grundlegenden Angelegenheiten des Lebens dienen.

Der Buddha genehmigte auch die Ausübung von strengeren Formen asketischer Praxis, ohne diese jedoch allgemein verpflichtend zu machen (siehe MN 5; 113; AN 5:181-190). Die meisten dieser Praktiken beinhalten einfach eine strengere Interpretation und Durchführung der gewöhnlichen monastischen Disziplin in Bezug auf Essen, Kleidung und Schlaf, wie beispielsweise nur einmal am Tag etwas zu essen, nur eine Robe zu tragen, die aus alten Lumpen gefertigt wurde, nur im Freien oder nur im Sitzen zu schlafen usw. Die Praxis solch rigoroserer Formen von Askese war in der Regel auf die begrenzte Periode einer besonderen Übungsphase beschränkt. Buddhistische Texte warnen offen davor, dass einige Menschen rigorose Formen von Askese möglicherweise nur deswegen praktizieren, um andere hiermit zu beeindrucken, oder schlicht aus Verrücktheit und Dummheit (siehe MN 113;

AN 5:118). Verglichen mit den unterschiedlichen Formen der Selbstkasteiung, wie sie teilweise bei verschiedenen Śramaṇas üblich waren, wirken jedoch selbst diese außergewöhnlichen Übungen immer noch eher moderat.

Die Organisation des monastischen Lebens kam mit erstaunlich wenig Hierarchie aus. Lokale Gruppen des Ordens verwalteten sich mehr oder weniger selbstständig. Die buddhistischen Schriften sprechen sich häufig für das Prinzip aus, dass die Mönche »in Harmonie«, das heißt einstimmig (siehe DN 16:1:6) ihre Entscheidungen treffen und entsprechend handeln sollen. Diese Harmonie zu stören, vorsätzlich eine Spaltung herbeizuführen oder auch nur eine Angelegenheit hochzuspielen, die eine Spaltung verursachen könnte, wird in der Ordensregel als schweres Vergehen eingestuft. Jede Arbeit, die zwar notwendig, aber den Mönchen und Nonnen verboten war (insbesondere alles, was mit der Handhabung von Geld zu tun hat), wurde von Laien-Assistenten verrichtet, die zum Kloster gehörten. Grundsätzlich bestimmte sich der Rang unter den Ordensmitgliedern nach dem Alter – und zwar nicht im Sinne des biologischen Alters, sondern im Sinne der Dauer der Ordenszugehörigkeit! Das einzig andere hierarchische Prinzip bestand darin, dass der Mönchsorden in jeder Beziehung als ranghöher galt als der Nonnenorden. Ein wichtiges Element innerhalb der monastischen Struktur bildete das Amt des Unterweisers oder Meisters. Jedes neue Mitglied des Ordens musste Schüler eines bestimmten Meisters werden, der in allen Bereichen als Lehrer und Aufseher fungierte und die Schüler nicht nur in allen Aspekten des monastischen Lebens unterwies, sondern sie auch in die Praxis der Meditation einführte. Im Allgemeinen soll die gemeinschaftliche Interaktion unter den Ordensmitgliedern dadurch gekennzeichnet sein, dass man »den anderen Mitgliedern des Ordens in Werken, Worten und Gedanken liebevolle Freundlichkeit entgegenbringt, sowohl im öffentlichen, als auch im privaten Bereich« (DN 16:1:11; siehe Walshe, 1995, S. 234).

Das Wenige, das sie besitzen, sollen sie miteinander teilen, selbst das, was ihnen in die Bettelschale gelegt wird (siehe MN 104:21).

Die Regeln und Vorschriften, die die Details des monastischen Lebens strukturieren, wurden in sogenannten *prātimokṣa-sūtras* gesammelt, die sich bei den verschiedenen frühen buddhistischen Schulen der Anzahl und dem Inhalt nach nur geringfügig unterscheiden. Der Theravāda-Buddhismus zählt 227 Regeln für Mönche und 311 für Nonnen. Die Regeln sind je nach ihrer Gewichtigkeit in unterschiedliche Klassen zusammengefasst, was sich in der Praxis so auswirkt, dass eine Verletzung von Regeln der verschiedenen Klassen zu unterschiedlich starken Sanktionen führt. Während die Verletzung geringfügiger oder weniger wichtiger Regeln nur eine Beichte erfordert, gibt es vier Hauptregeln, deren Verletzung den lebenslangen Ausschluss aus dem Orden nach sich zieht. Bei diesen schweren Verstößen handelt es sich um: (1) Geschlechtsverkehr, auch mit einem Tier; (2) Diebstahl; (3) das Töten eines Menschen oder die Veranlassung eines Mordes, Selbstmord eingeschlossen; (4) die Vortäuschung übernatürlicher Kräfte (auch die wahrheitsgemäße Behauptung, solche Kräfte zu besitzen, war verboten, galt aber als ein weniger schwerwiegendes Vergehen). Diese vier schweren Verstöße sind in allen monastischen Kodizes der unterschiedlichen buddhistischen Schulen identisch. Sie stellen die gravierendsten Verletzungen der ersten vier der zehn monastischen Sittenregeln dar (śīlas, vergleiche oben S. 135f.). Die falsche Behauptung, man besäße höhere spirituelle Fähigkeiten, bildet für einen Mönch oder eine Nonne die schlimmste Form der Täuschung, denn ihr Leben soll ja insgesamt ein Zeugnis für die Wahrheit des Dharmas sein. Andere schwerwiegende Regelverstöße führen zur zeitweiligen Suspendierung oder Degradierung von unterschiedlicher Dauer. Die meisten Regeln beziehen sich auf ein angemessenes, anständiges und friedfertiges moralisches Verhalten, auf die Einschränkung des privaten Besitzes, auf die

Einhaltung des monastischen Lebensstils im Hinblick auf die Ernährung, die Bekleidung, den Schlaf usw. und insbesondere darauf, selbst den geringsten Eindruck sexueller Beziehungen zu vermeiden. An allen Voll- und Halbmondtagen muss die lokale Klostergemeinschaft für das zeremonielle Bekenntnis der »Reinheit des Ordens« zusammenkommen. Bei diesen Anlässen wird die Ordensregel vorgelesen, und der Saṅgha bekräftigt, dass derzeit kein Mitglied irgendeine Regel verletzt, was natürlich voraussetzt, dass man sich zuvor bereits um alle tatsächlichen Verletzungen hinreichend gekümmert hat.

Entwicklung und Veränderungen

Im Großen und Ganzen hat die Institution des monastischen Saṅghas den Test der Geschichte bestanden und ihren doppelten Zweck erfüllt. Aber sie erlebte auch einige bedeutende und teilweise drastische Veränderungen. Hierfür gibt es unterschiedliche Gründe. Teilweise stehen dahinter Veränderungen in der buddhistischen Lehre, teilweise aber auch interne strukturelle Probleme. Nur einige wenige dieser Entwicklungen können hier angedeutet werden (für einen guten Überblick siehe Harvey, 1998, S. 217-243).

Alle Formen des Buddhismus haben eine Art von Klerus bewahrt, der sich auf die ein oder andere Weise auf den alten monastischen Orden zurückführen lässt. Die lebenslange, zölibatäre monastische Existenz unter den Regeln des *vinayas* wurde zumindest als Ideal in den Theravāda-Ländern sowie in Teilen des tibetischen, chinesischen, vietnamesischen und koreanischen Buddhismus beibehalten. Aber selbst unter diesen eher traditionellen Umständen erfuhr die Institution des monastischen Lebens bedeutsame Veränderungen, die in anderen Teilen der buddhistischen Welt sogar noch drastischer ausfielen.

Die Unterteilung der buddhistischen Gemeinschaft in einerseits Laien und andererseits Mönche beziehungsweise Nonnen brachte ihre eigenen spezifischen Probleme mit sich.

Wie bereits einige Texte des Pāli-Kanons bezeugen, war man sich dessen bewusst, dass es unter denen, die sich der »Hauslosigkeit« zuwandten, auch solche gab, die innerlich immer noch der Welt verhaftet waren, während andere, die noch als Laien in der Welt lebten, trotzdem einen bemerkenswerten Grad an innerer Freiheit von der Welt erlangt hatten (siehe AN 4:138). Obwohl das monastische Leben im Allgemeinen als förderlicher für die Erleuchtung angesehen wurde als der Laienstand, leugnet der Kanon nicht, dass auch Laienanhänger alle vier Stufen der Heiligkeit erreichen können einschließlich des erleuchteten Zustands eines *arhats* (siehe AN 6:119-139). Die Möglichkeit, dass auch ein Laie die Erleuchtung erreicht, wird im Milindapañha allerdings dadurch erklärt, dass dieser Laie in einem früheren Leben eine strenge monastische Schulung durchlaufen habe (siehe Mph 6:9f.). Und wenn ein Laienanhänger tatsächlich die Erleuchtung erlange, dann, so erklärt es derselbe Text, werde er oder sie sofort in den Orden eintreten oder noch am selben Tag sterben (siehe Mph 4:7:7)! Die Schlussfolgerung, die solche Aussagen bezwecken, war natürlich die, dass es de facto keine erleuchteten Laienanhänger gibt, und dass das monastische Leben der einzige Weg zur Erleuchtung sei. Doch wie plausibel waren solche Behauptungen angesichts der unmissverständlichen Anzeichen von Dekadenz unter Mönchen und Nonnen und angesichts hervorragender Beispiele buddhistischer Spiritualität unter Laienanhängern? Darüber hinaus stellte sich die Frage, ob nicht das Herzstück des Buddhismus, die spirituelle Verschmelzung von Weisheit und Mitleid, von innerer Losgelöstheit und liebevollem Engagement, doch beinahe notwendig impliziert, dass der Unterschied zwischen Laienanhängern und Ordensmitgliedern überwunden wird, zumindest insofern dieser Unterschied ein religiöses Zweiklassensystem impliziert.

Tatsächlich ist es in der Geschichte in einer ganzen Reihe von Fällen zur Überwindung oder Relativierung dieses Unterschieds gekommen. Besonders unter dem Einfluss des Mahāyāna-Buddhismus wurden in bestimmten Zweigen des tibetischen, chinesischen, koreanischen und japanischen Buddhismus einige jener Merkmale preisgegeben, die den Unterschied zwischen Laienanhängern und Ordensmitgliedern besonders deutlich hervorgehoben hatten – so zum Beispiel die Verpflichtung auf den Zölibat oder das Verbot von landwirtschaftlicher und anderer Arten körperlicher Arbeit oder Handarbeit, einschließlich des Kriegshandwerks. Häufig wurden monastische Vorschriften mit dem Argument liberalisiert und vereinfacht, dass in der aktuellen Epoche eines spürbaren Niedergangs deren strenge Einhaltung nicht mehr möglich sei. Andere Argumente waren von Veränderungen in der buddhistischen Lehre geprägt, zum Beispiel von der Idee, dass alle dualistischen Unterscheidungen nur einen relativen Wert besitzen, oder wie bei Shinran (1173-1262; siehe unten S. 289ff.) von der Überzeugung, dass die grenzenlos barmherzige Natur der letzten Wirklichkeit jede Form von religiöser Segregation nicht nur transzendiert, sondern notwendigerweise beseitigt. Solche Ideen spielten eine wichtige Rolle bei der Transformation der buddhistischen Mönche oder Nonnen in eine Art von Klerus, der immer noch bestimmte religiöse Funktionen erfüllt, aber dessen Mitglieder nicht mehr als Menschen gelten, die sich wesentlich von den Laienanhängern unterscheiden beziehungsweise wesentlich anders leben. Im japanischen Buddhismus sind die Klöster vielfach zu einer Art von Priesterseminaren geworden, die die »Mönche« auf ihren zukünftigen Beruf als Tempelpriester vorbereiten. Ihr monastischer, zölibatärer Lebensstil ist nur während des begrenzten Zeitraums ihrer Ausbildung im Kloster verpflichtend.

Selbst in den Ländern des Theravāda-Buddhismus gibt es Entwicklungen, die den Unterschied zwischen Ordensmitgliedern und Laienanhängern verringert haben. Die Erneuerung des Buddhismus im 19. und 20. Jahrhundert, die manchmal auch als »buddhistischer Modernismus« oder als »protestantischer Buddhismus« bezeichnet wird, inspirierte besonders die

Laienanhänger dazu, das Studium der Lehre und die Praxis der Meditation in ihr eigenes spirituelles Leben zu integrieren, das sich daher weniger stark von jenem der Ordensanhänger unterschied. In einigen Theravāda-Ländern ist es zu einer allgemeinen Tradition für Laienanhänger geworden, eine gewisse Zeit ihres Lebens (gewöhnlich dann, wenn sie entweder noch sehr jung oder schon ziemlich alt sind) in einem Kloster zu verbringen. Unabhängig davon wird es gegenwärtig jedoch sowohl im Osten als auch im Westen unter praktizierenden buddhistischen Laienanhängern immer populärer, für eine befristete Zeit im Kloster zu leben. Solche intensiven, aber begrenzten Perioden monastischer Schulung sollen die eigene Spiritualität bereichern, ohne jedoch den Status als Laienanhänger vollständig aufgeben zu müssen.

Eine eher entgegengesetzte Entwicklung lässt sich hinsichtlich des Nonnenordens beobachten. Die Bestimmungen des *vinayas* schreiben vor, dass die gültige Ordination einer Nonne nur von einer Gruppe von Nonnen durchgeführt werden kann, die selber in vollem Umfang ordiniert sind, und auch dann nur mit der Zustimmung und Beteiligung voll ordinierter Mönche (wohingegen männliche Ordinationen von Mönchen allein, ohne Beteiligung der Nonnen, durchgeführt werden). In allen Theravāda-Ländern sind jedoch in der Vergangenheit die Nachfolgelinien, die eine gültige Ordination garantieren, mehrfach abgerissen. Während es nun aber immer wieder gelungen ist, die volle Ordination für Mönche durch Ordinationshilfe aus anderen Ländern erneut einzuführen, geschah dies im Nonnenorden nicht. Das bedeutet nun zwar nicht, dass es in Theravāda-Ländern keine Nonnen mehr gibt. Tatsächlich gibt es mehrere Tausend Nonnen. Aber sie verbringen ihr monastisches Leben ohne eine volle, gültige Ordination. Auf der einen Seite verleiht ihnen das mehr Freiheit, ihre Ordensregeln so zu gestalten und gegebenenfalls abzuändern, wie ihnen dies für das monastische Leben in der gegenwärtigen Welt als sinnvoll erscheint. Auf der anderen Seite beraubt sie ihr unvollständiger Ordinationsstatus jedoch der vollen öffentlichen Anerkennung sowie zahlreicher Privilegien und des nötigen gesetzlichen Schutzes – Dinge, die den Mönchen nach wie vor gewährt werden. Der Status der tibetischen Nonnen ist ebenfalls kontrovers, da der Nonnenorden in Tibet offenbar allein von Mönchen etabliert wurde, was die Ungültigkeit der Nonnenordination nach sich zöge. Aufgrund dieser Situation gibt es derzeit intensive Bemühungen, eine gültige, anerkannte Ordination für die faktisch bestehenden Frauenorden sowohl innerhalb des tibetischen Buddhismus als auch des Theravāda-Buddhismus herzustellen, indem die Ordinationszeremonien mit Hilfe von Nonnen aus Taiwan und Korea durchgeführt werden, deren gültige Ordinationsfolge im Großen und Ganzen unumstritten ist. Ob diese Bemühungen, einen voll ordinierten Status einzuführen (wie bei den tibetischen Nonnen) oder wieder einzuführen (wie bei den Theravāda-Nonnen), die uneingeschränkte Befürwortung ihrer männlichen Gegenüber, der Mönche, finden wird, bleibt abzuwarten.

Je erfolgreicher der buddhistische Orden darin war, den Dharma zu verbreiten (und dadurch ganze Gesellschaften in buddhistische Kulturen zu verwandeln), umso mächtiger wurde er. In einer Reihe asiatischer Länder entwickelten sich buddhistische Klöster zu Zentren für Lehre und Bildung, für Kunst und Kultur. Aber sie entwickelten sich auch zu Orten gewaltiger ökonomischer Macht und politischen Einflusses. Aufgrund von Schenkungen durch Laienanhänger und nicht selten durch königliche Patronage erlangten Klöster teilweise extremen Reichtum. Ihr Landbesitz umfasste bisweilen ganze Dörfer, die für sie arbeiten mussten. Teilweise wurden Klöster auch zu Zentren weitreichender kommerzieller Aktivitäten. In Tibet, China, Korea und Japan unterhielten Klöster zeitweise sogar ihre eigenen Armeen, um ihre ökonomischen und politischen Interessen oder die ihrer königlichen Schirmherren zu verteidigen. In Theravāda-Ländern waren bedeutende Klöster häufig durch direkte Familienbande mit den regierenden Monarchen eng verbunden. In Sri Lanka wurde aufgrund eines königlichen Erlasses sogar eine Art Kastensystem errichtet, um zu entscheiden, wer in welchen Orden aufgenommen werden durfte.

Viele dieser Entwicklungen hatten sicherlich einen korrumpierenden Einfluss auf die asketisch geprägten Aspekte des buddhistischen monastischen Ideals und leisteten ihren Beitrag zur allmählichen Verflachung des Unterschieds zwischen Ordensmitgliedern und Laienanhängern. Es wäre jedoch falsch, diesen Prozess einfach nur als eine Form von Dekadenz zu begreifen. In gewissem Sinn waren einige der genannten Entwicklungen das Resultat eines echten Erfolgs des Ordens. Der Saṅgha wurde ja gerade deswegen so einflussreich, wohlhabend und mächtig (und daher dann auch anfällig für Dekadenz), weil er so erfolgreich darin war, die Aufmerksamkeit ganzer Gesellschaften auf den Dharma des Buddhas zu lenken. Dass dieser Prozess jedoch unvermeidlich seine eigenen Herausforderungen und Ambiguitäten mit sich bringt, wird ebenfalls deutlich, wenn wir uns nun die Beziehung zwischen Buddhismus und Politik ansehen.

Literaturhinweise: Dhirasekera (1982); Gard (1961); Gombrich (1988); Prebish (1996); Wijayaratna (1990).

9 BUDDHISMUS UND POLITIK

Frühe buddhistische Vorstellungen von politischer Herrschaft

Im buddhistischen Kanon findet sich ein Mythos, der den Ursprung politischer Herrschaft auf folgende Weise erklärt (siehe DN 27): Am Anfang der Welt, das heißt, nachdem das vorhergehende Weltsystem kollabiert war und die jetzige Welt gerade begann, neu zu entstehen (siehe oben S. 108), waren alle Wesen gleich und lebten als leuchtende Geistwesen in himmlischen Gefilden. Zu diesem Zeitpunkt war die Erde ein einziges riesiges Meer ohne jegliches Licht. Nach langer Zeit erschien auf diesem Wasser eine erdähnliche Substanz, so wie sich auf heißer Milch eine Haut bildet, wenn die Milch abkühlt. Die Substanz roch und schmeckte köstlich. Eines der Geistwesen, von gieriger Natur, kostete von dieser Substanz, und schon bald folgten alle anderen seinem Beispiel. Sie aßen und aßen und lechzten nach immer mehr. Als Folge davon verloren sie ihr leuchtendes Aussehen, während nun Sonne, Mond und Sterne hervortraten. Über einen langen Zeitraum hinweg nahmen die Wesen allmählich immer gröbere Gestalt an. Sie entwickeln Körper, einige von schöner, andere von hässlicher Gestalt, und die Schönen unter ihnen wurden stolz und arrogant. Neue Arten der Nahrung entstanden, und die Körper der Wesen veränderten sich weiter. Mit dem Auftreten von wildem Reis entwickelten sie männliche und weibliche Körper, was zu Leidenschaft und Lust führte. Nun fingen sie an, in Häusern zu wohnen, um so ihre sexuellen Aktivitäten zu verbergen. Und während sie zuvor nur von jener Menge Reis gelebt hatten, die sie für den jeweiligen Tag einsammelten, begannen sie jetzt, den Reis für mehrere Tage zu sammeln und diesen in ihren Häusern aufzubewahren. Schließlich gingen sie dazu über, den Reis anzubauen. Mit der Entwicklung des Privateigentums an Reisfeldern kam es nun aber auch zu Diebstählen und als Folge hiervon zu Lügen, Streitigkeiten und Gewalt.

> Dann kamen diese Wesen zusammen und beklagten sich über das Aufkommen dieser schlimmen Dinge unter ihnen: Nehmen, was einem nicht gegeben wurde, Beschuldigung, Lügen und Bestrafung. Und sie dachten: »Angenommen, wir würden ein bestimmtes Wesen dazu ernennen, Zorn zu zeigen, wenn Zorn gerechtfertigt ist, jene zu tadeln, die Tadel verdient haben, und jeden zu verbannen, dem die Verbannung gebührt! Als Gegenleistung würden wir diesem Wesen einen Teil von unserem Reis geben.« Sie gingen also zu demjenigen unter ihnen, der am ansehnlichsten war, am besten aussah, der am angenehmsten und begabtesten war, und baten ihn darum, genau das für sie zu tun, wofür sie ihm einen Anteil an ihrem Reis anboten. Und er stimmte zu.
>
> (DN 27:20; Walshe, 1995, S. 413)

Einige andere Wesen aber entschieden sich dafür, in ihrem eigenen Innern die »bösen und unheilsamen Dinge aufzugeben«. Sie verließen die Dörfer, lebten von Almosen, wohnten in einfachen Waldhütten und begannen zu meditieren. Das war der Ursprung der Brahmanen. Doch jene unter ihnen, die es in der Meditation zu nichts brachten, kehrten in die Dörfer zurück und verfassten die Veden.

Dieser Mythos (oft Aggañña-Mythos genannt, nach dem Namen des Pāli-Suttas, in dem er enthalten ist) verdeutlicht zentrale Elemente des frühen buddhistischen Konzepts einer Gesellschaft. Das Problem der Gewalt beruht auf der menschlichen Gier, der Wurzel allen Übels, und angesichts dieses Problems kommt es zu zwei grundsätzlichen Reaktionen: Auf der sozialen Ebene besteht die Reaktion in der menschlichen – nicht göttlichen(!) – Institution eines Herrschers, dem das Gewaltmonopol anvertraut wird, damit er die Gewalttätigkeit eindämmen und für gesellschaftlichen Frieden und Gerechtigkeit sorgen kann. Auf der individuellen Ebene besteht die Reaktion in dem persönlichen Entschluss, die Wurzeln des Übels in sich selbst auszurotten. Das heißt, die Lösung besteht in jenem religiösen Ideal, das die Buddhisten in ihrer eigenen Version des Śramaṇa-Lebens verwirklicht sahen und von dem sie glaubten, dass die institutionalisierte Brahmanen-Kaste es verraten habe. Die beiden Reaktionen auf das Problem des Übels markieren die beiden Brennpunkte aller weiteren Entwicklungen innerhalb des buddhistischen politischen Denkens: Wie soll der politische Herrscher idealerweise seine Aufgabe, die sozialen Übel zu unterdrücken, erfüllen? Und in welcher Beziehung steht die buddhistische Gemeinschaft, die sich als die »wahren Brahmanen« begreift, zur politischen Autorität?

Bereits in den Vier Edlen Wahrheiten und im Prinzip des abhängigen Entstehens (siehe oben S. 72ff. und S. 99ff.) finden wir ein Denken in Kausalzusammenhängen. Demnach kann das Leid nur dadurch ausgelöscht werden, dass man seine Ursachen beseitigt. Diese Denkweise findet sich nun auch in den frühen buddhistischen Reflexionen zur Politik. Ein wichtiger Text erklärt, dass Konflikt und Unruhe in der Gesellschaft nicht einfach nur das Resultat von Gier und Verlangen sind, sondern auch das Ergebnis von Armut: Ein König hatte bei der Vorsorge für die Bedürftigen versagt, und das Ergebnis davon war sozialer Unfriede: »... aufgrund des Nicht-Gebens von Eigentum an die Bedürftigen nahm die Armut überhand; aufgrund des Wachstums der Armut nahm das Nehmen von etwas, was einem nicht gegeben wurde, zu; aufgrund der Zunahme von Diebstahl nahm die Anwendung von Waffen zu; aufgrund der Anwendung von Waffen wurden immer mehr Menschen umgebracht ...« (DN 26:14; Walshe, 1995, S. 399f.). Dementsprechend empfiehlt ein weiterer Text ausdrücklich, dass ein König auf zunehmende Kriminalität und wachsende soziale Unruhe nicht mit härteren Strafen reagieren solle, sondern damit, durch vernünftige Investitionen die wirtschaftliche Lage zu verbessern:

> Angenommen, Eure Majestät würden denken: »Ich werde diese Plage der Räuber durch Hinrichtungen und Gefängnisstrafen abschaffen oder durch Beschlagnahmungen, Drohungen und Vertreibungen«; durch derartige Maßnahmen würde diese Plage aber nicht richtig beseitigt. ... Denen im Königreich, die Nutzpflanzen anbauen und Nutztiere halten, möge Eure Majestät Getreide und Futter zukommen lassen; denen, die Handel treiben, möge Er Kapital geben; denen, die im Dienste der Regierung stehen, möge Er einen angemessenen Lohn zahlen. Dann werden sich alle diese Menschen nur auf ihre eigene Tätigkeit konzentrieren und dem Königreich keinen Schaden zufügen. Die Steuereinnahmen Eurer Majestät werden groß sein, das Land wird ruhig bleiben und nicht von Dieben geplagt werden, und die Menschen werden frohen Herzens mit ihren Kindern spielen und in offenen Häusern wohnen.
>
> (DN 5:11; Walshe, 1995, S. 135f.)

Dann holt der Text nochmal zu einem polemischen Schlag gegen den Brahmanismus aus: Die Unterstützung der Bedürftigen sei für einen König eine bei weitem bessere Aufgabe als die Finanzierung der kostspieligen – und grausamen – Opferrituale, wie sie von der brahmanischen Tradition vorgeschrieben werden.

Die Bekämpfung von Kriminalität und anderen sozialen Problemen durch die Beseitigung ihrer jeweiligen Ursachen ist aber nicht nur die Aufgabe des Herrschers. In einem Jātaka (den Geschichten aus den früheren Existenzen des Buddhas) wird erzählt, wie der Buddha einst in einem früheren Leben als der junge Mann Magha zum Führer einer sozialen Entwicklungsbewegung wurde. Aufgerührt durch die trostlose soziale Situation in seinem lokalen Umfeld motivierte er die

Menschen, ein Gemeinschaftshaus zu errichten, Straßen und Bewässerungsanlagen anzulegen und die Bedürftigen zu unterstützen. Der Erfolg seiner Bewegung führte dazu, dass der Genuss von Alkohol und die allgemeine Kriminalitätsrate zurückgingen. Diese Entwicklung brachte die Sozialaktivisten jedoch in Konflikt mit den lokalen Autoritäten, die bis dahin an den verschiedenen Bußgeldern, die sie erhoben, äußerst gut verdient hatten. Unter falschen Anschuldigungen wurden Magha und seine Gefährten ins Gefängnis geworfen und verurteilt: Als Strafe sollten sie von einem Elefanten zu Tode getrampelt werden. Der Elefant jedoch verspürte den guten Geist der Delinquenten und weigerte sich, sie zu töten. Da wollte der König wissen, welchen Zauberspruch sie benutzt hätten, um den Elefanten zu verhexen. Magha erwiderte, dass ihr einziger »Zauberspruch« darin bestehe, die sittlichen Vorschriften zu befolgen, einen liebevollen Geist zu entwickeln und diesen in praktischem sozialem Handeln umzusetzen (siehe Jat 31). In dieser Geschichte erscheint das Handeln des Buddhas, beziehungsweise Maghas, der einst in der Zukunft zum Buddha werden sollte, als das vorbildliche Verhalten eines buddhistischen Laien. Die buddhistische Erwartung – oder vielleicht besser: die buddhistische Hoffnung – bestand darin, dass sich die politischen Herrscher ebenso verhalten würden. Mit anderen Worten, der ideale Herrscher sollte so leben und handeln, wie es von einem frommen buddhistischen Laien erwartet wurde.

Natürlich waren sich Buddhisten darüber im Klaren, dass man normalerweise ein solches Verhalten von einem König eher nicht zu erwarten hatte. Im Gegenteil, auf einer im Kanon öfter anzutreffenden Standard-Liste großer Übel und Gefahren werden »Könige« in einem Atemzug mit Feuer, Wasser, Räubern, Feinden und skrupellosen Erben genannt (z.B. AN 5:41; MN 13:10). Doch gerade angesichts dieser potenziell gefährlichen Natur von Königen verkündete der Buddhismus das Ideal des *cakravartins*, das heißt, des »universalen Herrschers«, der gleichzeitig ein »Dharma-König« ist: ein »gerechter und rechtschaffener Herrscher«, der den Dharma ehrt und seine Regierungsgeschäfte im Einklang mit dem Dharma ausführt (siehe AN 3:14; 5:133). Seine Rechtschaffenheit sowohl als König wie auch als buddhistischer Laienanhänger wird mit der folgenden, schematischen Liste von zehn Tugenden beschrieben: Freigebigkeit, Moral, Opferbereitschaft, Aufrichtigkeit, Milde, spirituelle Disziplin, Friedfertigkeit, Gewaltlosigkeit, Nachsicht und Versöhnlichkeit (*avirodhana*) (siehe auch Collins, 1998, S. 460-466).

Das buddhistische Ideal der Königsherrschaft ist in den folgenden Anweisungen zusammengefasst, die ein König seinem Nachfolger über die Pflichten eines *cakravartins* erteilt:

> Nun denn, mein Lieber: stütze dich auf den Dharma, ehre und respektiere ihn, lobe ihn, huldige ihm und halte ihn hoch, nimm den Dharma als deine Flagge, den Dharma als dein Banner, regiere dem Dharma gemäß und sorge für die Sicherheit, den Schutz und die Verteidigung deines Hauses, deiner Armee, deiner adeligen Krieger, deiner brahmanischen Haushälter, der Stadtbewohner und der Landbevölkerung, der Śramaṇas und Brāhmaṇas, der Tiere und Vögel. Lass in deinem Land kein Unrecht zu. Gibt es Arme in deinem Land, dann teile ihnen Geld aus. Gibt es, mein Lieber, in deinem Land Śramaṇas und Brāhmaṇas, die der Trunkenheit und Leichtfertigkeit entsagen, die Nachsicht und Freundlichkeit üben, die sich selbst besiegen, sich selbst beruhigen und nach dem Aufhören des Durstes streben, so sollst du dich von Zeit zu Zeit zu ihnen begeben und sie befragen: »Was, Herr, ist gut? Was ist nicht gut? Was ist tadelnswert, was ist tadellos? Was ist zu tun und was nicht? Was wird mir auf lange Sicht Leiden und Unheil bereiten? Und was wird mir auf lange Sicht Glück und Wohlergehen

bringen?« Du sollst auf sie hören; das, was schlecht ist, vermeiden; dich dem widmen, was gut ist, und es tun.

(DN 26:5; leicht modifiziert nach der Übersetzung von Collins, 1998, S. 604)

Alle wichtigen Themen buddhistischer Königsherrschaft sind hier angesprochen: Der König soll den Dharma ehren und im Einklang mit ihm regieren. Um das gut zu tun, muss er den Rat der »Śramaṇas und Brāhmaṇas« einholen, das heißt des buddhistischen Saṅghas. Er muss alle Menschen in seinem Land beschützen und auch die Tiere. Unrechtes Verhalten darf er nicht tolerieren. Und er muss die Armen unterstützen. All dies wird, zumindest langfristig, auch seinem eigenen Wohlergehen dienen.

Über Jahrhunderte hinweg bildeten diese Kernpunkte die Basis buddhistischer politischer Ideen. Buddhistische Könige strebten (mehr oder weniger ernsthaft) danach, dem Ideal des *cakravartins* zu folgen, und wurden vom Saṅgha dazu ermutigt (siehe Bechert, 1966, 1967, 1973; Tambiah, 1976). Zwei Schriften des Mahāyānas, die in China, Korea und Japan besonders einflussreich waren, das sogenannte »Goldglanz-Sūtra« (*Suvarṇaprabhāsa*) und das »Sūtra für den menschlichen König« (*Jên-wang Ching*), versprechen, dass die Verehrung und Förderung des Dharmas, das Einhalten seiner Ideale und der Schutz des Saṅghas für einen König die besten Mittel seien, sein Reich vor allen Arten von Unheil zu schützen, seien es Naturkatastrophen, Kriege, Plünderungen oder was auch immer (siehe Orzech, 1998). Der religiöse Status des Königs wurde im Allgemeinen als der eines führenden Laienanhängers angesehen, als der des Ersten unter den gläubigen Laien. Unter dem Einfluss des Mahāyānas – aber keineswegs ausschließlich in Ländern des Mahāyāna-Buddhismus – wurde ihm häufig auch der Status eines Bodhisattvas zugesprochen, das heißt, er galt als jemand, der auf dem Weg ist, ein Buddha zu werden, und ausschließlich zum Wohle aller anderen handelt (siehe Kapitel 10). Im Falle eines ernsthaften Konflikts zwischen dem buddhistischen Orden und dem König bestand für den Saṅgha das stärkste (allerdings nur selten praktizierte) Mittel, seine Unzufriedenheit auszudrücken, in dem formellen Akt »der Umdrehung der Bettelschale«. Gegenüber dem König die Schale umzudrehen, so dass er quasi keine Gaben in sie legen kann, verdeutlicht auf symbolische Weise, dass der Saṅgha den König nicht länger als buddhistischen Laienanhänger akzeptiert. In Tibet ging die Verschmelzung von Buddhismus und Politik jedoch so weit, dass die weltliche Herrschaft nicht mehr in den Händen des Ersten unter den Laienanhängern ruhte, sondern stattdessen als Amt einem Mönch übertragen wurde, dem Dalai Lama.

Unter westlichen Gelehrten wurde und wird immer wieder neu die Frage diskutiert, ob der Buddhismus überhaupt ein echtes Interesse an Politik haben kann oder haben sollte, oder ob das nicht seiner ursprünglichen Natur zuwiderläuft. Ich halte dies für ein eher künstliches Problem. Der Buddhismus ist und war schon immer an Politik interessiert, und zwar aus denselben Gründen und in demselben Maß, in dem er an Ethik interessiert ist. Ein moralisch gutes Verhalten, sei es im privaten oder im öffentlichen Bereich, fördert die eigene spirituelle Entwicklung und das Wohlergehen der Mitmenschen. Und ein Verhalten gilt dann als moralisch gut, wenn es, im Einklang mit dem Dharma, einen Beitrag zur Verminderung oder Eindämmung von Leiden leistet.

Die Idee, weltliche Herrschaft im Einklang mit dem Dharma auszuüben, ist freilich eher vage. Denn was genau heißt das, wenn es um so zentrale politische Fragen geht wie die Anwendung von Gewalt, das ökonomische System, die Bürgerrechte und – ganz fundamental – die richtige Regierungsform? Im verbleibenden Teil dieses Kapitels werde ich kurz auf diese Themen eingehen.

Buddhismus und Gewalt

Wie wir im Kapitel über die buddhistische Ethik (siehe Kapitel 7) gesehen haben, wird das rechte Verhalten in Gedanken, Worten und Werken unter anderem dadurch gekennzeichnet, dass es friedfertig und gewaltlos beziehungsweise »nicht-schädigend« ist. Zudem besagt eine tief verwurzelte buddhistische Überzeugung, dass sich Gewalt nicht durch Gewalt beenden lässt, sondern nur durch ihr Gegenteil, durch Gewaltlosigkeit. So heißt es im Dhammapada:

> Sieg erzeugt Hass, denn der Besiegte ist unglücklich. Wer beides aufgegeben hat, Sieg und Niederlage, der ist zufrieden und glücklich.
> Denn nie hört Hass durch Hassen auf: Hass hört auf durch Liebe – das ist eine alte Regel.
>
> (Dhp 201; 5; Müller, 2000, S. 24 und 1)

Der klassische Kommentar zu dem letzten Vers betont nochmals den zentralen Punkt:

> Eine Stelle, die mit Unreinheiten wie Spucke oder Nasenschleim beschmiert ist, kann nicht dadurch gesäubert und von Gerüchen befreit werden, dass man sie mit denselben Unreinheiten wäscht; im Gegenteil! (Dadurch) wird diese Stelle nur noch unreiner und übler riechend. Genauso wenig kann jemand, der einen Schimpfenden beschimpft oder einen Schläger zurückschlägt, Hass mit Hass besänftigen. Im Gegenteil! Man erzeugt (dadurch) nur noch mehr Hass.
>
> (Carter; Palihawadana, 1987, S. 95f.)

Auf Gewalt mit Gewaltlosigkeit zu reagieren ist nicht dasselbe wie passiv zu bleiben. Es handelt sich vielmehr durchaus um eine Form von aktivem Engagement, allerdings eine, die auf gewalttätige Mittel verzichtet. Die Buddha-Legende bietet das berühmte Beispiel, wie der Buddha den grausamen Banditen Aṅgulimāla »ohne Gewalt und Waffen zähmte«, wohingegen der König mit all seinen Truppen unfähig war, seiner habhaft zu werden (siehe oben S. 71f.). Eine andere Erzählung aus dem Leben des Buddhas erinnert daran, wie es der Buddha einmal durch aktive, aber gewaltlose Intervention erreichte, einen Krieg um spärliche Wasserressourcen zu verhindern. Er überzeugte die verfeindeten Parteien, indem er ihnen den hohen Wert des menschlichen Lebens vor Augen stellte sowie die Nachteile des Krieges und die Vorteile des Friedens (siehe Jat 536). Obwohl mehrere Texte über den *cakravartin*, den idealen buddhistischen Monarchen, diesen als jemanden beschreiben, der auch eine Armee besitzt, träumten Buddhisten dennoch von einem *cakravartin*, der das Land nur mit Geschick und ohne jede Gewaltanwendung regiert, allein durch die überzeugende Macht des Dharmas (z.B. DN 3:1:5; 14:1:31). Vermutlich waren sich Buddhisten des utopischen Charakters dieser Vision vollauf bewusst. In der weniger idealen Wirklichkeit kann ein König bei der Bekämpfung von Kriminalität, bei der Aufrechterhaltung von Gesetz und Ordnung oder bei der Verteidigung des Landes kaum auf den Einsatz von Gewalt verzichten. Wollte man erklären, dass die einzig mögliche buddhistische Vorstellung vom richtigen Regieren einen vollständigen Verzicht auf jegliche Form von physischer Gewalt beinhalte, so würde dies wohl darauf hinauslaufen, die politische Macht allein jenen zu überlassen, die sich überhaupt nicht um die Werte buddhistischer Moral kümmern. Viele Buddhisten vertreten deshalb eine realistischere Position: Die Anwendung von Gewalt kann gerechtfertigt sein, wenn sie nicht übertrieben wird, wenn sie auf unvermeidliche Situationen beschränkt bleibt und wenn ihre Anwendung durch eine wohlwollende Absicht motiviert ist.

Das Goldglanz-Sūtra nennt mehrere Argumente, warum ein König, der im Einklang mit dem Dharma regiert, Übeltäter bestrafen und die Guten belohnen muss: Wenn er so handelt, demonstriert er dadurch das grundlegende Prinzip von *karma*: Gute Taten führen zu guten und schlechte Taten zu schlechten Resultaten. Auf diese Weise bringt der König seine Untertanen dazu, sich gut zu verhalten. Würde ein König jedoch böse Taten nicht beachten und die Übeltäter nicht bestrafen, dann würde sich gesetzloses Verhalten ausbreiten und die Gewalt würde insgesamt zunehmen. Wenn ein König auf Bestrafung verzichtet, würde er dadurch die Übeltäter unterstützen und wäre damit direkt verantwortlich für die Zunahme der Gewalttätigkeit in seinem Land. Letztlich ist also Gewaltlosigkeit keine wirkliche Option für einen König, denn gewaltloses Regieren würde zu noch mehr Gewalttätigkeit führen. Trotzdem sollte die Motivation eines Königs, wenn er Gewalt anwendet, selbstlos und rechtmäßig sein, seine Urteile unparteiisch und die Strafen sollten nicht übertrieben, sondern den Verbrechen entsprechend angemessen sein (siehe Emmerick, 1970, S. 57-73).

Eine andere buddhistische Schrift widmet sich dem Thema Krieg. Wird ein König von einer fremden Armee bedroht, so soll er zunächst versuchen, den Konflikt mit allen denkbaren gewaltlosen Strategien zu verhindern – zum Beispiel dadurch, dass er sich dem Feind gegenüber freundlich zeigt und ihm sogar in gewissem Ausmaß entgegenkommt. Er könne auch versuchen, den Feind dadurch abzuschrecken, dass er die Stärke seiner eigenen Armee zur Schau stellt. Sollten aber alle friedlichen Mittel versagen, dann sei es gerechtfertigt, den Krieg zu erklären. Der König solle das jedoch allein in der Absicht tun, sein eigenes Volk zu beschützen, und er soll sein Möglichstes unternehmen, um das Leben der feindlichen Soldaten zu schonen (siehe Zimmermann, 2000; Jamspal, 2010). Die Vorstellung, dass der Buddhismus auch die Funktion hat, den Staat zu schützen, wurde so weit getrieben, dass Buddhisten zur nationalen Verteidigung Kriege nicht nur unterstützten und anregten, sondern sogar aktiv an ihnen teilnahmen. Die Verwicklung des Zen-Buddhismus in den japanischen Militarismus ist hierfür keineswegs das einzige, aber wohl ein besonders bekanntes und zeitlich nicht sehr weit zurückliegendes Beispiel (siehe Victoria, 1997).

Hinsichtlich der Frage von Rebellion und Tyrannenmord kommt es nach buddhistischer Auffassung entscheidend auf die richtige Motivation an. Die Geschichte des Buddhismus bezeugt eine ganze Reihe von Fällen, in denen gläubige Buddhisten aus unterschiedlichen Gründen in Rebellionen verwickelt waren. Besonders bekannt sind die Beispiele des buddhistischen Königs Harṣavardhana (ca. 590-647), der nur an die Macht kommen konnte, indem er den widerrechtlichen Herrscher Śaśāṅka stürzte. Oder das Attentat auf den tibetischen König gLang Dar-ma, der Buddhisten erbarmungslos verfolgt hatte und im Jahre 842 von einem buddhistischen Mönch mit einem Pfeilschuss niedergestreckt wurde. Einige Rebellionen in China waren von buddhistischen Ideen inspiriert und wurden bisweilen sogar von buddhistischen Mönchen angeführt. Die Rechtfertigung für eine buddhistische Teilnahme an gewalttätigen Aufständen und ähnlichen Formen politischer Kämpfe bezog man aus der grundlegenden Überzeugung, dass es Fälle von »mitleidvollem Töten« geben kann, das heißt, dass es bestimmte Situationen gibt, in denen es notwendig ist, aus Mitleid einem Übeltäter das Leben zu nehmen, entweder um andere vor ihm zu beschützen oder – und das ist wohl das häufigere Motiv – um den Übeltäter in seinem eigenen Interesse daran zu hindern, noch mehr schlechtes Karma anzuhäufen (siehe Tatz, 1994, S. 73-77).

Wenn man davon ausging, dass die Verteidigung der sozialen Sicherheit, von Recht und Ordnung oder des Landes gegen ausländische Invasoren oder gegen einen ungerechten Herrscher die Anwendung von Gewalt rechtfertigt, insbesondere wenn die Gewalt dabei mit einer aufrichtigen, von Mitleid geprägten, selbstlosen Motivation verbunden ist, die allein einem höheren Gut dient, dann konnte man dieselben Argumente auch auf religiöse Kriege und Konflikte ausdehnen. So gibt es durchaus Fälle, in denen einflussreiche buddhistische Schriften und prominente Persönlichkeiten die Anwendung von Gewalt gerechtfertigt haben, wenn es um die Verteidigung des wahren Dharmas gegenüber einer realen oder angenommenen Bedrohung durch andere religiöse Gemeinschaften oder auch andere buddhistische Gruppierungen geht. Beispielsweise wurde und wird die Anwendung von Gewalt in dem ethnischen Konflikt zwischen buddhistischen Singhalesen und hinduistischen Tamilen in Sri Lanka zum Teil damit gerechtfertigt, dass es nötig sei, den wahren Dharma des Theravāda-Buddhismus zu beschützen (siehe Bartholomeusz, 2002). Als ein weiteres Beispiel lässt sich Nichiren (1222-1282), der berühmte japanische Streiter für das Lotos-Sūtra, anführen. Nichiren erklärte, dass ein Mönch, der nicht gewillt sei, aktiv gegen jene zu kämpfen, die den Dharma zerstören, selber ein Feind der Lehre des Buddhas sei. Der Schutz des wahren Dharmas könne den Gebrauch von »Schwertern, Pfeil und Bogen sowie Hellebarden und Lanzen« notwendig machen (siehe Nichiren, 2003, S. 282-287).

Obwohl Buddhisten also die Anwendung von Gewalt unter bestimmten Bedingungen gerechtfertigt haben, lag der Schwerpunkt jedoch immer darauf, dass man so gewaltlos und friedfertig wie möglich handeln solle. Wie oben gezeigt, lehren die frühen Texte zum Königtum sogar, dass ein König Verbrechen nicht bekämpfen soll, indem er die Strafen verschärft, sondern indem er die sozialen und ökonomischen Wurzeln der Kriminalität beseitigt. Es gibt durchaus Beispiele in der Geschichte des Buddhismus, bei denen buddhistische Herrscher auf die Anwendung von Gewalt verzichteten, selbst dann noch, als ihr Land angegriffen oder von feindlichen Truppen besetzt wurde – das prominenteste und jüngste Beispiel hierfür ist die gewaltlose Haltung des Vierzehnten Dalai Lamas angesichts der Besetzung Tibets durch die Chinesen. Es gibt auch Fälle, in denen Buddhisten einen Tyrannen nicht töteten, sondern gewaltlos gegen die ungerechte Herrschaft protestierten, selbst wenn es sie das eigene Leben kostete, wie etwa im

Fall des burmesischen Mönches U Wisara, der 1929 unter britischer Kolonialherrschaft eingesperrt wurde und nach mehr als einhundert Tagen Hungerstreik starb – einem Protest gegen die Behandlung der Buddhisten durch die Kolonialherren. Der gewaltfreie Einsatz für den Frieden ist zweifellos ein zentrales Anliegen sozial und politisch engagierter Buddhisten (siehe Chappell, 1999).

Buddhismus und Ökonomie

Das viel gelesene Buch *Small is Beautiful. Die Rückkehr zum menschlichen Maß* (englische Erstveröffentlichung 1973) des Ökonomen Ernst F. Schumacher enthält ein Kapitel über »buddhistische Ökonomie«. Schumacher beginnt dieses mit der ebenso schlichten wie bemerkenswerten Feststellung: »›Rechter Lebenserwerb‹ ist eine der Anforderungen des Edlen Achtfachen Pfades des Buddhas. Daher ist es klar, dass es so etwas wie eine buddhistische Ökonomie geben muss« (Schumacher, 1993, S. 38).

In der Tat hat der Buddhismus von Anfang an ökonomischen Themen besondere Aufmerksamkeit gewidmet: nicht allein dadurch, dass er den »rechten Lebenserwerb« zu einem unverzichtbaren Element des Heilsweges machte, sondern auch indem er der Unterstützung der Bedürftigen einen bedeutenden Platz unter den fundamentalen Pflichten eines idealen Herrschers zuwies. Wie oben gezeigt, wird der »rechte Lebenserwerb« in erster Linie als die Vermeidung von solchen Einkommensquellen definiert, die eine Schädigung empfindender Lebewesen beinhalten oder hinter denen böswillige Absichten stehen. Das bloße Erzielen von ökonomischem Gewinn wird jedoch nicht als schlecht oder unheilsam verurteilt. Buddhistische Texte (siehe AN 5:41 oder 10:91) gehen vielmehr davon aus, dass man einen stattlichen Profit einfahren kann, ohne zwangsläufig gierig sein zu müssen. Reichtum kann durchaus förderlich sein, wenn das Geld beispielsweise zum Wohl der eigenen Familie, der Angestellten, der Freunde und nicht zuletzt des Ordens verwendet wird. Die Ordensmitglieder selber müssen sich jedoch von jeglicher Erwerbsarbeit fernhalten. Sie sind verpflichtet, ein Leben in freiwilliger Armut zu führen (zumindest als Individuen) und das, was sie und die Gemeinschaft besitzen, untereinander zu teilen.

Diese beiden unterschiedlichen Einstellungen, die monastische und die nicht-monastische, zur Frage von Profit und Besitz hatten einen starken Einfluss auf die jüngere buddhistische Diskussion über ökonomische Probleme. Auf der einen Seite gibt es die Tendenz, den monastischen Orden als eine Art Idealgemeinschaft anzusehen, die auch als Modell für die Gesellschaft im Allgemeinen dienen kann. Diese Auffassung vertritt beispielsweise der ceylonesische Buddhist Vijayavardhana in seinem einflussreichen Buch aus dem Jahre 1953, *The Revolt in the Temple* (»Revolte im Tempel«). Zumindest im Prinzip bilde der Orden eine klassenlose Gesellschaft, in der alle gleichgestellt sind und in der das Gemeinschaftseigentum das Privateigentum ersetzt habe; kurz gesagt, der Orden sei eine wahrhaft kommunistische Gesellschaft. Vijayavardhana kommt daher zu dem Schluss, dass die orthodoxe kommunistische Theorie (im Unterschied zu einigen Formen ihrer politischen Praxis) und der ideale Buddhismus durchaus miteinander vereinbar seien. Das war die Meinung vieler buddhistischer Erneuerer und Aktivisten in Süd- und Südostasien während des zwanzigsten Jahrhunderts, und ein gewisses Kameradschaftsgefühl zwischen Kommunisten und Buddhisten, das auf vermeintlich gemeinsamen Werten beruhte, lag vielen politischen Entwicklungen in dieser Region zugrunde. In dieser Hinsicht ist es bezeichnend, dass Mao Zedong bei einer Begegnung mit Pol Pot in Peking am 21. Juni 1975 das Kambodscha der Roten Khmer als »ein sozialistisches *Wat*«, das heißt, als »ein sozialistisches buddhistisches Kloster« bezeichnete (Harris 2013, 59).

Andererseits haben Buddhisten allerdings die rein materialistische Basis des Marxismus scharf kritisiert sowie die entsprechenden kommunistischen Versuche, alle Religionen einschließlich des Buddhismus auszumerzen. Das bedeutet jedoch nicht, dass Buddhisten sich mit der kapitalistischen Alternative wohlfühlen. Oft begegnen sie dem Kapitalismus mit großer Skepsis oder sogar offener Zurückweisung, da dieser Konsumdenken und eine gierige Grundhaltung begünstige. So suchen Buddhisten auch in der Ökonomie nicht selten nach einem dritten Weg, einem buddhistischen »Mittleren Pfad«. Doch ist ein solcher Weg vorstellbar?

Bhikkhu Buddhadāsa (1906-1993), eine herausragende Figur im thailändischen Reformbuddhismus, schlug ein politisches Modell vor, das er als »Dictatorial Dharmic Socialism« (»diktatorischer dharmischer Sozialismus«) bezeichnete (siehe Swearer, 1989, S. 182-193). Nach Buddhadāsa beruhen beide, Kapitalismus und Kommunismus, letztlich auf materieller Gier. Das eigentliche Ziel eines buddhistischen politischen Systems müsse darin bestehen, *diese* Wurzel der Probleme zu bekämpfen. Zufriedenheit und Mäßigung, »nur das benutzen, was notwendig ist« – diese Ideale gelten nach Buddhadāsa sowohl für die monastische als auch nicht-monastische Einstellung zu materiellem Besitz und müssten daher die Maximen buddhistischer Überlegungen zur Ökonomie bilden (siehe ebd. S. 172f.). Für Buddhadāsa kann kein System, das Gier und Anhaftung begünstigt, ob im Individuum oder im Kollektiv, buddhistische Zustimmung finden. Das grundlegende Ziel der Politik müsse das Wohl der *Gemeinschaft* sein, »das, was gut ist für das Ganze«, und nicht die persönlichen Interessen des Individuums. Daher, so Buddhadāsa, sei ein sozialistisches System jeder Form von politischem oder ökonomischem Liberalismus vorzuziehen. Ein derartiges sozialistisches System »würde keine Klassenunterschiede zulassen, die auf Reichtum basieren. Es würde auch niemandem erlauben, auf Kosten anderer private Reichtümer anzuhäufen« (ebd. S. 189). Um die egoistischen Interessen der Individuen einzuschränken, müsse die Regierung diktatorisch sein. Es komme aber darauf an, dass der Herrscher dabei dem Ideal eines buddhistischen Königs folge und die zehn königlichen Tugenden verkörpere.

Zweifellos sind Buddhadāsas Ideen tief in der buddhistischen Tradition verwurzelt: in ihren grundlegenden soteriologischen Überzeugungen, in den alten Idealen von einer Herrschaft, die im Einklang mit dem Dharma ausgeübt wird, und in ihrem Verständnis vom Saṅgha als einer idealen Gemeinschaft. Daher ist es nicht überraschend, dass seine Ideen großen Einfluss auf zeitgenössische sozial engagierte Buddhisten ausüben. Außerdem zeigt sich an Buddhadāsa, was die vielleicht größte Herausforderung für das buddhistische politische Denken ist: die Konfrontation mit dem Liberalismus und seinen charakteristischen Werten.

Buddhismus und Liberalismus

Nach Buddhadāsa »muss sich ein politisches System an erster Stelle mit dem Problem der Befleckungen befassen«, also mit Gier, Hass und Verblendung (siehe Swearer, 1989, S. 185). Die entscheidende Frage ist dabei natürlich, wie das erreicht werden kann. Soll Politik auf der Einsicht beruhen, dass die Menschen nun einmal »befleckt« *sind* und dementsprechend nach Wegen suchen, wie sich die Politik diesem Umstand anpassen und ihn in ihre Überlegungen einbeziehen kann, um so die negativen sozialen Wirkungen der »Befleckungen« zu kontrollieren und zu minimieren? Oder soll die Politik auf dem Versuch beruhen, die Befleckungen zu überwinden und die Menschen zu einer Form von idealer Gesellschaft zu erziehen? Buddhadāsa bevorzugte das Letztere. Die liberale Demokratie sei abzulehnen, weil diese, seiner Meinung nach, nicht nur keine Lösung für das Problem der Befleckungen biete, sondern diese sogar noch befördere. Aber Buddhadāsas »dharmischer Diktator« vermag das Problem der Befleckungen nur durch intensivierte Methoden öffentlicher Kontrolle und kollektiver Erziehung anzugehen. So vertrat Buddhadāsa die Ansicht, man könne dieses Vorgehen mit den erzieherischen

Maßnahmen guter Eltern vergleichen. Aber es erscheint mehr als zweifelhaft, dass sich solche Methoden praktisch umsetzen lassen, ohne dabei ganz erheblich auf Zwang und Gewalt zurückzugreifen. (Für ein konkretes Szenario einer solchen Gesellschaft siehe den Entwurf von Buddhadāsas ehemaligem Mitarbeiter Bhikkhu Santikaro in Watts et al., 1998, S. 89-161.) Die Mönche und Nonnen der buddhistischen Orden wählen das monastische Leben freiwillig. Sollte jedoch eine politische Autorität das buddhistische monastische Leben mehr oder weniger zu einem für die ganze Gesellschaft verpflichtenden Vorbild erheben, dann müsste sie dieses Ideal allen Mitgliedern der Gesellschaft aufzwingen. Was aber soll dann mit jenen geschehen, die dem buddhistischen Ideal nicht folgen wollen und es auch nicht als »ideal« betrachten? Das wirft drei miteinander zusammenhängende Fragen auf: Wie steht der Buddhismus zur Demokratie? Kann der Buddhismus die Idee der Menschenrechte unterstützen? Teilt der Buddhismus den Wert der Religionsfreiheit?

Diese Fragen sind alles andere als abstrakt. Beispielsweise musste und muss sich die Demokratiebewegung in Myanmar (Burma) immer wieder gegen die Anschuldigung verteidigen, Demokratie passe nicht zu den traditionellen Maßstäben einer buddhistischen Kultur. Und in Sri Lanka verfolgt die buddhistische »National Heritage Party« (»Partei des nationalen Erbes«) das Ziel einer gegen Konversionen gerichteten Gesetzgebung, die von vielen als eine ernste Bedrohung der Religionsfreiheit angesehen wird. Das klassische buddhistische Herrschaftsideal einer Monarchie unter dem Dharma tendiert dazu, weder mit Demokratie vereinbar zu sein, noch mit dem Konzept eines säkularen Staates, in dem keine Religion bevorzugt wird. Andererseits gilt natürlich auch, dass der klassische Buddhismus die Monarchie nicht als eine göttliche Institution ansieht: Nach dem Aggañña-Mythos beruht sie auf gesellschaftlichen Konventionen, und der erste König war quasi »gewählt«. Im Prinzip gibt es also keinen Grund, warum die Aufgabe, Recht und

Ordnung zu garantieren, nicht auch von einer demokratisch konstituierten Regierung anstatt von einem König erfüllt werden könnte. Vermutlich können einige Buddhisten auch die Idee akzeptieren, dass die Gesetze, nach denen eine solche Regierung herrscht, nicht ausschließlich auf dem buddhistischen Dharma basieren müssen, sondern auch auf einem gesellschaftlichen Konsens beruhen können, solange dabei bestimmte unverzichtbare ethische Standards gewährleistet bleiben.

In diesem Kontext taucht die Frage der Menschenrechte als der eigentliche Kernpunkt auf. Das Recht, seine politischen Vertreter und auch seine Religion frei wählen zu können, sind unaufgebbare Punkte des Menschrechtskatalogs – eines Katalogs, der dem Schutz des Individuums dient, genauer gesagt, dem Schutz der individuellen Selbstbestimmung und Handlungsfreiheit gegenüber mächtigen kollektiven Institutionen wie dem Staat, der Religion oder auch der Familie. Die Menschenrechtsidee ist nicht nur in ihren historischen Ursprüngen, sondern auch in ihrem innersten Kern untrennbar mit Individualismus verbunden, oder besser, mit »moralischem Individualismus« (Michael Ignatieff) – und genau das ist es, was viele Buddhisten zutiefst argwöhnisch macht. Angesichts ihrer inneren Verknüpfung mit Individualismus wird die Menschenrechtsidee von einigen Buddhisten als »eine Anstiftung zum Anhaften« empfunden (Junger, in Keown *et al.*, 1998, S. 61) und als »Verstärkung der Illusion vom Selbst« (Ihara, ebd., S. 51). Buddhadāsa drückt es so aus: Der Liberalismus zusammen mit seinem Konzept von individueller Freiheit »fördert selbstsüchtige, egoistische Interessen« (Swearer, 1989, S. 184). Buddhisten, die so oder ähnlich denken, schlagen als Alternative eine »holistische« Sichtweise vor, bei der jeder »seine Rolle als Teil eines kooperativen Unternehmens spielt« (Ihara, in Keown *et al.*, 1998, S. 51) und bei der Freiheit keine individuelle Handlungsfreiheit oder Selbstbestimmung bedeutet, sondern »im fundamentalsten Sinn das Freisein von Befleckungen« (Buddhadāsa in Swearer, 1998, S. 186).

Es gibt jedoch auch Buddhisten, die die Idee der Menschenrechte unterstützen. Das vielleicht überzeugendste Argument auf dieser Seite besteht in dem Verweis auf die starke buddhistische Tradition der Eigenverantwortung des Individuums (siehe verschiedene Beiträge zu Keown et al., 1998, sowie Perera, 1991). Nach dem Gesetz des Karmas ist jedes Individuum selber für seine Taten verantwortlich und selber »Erbe« ihrer Konsequenzen (siehe AN 5:161 und 10:48). Eine spirituelle Weiterentwicklung ist nur möglich, wenn man frei seiner eigenen Einsicht folgt (siehe AN 3:66). Natürlich impliziert das nicht, dass die eigene »Einsicht« immer richtig ist, aber eine wirkliche Einsicht ist *per definitionem* immer etwas, das sich ein Individuum selbst zu eigen macht: Sie kann nicht von außen aufgezwungen werden. Somit gibt es im Buddhismus durchaus eine gute Grundlage für die Befürwortung von individueller Selbstbestimmung und Handlungsfreiheit und damit genau jener Konzepte, die im Zentrum der Menschenrechtsidee stehen. Die Konsequenz daraus ist jedoch, dass persönliche Freiheit respektiert werden muss, auch – und insbesondere – dann, wenn ein Individuum sich dazu entscheidet, buddhistischen Vorstellungen nicht zu folgen, oder wenn es sich für eine Regierung ausspricht, die nicht vom buddhistischen Dharma geleitet wird. Gemäß einer menschenrechtsfreundlichen Perspektive bestünde die angemessene buddhistische Reaktion dann in dem Versuch, durch die traditionellen Mittel der Lehre und Erklärung des Dharmas Überzeugungsarbeit zu leisten und zugleich der Versuchung zu widerstehen, hierbei auf Zwangsmaßnahmen zurückzugreifen, die dem Individuum sein Recht auf Selbstbestimmung verweigern.

Buddhisten betonen einhellig, dass es beim Dharma nicht in erster Linie um Rechte geht, sondern um individuelle und kollektive Verantwortung. Das muss jedoch nicht notwendigerweise der Menschenrechtsidee zuwiderlaufen. Die Verantwortung, ja sogar Pflicht, die Rechte anderer zu respektieren, ist ein wesentlicher Bestandteil der Menschenrechtsidee. In diesem Sinn hat ein jüngerer Versuch, eine Art Erklärung über Buddhismus und die Menschenrechte zu formulieren, die folgende grundsätzliche Aussage vorgeschlagen:

> Alle, die das große Glück der »seltenen und wertvollen Wiedergeburt als Mensch« erlangt haben, mit all ihren Möglichkeiten für Bewusstheit, Empfindsamkeit und Freiheit, haben die Pflicht, die Rechte anderer nicht zu verletzen, ihrerseits an jenen Möglichkeiten teilzuhaben, die das menschliche Leben für das moralische und spirituelle Gedeihen bietet. Ein solches Gedeihen kann es nur dann geben, wenn bestimmte Rahmenbedingungen, die die physische Existenz und die soziale Freiheit betreffen, aufrechterhalten werden. Außerdem haben Menschen die Pflicht, auch andere Lebewesen mit jenem Respekt zu behandeln, der ihrer jeweiligen Natur entspricht.
>
> (Keown *et al.*, 1998, S. 221)

Der letzte Satz erinnert an eine der klassischen Pflichten eines *cakravartins*, das heißt, an seine Verpflichtung, nicht nur die Bürger seines Landes zu beschützen, sondern auch die »Tiere und Vögel«. Es ist zweifellos ein typisch buddhistischer Beitrag zur Menschenrechtsdebatte, wenn hier darauf bestanden wird, dass die Rechte von Individuen nicht nur durch den Respekt vor den Rechten anderer Menschen eingeschränkt sind, sondern auch durch den Respekt, den wir anderen empfindenden Wesen schulden.

Literaturhinweise: Benz (1966); Harvey (2000); Jones (1989); Keown et al. (1998); Schmidt-Leukel (2004a, 2004b); Schmithausen (1999); Tambiah (1976).

Das Mahāyāna

In die zweite Periode der buddhistischen Geschichte (0-500 u.Z.; siehe oben S. 23ff.) fällt die Entwicklung einer Bewegung, die sich selbst als »Mahāyāna« bezeichnete: das »große« oder »eminente Fahrzeug« auf dem Heilsweg, das nach und nach neue Lehren und religiöse Praktiken einführte. Die Ursprünge des Mahāyānas »sind in höchstem Maße unklar« (Williams, 1989, S. 25) und daher Gegenstand zahlreicher wissenschaftlicher Debatten: Ist das Mahāyāna primär unter den buddhistischen Laienanhängern entstanden, quasi als ein von antiklerikalen Empfindungen befeuertes »Fahrzeug«, das primär den religiösen Interessen und bevorzugten kultischen Praktiken der Laien dient? Oder erwuchs es aus den Protesten der eher asketischen Anhänger des Buddhas, der Waldmönche, gegen seine weniger eifrigen Anhänger in den Städten und Dörfern? Ging es vielleicht aus jener devotionalen Praxis hervor, die eng mit dem Stūpa-Kult verbundenen war? Oder stand die Verehrung bestimmter neuer Schriften, der großen Mahāyāna-Sūtras, im Mittelpunkt? Hat es sich aus Lehrpositionen einiger vor-mahāyānistischer Schulen entwickelt, zum Beispiel aus jenen der Mahāsaṅghikas oder der Sarvāstivādins? Oder war es eher das Resultat eines andauernden Einflusses des Hinduismus und der Interaktion mit ihm (was immer noch die Hauptanschuldigung gegen das Mahāyāna von Seiten des Theravāda-Buddhismus ist)? In welchem Ausmaß lässt sich das Mahāyāna überhaupt als eine Weiterentwicklung von älteren vor-mahāyānistischen Motiven verstehen? Oder stellt es demgegenüber eher einen wesentlichen Bruch mit dem »ursprünglichen« Buddhismus dar – einen Bruch von solcher Größenordnung, dass dieser nur durch einen fremden, nicht-indischen religiösen Einfluss erklärt werden kann, beispielsweise durch den Einfluss des Zoroastrismus oder auch anderer westlicher Religionen?

Alle diese Fragen wurden und werden häufig diskutiert. Offensichtlich lassen sich für mehrere der genannten Erklärungen gute Argumente finden, was wohl dafür spricht, dass das Mahāyāna unterschiedliche und durchaus heterogene Wurzeln haben könnte. In jedem Fall aber scheinen die jüngsten Forschungen zumindest die beiden folgenden wichtigen Beobachtungen zu bestätigen.

Erstens bezeichnete der Begriff »Mahāyāna« in seiner Anfangszeit keine neue Sekte oder religiöse Institution, sondern vielmehr eine bestimmte religiöse Ausrichtung der eigenen spirituellen Praxis innerhalb des vierfältigen Saṅghas. Erst nach mehreren Jahrhunderten und vornehmlich außerhalb Indiens entwickelten sich aus dieser neuen Orientierung auch eigene religiöse Institutionen beziehungsweise institutionalisierte Gemeinschaften. Zwar bezeugen einige Schriften des Mahāyānas gewaltsame Spannungen zwischen Anhängern und Gegnern der Mahāyāna-Lehren (siehe zum Beispiel Lotos-Sūtra 12; Kapitel 13 in der Kumārajīva-Version); und wir wissen von erbitterten Kämpfen im vierten Jahrhundert in Sri Lanka zwischen Klöstern, die sich am Mahāyāna, und solchen, die sich am Theravāda orientierten. Aber es gibt auch Belege dafür, dass die Anhänger beider Linien bisweilen in denselben Klöstern Seite an Seite lebten und dieselben monastischen Regeln befolgten.

Zweitens ist der Begriff »Mahāyāna« anfangs wohl »nicht mehr und nicht weniger als ein Synonym für den Bodhisattva-Weg« gewesen (Nattier, 2003, S. 195). Das »eminente Fahrzeug« war also zunächst lediglich eine andere Bezeichnung für das »Fahrzeug des Bodhisattvas«. Ein Anhänger des Mahāyānas zu sein bedeutete somit nicht, dass man zu einer neuen Form von Buddhismus oder zu irgendeiner neuen buddhistischen Institution gehörte, sondern dass man dem Weg des Bodhisattvas folgte, also dessen, der zu einem Buddha werden wird. Dies implizierte jedoch ein verändertes Verständnis vom Ziel des buddhistischen Weges. Im Mahāyāna bestand das angestrebte Ideal nicht mehr länger darin, ein erleuchteter Arhat zu werden. Vielmehr strebte man nun nach dem Ziel der Buddhaschaft. Diese Veränderung war zudem begleitet von weitreichenden Entwicklungen hinsichtlich der Vorstellung dessen, was ein »Buddha« denn eigentlich ist, und damit auch hinsichtlich der Idee, was letztlich die Natur der gesamten Realität ist. In diesem und den beiden folgenden Kapiteln geht es daher um das Bodhisattva-Ideal in Verbindung mit dem neuen Verständnis des Buddhas und der letzten Wirklichkeit.

Zum Buddha werden: Der Entwicklungsgang eines Bodhisattvas

Vor seiner Erleuchtung war Siddhārtha Gautama streng genommen noch nicht ein oder der Buddha. Der Pāli-Kanon bezeichnet Siddhārtha vor seiner Erleuchtung nicht als den »Buddha«, sondern nennt ihn stattdessen den »*Bodhisattva*« (Pāli: »*bodhisatta*«). Die Etymologie dieses Begriffs ist zwar nicht völlig eindeutig, aber die wohl wahrscheinlichste Erklärung ist, dass es sich um ein Kompositum aus »*bodhi*« (»Erleuchtung«) und »*sattva*« (»Wesen«) handelt. Demnach bedeutet »Bodhisattva« ein »Erleuchtungswesen« oder vielleicht auch »Erleuchtungsheld«. Im Einklang mit dem buddhistischen Glauben an die Wiedergeburt war das Leben des Buddhas als der Mensch Siddhārtha Gautama nur die letzte in einer langen Reihe von vorausgegangenen Existenzen. Sowohl innerhalb als auch außerhalb der kanonischen Schriften entwickelte sich ein besonderes Genre buddhistischer Texte, die Jātakas, in denen Geschichten aus den früheren Leben des Buddhas erzählt werden – nicht nur aus seinen vorangegangenen Leben als Mensch, sondern auch als Tier oder himmlische Gottheit (*deva*). Da jedoch »Siddhārtha Gautama« nur der Name des Buddhas während seiner letzten Existenz war, brauchte man einen festen Terminus, der anzeigte, welche der Gestalten in einem bestimmten Jātaka jeweils die Person ist, die dereinst in der Zukunft als Siddhārtha Gautama wiedergeboren und als dieser zum Buddha werden würde. Hierfür bot sich der Begriff des »*bodhisattva*« an und wurde somit zur üblichen Bezeichnung eines Wesen, das auf dem Weg ist, in Zukunft zu einem Buddha zu werden. »Bodhisattva-Weg« bezeichnet somit jenen Weg, der zum Erlangen der Buddhaschaft führt. Und die Jātakas, dieser reichhaltige Korpus an lebendigen und äußerst populären Geschichten, die häufig auch in der frühen buddhistischen Kunst dargestellt wurden, lieferten quasi das »Drehbuch« für den Bodhisattva-Weg (siehe Nattier, 2003, S. 144f., 186).

Sich auf den Bodhisattva-Weg zu begeben bedeutete demnach nichts anderes, als nach der Buddhaschaft zu streben. Der Glaube, dass das überhaupt möglich ist, gründete sich auf die aus der Zeit vor dem Mahāyāna stammende Überzeugung, dass Siddhārtha Gautama nur *ein* Buddha war, dem eine Reihe früherer Buddhas vorangingen und dem in Zukunft noch weitere Buddhas folgen würden, als nächster der Buddha (und jetzige Bodhisattva) Maitreya. Zwar ging man davon aus, dass es in jedem Weltsystem nicht mehr als einen Buddha gleichzeitig geben kann (AN 1:15); aber man glaubte eben auch, dass es in Raum und Zeit, sowohl nebeneinander als auch nacheinander, unzählig viele Weltsysteme gibt. Dementsprechend versichern Mahāyāna-Texte immer wieder, dass es »mehr Buddhas gebe, als Sandkörner am Ufer des Ganges«. Wenn es nun aber in Zukunft noch zahlreiche weitere Buddhas geben wird, dann muss es auch entsprechend viele Wesen geben, die auf dem Weg sind, zu jenen Buddhas zu werden – das heißt, es muss viele Bodhisattvas geben. Folglich muss es, zumindest im Prinzip, möglich sein, sich auch jetzt neu auf den Bodhisattva-Weg zu begeben und danach zu streben, dereinst selbst zu einem Buddha zu werden.

Der Glaube an eine Vielzahl von Buddhas machte also die Buddhaschaft zu einem möglichen religiösen Ziel. Doch eine entscheidende Frage bleibt: Warum waren einige Buddhisten nicht länger mit der älteren Idee zufrieden, ein erleuchteter

Arhat zu werden? Was machte die Buddhaschaft zu einem besonderen und bevorzugten Ziel?

Im vor-mahāyānistischen Buddhismus findet sich noch die Überzeugung, dass es zwischen »der einen und einer anderen Befreiung« keinen qualitativen Unterschied gibt (AN 5:31; Nyanaponika; Bodhi, 1999, S. 134). Der Unterschied zwischen einem Arhat und einem Buddha besteht darin, dass der Arhat die Erleuchtung mit Hilfe der Lehren eines Buddhas erlangt, wohingegen ein Buddha die Erleuchtung zu einer Zeit und in einem Umfeld erlangt, in der die Lehre, der wahre Dharma, schon seit Langem in Vergessenheit geraten und somit verloren ist. Zwar ist auch ein Buddha in einer vorangegangenen Existenz irgendwann einmal ebenfalls von einem früheren Buddha über den Dharma belehrt worden. Aber in seinem letzten Leben, in dem er schließlich selber zum Buddha wird, erreicht er sein Ziel, ohne die Verkündung des Dharmas durch jemand anderen zu hören. Es gibt jedoch noch einen weiteren Unterschied zwischen einem Arhat und einem Buddha: Zwar beteiligt sich ein Arhat, als Mitglied des Saṅghas, an der Verkündung des Dharmas zum Wohl der unerleuchteten Wesen. Aber er ist nicht jemand, der zu einer Zeit und in einem Land, in dem der Dharma nicht mehr bekannt ist, diesen wiederentdeckt und durch seine Verkündigung einen Saṅgha gründet. Das aber ist genau das, was einen Buddha auszeichnet. Aus diesem Grund ist ein Arhat für die unerleuchteten Wesen nicht von demselben größtmöglichen Nutzen wie ein Buddha.

Zusätzlich zum Arhat und zum vollkommen erleuchteten Buddha (*samyaksambuddha*) kennt der frühe Buddhismus noch eine dritte Kategorie von Erleuchteten: die Pratyekabuddhas. Ein Pratyekabuddha (»Einzelbuddha«) gleicht einem vollendeten Buddha darin, dass auch er die Erleuchtung erlangt hat, ohne die Verkündigung des Dharmas gehört zu haben. Jedoch unterscheidet er sich von einem vollendeten Buddha dadurch, dass auch er keinen Saṅgha gründet. Häufig wird in der Literatur über den Buddhismus behauptet, dass ein Pratyekabuddha überhaupt nicht lehrt. Dies stimmt jedoch nicht mit dem überein, was wir in den buddhistischen Schriften finden. Denn hier gibt es durchaus Pratyekabuddhas, die auch lehren. Aber im Allgemeinen lehren sie nur *śīla*, die buddhistische Moral. Sie bieten also anderen Wesen zwar ebenfalls Hilfe und Beistand, jedoch nicht im größtmöglichen Umfang: Sie gründen keinen Saṅgha und etablieren folglich keine neue Basis für eine dauerhafte und kompetente Verkündung des Dharmas. Kurz gesagt, sie führen andere nicht bis zur vollen Erleuchtung und bieten daher nicht dieselbe optimale Hilfe für die leidenden Wesen, wie es die vollkommen erleuchteten Buddhas tun.

Im Hinblick auf diese drei Typen buddhistischer Heiliger sprechen Mahāyāna-Texte von drei verschiedenen *yānas*, das heißt, »Fahrzeugen« oder, wie wir auch sagen könnten, drei verschiedenen religiösen Laufbahnen: Das *śrāvakayāna* ist das »Fahrzeug der Hörer« und bezieht sich auf jene, die den Dharma von einem Buddha »gehört« haben; ihr »Fahrzeug« oder ihre Laufbahn bringt sie zum Ziel der Arhatschaft. Daneben gibt es das *pratyekabuddhayāna*, das heißt, die Laufbahn oder das »Fahrzeug der Pratyekabuddhas«, womit jenes religiöse Streben bezeichnet wird, das schließlich zum Status eines Pratyekabuddhas führt. Das dritte und letzte *yāna* ist das *buddhayāna* oder *bodhisattvayāna*, das heißt, das Fahrzeug jener, die danach streben, vollkommen erleuchtete Buddhas zu werden, die also dem Bodhisattva-Weg folgen.

Aus der Sicht des Mahāyānas besteht der entscheidende Unterschied zwischen diesen drei *yānas* in der spirituellen Motivation, die ihnen jeweils zugrunde liegt. Strebt man danach, ein Arhat zu werden, oder ist man damit zufrieden, ein Pratyekabuddha zu sein, dann ist man für die leidenden Mitwesen nur begrenzt hilfreich. Strebt man aber nach Buddhaschaft, so bedeutet das, nach einem spirituellen Zustand zu streben, in dem man für andere von höchstem Nutzen sein wird. Von diesem Standpunkt aus gesehen, dem Standpunkt des Mahāyānas, zeigt sich bei jenen, die nach der Arhatschaft streben (den »Hörern« oder *śrāvakas*), und jenen, die damit zufrieden sind, Pratyakabuddhas zu sein, nicht dieselbe Qualität von Altruismus wie bei denen, die nach der Buddhaschaft streben, das heißt, die sich für den Bodhisattva-Weg entscheiden. Aus der Sicht des Mahāyānas sind Śrāvakas und Pratyekabuddhas primär um ihre eigene Erlösung bemüht (oder zumindest steht für sie die Erlösung anderer nicht an erster Stelle), wohingegen alle, die dem Bodhisattva-Weg folgen, die Buddhaschaft gänzlich aus altruistischen Motiven anstreben. Sie streben nach ihrer eigenen Erleuchtung nur deswegen, um als Erleuchtete für andere von höchstem Nutzen zu sein. Das ist der Grund, warum sie das Ziel der Buddhaschaft vorziehen.

Wenn nun die spirituelle Motivation derer, die den Bodhisattva-Weg wählen, als gänzlich altruistisch gilt, so impliziert dies, dass die Motivation jener, die den beiden anderen *yānas* folgen, in gewisser Weise immer noch egoistisch und selbstbezogen ist. Aus der Sicht der Mahāyānins bezeugen die Voraussetzungen, die den beiden anderen Wegen zugrunde liegen, folglich ein minderwertiges Verständnis des buddhistischen Ideals, das, nach Auffassung des Mahāyānas, eigentlich eine vollständige Selbstlosigkeit impliziert. Die beiden anderen *yānas* werden daher im Vergleich zum »großen« oder »eminenten Fahrzeug« (*mahāyāna*) des Bodhisattva-Weges als »geringere Fahrzeuge« (*hīnayāna*) angesehen. Und so kommt das einflussreiche *Lotos-Sūtra* zu dem Schluss, dass es letztlich nur ein »einziges Fahrzeug« (*ekayāna*) gibt – und das ist der Bodhisattva-Weg. Am Ende sollte jeder zu derselben Verwirklichung des vollkommen selbstlosen Altruismus gelangen, das heißt, jeder sollte schließlich dem Bodhisattva-Weg folgen und danach streben, ein Buddha zu werden. Die anderen, »geringeren« Fahrzeuge wurden und werden von den Buddhas nur provisorisch gelehrt, als geschickte Mittel für all jene, die auf dem spirituellen Pfad noch nicht ausreichend fortgeschritten sind. Denn für verblendete, selbstsüchtige Wesen erscheint es ja durchaus als ein angemessenes und attraktives Ziel, sich primär um die eigene Erlösung zu bemühen. Erst allmählich, im Zuge ihres weiteren spirituellen Fortschritts, werden auch sie dazu fähig werden, jene vollendete altruistische Motivation zu entwickeln, die einzig und allein nach der Erlösung aller anderen Wesen strebt.

Der Eintritt in den Bodhisattva-Weg vollzieht sich somit dann und dadurch, dass hinter dem eigenen spirituellen Streben eine echte altruistische Haltung steht. Im späteren Mahāyāna wird diese Motivation als *bodhicitta* bezeichnet, das heißt, als »Erleuchtungsgeist« oder als der Geist, der sich wahrhaftig auf die Erleuchtung richtet. Es ist »eine solche Sorge um das Wohlergehen anderer, wie sie die anderen nicht einmal für sich selbst haben ..., ein Geist, der der Same des reinen Glücks in dieser Welt und das Heilmittel für ihr Leiden ist« (BCA 1:25f.; Crosby; Skilton, 1995, S. 7).

Man drückt dieses *bodhicitta* aus – und bekennt sich dazu – in den formellen Bodhisattva-Gelübden (*praṇidhāna*), mit denen sich ein Bodhisattva öffentlich verpflichtet, nur um der anderen Wesen willen nach der Erleuchtung zu streben. In den frühen Mahāyāna-Schriften gibt es zahlreiche Versionen solcher Bodhisattva-Gelübde. So findet sich beispielsweise in der Schrift »Die Fragen des Ugras« folgende Formel:

> Die Unerlösten werde ich erlösen.
> Die Unbefreiten werde ich befreien.
> Die Ungetrösteten werde ich trösten.
> Alle, die noch nicht das *parinirvāṇa* erreicht haben,
> werde ich dazu bringen, das *parinirvāṇa* zu erlangen.
>
> (Ugraparipṛcchā 2; Nattier, 2003, S. 213)

Eine andere Formel, die in der *Aṣṭasāhasrikā Prajñāpāramitā* (15:2) zitiert wird, lautet:

> Wir werden für die Welt ein Schutz, eine Zuflucht, ein Ort der Ruhe, die bleibende Befreiung sein;
> Wir werden für die Welt Inseln, Lichter und Führer sein.
> Wir werden vollkommene Erleuchtung gewinnen und so zur Zuflucht der Welt werden.
>
> (Conze, 1995, S. 188)

Eine Reihe weiterer Formeln betont die endlose Aufgabe, zu der sich ein Bodhisattva verpflichtet. Die bekannteste und am weitesten verbreitete unter ihnen ist das sogenannte vierfältige Gelübde:

> Wie unzählig die empfindenden Wesen auch sein mögen, ich gelobe, sie alle zu retten.
> Wie unerschöpflich die Befleckungen auch sein mögen, ich gelobe, sie alle zu beseitigen.
> Wie unermesslich die Dharmas auch sein mögen, ich gelobe, sie alle zu meistern.
> Wie unvergleichlich Erleuchtung auch sein mag, ich gelobe, sie zu erreichen.
>
> (Conze, 1959, S. 183f.)

Die Verpflichtung zur Erlösung *aller* empfindenden Wesen bedeutet, dass der Bodhisattva den *saṃsāra*, den Kreislauf der Wiedergeburten, nicht verlässt, sondern freiwillig darin verbleibt, bis seine Gelübde erfüllt sind – und das mag durchaus bedeuten: für immer. Dieses Verbleiben im *saṃsāra* beinhaltet allerdings keineswegs, dass der Bodhisattva seine Erleuchtung aufschieben müsste oder gar darauf verzichten sollte, ein Buddha zu werden. Das wäre geradezu absurd, denn der Bodhisattva möchte ja vor allem ein Buddha werden: kann er doch *nur als ein Buddha* allen anderen Wesen den besten Dienst erweisen! Womit wir es hier vielmehr zu tun haben, ist, dass das Bodhisattva-Ideal zu einem veränderten Verständnis der Erleuchtung und dementsprechend auch der Buddhaschaft geführt hat, wie wir im nächsten Kapitel noch genauer sehen werden. Was der Bodhisattva ablehnt, ist also nicht etwa die Erleuchtung oder die Buddhaschaft, sondern vielmehr ein »privates« oder »statisches *nirvāṇa*«. Wenn ein Bodhisattva mit der Erleuchtung das Nirvāṇa erlangt, so impliziert dies nicht, den *saṃsāra* zu verlassen. Vielmehr ist diese Form der Erkenntnis und Erfahrung des Nirvāṇas völlig mit der fortdauernden Gegenwart des Bodhisattvas im *saṃsāra* vereinbar. In diesem Sinne ist im Mahāyāna auch von einer »dynamischen« oder »nicht-verweilenden« Verwirklichung des Nirvāṇas (*apratiṣṭhita nirvāṇa*) die Rede (siehe Williams, S. 52f., 211ff.; Nagao, 1991, S. 23-34). Vasubandhu (und mit ihm viele andere Mahāyāna-Philosophen) erklärt dies mittels eines Paradoxes:

> Da er Mitleid besitzt, verweilt ein Bodhisattva … nicht im Nirvāṇa. Und weil er die höchste Weisheit besitzt, … verweilt er nicht im Saṃsāra.
>
> (Nagao, 1991, S. 27)

Aufgrund seiner vollendeten Weisheit ist der Bodhisattva frei von aller Anhaftung am *saṃsāra*, und aufgrund seines vollendeten Mitleids ist er auch frei von jeglichem Anhaften an einer Art »privatem« Frieden. Erneut zeigt sich hier, dass das Herz buddhistischer Spiritualität aus der Komplementarität von Anhaftungslosigkeit und liebevollem Engagement besteht.

Die Bodhisattva-Tugenden

Der Bodhisattva-Weg wird in vielen traditionellen Mahāyāna-Schriften als die allmähliche Entwicklung von sechs Tugenden oder »Vollkommenheiten« (*pāramitās*) beschrieben – ein Prozess, der zahllose Wiedergeburten umfasst, ehe er schließlich zur Vollendung gebracht wird. Am Schema der »sechs Vollkommenheiten« orientiert sich die Struktur einiger der bemerkenswertesten klassischen Darstellungen des Bodhisattvawegs, wie etwa Ārya-Śūras *Pāramitāsamāsa* (= »Kompendium der Vollkommenheiten«; siehe Meadows, 1986) oder Śāntidevas *Bodhicāryāvatāra* (= »Eintritt/Einführung in das Leben zur Erleuchtung«; siehe Crosby; Skilton, 1995), ein Werk, das man zu den Juwelen der religiösen Weltliteratur zählen darf. In einer recht alten Mahāyāna-Schrift (*Aṣṭasāhasrikā Prajñāpāramitā* 15) lesen wir:

> Die Bodhisattvas, die sich auf den Weg zur vollen Erleuchtung gemacht haben, vollbringen etwas, das schwer zu vollbringen ist. Indem sie sich in der Praxis der sechs Vollkommenheiten üben – im *Geben* einer Gabe, im Bewahren der *Moral*, in der Vervollkommnung der *Geduld*, in der Ausübung ihrer *Tatkraft*, im Erlangen der *Konzentration* und im Meistern der *Weisheit* – streben sie nicht nach ihrer Befreiung in einem eigenen, privaten Nirvāṇa. Sie blicken auf die äußerst leidvolle Welt der Wesen. Sie wollen die vollkommene Erleuchtung gewinnen, und doch zittern sie nicht vor [dem Kreislauf von] Geburt und Tod. (...) Die Bodhisattvas, die sich um des Wohlergehens und des Glücks der Welt willen und aus Mitleid für sie auf den Weg gemacht haben, sie vollbringen etwas, das schwer zu vollbringen ist.
>
> (nach Conze, 1995, S. 188)

Die inhaltliche Bedeutung der sechs Vollkommenheiten wird klarer, wenn wir sie mit der Struktur des Edlen Achtfachen Pfades vergleichen, dem traditionellen buddhistischen Heilsweg (siehe oben S. 84f.).

Drei der sechs Vollkommenheiten des Bodhisattvas sind der Sache nach identisch mit den drei Prinzipien oder »Schulungen« (śikṣā), unter denen traditionell der Edle Achtfache Pfad zusammengefasst wird. *Prajñā* (»Weisheit«) erscheint deswegen am Ende, weil ihre abschließende Vollendung erst in der Erleuchtung erreicht wird. *Śīla* (»Moral«) kennzeichnet die Basis, und *samādhi* (»Konzentration« oder »Meditation«) wird durch die *dhyānas* repräsentiert, das heißt durch die Versenkungsübungen, die an der Spitze der buddhistischen Meditationstechniken stehen. Daher sind es die drei übrigen Tugenden, die dieser Liste von sechs Vollkommenheiten ihren besonderen Charakter verleihen. Auch hier gilt wiederum, dass keine davon völlig neu ist. Jede der drei übrigen Tugenden ist bereits aus den vor-mahāyānistischen Darstellungen des spirituellen Strebens wohlbekannt. Doch hier werden sie nun besonders hervorgehoben, weil sie in einer engen Beziehung zu der spezifischen Aufgabe eines Bodhisattvas stehen. *Dāna*, das »Geben«, verleiht dem ganzen Schema seinen besonderen Charakter: Ein Bodhisattva widmet seine/ihre religiösen Anstrengungen gänzlich dem Wohlergehen der anderen Wesen. Indem er oder sie das eigene Leben zu einer Gabe für andere macht, verwirklicht er oder sie im umfassendsten Sinn eine Pro-Existenz: ein Dasein

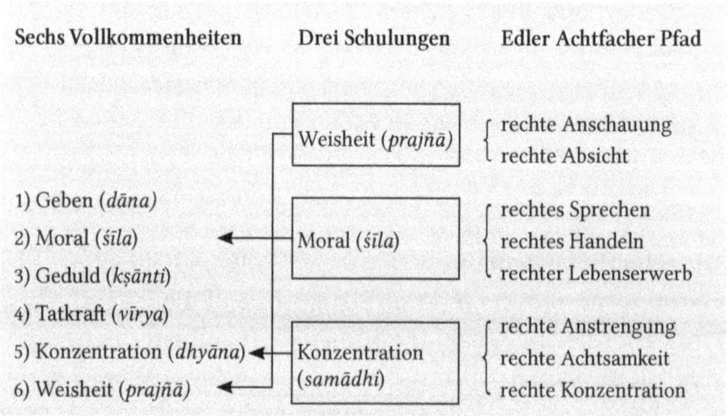

Abb. 8: Die sechs Vollkommenheiten in Beziehung zum Edlen Achtfachen Pfad

für andere. Angesichts der Unermesslichkeit der Aufgabe – nämlich der Erlösung aller leidenden Wesen – benötigt der Bodhisattva ein unendliches Maß an *kṣānti* (= »Geduld«, mit der starken Konnotation von »Nachsicht« oder »Vergebungsbereitschaft« angesichts von Feindseligkeit) und *vīrya* (»Tatkraft« oder »Energie«).

Das Schema der sechs Vollkommenheiten erweist sich somit als eine andere Form, die besondere spirituelle Eigenart des Werdegangs eines Bodhisattvas zu verdeutlichen: Auch als Bodhisattva folgt man dem buddhistischen Heilsweg, aber eben zum Heil aller anderen Wesen. Daher ist es nur konsequent, wenn Śāntideva das *Dharmasaṅgīti-Sūtra* zitiert und betont, dass sich der Bodhisattva letztlich nur auf eine einzige Tugend konzentrieren soll, auf das große Mitleid (*mahākaruṇā*), denn: »Im großen Mitleid ... sind alle Tugenden des Bodhisattvas enthalten« (SS 16:286; Bendall; Rouse, 1971, S. 261). Und Śāntideva nimmt diese Maxime sehr ernst: Wenn der Einsatz für das Wohlergehen der anderen vom Bodhisattva verlangt, eine der buddhistischen Regeln zu verletzen, dann ist ihm das nicht nur erlaubt, sondern – im Namen des Mitleids – ist er dazu sogar verpflichtet (siehe BCA 5:83f.; SS 8:167f.). Mitleid ist also das ultimative Kriterium.

Die Betonung des Mitleids als der Kardinaltugend eines Bodhisattvas unterstreicht zudem den Umstand, dass der Beistand, den ein Bodhisattva den leidenden Wesen bietet, sich zwar in der spirituellen Unterstützung vollendet, aber keineswegs allein auf die Hilfe in spirituellen Dingen beschränkt ist. Die Hilfe eines Bodhisattvas beinhaltet vielmehr die ganzheitliche Anstrengung, das Leiden der Wesen zu lindern. So preist das berühmte *Vimalakīrtinirdeśa-Sūtra* die Bodhisattvas für ihr Geschick, spirituelle Hilfe mit materieller Hilfe zu verbinden:

> Während der kurzen Zeitalter von Krankheiten,
> Werden sie die beste heilige Arznei;

Sie machen die Wesen heil und froh,
Und bewirken so ihre Befreiung.

Während der kurzen Zeitalter von Hungersnöten,
Werden sie Speise und Trank.
Erst lindern sie den Durst und den Hunger,
Dann lehren sie den lebenden Wesen den Dharma.

Während der kurzen Zeitalter der Schwerter,
Meditieren sie über die Liebe,
Und führen Millionen von Lebewesen
Hin zur Gewaltlosigkeit.

Mitten in schweren Gefechten
Ergreifen sie keine Partei;
Denn Bodhisattvas mit starker Kraft
Erfreuen sich bei einem Konflikt an der Versöhnung.
(…)
Mit Absicht werden sie zu Kurtisanen,
Um Männer für sich zu gewinnen.
Nachdem sie sie mit dem Haken der Begierde gefangen haben,
Verankern sie sie im Buddha-Erkennen.

Um den lebenden Wesen zu helfen,
Werden sie immer wieder zu großen Führern,
Zu Hauptmännern, Priestern und Ministern,
Und sogar Premierministern.

Um der Armen willen
Werden sie unerschöpfliche Schätze,
Und bewirken, dass alle, denen sie ihre Gaben geben,
Den Erleuchtungsgeist erfassen.

(Vn 8; Thurman, 1976, S. 70f.).

Überweltliche Bodhisattvas

Nach dem allgemeinen Glauben des Mahāyāna-Buddhismus ist die Vervollkommnung der Bodhisattva-Tugenden ein sehr langer Prozess, der sich über unzählige, aufeinander folgende Leben erstreckt. Im Kontext dieses Glaubens entwickelten sich nach und nach stärker systematisierte Lehren über die innere Struktur dieses Reifeprozesses. Eine ganze Reihe von Mahāyāna-Schriften bezeugt die Idee von zehn aufeinander folgenden Stufen (*bhūmis*): Auf jeder Stufe muss ein Bodhisattva eine andere Tugend vervollkommnen, bis er am Ende bereit ist für die volle Buddhaschaft. In diesem Schema wird die traditionelle Liste der »sechs *pāramitās*« um vier zusätzliche Tugenden erweitert, um so eine exakte Korrelation einer jeden der zehn Stufen mit je einer Vollkommenheit zu ermöglichen. Bei den vier hinzugefügten *pāramitās* (Nummer sieben bis zehn) handelt es sich um: (7) Geschicklichkeit in den Mitteln (*upāya*), (8) Festigkeit hinsichtlich des Gelübdes (*praṇidhāna*), (9) spirituelle Macht oder Stärke (*bala*) und (10) Einsicht oder Wissen (*jñāna*). Allerdings ergibt diese Auflistung weiterer Tugenden wenig Sinn, wenn man sie als progressive Weiterentwicklungen über die sechs Tugenden hinaus betrachtet. Vielmehr werden hier lediglich einige zusätzliche Tugenden benannt, die mit dem Werdegang des Bodhisattvas eng verknüpft sind. Daher lässt sich durchaus vermuten, dass der Hauptgrund für ihre Einführung ein rein formaler war: eben jene volle Übereinstimmung der zehn Stufen mit einer entsprechenden Anzahl von Tugenden beziehungsweise Vollkommenheiten.

Die Idee, dass der Bodhisattva-Weg durch eine Stufenfolge spiritueller Entwicklungsschritte charakterisiert ist, beinhaltet allerdings noch einen weiteren Aspekt, und zwar einen, der für den Glauben und die Praxis des Mahāyānas große Bedeutung besitzt. Nach Vollendung der ersten sechs Stufen, wenn also die traditionellen sechs *pāramitās* vollendet sind, gilt ein Bodhisattva als jemand, der, wenn er oder sie es wollte, den *saṃsāra* verlassen und in ein privates *Nirvāṇa* eingehen könnte. Da sich ein Bodhisattva jedoch entschlossen hat, im *saṃsāra* zu bleiben, eignet ihm oder ihr ab der siebten Stufe ein ganz anderer Status. Denn nun können Ort und Form der Wiedergeburt freiwillig bestimmt werden, und der Fortschritt auf den weiteren Stufen bringt einige außergewöhnliche Kräfte mit sich, die zur Erlösung aller Wesen angewendet werden. Unter diesen höheren Fähigkeiten befindet sich zum Beispiel die Macht, sich zu vervielfältigen und sich in unterschiedlichen Formen zu manifestieren. Der Bodhisattva kann hierdurch in allen Bereichen des *saṃsāras* erscheinen, er kann freiwillig in die Höllen hinabsteigen oder die Gestalt von Tieren oder Menschen in elenden Umständen annehmen. So ist die Welt – mit den Augen des Mahāyānas gesehen – erfüllt von verborgenen Bodhisattvas.

Eine besondere Art der Hilfe, die Bodhisattvas anderen Wesen leisten, besteht darin, dass Bodhisattvas ihre eigenen karmischen Verdienste auf jene übertragen, die selber nichts Verdienstvolles vorzuweisen haben (woraus den Bodhisattvas selber wieder neues Verdienst erwächst). Für die Bodhisattvas ist die Praxis der Verdienstübertragung lediglich die konsequente Weiterführung ihres selbstlosen Mitleids. Aus der Perspektive der spirituell oder moralisch wenig vollkommenen Empfänger handelt es sich jedoch um eine höchst willkommene Substitutions-Leistung. Von einem eher traditionellen buddhistischen Standpunkt her ist die Vorstellung, dass ein eigenes Defizit an gutem Karma durch die karmischen Verdienste einer anderen Person ausgeglichen werden könne, mit der ursprünglichen Karma-Lehre kaum zu vereinbaren. Gegen dieses Bedenken lässt sich allerdings ins Feld führen, dass auch nach traditioneller Auffassung der Beistand, den Buddha Gautama durch sein Wirken anderen Wesen gewährte, diese dazu in die Lage versetzte, einen spirituellen Fortschritt oder sogar die Erleuchtung zu erreichen, was sie allein aufgrund ihres eigenen guten Karmas nie geschafft hätten. Der Keim eines

Gnaden-Konzepts, die Angewiesenheit auf die Hilfe anderer, ist also bereits eingebettet in dem Gedanken des von Mitleid motivierten Wirkens des Buddhas in der Welt. Und wie wir gesehen haben, ist genau dieses Wirken die Wurzel und der Archetyp des gesamten Bodhisattva-Ideals.

Mehrere buddhistische Schriften führen eine Reihe besonderer Bodhisattvas ein, die zu äußerst prominenten Figuren avancierten. In der Welt des Mahāyānas sind sie hoch verehrt, werden als göttliche Helfer und sogar Erlöser angerufen und häufig in der buddhistischen Kunst dargestellt. Bodhisattva Maitreya ist sowohl im Theravāda als auch im Mahāyāna populär. Er wird als der nächste Buddha verehrt, der gegenwärtig noch im Tuṣita-Himmel weilt und mit dem man leicht durch Gebete und visionäre Meditationspraktiken in Kontakt treten kann. Sein zukünftiges Erscheinen ist häufig mit apokalyptisch-messianischen Erwartungen verknüpft und hat bisweilen chiliastische und revolutionäre Bewegungen inspiriert. Andere äußerst populäre überweltliche Bodhisattvas – von denen man im Allgemeinen glaubt, dass sie sich auf der höchsten Stufe ihrer spirituellen Entwicklung befinden – sind Mañjuśrī, Kṣitigarbha, Vajrapāṇi, Samantabhadra und viele andere. Manchmal beschränkt sich deren Kult auf bestimmte Regionen oder Zweige des Buddhismus, und häufig haben sie etwas unterschiedliche symbolische Funktionen, abhängig von den Schriften oder Schulen, in denen sie eine wichtige Rolle spielen. Eine berühmte weibliche Bodhisattvagestalt, die in den verschiedenen Zweigen des tibetischen Buddhismus verehrt wird, ist Tārā. Von ihr heißt es, dass sie aus jenen Tränen des Mitleids geboren wurde, die Avalokiteśvara vergossen hat. Dieser ist der mit Abstand populärste und bedeutendste aller Bodhisattvas. Sein Name wird häufig als »Herr, der (voll Mitleid) herabblickt« und in seiner chinesischen Form, Guanyin (Kuan-yin), als »der (oder: die) die Schreie der Welt hört« gedeutet. Mehr noch als alle anderen Bodhisattvas gilt er oder sie als das vollendete Mitleid, als die »Inkarnation des Mitleids«

(Williams, 1989, S. 232). Unter dem Namen Guanyin (in Japan: Kannon oder Kwanon) verehrt ihn die chinesisch-buddhistische Kultur gewöhnlich in weiblicher Gestalt. (Es ist übrigens die japanische Version seines beziehungsweise ihres Namens, die sich hinter der Marke »Canon« verbirgt, denn der erste Fotoapparat, den diese Firma produzierte, hieß »Kwanon« und wurde später in seiner anglisierten Form als »Canon« zum Namen des Unternehmens.)

Bereits das Lotos-Sūtra preist Avalokiteśvara als die große Zuflucht und als Helfer in allen weltlichen Nöten. Er ist der Retter der Schiffbrüchigen, der Gefangenen, der zum Tode Verurteilten, aller, die von ihren Feinden mit dem Tod bedroht werden. Er ist der Beschützer vor Kobolden und Dämonen, vor gefährlichen Bestien und Schlangen wie auch vor Gewitterstürmen. Er »blickt auf alle Kreaturen, die von vielen Hunderten von Sorgen heimgesucht werden und an vielen Kümmernissen leiden, und dadurch wird er zum Retter in der Welt, einschließlich der Götter« (SpS 25; Kern, 1963, S. 414).

Der Lobpreis der großen überweltlichen Bodhisattvas ist bisweilen so außergewöhnlich, dass die Grenzen zwischen ihnen und den vollkommen entwickelten Buddhas verschwimmen. Das wird besonders deutlich, wenn wir uns ihre Rolle als kosmische Bodhisattvas ansehen.

Der kosmische Bodhisattva

Das *Kāraṇḍavyūha-Sūtra*, das der Verherrlichung des Avalokiteśvaras gewidmet ist, greift den alten vedischen Mythos vom *puruṣa* auf (siehe oben S. 40f.) und präsentiert den Bodhisattva Avalokiteśvara als den wahren *puruṣa*, aus dem der Kosmos erschaffen wurde:

> Aus seinen Augen stiegen der Mond und die Sonne auf, aus seiner Stirn entstand Maheśvara (Śiva), aus seinen Schultern Brahmā, aus seinem Herzen Nārāyaṇa, aus seinen Zähnen Sarasvatī, aus seinem Mund die Winde, aus seinen Füßen

> die Erde, aus seinem Bauch Varuṇa. (...) Man wird Euch Ādideva nennen (den ursprünglichen Gott), den Schöpfer, den Erschaffer.
>
> (Kāraṇḍavyūha-Sūtra 16; Thomas, 1952, S. 76f.; siehe auch Studholm, 2002, S. 37-59)

Das ist keineswegs so ungewöhnlich, wie es zunächst scheint. Das populäre Vimalakīrtinirdeśa-Sūtra spielt offensichtlich auf solche Passagen an, wenn es hierin von den überweltlichen Bodhisattvas heißt:

> Sie mögen zu Sonnen oder Monden werden,
> Zu Indras, Brahmās, oder zu Herren der Kreaturen,
> Sie mögen Feuer oder Wasser werden
> Oder Erde oder Wind.
>
> (Vn 8; Thurman, 1976, S. 69)

Viele Mahāyāna-Schriften propagieren die Vorstellung vom Bodhisattva als einer kosmischen, alles durchdringenden Wirklichkeit. Zumeist wird dies mit dem Bild ausgedrückt, dass der Bodhisattva in einem einzigen Atom seines Körpers unzählige Weltsysteme manifestiert, während er zugleich in jeder dieser Welten gegenwärtig ist.

Wie lassen sich solche Vorstellungen deuten? Im klassischen indischen Kontext war der Verweis auf den Puruṣa-Mythos in seiner symbolischen Botschaft klar verständlich: Der Bodhisattva erscheint als der oder das Eine, aus dem der Kosmos und die kosmische Ordnung (einschließlich der hinduistischen Götter) entstanden sind, die auch nach der Schöpfung die Merkmale des Einen beibehalten. Bemerkenswert ist allerdings die Tatsache, dass es in der buddhistischen Version keinen Hinweis auf das Kastensystem gibt, das im Hinduismus so eng mit dem Puruṣa-Mythos verknüpft ist und ein Ziel früher buddhistischer Polemik darstellt. Wenn also

Mahāyāna-Buddhisten auf den Kosmos blicken und in ihm Avalokiteśvara – die »Inkarnation des Mitleids«, den großen Erlöser – als den göttlichen *puruṣa* erkennen, dann scheint die Botschaft zu lauten, dass die Welt in ihrem Kern die Züge des Bodhisattvas trägt. Mit anderen Worten, die Welt ist, so wie sie ist, förderlich für die Erleuchtung; die Welt selbst ist bereits eine Manifestation des kosmischen Mitleids beziehungsweise der befreienden Gnade.

Dies wird sich weiter bestätigen, wenn wir uns mit dem mahāyānistischen Verständnis des Buddhas befassen.

Literaturhinweise: Dayal (1932); Huong (2004); Kawamura (1981); Nattier (2003); Williams (1989).

Der überweltliche Buddha des Lotos-Sūtras

Eines der zweiunddreißig körperlichen Merkmale, die ein Buddha gemäß der buddhistischen Tradition besitzt, besteht aus einem »Rad mit Tausend Speichen« unter seinen Fußsohlen. Einst, so erzählt es der Pāli-Kanon, erblickte der Brahmane Doṇa die Fußspuren des Buddhas und als er die Abdrücke des Rades bemerkte, rief er verwundert aus: »Das können ganz bestimmt nicht die Fußspuren eines Menschen sein!« (AN 4:61; Nyanaponika; Bodhi, 1999, S. 87). Doṇa folgte den Spuren, holte schließlich den Buddha ein und fragte ihn, was für ein Wesen er denn sei und was er wohl in seinem nächsten Leben werde. In seiner Antwort erklärte der Buddha, er habe alle Formen saṃsārischer Existenz hinter sich gelassen. Daher könne man ihn weder als Menschen, noch als Gottheit (*deva*) oder als ein himmlisches Wesen ansehen. Vielmehr habe er die Welt überwunden und sei ein »Buddha«.

Unter den frühen buddhistischen Schulen war es völlig unstrittig, dass der Buddha nicht innerhalb der Kategorien saṃsārischer Existenzformen interpretiert werden könne. Deswegen läge man vollkommen falsch, würde man den Buddha als jemand ansehen, der einfach nur ein *bloßer* Mensch war. Als jemand, der den *saṃsāra* transzendiert hat, steht der Buddha jenseits von Göttern und Menschen. Strittig war jedoch unter den frühen buddhistischen Schulen, ob man den Buddha trotz seines überweltlichen Status dennoch als einen *wirklichen* Menschen ansehen könne oder ob man seine menschliche Existenz eher als eine Art von Erscheinung verstehen müsse, als die Manifestation einer ihrem Wesen nach übermenschlichen Wirklichkeit in scheinbar menschlicher Gestalt. Während die Theravāda-Schule die erste Auffassung verteidigte, waren andere frühe buddhistische Schulen, insbesondere unter den Mahāsaṅghikas, der letzteren Ansicht (siehe Kv 18:1-4). Diese Position wird auch von einer der frühen Mahāyāna-Schriften vertreten, dem Lotos-Sūtra, das später einen ganz entscheidenden Einfluss im ostasiatischen Buddhismus ausüben sollte.

Einer der zentralen Schwerpunkte im Lotos-Sūtra (Kapitel 16; in der Sanskritversion: Kapitel 15) besteht in der Offenbarung, dass der Buddha seine Geburt, seinen Tod und seine Erleuchtung nur vorgetäuscht habe, wohingegen er in Wahrheit »unbegrenzt in der Dauer seines Lebens, immerwährend« ist (Kern, 1963, S. 302). Seine eigentliche Erleuchtung »geschah« in einer unermesslichen Vergangenheit – gewissermaßen vor aller Zeit. Nur zu quasi pädagogischen Zwecken, um die Verblendeten zu belehren, erschien er als ein endliches menschliches Wesen. Er spiegelte seinen Tod nur vor, damit seine Schüler, in dem Glauben, ihren Lehrer verloren zu haben, seine Lehren umso ernsthafter befolgen würden. Als aber nach seinem vermeintlichen Tod die Sehnsucht nach ihrem Lehrer stark genug geworden war, habe ihnen der Buddha schließlich enthüllt, dass er in Wirklichkeit nie verschwunden ist. Damit offenbarte er ihnen seine wahre, ewige Natur als »Vater der Welt« – ein Ausdruck, den das Lotos-Sūtra wörtlich verwendet, der aber so auch in der Bhagavadgītā (einem wichtigen hinduistischen Text aus ungefähr gleicher Zeit) als ein Beiname des höchsten Gottes auftaucht (für weitere Parallelen zwischen dem Lotos-Sūtra und der Gītā siehe Kern, 1963, S. XXVf.):

> So bin ich der Vater der Welt, der Selbstgeborene, der Heiler, der Beschützer aller Kreaturen. Da ich weiß, dass sie irregeführt, vernarrt und unwissend sind, lehre ich meine letzte Ruhe, obwohl ich selber nicht in Ruhe bin.
> Was sollte für mich der Grund sein, dass ich mich immer wieder neu manifestiere? Wenn die Menschen ungläubig werden, töricht, unwissend, nachlässig, Sin-

> nenfreuden lieben und sich aus Gedankenlosigkeit ins Unglück stürzen,
> Dann erkläre ich, der ich den Lauf der Welt kenne: Ich bin so und so (und erwäge): Wie kann ich sie dazu bringen, in Richtung Erleuchtung zu gehen? Wie können sie zu Teilhabern an den Buddha-Gesetzen werden?
>
> (Lotos-Sūtra 15, Kern, 1963, S. 309f.)

Hat der Buddha somit gelogen, als er sich als ein sterbliches menschliches Wesen präsentierte? Das Lotos-Sūtra geht auf diese Frage ein und beantwortet sie mit »Nein«. Er habe lediglich aus pädagogischen Gründen ein »geschicktes Mittel« angewendet, um seine Nachfolger allmählich auf ein umfassenderes Verständnis der Wahrheit vorzubereiten.

Die Botschaft des Lotos-Sūtras war schon immer kontrovers. Wie bereits erwähnt, beschreibt bereits das Lotos-Sūtra selbst den gewaltsamen Widerstand, der ihm von anderen Buddhisten entgegenschlug (siehe Lotos-Sūtra, Kapitel 13 bzw. 12). Auch heute noch wird dem Lotos-Sūtra bisweilen eine unzulässige »Vergöttlichung« des Buddhas vorgeworfen – eine Vergöttlichung, die, so der Einwand, im Gegensatz zu den älteren beziehungsweise authentischen buddhistischen Prinzipien stehe. Insbesondere die Idee einer ewigen Natur des Buddhas – oder vielleicht genauer: eines Status jenseits der Zeit – widerspreche dem buddhistischen Grundsatz, wonach alles vergänglich ist. Nach Paul Williams (1989, S. 151f.) sollte es daher lediglich als eine Form von literarischer Übertreibung betrachtet werden, wenn der Buddha im Lotos-Sūtra als ewig bezeichnet wird. Williams räumt allerdings ein, dass die Anhänger des Sūtras diese Zuschreibung durchaus wörtlich verstanden haben. Nun hat jedoch der traditionelle Buddhismus nie gelehrt, dass *alles* vergänglich ist. Zweifellos gilt ihm jedes saṃsārische »Ding« oder »Wesen« als unbeständig (*anitya*). Aber das Nirvāṇa wurde immer als eine Realität verstanden, die jenseits und frei von aller Unbeständigkeit ist: als das »Todlose«. Außerdem gilt auch im traditionellen Buddhismus, dass sich die Natur des Buddhas nicht in saṃsārischen Begriffen verstehen lässt. Die frühe Ansicht, dass die Erleuchtung des Buddhas ihn quasi »nirvāṇisiert« habe, so dass er zum »sichtbaren Nirvāṇa« wurde (siehe oben S. 110f.), konnte daher nur zu leicht zu dem korrespondierenden Motiv einer »Buddhaisierung« des Nirvāṇas führen: Mit anderen Worten, wenn das transzendente Nirvāṇa im Buddha manifest ist, dann kann – und in gewissem Sinne: muss – Buddhaschaft in das transzendente Nirvāṇa selbst zurückprojiziert werden.

Etwas Ähnliches trifft auch auf die Beziehung zwischen Buddha und Dharma zu. Schon vor der Entstehung des Mahāyāna-Buddhismus wurde der Buddha mit dem Dharma identifiziert (siehe oben S. 52) und galt als der »sichtbare Dharma«. Allerdings lässt sich der Dharma, in seinem höchsten Sinn, nicht einfach mit der verkündeten Lehre gleichsetzen. Denn der verkündete Dharma ist vergänglich: Er unterliegt dem Verfall; er kann und wird vergessen werden. Demgegenüber ist jedoch der kosmische Dharma, auf dem der verkündete Dharma beruht und den diese Verkündigung zum Inhalt hat, ewig. Nur weil er ewig ist, kann der Dharma, wenn er in Vergessenheit geraten ist, wieder neu entdeckt und verkündet werden, so wie eine alte Stadt, die vom Dschungel überwuchert war, neu entdeckt und wieder neu errichtet werden kann. Folglich mag die traditionelle Gleichsetzung von Buddha und Dharma nicht nur auf menschlicher, vergänglicher Ebene gültig sein, sondern eben auch auf der übermenschlichen Ebene. Das würde bedeuten, dass es hinter und jenseits der vergänglichen, menschlichen Gestalt des Buddhas einen ewigen Buddha gibt, so wie es den ewigen Dharma hinter oder jenseits seiner vergänglichen, verkündigten Form gibt. Der wahre Buddha wäre so gesehen nicht verschieden vom wahren Dharma, und er wäre in dem Sinne »ewig«, in dem der Dharma ewig ist: als eine kosmische Realität jenseits aller Zeit. Dementsprechend offenbart der Buddha des Lotos-Sūtras seine wahre Natur, indem er sich dabei auf sein ewiges Lehren des Dharmas bezieht:

> Eine unvorstellbare Anzahl von … Zeitaltern, die nie gemessen werden kann, ist vergangen, seit ich die höchste (oder erste) Erleuchtung erlangte, und ich habe nie aufgehört, den Dharma zu lehren.
>
> (leicht modifiziert nach Kern, 1963, S. 307)

Wenn aber das Sein des Buddhas in Wahrheit ewig oder zeitlos ist, wie soll es dann überhaupt möglich sein, ein Buddha *zu werden* (siehe Williams & Tribe, 2000, S. 171)? In Anbetracht dieses Problems könnte man die zentrale Botschaft des Lotos-Sūtras als Bedrohung für den eigentlichen Kern des Bodhisattva-Ideals, nämlich das Ziel, ein Buddha zu werden, ansehen. Zudem würde das Lotos-Sūtra hiermit scheinbar seiner eigenen Absicht widersprechen. Denn eine der anderen erstaunlichen Botschaften des Lotos-Sūtras ist die, dass jedes Wesen zu einem Buddha werden kann und werden sollte.

Eine mögliche Lösung dieses Problems liegt darin, genauer zwischen der ewigen beziehungsweise zeitlosen Natur des Dharmas einerseits und andererseits der Art, in der der überweltliche Buddha daran teilhat, zu unterscheiden. In gewisser Weise wird diese Unterscheidung in der sogenannten Lehre von den *Drei Buddha-Körpern* (*trikāya*) erreicht. Eine andere Lösung zeigt sich in der Auffassung, dass man gar nicht wirklich zum Buddha »wird«, sondern dass jeder von uns bereits ein Buddha *ist*, so dass wir nur das »werden«, was wir in Wahrheit schon sind. »Ein Buddha zu werden« bedeutet daher, dass unsere eigene wahre *Buddha-Natur* freigelegt wird. Zwar kommt im Lotos-Sūtra selbst keine dieser beiden Lösungen explizit vor. Doch sind einige Experten der Ansicht, dass die Lehre von der universalen »Buddha-Natur« an manchen Stellen, in denen es um den »ursprünglich reinen Geist« geht (siehe Hirakawa, 1990, S. 284), zumindest implizit enthalten ist. Die Lehre vom »ursprünglich reinen Geist« stammt im Kern ja bereits aus der Zeit vor dem Mahāyāna (siehe oben S. 83) und bildet sicher eine der Wurzeln für die Lehre von der Buddha-Natur. In späteren Formen des Mahāyāna-Buddhismus erlangten sowohl die Lehre von der allgemeinen Buddha-Natur als auch die Lehre von den Drei Buddha-Körpern besondere Bedeutung. Sehen wir uns diese daher nun etwas genauer an.

Die »Drei Buddha-Körper«

Das Lotos-Sūtra war nicht die einzige Schrift des Mahāyānas, die die Idee eines überweltlichen oder übermenschlichen Buddhas einführte. Deshalb wurde es notwendig, die Beziehung zwischen menschlichen Buddhas, übermenschlichen Buddhas und dem kosmischen oder ewigen Dharma in ein kohärentes System zu bringen. So entwickelte sich allmählich die sogenannte *trikāya-Lehre*, die Lehre von den »drei Körpern« des Buddhas. Zunächst war sie wohl eng mit der Yogācāra-Schule der buddhistischen Philosophie verbunden (siehe unten S. 244ff.). Doch im Laufe der Zeit wurde sie mehr oder weniger zum Allgemeingut des Mahāyāna-Buddhismus.

Am Anfang dieser Entwicklung stand die eben besprochene Zweiteilung: der Buddha in seiner menschlichen Gestalt beziehungsweise in seinem physischen »Körper«, und der Buddha als identisch mit dem Dharma, das heißt, der Buddha in seinem »Dharmakörper« (*dharmakāya*). Neuere Forschungen deuten darauf hin, dass sich der Begriff »Dharmakörper« auch im Mahāyāna-Buddhismus ursprünglich entweder auf den Dharma im Sinne der Lehre des Buddhas bezog – und damit auf den Buddha als jemanden, der diese Lehre verkörpert – oder auf jenen besonderen »Körper« oder Corpus von *dharmas* (im Sinne einer Gruppe von »Qualitäten«), die einen

Buddha charakterisieren (siehe Harrison, 1992). Daraus haben einige Experten den Schluss gezogen, dass die Verwendung von *dharmakāya* im späteren Mahāyāna als eines Begriffs, der sich auf die letzte oder absolute Wirklichkeit bezieht, einen Bruch mit seiner ursprünglichen Bedeutung darstelle. Allerdings sollte man nicht übersehen, dass schon im ursprünglichen buddhistischen Verständnis der Dharma viel mehr bedeutet als nur die verkündete Lehre und schon gar nicht als eine bloße Erfindung des Buddhas gilt. Beim Dharma handelt es sich vielmehr um ein ewiges kosmisches Gesetz. In dieser Hinsicht ist es durchaus aufschlussreich, dass im Pāli-Kanon ein früher Verweis auf den *dharmakāya* des Buddhas diesen in Parallele zum Puruṣa-Mythos setzt (DN 27:9; siehe oben S. 40). Auch die »Qualitäten« eines Buddhas spiegeln nicht einfach nur die Charakteristika einer außergewöhnlichen Person wider, sondern vielmehr den nirvāṇisierten Zustand des Buddhas. Es überrascht daher nicht, sondern ist eher ganz folgerichtig, dass sich »*dharmakāya*« schließlich zu einem Begriff entwickelte, der besagt, dass die letzte Wirklichkeit in und hinter allem der wahre Körper oder (wie er auch genannt wird) der »Wesenskörper« eines Buddhas ist.

Insofern sich der *dharmakāya* auf die letzte Wirklichkeit bezieht, wird er auch als unvorstellbar oder »formlos« bezeichnet. Er ist »jenseits« aller konkreten Gestalt und begrifflichen Form, mittels derer er als eine Wirklichkeit unter vielen anderen begriffen werden könnte. Daher wurde der *dharmakāya* noch höher eingestuft als die Vorstellung vom Buddha als einer überweltlichen Gestalt. Denn die verschiedenen überweltlichen Buddhas, von denen das Mahāyāna spricht, besitzen ja ihre eigenen, spezifischen Formen, ihre individuellen Namen, ihre typischen Attribute, ihre besonderen Sphären und Einflussgebiete und können als solche in der Meditation auch gesehen beziehungsweise visualisiert werden. Folglich unterscheidet die ausgereifte *trikāya-Lehre* zwischen drei »Körpern« des Buddhas: (1) einem »formlosen Körper« (dem *dharmakāya*) und zudem zwei »Formkörpern« (*rūpakāya*), nämlich (2) dem überweltlichen Buddha (*sambhogakāya*), der sich (3) als physische Erscheinung eines Buddhas (*nirmāṇakāya*), als vergängliches menschliches Wesen, manifestiert.

Der zweite der beiden Formkörper wird wohl gewöhnlich deswegen »Transformationskörper« (*nirmāṇakāya*) genannt, weil er den Status einer Art »magischer« Transformation eines überweltlichen Buddhas in eine vergängliche menschliche Manifestation besitzt.

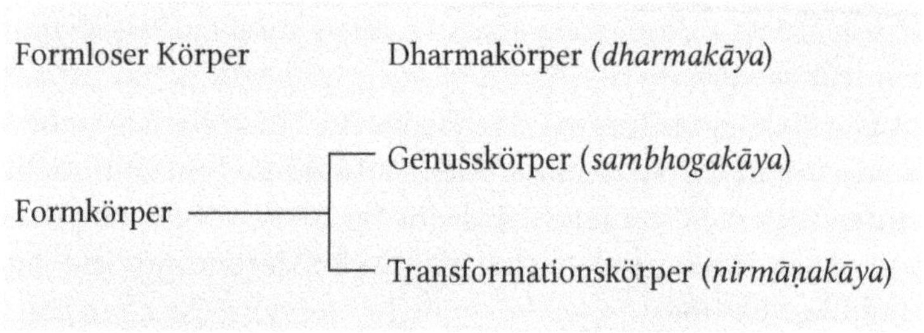

Abb. 9: Die drei Buddha-Körper (*trikāya*)

Der Formkörper des überweltlichen Buddhas wird als »Genusskörper« (*sambhogakāya*) bezeichnet oder auch als »Körper gemeinschaftlichen Genusses« (je nachdem, wie die Vorsilbe *sam-* übersetzt wird), vermutlich deswegen, weil er für jenen Status (beziehungsweise für jene Art eines Wesens) steht, den ein ehemaliger Bodhisattva »genießt«, nachdem er sein Ziel, die Buddhaschaft, erreicht hat. Deswegen wird *sambhogakāya* manchmal auch als »Belohnungskörper« übersetzt: Er stellt quasi die »Belohnung« oder den »Erfolg« des Bodhisattva-Strebens dar.

Die *trikāya-Lehre* bietet eine Lösung für das Problem, das durch das Lotos-Sūtra aufgeworfen wird: Streng genommen ist nach der *trikāya*-Lehre nur der *dharmakāya* ewig. Man kann die Buddhaschaft erlangen und zu einem Buddha *werden*, aber nur auf den Ebenen des »Transformationskörpers« und des »Genusskörpers« oder, genau genommen, sogar nur auf der Ebene des »Genusskörpers« und dann seine Manifestation als »Transformationskörper« hervorbringen. Der ewige oder zeitlose *dharmakāya* ist jedoch nicht etwas, das »werden« oder entstehen könnte. Er ist vielmehr der letzte Grund oder die letzte Grundlage der beiden Formkörper, die ohne die unbedingte Existenz dieser »hinter« ihnen liegenden Wirklichkeit niemals von sich aus ins Dasein gelangen könnten. (Vergleiche hierzu die klassische Darstellung der *trikāya-Lehre* in Ms 10.) Obwohl der formlose *dharmakāya* an sich unbegreiflich und unbedingt ist, gilt daher zugleich auch, dass »er sich in bedingten Bildern manifestiert« (Ms 10; Keenam, 1992, S. 106). Das heißt, die Formkörper eines Buddhas lassen sich quasi als »das spontane mitleidsvolle ›Überfließen‹ des *dharmakāyas*« interpretieren (Williams & Tribe, 2000, S. 176).

Manchmal wird in Mahāyāna-Texten die Frage diskutiert, ob es sich beim *dharmakāya* um eine einzige Wirklichkeit handelt oder ob es eine Vielzahl von *dharmakāyas* gebe, eben genauso viele, wie es Buddhas gibt. Nach dem Mahāyānasaṃgraha (MS 10:8) kann man den *dharmakāya* im Hinblick auf die unzähligen Wesen, die auf seiner Basis die vollkommene Erleuchtung erlangen, als eine differenzierte beziehungsweise vielfache Wirklichkeit ansehen. Aufgrund seiner Formlosigkeit ist er jedoch zugleich auch undifferenziert: Er ist die einzige Grundlage all seiner verschiedenen Manifestationen. Beide Aspekte werden also bejaht. Zudem besteht eine Nicht-Dualität von Einheit beziehungsweise Einzigkeit und Unterschiedlichkeit beziehungsweise Vielheit (Ms 10:3). Denn einerseits sind die Formkörper des Buddhas verschieden vom *dharmakāya*, aber andererseits sind sie von diesem als ihrer letzten Grundlage nicht getrennt (siehe Ms 10:36f.). Letztendlich lässt sich die Beziehung der beiden Formkörper zum Körper der letzten Wirklichkeit nur paradox ausdrücken: »Der ungeborene Buddha wird geboren, verweilt im Nicht-Verweilen …« (Ms 10; 28; Keenan, 1992, S. 112).

Die Buddha-Natur

Anscheinend wurde im frühen Mahāyāna der Entwicklungsgang des Bodhisattvas noch als ein eher elitärer Weg angesehen. Nur ganz wenige Anhänger des Buddhas entschlossen sich, nach dem höchsten der prinzipiell möglichen Ziele zu streben, also nach der Buddhaschaft. Eine der erstaunlichen Botschaften des Lotos-Sūtras war jedoch, dass jeder ein Buddha werden soll und auch kann. Dies setzt freilich voraus, dass jeder das Potenzial besitzt, zum Buddha zu werden. Dieses Potenzial wird im Allgemeinen als *tathāgatagarbha* bezeichnet, das heißt, als »Keim«, »Embryo« oder auch »Schoß« des Tathāgatas beziehungsweise Buddhas. Aber wie lässt sich dieses Potenzial verstehen?

Wie oben gezeigt (S. 83), spricht bereits der Pāli-Kanon davon, dass der Geist ursprünglich rein oder »leuchtend« sei, was beinhaltet, dass Gier, Hass und Verblendung keine inneren Wesensmerkmale des Geistes, sondern nur ihm äußerliche »Befleckungen« sind. Den Prozess der inneren spirituellen Entwicklung bis hin zur Erleuchtung konnte man daher als eine allmähliche Beseitigung dieser Befleckungen verstehen, so dass hierdurch die ursprünglich leuchtende Natur des Geistes freigelegt wird. Da nun aber die buddhistische Kosmologie nicht davon ausgeht, dass es in der Vergangenheit irgendeinen Zeitpunkt oder Ursprung gab, zu dem der Geist der Wesen völlig rein von allen Befleckungen war, sollte man die »Ursprünglichkeit« dieser leuchtenden Natur wohl am Besten im Sinne einer natürlichen, dem Geist innewohnenden Neigung zur Erleuchtung oder zum Nirvāṇa ansehen. Aber sind mit dieser Deutung bereits alle Implikationen dessen ausgeschöpft, was das »ursprüngliche Leuchten« des Geistes besagt? Würde eine solche natürliche Neigung zum Nirvāṇa nicht auch gewisse metaphysische Voraussetzungen beinhalten, eine Art wesentlicher Bezogenheit zwischen dem Samen (wie auch immer wir die »Natur« des Samens verstehen) und der Frucht vollendeter Buddhaschaft?

In seiner voraussetzungsärmsten Form versteht die Lehre von der Buddha-Natur den »Buddha-Keim«, den *tathāgatagarbha*, als bloßes Potenzial, also lediglich als die reine Möglichkeit einer radikalen Transformation von Verblendung hin zu vollkommener Erleuchtung. Das erklärt jedoch nicht die Beziehung zwischen dem unbedingten Nirvāṇa oder Dharma oder *dharmakāya* (der als solcher nicht entstehen kann und auch keinen Veränderungen unterliegt) einerseits und der Transformation eines verblendeten Wesens in ein erleuchtetes Wesen andererseits.

Eine andere Auffassung der *tathāgatagarbha*-Lehre geht davon aus, dass eine solche Transformation nur dann möglich ist, wenn es eine Art metaphysische Ähnlichkeit oder, besser gesagt, Identität zwischen dem Buddha-Keim und der ausgereiften Frucht der Buddhaschaft gibt. Das würde bedeuten, dass jene Realität, die für die Buddhaschaft eines Buddhas wesentlich ist, *in nuce* bereits in einem verblendeten Wesen vorhanden ist: Diese Realität ist der *dharmakāya* selbst, der höchste und eigentliche der drei Buddha-Körper, der zwar in allen empfindenden Wesen gegenwärtig, aber durch die Befleckungen verdeckt ist. Sobald die Befleckungen beseitigt sind – das heißt, sobald man die Buddhaschaft erlangt –, wird diese Wirklichkeit von selbst erstrahlen. Daher ist es nicht die Buddha-Natur beziehungsweise der *dharmakāya*, der irgendeine Veränderung durchläuft. Verändert wird vielmehr unsere Wahrnehmung: Das Nicht-Gewahrsein der Buddha-Natur verwandelt sich in ein vollendetes Bewusstsein von ihr. Jedes empfindende Wesen ist demzufolge in gewissem Sinne bereits »erleuchtet« – seine ursprüngliche oder inhärente Natur *ist* Erleuchtung –, obwohl es sich normalerweise dieser Tatsache nicht bewusst ist. Einige Schriften, die die Lehre vom *tathāgatagarbha* verkünden, zögern denn auch nicht, die Buddha-Natur als unser »wahres Selbst«, als den *ātman* zu bezeichnen.

Bei einer dritten Version, die zwar ebenfalls indischen Ursprungs ist, aber besonders im ostasiatischen Buddhismus populär wurde, gilt der *dharmakāya* nicht nur als der eigentliche Wesenskörper des Buddhas, sondern als die letzte Wirklichkeit, als die wahre Natur von und in allem. Nicht nur empfindende Wesen, sondern grundsätzlich alles, was ist, hat Anteil an der Buddha-Natur – einschließlich der Pflanzen und Steine (ungeachtet der Tatsache, dass nur empfindende Wesen diese Teilhabe so erkennen können, dass sie sich ihrer ursprünglichen Erleuchtung oder Buddhaschaft auch vollkommen bewusst werden). In dieser Version werden *tathāgatagarbha* und *dharmakāya* somit gleichbedeutend mit dem *dharmadhātu*, der wahren Natur aller Dinge. Diese Vorstellung erweckt ganz offensichtlich starke Anklänge an die Brahman-Ātman-Lehre der Upanischaden, wonach das wahre und tiefste Selbst eines jeden Lebewesens oder Dinges zugleich identisch ist mit dem Brahman als der einen letzten Wirklichkeit jenseits von allem und zugleich in allem.

Zweifellos besitzt die Lehre von der Buddha-Natur eine Reihe von Vorteilen, was wohl auch ihre enorme Popularität erklären dürfte. Zuallererst bietet sie starken Trost und Ermutigung auf dem Bodhisattva-Weg. Niemand soll sich selbst für unfähig halten, das hohe Ziel der Buddhaschaft zu erreichen. Dies ist die Botschaft des kurzen und weit verbreiteten *Tathāgatagarbha-Sūtras*: Die Menschen halten sich zwar für (spirituell) verarmt, aber tatsächlich gleicht ihr Leben einer armseligen Hütte, in der ein gewaltiger Schatz versteckt ist, von dem sie nichts wissen – »die Schatzkammer der Weisheit und der große Reichtum, einander umfassend beizustehen« (Tathāgatagarbha Sūtra; Grosnick, 1995, S. 99). Wenn sich jemand dessen bewusst wird und Zuversicht entwickelt, dann wird er oder sie das höchste Ziel auch gewiss erreichen.

Außerdem bietet die Lehre von der Buddha-Natur eine Erklärung dafür, wie die letzte Wirklichkeit trotz ihrer ewigen, unveränderlichen und bewegungslosen Natur dennoch der Antrieb des gesamten Prozesses der spirituellen Transformation sein kann: Sie bewirkt durchaus etwas; sie »handelt«, aber allein mittels ihrer universalen Präsenz – ganz ähnlich wie der »unbewegte Beweger« bei Aristoteles, der, obwohl er unbewegt ist, trotzdem mittels seiner unwiderstehlichen Anziehungskraft alles andere bewegt. Warum empfinden verblendete Menschen Unzufriedenheit mit dem saṃsārischen Dasein? Woher kommt es, dass sogar die Freuden des *saṃsāras* keine dauerhafte Befriedigung gewähren können? Zeugt das nicht von einem tiefen, aber verborgenen Wissen um das Nirvāṇa als das, wonach wir uns in Wirklichkeit sehnen? Das ist das Argument des *Ratnagotravibhāgas* (oder, wie der Text auch genannt wird: *Uttaratantra*), einer weiteren wichtigen Schrift, die die Buddha-Natur verkündet:

> Wäre das Buddha-Element nicht gegenwärtig,
> Gäbe es keinen Jammer über das Leid.
> Es gäbe keine Sehnsucht nach dem Nirvāṇa,
> Kein Streben und keine Hingabe an dieses Ziel.
>
> (Ratnagotravibhāga 1:40; Fuchs, 2000, S. 25)

Schließlich ermöglichte die Idee, dass alles an der letzten Buddha-Natur Anteil hat, eine ausgewogenere Sicht auf die negativen und positiven Aspekte des natürlichen Lebens. Zwar wurde keineswegs in Frage gestellt, dass man die Anhaftung am vergänglichen Dasein überwinden muss, um vom Leiden frei zu werden. Aber man konnte nun die vergängliche Welt auch als etwas betrachten, das seinen eigenen spezifischen Beitrag zur Erlangung von Befreiung leistet. Die Welt besitzt nicht nur eine »Bodhisattva-Natur«, wie wir im vorigen Kapitel gesehen haben, sondern sie gibt auch – auf genuin sakramentale Weise – Zeugnis von ihrer wahren Wirklichkeit als Buddha-Natur. Wie es Malcolm David Eckel (1997, S. 339) pointiert ausdrückt: »›Natur‹ bezeichnet in der indischen Tradition eine Welt, die man transzendieren musste, während sie in Ostasien selbst zu einem Symbol von Transzendenz werden konnte.«

Andererseits gab und gibt es jedoch auch Buddhisten, die die Lehre von der Buddha-Natur äußerst argwöhnisch betrachten, hauptsächlich deswegen, weil sie ihr eine allzu große Nähe zur hinduistischen Brahman-Ātman-Lehre vorwerfen. Die klassischen buddhistischen Abhandlungen über die Buddha-Natur sind sich offensichtlich solcher tatsächlichen oder potenziellen Anschuldigungen durchaus bewusst. Daher versuchen sie, die Lehre von der Buddha-Natur dadurch zu verteidigen, dass sie den *tathāgatagarbha* auf die ein oder andere Weise vom *ātman* der Upanischaden abgrenzen. Manchmal waren sie jedoch auch mutig genug und nutzten die mit dieser Lehre gegebene Möglichkeit, sich über den üblichen, klischeehaften Gegensatz hinwegzusetzen, wonach Hindus auf dem *ātman* (Selbst) und Buddhisten auf dem *anātman* (Nicht-Selbst) insistieren. Bereits der große Nāgārjuna hatte argumentiert, man müsse gleichermaßen sowohl die Bekräftigung des *ātmans* als auch die des *anātmans* überwinden (siehe oben S. 82f.). Und nun erklärt der Text des Ratnagotravibhāgas in Bezug auf die Buddha-Natur:

Sie ist deswegen das wahre Selbst,
Weil hier jede begriffliche Vorstellung
Im Sinne eines Selbst oder Nicht-Selbst
Vollständig zur Ruhe gekommen ist.

(Ratnagotravibhāga 1:37; Fuchs, 2000, S. 24)

Buddha-Länder

Nach Buddhaghosa, dem bedeutenden Theravāda-Kommentator aus dem fünften Jahrhundert u.Z., werden die Worte »Reinheit« oder »Reinigung« in buddhistischen Schriften als Synonyme für das Nirvāṇa verwendet. Der »Weg der Reinigung« (so der Titel eines seiner wichtigsten Werke) bezieht sich auf eben den Weg, der zu diesem transzendenten Ziel führt (siehe Vism 1:5). Der Ausdruck »Buddha-Feld« oder »Buddha-Bereich« (*buddhakṣetra*) bezeichnet in buddhistischen Texten das

»Umfeld«, innerhalb dessen ein Buddha seinen Einfluss ausübt. Folglich wird das Wirken eines Buddhas auch als »Reinigung« des Buddha-Feldes beschrieben. Mit anderen Worten: Unter dem Einfluss eines Buddhas werden die Wesen, die in seinem Umfeld leben, vom Leid und seinen Wurzeln, den Befleckungen des Geistes durch Gier, Hass und Verblendung, »gereinigt«. Wie das Vimalakīrtinirdeśa-Sūtra erklärt, bedeutet die »Reinigung des Buddha-Feldes«, die spirituelle Entwicklung der empfindenden Wesen zu initiieren und ihre spirituellen Fähigkeiten dann so zu entwickeln, dass sie dadurch schließlich zur Erleuchtung geführt werden. Wie wirksam ein Buddha darin ist, sein »Feld zu reinigen«, ist somit auch Ausdruck seiner eigenen spirituellen Fähigkeiten (siehe Vn 1.).

Schon in einem frühen Stadium entwickelten die Mahāyāna-Schriften die Idee, dass Buddhas nicht nur auf konventionelle Art »ihre Felder reinigen«, das heißt, indem sie den Dharma predigen und einen Saṅgha gründen, sondern dass sie auch dazu in der Lage sind, eigene Buddha-Felder zu erschaffen, die von Anfang an »Reine Länder« sind. Gemäß der klassischen systematischen Abhandlungen des Mahāyānas besitzt ein Buddha »die Eigenschaft, im Einklang mit den Bestrebungen der empfindenden Wesen reine Buddha-Länder zu manifestieren« (Ms 2:33; Keenan, 1992, S. 58).

Der Begriff »manifestieren« hat in diesem Kontext eine vielschichtige Bedeutung. Häufig wird er ganz wörtlich als ein Schöpfungsakt verstanden. Dahinter steht die traditionelle kosmologische Auffassung, dass neue Welten die »Schöpfung« kollektiver karmischer Impulse sind; Welten entstehen, weil es empfindende Wesen mit eben jenen karmischen Tendenzen gibt, die eine diesen Tendenzen entsprechende materielle Umwelt hervorbringen (siehe oben S. 108). Auf seinem langen spirituellen Entwicklungsgang als Bodhisattva sammelt ein zukünftiger Buddha solch enorme Vorräte an karmischen Verdiensten an, dass er, wenn er einst die Buddhaschaft erlangt hat, dazu imstande ist, aus diesem guten Karma eine entsprechend gute beziehungsweise »reine« Welt zu erschaffen. Weil er in der Lage ist, seine karmischen Verdienste auf andere Wesen zu übertragen, kann er außerdem bewirken, dass sie in diesem reinen Buddha-Land wiedergeboren werden. Es gibt aber auch Passagen in den Mahāyāna-Schriften, die die Erschaffung der »Reinen Länder« auf subtilere Weise verstehen, nämlich als die quasi »magische« Erzeugung einer kollektiven trügerischen Erscheinung. Wie dem auch sei, für alle, die das Glück haben, in einem solchen reinen Buddha-Land geboren zu werden, macht das nicht den geringsten Unterschied.

Reine Buddha-Länder sind paradiesische Welten – oder besser: Es sind *buddhistische* Paradiese. In dem berühmtesten Reinen Land, Sukhāvatī (»Land der Freude«), das »weit im Westen« gelegen ist und von dem Buddha Amitābha (Jap.: Amida) erschaffen wurde, ist Leiden unbekannt. Die materielle Umwelt und ebenso die Bäume bestehen alle aus Edelsteinen und anderen wertvollen Materialien. Das Licht ist weich und farbenfroh. Es gibt liebliche kleine Seen mit klarem Wasser, umgeben von wunderschönen Blumen. Die unterschiedlichsten Vögel singen ihre bezaubernden Melodien. Doch sind diese Vögel nur Erscheinungen, denn die niederen Formen der Wiedergeburt (wie Tiere, Geister und Höllenbewohner) gibt es in Sukhāvatī nicht. Die Gesänge der magischen Vögel von Sukhāvatī erinnern die Menschen an die Wahrheiten der buddhistischen Lehren, und jeder in Amitābhas »Reinem Land« kann schnell und leicht die höchste Erleuchtung erlangen.

Die Buddhas stehen ihren Reinen Ländern in Gestalt ihrer *sambhogakāyas*, ihrer »Belohnungskörper« oder »Körper gemeinschaftlichen Genusses«, vor. Sie erschaffen diese Welten durch ihr grenzenloses Mitleid, um so einer großen Anzahl von Wesen einen leichten Weg zum Heil zu eröffnen. Durch die Verehrung eines bestimmten Buddhas, durch die Meditation über ihn, durch das Vertrauen auf ihn und dadurch, dass sie den Wunsch kultivieren, in diesem Land wiedergeboren zu werden, können die Wesen – dank der Verdienste des jeweiligen Buddhas – ihren Weg in sein Land finden, wo sie dann ihre eigene Erleuchtung erlangen werden. Die Erschaffung eines reinen Buddha-Landes ist also der Höhepunkt, die Vollendung des Bodhisattva-Weges, den ein Buddha zurückgelegt hat, die Erfüllung seines Gelübdes, all sein Streben ausschließlich für das Wohl der anderen einzusetzen. Deswegen spiegelt der Grad an Vollkommenheit eines Buddha-Landes zugleich die spirituelle Vollkommenheit seines Schöpfers wider. Doch was sagt das über unsere Welt aus, die wohl kaum ein Paradies ist, und über ihren Buddha, über Siddhārtha Gautama?

Das Vimalakīrtinirdeśa-Sūtra erzählt davon, wie einst eine Delegation von Bodhisattvas den buddhistischen Laienanhänger Vimalakīrti besuchte. Die Bodhisattvas waren aus einem weit entfernten, jenseits unserer Welt gelegenen Buddha-Land gekommen, in dem der dortige Buddha den Dharma ausschließlich mit Hilfe der außergewöhnlichen Düfte verschiedener Wohlgerüche lehrt. Voller Verwunderung erfahren sie nun von den harten Lebensbedingungen auf der Erde und davon, auf welche Weise Siddhārtha Gautama die Menschen hier belehrt. Doch da erklärt Vimalakīrti den verblüfften Bodhisattvas, dass die Lebewesen auf der Erde in einem einzigen Leben mehr Verdienste sammeln könnten als in einhunderttausend Zeitaltern in ihrem fernen Buddha-Land. Denn nur in einer solchen Welt wie der irdischen, in einer Welt mit echter Mühsal und wirklichem Übel, können all die Bodhisattva-Tugenden entwickelt werden. Diese, so Vimalakīrti, »existieren in keinem anderen Buddha-Feld«. Denn sie bestehen darin …

> … die Armen mit Geben zu gewinnen; die Unmoralischen mit Moral zu gewinnen; die Hasserfüllten mit Geduld und Nachsicht zu gewinnen; die Trägen mit Tatkraft zu gewinnen; die geistig Aufgewühlten mit Konzentration zu gewinnen; die, die sich fälschlich für weise halten, mit wahrer Weisheit zu gewinnen …
>
> (Vn 10: nach Thurman, 1976, S. 83)

Auch diese unsere Welt ist demnach ein reines Buddha-Land, ja sogar ein ganz außergewöhnliches, denn es erfüllt wirklich den eigentlichen Zweck eines Reinen Landes: die spirituellen Qualitäten der empfindenden Wesen zu vermehren und zu verstärken. Nur jenen erscheint diese Welt als ein unreines Feld, die in ihrer Unwissenheit und Verblendung seinen wahren Charakter als eine ideale Umgebung für die Entwicklung der Bodhisattva-Eigenschaften nicht erkennen (siehe Vn 1). Bereits das Lotos-Sūtra (Sanskritversion 15:11-14; siehe Kern, 1963, S. 308) hatte erklärt, dass der wahre Charakter dieser Welt als ein reines Buddha-Land den verblendeten Menschen ebenso unbekannt sei wie die wahre Natur des Buddhas.

Dieses Verständnis des »reinen Landes« fügt sich gut ein in die Riege anderer zentraler Ideen des Mahāyānas: die Idee des »dynamischen *Nirvāṇas*«, das der Bodhisattva erlangt, ohne dabei den *saṃsāra* zu verlassen; die Idee einer allgemeinen Buddha-Natur, die von den Befleckungen verborgen ist; die Idee des kosmischen Bodhisattvas und sogar einer kosmischen Buddha-Natur als der wahren Wirklichkeit in allem und von allem. All diese Konzepte sind letztlich Variationen eines einzigen Leitmotivs, nämlich dass der *saṃsāra* mit all seinem Leid und Übel durchdrungen ist von einer unbedingten absoluten Wirklichkeit, die sich als Weisheit und Mitleid manifestiert und damit zeigt, dass sie im Letzten gut ist. Allein die existenzielle Unwissenheit und Verblendung hindern uns daran, den wahren Charakter der Wirklichkeit zu erkennen.

Literaturhinweise: Gōmez (1996), Griffith (1994), Hookham (1991), King (1991), Makransky (1997), Nagao (1991, S. 103-122), Williams (1989).

BEGRIFF, SPRACHE UND WIRKLICHKEIT 12

Seit seiner Entstehung vertritt der Buddhismus die Auffassung, dass unsere gewöhnliche Sicht des Lebens verblendet ist. Wir sehen die Dinge nicht so, wie sie wirklich sind. Der Buddha wird genau deswegen ein »Buddha« (»ein Erwachter«) genannt, weil er aus dieser Verblendung beziehungsweise Unwissenheit (*avidyā*) zur Einsicht in die wahre Natur der Wirklichkeit erwacht ist. Es ist das alte Vermächtnis der Śramaṇas, Erlösung/Befreiung als einen Übergang von der Verblendung zur Einsicht zu verstehen. Wie in den letzten beiden Kapiteln gezeigt, spricht der Mahāyāna-Buddhismus von diesen beiden Zuständen, Verblendung und Einsicht, in einer Reihe unterschiedlicher Variationen: Aus Verblendung stellt man sich den Buddha als ein sterbliches Wesen vor, obwohl er doch in Wahrheit immer gegenwärtig ist. Aus Verblendung betrachtet man die Welt als einen Ort von Elend und Unheil, obwohl sie doch in Wahrheit ein reines Buddha-Land ist. Aus Verblendung sieht man weder, dass die Befleckungen lediglich die eigene Buddha-Natur verdecken, noch, dass der Kosmos in Wahrheit die Züge eines Bodhisattvas trägt und alles an der letzten Wirklichkeit des *dharmakāyas* teilhat, des höchsten der drei Buddha-Körper.

Zugleich wird jedoch auch gesagt, dass der *dharmakāya* »formlos« ist und es daher unmöglich sei, diesen in unseren begrifflichen Formen und Kategorien zu erfassen. Bereits die traditionellen Berichte über die Erleuchtung des Buddhas bekräftigen, dass die Einsicht, die er gewonnen hatte, »erhaben, durch reines Denken unerreichbar« (MN 26) ist, so wie auch das Nirvāṇa selbst als unbeschreiblich (MN 44) und unvergleichlich gilt (Sn 1149). Wenn es sich aber so verhält, muss dann der Unterschied zwischen Verblendung und Einsicht nicht noch weitaus radikaler verstanden werden – nämlich als Unterschied zwischen der Illusion, man lebe in einer beschreibbaren, begrifflich erfassbaren Welt, und der Erfahrung ihrer unbeschreiblichen und unvorstellbaren wahren Natur? In der Tat hat der Mahāyāna-Buddhismus diese radikale Position eingenommen und sie mit Hilfe seiner Lehre von der universalen »Leerheit« (*śūnyatā*) eindrücklich artikuliert.

Die universale Leerheit in den »Vollkommenheit der Weisheit-Sūtras«

Zu den bedeutendsten frühen Mahāyāna-Texten gehört eine Gruppe von Schriften, die als »Vollkommenheit der Weisheit-Sūtras« (*Prajñāpāramitā-sūtras*) bezeichnet werden. Sie unterscheiden sich vom Umfang und Alter her ganz beträchtlich – von dem voluminösen »Sūtra in Hunderttausend Versen« bis hin zu dem kurzen und hoch verehrten »Herz-Sūtra«. Besonders starken Einfluss erlangte das sogenannte »Diamant-Sūtra« (*Vajracchedikā-sūtra*). Einer der ältesten Texte aus dieser Gruppe dürfte wohl das »Vollkommenheit der Weisheit-Sūtra in Achttausend Versen« (*Aṣṭasāhasrikā-prajñāpāramitā-sūtra*) sein, das vermutlich zwischen dem ersten Jahrhundert v.u.Z. und dem ersten Jahrhundert u.Z. verfasst wurde. Da dieser Text alle wesentlichen Themen der »Vollkommenheit der Weisheit-Sūtras« anspricht, können wir uns hier auf diese Schrift konzentrieren. (Für eine vollständige englische Übersetzung siehe Conze, 1995.)

Das grundlegende Thema der »Vollkommenheit der Weisheit-Sūtras« ist der Entwicklungsgang des Bodhisattvas, so wie er durch die sechs »Tugenden« oder »Vollkommenheiten« (*pāramitās*) eines Bodhisattvas charakterisiert ist (siehe oben S. 196ff.). Der eigentliche Schwerpunkt liegt jedoch auf der sechsten Vollkommenheit, eben der »Vollkommenheit der Weisheit« (*prajñā-pāramitā*), die diesen Texten ihren Namen gab. Ihnen zufolge besteht die »Vollkommenheit der Weisheit« in der Erkenntnis der universalen »Leerheit« (*śūnyatā*). Doch was ist damit gemeint?

Der Begriff »Leerheit« taucht im Buddhismus bereits vor der Entstehung des Mahāyānas auf. Zwar gehört er nicht zu den Schlüsselbegriffen des frühen Buddhismus, er erscheint jedoch in durchaus zentralen Kontexten. Erstens wird »Leerheit« im Zusammenhang mit der Lehre vom Nicht-Selbst verwendet: Die Welt, so heißt es schon im vor-mahāyānistischen Buddhismus, ist in dem Sinne »leer«, als es ihr an einem substanziellen Selbst mangelt (siehe Sn 1119). Keine der fünf Gruppen (siehe oben S. 80) besitzt ein »Selbst«, und deswegen sind sie alle »leer, hohl, substanzlos«. Sie gleichen »einem Klumpen Schaum, ... einer Wasserblase, ... einer Luftspiegelung, ... dem Scheinstamm einer Bananenstaude, ... einer Illusion«. Hat man deren »Nichtigkeit« oder »Leerheit« erkannt, dann solle man in keiner Weise mehr an ihnen haften und sich stattdessen nach dem »unvergänglichen Zustand« sehnen (siehe SN 22:95; Bodhi, 2000, S. 951ff.). Zweitens erscheint der Begriff »Leerheit« im Zusammenhang mit der Meditationspraxis der »formlosen Versenkung« (MN 121 und 122): Das Eingehen in die »höchste, unübertroffene Leerheit« wird hier mit dem allmählichen Transzendieren aller begrifflichen Erkenntnis und aller Wahrnehmungen gleichgesetzt, bis schließlich die vollendete Erleuchtung erreicht ist (MN 121, Ñāṇamoli; Bodhi, 2001, S. 969f.). Diese beiden mit dem Stichwort der »Leerheit« verknüpften Themen, das Fehlen eines substanziellen Selbst und das Transzendieren begrifflich verfasster Wahrnehmung, sind zwar auch in den Texten der »Vollkommenheit der Weisheit« präsent, aber anders als im frühen Buddhismus werden daraus hier nun weitreichende Schlussfolgerungen gezogen.

Noch vor dem Auftreten des Mahāyānas war es im Zuge der Weiterentwicklung der buddhistischen Lehre üblich geworden, alles, was existiert, analytisch in verschiedene Gruppen von »*dharmas*«, das heißt in materielle und geistige, bedingte und unbedingte »Entitäten« aufzuteilen. Häufig begegnet man dabei der Auffassung, dass sich Dinge und Lebewesen aus einem Konglomerat einzelner, bedingter *dharmas* zusammensetzen. Diese bedingten *dharmas* existieren in Wahrheit jedoch jeweils nur für einen extrem kurzen Augenblick. Die Existenz eines jeden bedingten *dharmas* wird dabei von einem vorhergehenden, ähnlich gearteten *dharma* verursacht. Die bedingten *dharmas* bilden somit Ströme oder Ketten von schnell aufeinander folgenden, entstehenden und sofort wieder vergehenden, einzelnen *dharmas*. Die Kontinuität dieser Ketten erklärt somit einerseits den Eindruck, man habe es mit einem beständigen, mit sich selbst identischen Ding oder Lebewesen zu tun. Dass es sich dabei zugleich aber um eine Kette von verschiedenen, schnell aufeinander folgenden *dharmas* handelt, erklärt wiederum die Veränderlichkeit und Vergänglichkeit aller Dinge, seien diese nun materiell oder geistig oder beides (vergleiche hierzu auch die Erklärung der Wiedergeburt im Sinne dieser *dharma*-Theorie, oben S. 101f.). Was also gewöhnlich als ein einzelnes Wesen oder Ding erscheint, wird als ein Komplex aus verschiedenen, sich aneinanderreihenden *dharmas* verstanden. Es ist vergleichbar mit einem Film auf Zelluloid: Wir haben den Eindruck, als sähen wir mit sich selbst identische und sich doch ständig bewegende und verändernde Personen oder Dinge, während es sich in Wirklichkeit nur um die blitzschnelle Aneinanderreihung vieler verschiedener Einzelbilder handelt (siehe Stcherbatsky, 1988).

Auf dem Hintergrund dieser *dharma*-Theorie lautet nun die zentrale und radikale Botschaft der »Vollkommenheit der Weisheit-Sūtras«: Alle *dharmas* sind leer. Es mangelt ihnen an »Eigen-Sein«, das heißt, an einer substanziellen Wesensnatur, und deswegen besitzen sie auch keine essenziellen »Merkmale«, anhand derer man sie »kennzeichnen«, also identifizieren, definieren und voneinander unterscheiden könnte:

> Das kennzeichnende Merkmal besitzt nicht das Eigen-Sein eines kennzeichnenden Merkmals. Das Gekennzeichnete besitzt nicht das Eigen-Sein des Gekennzeichneten, und das Eigen-Sein besitzt nicht das Merkmal des Eigen-Seins.
>
> (AP 1:11; Conze, 1995, S. 86).

Deswegen mangelt es nicht nur den einzelnen Wesen oder komplexeren Dingen an eigener Substanz (in dem Sinn, dass sich diese aus aufeinander folgenden, sehr kurzlebigen *dharmas* zusammensetzen), sondern auch die *dharmas* selbst besitzen keine substanzielle Grundlage oder substanziellen Merkmale. Das wiederum impliziert, dass ihr Sein »einer magischen Illusion, einem Traum« gleicht (AP 2:40; ebd. S. 98f.). Außerdem bleibt in den »Vollkommenheit der Weisheit-Sūtras« diese Ansicht nicht auf die bedingten *dharmas* beschränkt, sondern wird auf alle *dharmas* ausgeweitet, einschließlich der nicht-bedingten:

> Selbst das Nirvāṇa, sage ich, gleicht einer magischen Illusion, ist wie ein Traum. Um wie viel mehr alles andere!
>
> (AP 2:41; ebd. S. 99).

Wird hiermit nun die letzte Wirklichkeit, das »Todlose«, welches das ursprüngliche Ziel und die Basis des Buddhismus ausmacht, geleugnet? Bisweilen wurden die »Vollkommenheit der Weisheit-Sūtras« so verstanden – oder besser gesagt: missverstanden. Denn die Texte selbst legen eine andere Antwort nahe. Ihre Behauptung, dass alles, einschließlich des Nirvāṇas, leer ist, beruht auf der Überzeugung, dass alles genauso unvorstellbar und unbeschreiblich ist wie das Nirvāṇa. Die Illusion oder der Traum besteht in der fälschlichen Annahme, dass uns jene definierbaren und voneinander unterschiedenen Entitäten, die wir mit Hilfe unserer Begriffe und geistigen Bilder konstruieren, die Wirklichkeit so zeigen, wie sie tatsächlich ist:

> Dumme, ungebildete, gewöhnliche Menschen haben alle diese *dharmas* konstruiert. ... Aber während sie all diese *dharmas* konstruieren, die doch gar nicht existieren, kennen und sehen sie den Weg nicht, das, was in Wahrheit existiert. Als Folge davon treten sie nicht aus der dreifachen Welt heraus und erwachen nicht zur Grenze der Realität.
>
> (AP 1:16, Conze, 1995, S. 87f.)

Alle *dharmas* sind also »nur Worte« (AP 1:26), während die wahre Wirklichkeit oder die »Soheit« (*tathatā*) »unermesslich« ist (AP 18:348-352). Das »Nirvāṇa« – so lautet die Schlussfolgerung des »Vollkommenheit der Weisheit-Sūtras in Achttausend Versen« – kann man daher nicht einfach als einen *dharma* unter vielen anderen ansehen. Wir nähern uns ihm vielmehr dadurch, dass wir über all unsere begrenzten, das heißt definierbaren und definierenden Begriffe hinausgehen:

> »Inseln« sind von Wasser begrenzte Landstücke in Flüssen oder großen Seen. Ebenso ist Form usw. [das heißt, die fünf *skandhas*; siehe oben S. 80] am Anfang und am Ende begrenzt, und genau so sind alle *dharmas*. Aber das, was die Begrenzung aller *dharmas* ist, das ist dasselbe wie die ruhige Stille, das Erhabene, wie das Nirvāṇa, wie das wirklich Existierende, das Truglose.
>
> (AP 15:297; Conze, 1995, S. 189)

Aus diesem Grund wird die »vollkommene Weisheit« gerade dann verwirklicht, wenn »alle Konstruktionen und Unterscheidungen«, wenn alle Vorstellungen aufgegeben sind, einschließlich der Vorstellung von »vollkommener Weisheit« oder der Vorstellung, »der Erleuchtung nahe zu sein« (AP 26:441f.).

Doch was hat diese Erkenntnis der Leerheit mit dem Bodhisattva-Ideal zu tun? Warum benötigt ein Bodhisattva diese besondere »Vollkommenheit der Weisheit«? Das »Sūtra in Achttausend Versen« nennt hierfür zwei Gründe. Erstens: Die Erkenntnis der Leerheit befreit ihn vom Anhaften an den bedingten und unbedingten *dharmas* – das heißt von beidem, *saṃsāra* und *Nirvāṇa* –, und das ist genau das, was ein Bodhisattva benötigt, um seine Berufung zu erfüllen, nämlich die Erleuchtung zu erlangen und doch zugleich in dieser Welt zu verbleiben (siehe AP 2:37f.; 8:195f.). Zweitens: Die Einsicht in die universale Leerheit ermöglicht es dem Bodhisattva, die richtige Wahrnehmung von sich selbst und von anderen Wesen aufrechtzuerhalten. Denn aufgrund seines Gelübdes, für die Befreiung aller Wesen zu arbeiten, besteht für den Bodhisattva die Gefahr, dass er an der illusionären Vorstellung eines »Selbst« festhält – dem «Selbst« der Wesen, die befreit werden sollen, und dem »Selbst« desjenigen Wesens, das diese befreit (AP 7:175f.). Demgegenüber beinhaltet die Vollkommenheit der Weisheit ein Paradox: »... ein Bodhisattva ... führt unzählige Wesen zum Nirvāṇa, und doch gibt es kein einziges Wesen, das zum Nirvāṇa geführt wurde, und auch keines, das andere dorthin geführt hätte« (AP 1:22; Conze, 1995, S. 90). Einerseits soll also der Bodhisattva, indem er das Mitleid entfaltet, »alle Wesen mit seinem eigenen Selbst identifizieren« und so danach streben, sie vom Leid zu befreien, und andererseits soll er die Einsicht entfalten, dass »in keinerlei Hinsicht irgendein Selbst existiert« (AP 1:29f.; ebd. S. 93). Weder lässt er irgendein Wesen im Stich, noch gibt er die Einsicht in die universale Leerheit auf (AP 22:449). Auf diese Weise verbindet der Bodhisattva Anhaftungslosigkeit mit liebevollem Engagement und vereint dadurch Mitleid (*karuṇā*) mit Weisheit (*prajñā*) (siehe AP 22:403-406).

Die Leerheit in der Philosophie des Nāgārjunas

Die »Vollkommenheit der Weisheit-Sūtras« verkünden die Lehre von der universalen Leerheit (*śūnyatā*) als Buddhas eigenes Wort (oder zumindest als die tiefste Bedeutung von Buddhas Wort), aber sie bieten nur wenig, was diese Lehre auf rationale und philosophische Art begründen oder rechtfertigen könnte. Diese Aufgabe erfüllte Nāgārjuna (2.-3. Jh. u.Z.). Zahlreiche Werke werden ihm zugeschrieben (bei einer ganzen Reihe davon ist diese Zuordnung allerdings zweifelhaft – für eine Diskussion ihrer Authentizität siehe Lindtner, 1982, S. 9-18, und Ruegg, 1981, S. 4-33). Diese Schriften bilden die Grundlage der sogenannten Madhyamaka-Schule (die Schule des »Mittleren Weges«) des indischen philosophischen Buddhismus. Allerdings übten Nāgārjunas Ideen auch einen beträchtlichen Einfluss auf die Yogācāra-Schule aus, die zweite große Richtung in der Philosophie des Mahāyāna-Buddhismus, sowie auf eine Reihe weiterer philosophischer und inhaltlicher Entwicklungen der buddhistischen Lehre auch außerhalb Indiens, insbesondere im chinesischen, japanischen und koreanischen Buddhismus. Der Einfluss, den Nāgārjuna insgesamt auf den Mahāyāna-Buddhismus hatte, lässt sich kaum überschätzen.

Bei seiner Erklärung und Rechtfertigung der universalen Leerheit geht Nāgārjuna in zwei Schritten vor. Zuerst versucht er zu zeigen, dass alle unsere Begriffe in ihrer Definition – und damit zugleich in ihrer inhaltlichen Bedeutung – voneinander abhängig sind. So ist zum Beispiel eine Ursache nicht für sich allein genommen eine »Ursache«, sondern nur in Beziehung zu einer Wirkung, und eine Wirkung ist eine »Wirkung« nur in Beziehung zu (und deswegen in Abhängigkeit von) einer Ursache. Ähnlich verhält es sich, wenn etwas als Träger bestimmter Eigenschaften definiert wird: Dann hängt das, was es ist, ganz offensichtlich von diesen Eigenschaften ab, und umgekehrt ist etwas eine Eigenschaft nur in Bezug auf dasjenige, von dem es eine Eigenschaft ist, also in Abhängigkeit vom Träger der Eigenschaft. In vergleichbarer Weise wird etwas nur im Hinblick auf die Gegenwart als zukünftig oder als vergangen angesehen; doch umgekehrt kann die Gegenwart wiederum nur als der Schnittpunkt von Vergangenheit und Zukunft definiert werden. Nach Nāgārjuna trifft eine solche wechselseitige Abhängigkeit auf alle unsere Begriffe und Kategorien zu. In einem zweiten Schritt zeigt er nun auf, dass unsere Begriffe ihre inhaltliche Bedeutung ausschließlich aus dieser wechselseitigen Beziehung gewinnen. Jeder Begriff gewinnt seinen Sinn, seine Identität, nur aus einem anderen Begriff. Das heißt, jeder Versuch, die inhaltliche Bedeutung der Begriffe in der Realität selbst zu verankern, muss unvermeidlich scheitern. Unsere Begriffe sind daher leeren Matrizen oder Schablonen vergleichbar. Sie sind leer von jeglicher Art eines »Eigen-Seins« (*svabhāva*), es mangelt ihnen an substanzieller Wirklichkeit. In und vermittels ihrer wechselseitigen Bezogenheit bilden sie eine Art künstliches Raster, das durch unser Denken der Wirklichkeit auferlegt wird.

Dieses ziemlich abstrakte Argument lässt sich an folgendem konkreten Beispiel näher veranschaulichen. Stellen wir uns einen Apfel vor, der sich aus einer ersten kleinen Knospe zu einer schönen reifen Frucht entwickelt, dann zu schrumpeln beginnt, bis er schließlich verfault und vollständig verrottet. Aber gibt es eine mit sich selbst identische Entität, die diesem ganzen Prozess zugrunde liegt? Welcher »Apfel« durchläuft denn diese Veränderung: die kleine Knospe, die reife Frucht oder die verrotteten Überbleibsel? Keiner dieser »Äpfel« war durchgehend vorhanden. Der reife Apfel ist weder mit der anfänglichen Knospe identisch, noch mit dem, was verschrumpelt oder verrottet ist. Andererseits handelt es sich hierbei aber auch nicht um völlig verschiedene Äpfel oder Entitäten. »Weder derselbe, noch ein anderer« – so lautet die berühmte Antwort im Milindapañha (Mph 2:2:1) auf die Frage, ob der Wiedergeborene derselbe sei wie die verstorbene Person oder ein anderer (siehe oben S. 102f.). Die Art und Weise, in der wir

Identitäten bestimmen und voneinander abgrenzen, in diesem Beispiel unterschiedliche Äpfel (nicht derselbe) oder Stadien eines Apfels (derselbe), erweist sich letztendlich als statisch und künstlich. Wenn es aber keinen mit sich identischen Apfel gibt, an dem sich der Prozess des Werdens und Vergehens vollzieht, dann gibt es letztlich auch diesen Prozess nicht, da dieser als das Werden und Vergehen *von etwas* bestimmt ist. Es handelt sich also bei unserer Vorstellung von sich entwickelnden und vergehenden Dingen oder Wesen um begriffliche Konstrukte, die mit der flüchtigen Natur der Wirklichkeit nicht übereinstimmen.

Wie gezeigt, versuchte die buddhistische Philosophie vor der Entstehung des Mahāyānas, die Veränderung und Vergänglichkeit der Wirklichkeit dadurch zu erklären, dass sie die Theorie von aufeinander folgenden *dharmas* entwickelte, die alle kausal miteinander verknüpft sind und jeweils nur für einen einzigen Augenblick existieren. Nach Auffassung Nāgārjunas wird das Problem der Diskrepanz zwischen statischem Begriff und veränderlicher Wirklichkeit durch diese Theorie jedoch nicht gelöst, sondern nur verschoben. Denn egal wie kurz die Existenz solcher aufeinander folgenden *dharmas* auch sein mag, ihre Existenz wird immer einen Anfang haben, ein Ende und eine Zeitspanne dazwischen. Aber wie kann man diesen Prozess von Entstehen, Dauer und Vergehen, den jeder einzelne *dharma* durchläuft, erklären? Der Versuch, die Sache so zu erklären, dass sich das Entstehen, die Dauer und das Vergehen eines *dharmas* jeweils aus weiteren Ketten von noch kürzer existierenden und aufeinander folgenden *dharmas* zusammensetzen, führt nur zu einer endlosen Verschiebung des Problems, zu einem infiniten Regress. Eine substanzielle Realität, die dem veränderlichen Prozess zugrunde liegt, lässt sich einfach nicht finden. Das Entstehen, Dauern und Vergehen von irgendetwas gleicht daher »einem magischen Trick, einem Traum oder einem Märchenschloss« (MMK 7:34).

Hinzu kommt noch eine weitere Schwierigkeit: Wie sollte ein vergangener *dharma*, der bereits aufgehört hat zu existieren, in der Lage sein, die Existenz eines ihm nachfolgenden *dharmas* zu verursachen? Wenn der vergangene *dharma* nicht mehr existiert, kann er nichts mehr bewirken, weil es ihn ja nicht mehr gibt. Wenn er aber noch vorhanden ist, kann er auch nichts bewirken. Denn wie könnte er einen Einfluss auf den nächsten *dharma* ausüben, wenn dieser noch gar nicht existiert?

Ganz ähnliche Probleme entstehen auch, wenn man die angenommenen *dharmas* nicht unter ihrem zeitlichen Aspekt, sondern als räumliche Entitäten analysiert. Kann man annehmen, dass es wirklich so etwas wie eine letzte unteilbare Einheit gibt? Nach Nāgājuna ist das unmöglich (siehe Ratnāvalī 1:71), und spätere Philosophen des Madhyamakas unterstützten diese Ansicht mit folgendem Argument: Wenn man sich einen *dharma* so vorstellt, dass er sich räumlich mit anderen *dharmas* verbindet (um auf diese Weise ein Konglomerat von größeren räumlichen Gegenständen zu bilden), dann müsste ein solcher *dharma* sechs Richtungen haben (die klassischen vier Himmelsrichtungen sowie oben und unten). Wenn sich nun aber sechs Seiten eines *dharmas* unterscheiden lassen, dann ist er nicht mehr unteilbar. Er lässt sich zumindest gedanklich in diese sechs Seiten und somit in noch kleinere Einheiten zergliedern. Andererseits hätte ein *dharma* ohne die sechs Richtungen überhaupt keine räumliche Existenz (siehe zum Beispiel BCA 9:86, 94).

Ob man nun also die zeitliche oder die räumliche Dimension der Dinge erforscht, immer endet man bei einem infiniten Regress. Weder lässt sich eine kleinste zeitliche Komponente noch eine kleinste räumliche Komponente der Dinge ausmachen. Man greift quasi ins »Leere«. Und so sind die *dharmas* leer; sie besitzen kein »Eigen-Sein«, keine »substanzielle Realität«. Leere *dharmas* können als solche jedoch weder reale Beziehungen haben, noch Funktionen ausüben, wie etwa die, eine Ursache für die Entstehung anderer *dharmas* zu sein. Daraus folgt nun aber, dass alle vermeintlichen Beziehungen zwischen den *dharmas* ebenfalls leer sind. Die ganze Vorstellung von »realen Entitäten« als Einheiten, die in Zeit und Raum begrenzt existieren und durch ihre wechselseitigen Beziehungen definiert sind, erweist sich als ein künstliches Konstrukt des menschlichen Geistes.

Die Identität eines Wesens oder Dinges (das heißt sein »Eigen-Sein«) wird begrifflich dadurch definiert, dass man es von anderen Wesen oder Dingen unterscheidet und ihm bestimmte Eigenschaften, Beziehungen, Funktionen usw. zuschreibt. Etwas zu definieren bedeutet also, Umrisse oder Grenzen zu bestimmen – und genau diese Grenzen stellen sich als künstlich heraus. Sie lassen sich nicht in der Wirklichkeit selbst festmachen, und ihr vermeintlich substanzielles Wesen bleibt immer hinterfragbar. Immer kann man, ob nun in der Zeit oder im Raum, noch kleinere Bestandteile annehmen, aus denen sich etwas zusammensetzt, ohne dass man dabei jemals irgendwo an ein Ende käme. Außerdem lässt sich die Abgrenzung zwischen einer Eigenschaft und dem Träger dieser Eigenschaft in Frage stellen, denn wie kann man den Träger ohne die Eigenschaft bestimmen oder die Eigenschaft ohne ihren Träger? Die Probleme, die der traditionelle Buddhismus als die sogenannten zehn »unbeantwortbaren Fragen« anspricht – ob die Welt ewig oder nicht ewig ist, endlich oder unendlich, ob Körper und Seele dasselbe oder verschieden sind, ob ein Tathāgata nach dem Tod existiert, nicht existiert oder sowohl existiert als auch nicht existiert, oder weder existiert noch nicht existiert (siehe oben S. 87f. und 105) – sind daher keine Sonderfälle metaphysischer Probleme. Vielmehr veranschaulichen sie die allgemeine aporetische Struktur, die jedem Versuch einer stimmigen Beschreibung der Wirklichkeit zugrunde liegt. Die zehn unbeantwortbaren Fragen sind die unvermeidliche Konsequenz aus der Konstruktion künstlicher begrifflicher Unterscheidungen. In diesem Sinn sagt Nāgārjuna:

> Das, was erzeugt wird, und seine Ursache, sowie die Kennzeichen und das, was gekennzeichnet wird,
> Die Empfindung und der, der empfindet, und was es auch immer sonst noch für Dinge gibt –
> Nicht nur ist eine erste Anfangsgrenze des Daseins-im-Fließen (*saṃsāra*) nicht auffindbar,
> Sondern eine erste Anfangsgrenze all dieser Dinge ist nicht auffindbar.
>
> (MMK 11:8; Streng, 1967, S. 196)

Oder:

> Die Ansichten (bezüglich der Frage), ob das, was jenseits des Todes ist, von einem Anfang und einem Ende begrenzt ist oder ob es irgendeine andere Alternative gibt,
> Hängt von einem *nirvāṇa* ab, das von einem Anfang (...) und einem Ende begrenzt ist (...).
> Da aber alle *dharmas* leer sind, was ist endlich? Was ist unendlich?
> Gibt es etwas, das dieses oder etwas anderes ist, das dauerhaft oder nicht dauerhaft ist?
> Was zugleich dauerhaft und nicht dauerhaft ist, oder keines von beidem?
>
> (MMK 25:21ff.; Streng, 1967, S. 217)

»Ewigkeit«, »Nicht-Ewigkeit«, »beides« oder »weder noch« – diese Bestimmungen lassen sich nach Nāgārjuna unmöglich auf die letzte Glückseligkeit anwenden, da solche Bezeichnungen abhängig sind von beschreibenden Vorstellungen und abgegrenzten Begriffen (siehe MMK 22:12-15; 25:1-18). Genau solche begrifflichen Abgrenzungen gelten nicht für das Nirvāṇa. Die Leerheit von allem zu verstehen bedeutet daher, zu verstehen dass nicht nur das Nirvāṇa unbeschreiblich, unvorstellbar und unaussprechlich ist, sondern dass dies für die gesamte Wirklichkeit gilt. In dieser Hinsicht gibt es somit keinen Unterschied zwischen Nirvāṇa und Saṃsāra:

> Es gibt überhaupt nichts, das das Dasein-im-Fließen (*saṃsāra*) vom *Nirvāṇa* unterscheidet;
> Und es gibt überhaupt nichts, das das *Nirvāṇa* vom Dasein-im-Fließen (*saṃsāra*) unterscheidet.
>
> (MMK 25:19; Streng, 1967, S. 217)

Diese Aussage beinhaltet jedoch nicht, dass das Nirvāṇa auf die Ebene des Saṃsāras herabgesetzt wird, wie es scheinbar einige zeitgenössische säkularisierte Interpreten des Buddhismus nahelegen – so als gäbe es letztlich nur die saṃsārische Welt des bedingten Entstehens und Vergehens. Vielmehr wird der Saṃsāra in gewisser Weise auf die Ebene des Nirvāṇas emporgehoben. Denn die Leerheit von allem besagt, dass nicht nur das Nirvāṇa unbedingt ist, keinen Ursprung (kein Entstehen) und kein Ende (kein Vergehen) hat, sondern dass die gesamte Wirklichkeit so ist (siehe MMK 25:9). Das sollte nun aber wiederum nicht als die stillschweigende Bekräftigung eines monistischen metaphysischen Systems missverstanden werden. Vielmehr handelt es sich um die explizite Bekräftigung, dass alles – ohne Ausnahme – unvorstellbar und unbeschreiblich ist:

> Wenn der Bereich der Gedanken aufgelöst ist, ist auch »das, was ausgesagt werden kann«, aufgelöst.
> Die Dinge, die keinen Anfang und kein Ende haben, wie das *nirvāṇa*, machen die Wahrheit aus (*dharmatā*) …
> »Nicht von etwas anderem verursacht«, »friedlich«, »nicht von diskursivem Denken ausgearbeitet«, »unbestimmt«, »ununterschieden«: Das sind die Charakteristika der wahren Wirklichkeit (*tattva*).
>
> (MMK 18:7 & 9; Streng, 1967, S. 204)

Zwei Wahrheiten

Nāgārjunas Philosophie unterstützt also, was in den »Vollkommenheit der Weisheit-Sūtras« gelehrt wird, nämlich dass alles begriffliche Verstehen der Wirklichkeit eine Illusion ist. Allerdings hält die Idee, dass der Geist ein illusionäres Bild der Wirklichkeit erzeugt, einer kritischen Prüfung genauso wenig stand, denn die Idee eines Geistes, der Illusionen hervorbringt, kann auf dieselbe kritische Art analysiert werden wie alles andere auch; und auf diese Weise lässt sich zeigen, dass die Idee eines »Geistes« ebenfalls leer und illusionär ist (siehe MMK 23). Daher, so Nāgārjuna, darf man die Lehre von der »Leerheit« nicht so verstehen, als ob diese, im Unterschied zu allen anderen, »falschen« Ansichten oder Lehren, nun die »richtige« Beschreibung der Wirklichkeit böte. Stattdessen ist »Leerheit« überhaupt keine Ansicht, sondern das Gegenmittel gegen alle Ansichten: »Der Siegreiche [das heißt, der Buddha] hat die Leerheit als die Widerlegung aller Ansichten verkündet« (MMK 13:18; nach Streng, 1967, S. 198; siehe auch MMK 22:11). Diese Auffassung hat entscheidende Konsequenzen für Nāgārjunas Verständnis der buddhistischen Lehre.

Die Lehre des Buddhas, so verkündet es Nāgārjuna, sollte man nicht so verstehen, als ginge es dabei um eine wahre Beschreibung der Wirklichkeit. Vielmehr gehe es in der Lehre Buddhas primär um die Erkenntnis der »Leerheit«. Daher müsse man seine Lehre insgesamt als ein Instrument interpretieren, das dem Ziel dient, *alle* Ansichten und Lehren zu überwinden, die sich als adäquate Darstellungen der Wirklichkeit verstehen. »Aus Mitleid« hat der Buddha die Lehre verkündet, »zur Zerstörung aller Ansichten« (siehe MMK 27:30). Für Nāgārjuna schließt dies auch die buddhistische Lehre selbst mit ein, falls man diese ebenfalls als eine »Ansicht« missversteht. Die Lehre von der »Leerheit« ist die eigentliche Vollendung der buddhistischen Lehre. Aber sie gleicht darin der Wirkweise einer reinigenden Medizin: Diese reinigt den Körper von den krankmachenden Substanzen, indem sie zusammen mit diesen Giften ausgeschieden wird (ein Bild aus Ratnakūṭa, Kāśyapaparivarta 65, auf das sich Nāgārjuna in MMK 13:8 bezieht).

Nach Nāgārjuna beinhaltet die Lehre vom »abhängigen Entstehen« (*pratītyasamutpāda*, siehe oben S. 99ff.) die dichteste Zusammenfassung der Lehre des Buddhas. Denn hier zeigt sich nach Nāgārjuna am deutlichsten jene Verwobenheit und Abhängigkeit aller *dharmas*, aus der sich ihre »Leerheit« und ihr Mangel an »Eigen-Sein« als logische Konsequenz erschließen lassen. Bei seinem Verständnis der Lehre des »abhängigen Entstehens« dehnt Nāgārjuna freilich die Abhängigkeit innerhalb des bedingten Entstehens auf den Gedanken einer logischen Interdependenz, das heißt, einer wechselseitigen Abhängigkeit aller Begriffe untereinander aus. Daher erscheinen dann Begriffe wie der des »*nirvāṇas*« als ebenfalls abhängig, und zwar in dem Sinn, dass ihre inhaltliche Bedeutung in wechselseitiger Abhängigkeit zur Bedeutung anderer Begriffe steht. Aus diesem Grund kann Nāgārjuna das Prinzip des abhängigen Entstehens mit der Lehre von der universalen Leerheit identifizieren (MMK 24:18f.). Letztlich aber beinhaltet die Einsicht in die universale Leerheit, dass es in Wirklichkeit weder »Dinge« gibt, die abhängig entstehen und vergehen, noch »Dinge«, die kausal miteinander verknüpft sind; denn, wie bereits gesagt, wenn es keine realen Entitäten gibt, gibt es auch keine kausalen oder andere Beziehungen zwischen ihnen. Mit anderen Worten, das Prinzip des abhängigen Entstehens führt zur Einsicht in die Leerheit, aber diese Einsicht in die Leerheit führt dann zur Widerlegung (oder »Ausscheidung«) des Prinzips des abhängigen Entstehens selbst.

> Entstehen und Vergehen treffen nicht auf etwas zu, was leer ist. Entstehen und Vergehen treffen nicht auf etwas zu, was nicht-leer ist.
>
> (MMK 21:9; Streng, 1967, S. 208. Ähnlich MMK 20:17f.)

Es ist somit nicht überraschend, dass Nāgārjunas Interpretation der Lehre des Buddhas des Öfteren mit Ludwig Wittgensteins Analogie einer Leiter verglichen wurde: Seine eigene Philosophie, sagt Wittgenstein, gleiche einer Leiter; ist man einmal hinauf gestiegen, wird sie nicht mehr benötigt: Hat man seine Philosophie verstanden, dann hebt sie sich selbst auf (*Tractatus Logico-Philosophicus* 6:54). Bei Nāgārjuna war das Modell sicherlich Buddhas Vergleich seiner Lehre mit einem Floß, das nur benutzt wird, um ans andere Ufer überzusetzen, und anschließend nicht festgehalten werden soll (siehe oben S. 88; in MMK 24:11 bezieht sich Nāgārjuna indirekt auf das kanonische Sūtra, das diese Parabel enthält). In den »Vollkommenheit der Weisheit-Sūtras« wird das Gleichnis im *Vajracchedikā-Sūtra 6* explizit erwähnt.

Nāgārjuna fasst seine Interpretation der Lehre des Buddhas in seiner berühmten Theorie der »zwei Wahrheiten« zusammen:

> Das Lehren des *Dharmas* durch die verschiedenen *Buddhas* basiert auf den zwei Wahrheiten: der relativen (weltlichen) Wahrheit und der absoluten (höchsten) Wahrheit.
> Alle, die den Unterschied zwischen diesen zwei Wahrheiten nicht kennen, können die tiefgründige Natur der Lehre des Buddhas nicht verstehen.
> Ohne sich auf die alltäglichen geläufigen Gepflogenheiten (das heißt, die relativen Wahrheiten) zu stützen, kann man die absolute Wahrheit nicht zum Ausdruck bringen.
> Ohne sich der absoluten Wahrheit zu nähern, kann das *nirvāṇa* nicht erreicht werden.
>
> (MMK 24:9f.; Inada, 1970, S. 146)

Die Lehre des Buddhas, sofern sie eine zutreffende Beschreibung der Wirklichkeit zu geben scheint, sollte man somit als eine relative oder »weltlich verhüllte« Wahrheit verstehen. Das heißt, sie ist nicht im wörtlichen Sinn wahr, sie ist keine Wahrheit im absoluten oder »höchsten« Sinn. Die höchste oder letzte Wahrheit ist vielmehr unvorstellbar und unbeschreibbar. Doch ohne die letzte Wahrheit zu verstehen, kann man das *Nirvāṇa* nicht erreichen. Genau diese Einsicht in die unbeschreibliche Natur der letzten Wahrheit, die alle Begriffe transzendiert, wird nun aber durch die relative Wahrheit der Lehre des Buddhas hervorgebracht, und zwar durch die der Lehre des Buddhas innewohnende Tendenz, alle Ansichten – einschließlich der Buddha-Lehre selbst – zu überwinden. Gerade deswegen ist die Lehre des Buddhas eine »relative« oder »verhüllte« Wahrheit. Ihre Wahrheit liegt in ihrer instrumentalen Funktion: Sie überwindet die Täuschung, dass irgendeine Ansicht oder Lehre imstande sei, die letzte Wirklichkeit angemessen zu repräsentieren. Im späteren Mahāyāna-Buddhismus wurde die Theorie der »zwei Wahrheiten« häufig mit der Idee der »geschickten Mittel« verschmolzen oder identifiziert, also jener Mittel, die ein Bodhisattva anwendet, um die verblendeten Wesen allmählich und schrittweise zur höchsten Einsicht zu bringen, der Einsicht in die letzte, unbeschreibliche Natur der Wirklichkeit.

Für Nāgārjuna impliziert das Erreichen des Nirvāṇas, dass man die letzte oder höchste Wahrheit erkennt und somit von der Täuschung befreit ist, unsere gewöhnliche begriffliche Repräsentation der Wirklichkeit mit ihrer wahren Natur zu verwechseln. Er beschreibt diese Befreiung als das »glückselige Zur-Ruhe-Kommen begrifflicher Repräsentation (*prapañca*)« (MMK 25:24; siehe auch MMK 18:4f.; 18:9; 22:15 sowie die Widmungsverse von MMK). Die Verwendung dieser Formel liefert einen aufschlussreichen Hinweis auf den Hintergrund der Hermeneutik Nāgārjunas. Denn einerseits steht diese Terminologie (»glückseliges Zur-Ruhe-Kommen des *prapañcas*«) im Zusammenhang mit jenen buddhistischen Texten, die von der »formlosen Versenkung« als dem Weg zur Erfahrung des

Nirvāṇas handeln (z.B. AN 4:174 und 6:14), und andererseits mit der sehr ähnlichen Tradition meditativer Praxis und mystischer Erfahrung, wie sie in der Māṇḍūkya-Upaniṣad bezeugt wird (vgl. oben S. 122f.). Offenbar stellt Nāgārjuna seine radikale logische Kritik aller Ansichten, einschließlich der buddhistischen Lehre selbst, in den Dienst einer ähnlich radikalen, überbegrifflichen, mystischen Praxis und Erfahrung.

Wenn die buddhistischen Lehren nicht absolut, sondern nur relativ wahr sind, bedeutet das dann, dass die Bodhisattvas, die transzendenten Buddhas und die Buddha-Länder, von denen all die Mahāyāna-Lehren sprechen, unwirklich sind? Versteht man diese Lehren als im wörtlichen Sinn zutreffende Beschreibungen der Wirklichkeit, dann gilt in der Tat, dass sie nicht absolut wahr sind. Aber dies trifft auch auf unsere ganz gewöhnlichen Vorstellungen zu, wie zum Beispiel auf die Vorstellung, dass es »wirklich« so etwas wie Bäume, Berge, Häuser oder eben ein »Selbst« gibt. Keine einzige Aussage über die Wirklichkeit kann demnach als *absolut* wahr gelten, denn alle Aussagen sind ausnahmslos aus trügerischen Begriffen konstruiert. Das bedeutet jedoch nicht, dass nun umgekehrt alle Aussagen relativ wahr wären. Vielmehr sind einige Aussagen einfach vollkommen falsch und besitzen überhaupt keine Fähigkeit, die Wesen schließlich zur Einsicht in die letzte Wahrheit zu führen. In diesem Sinn gelten all die genannten Mahāyāna-Lehren zweifellos als wahrer (auf der Ebene der relativen Wahrheit!) als jede andere konkurrierende Lehre oder Anschauung oder auch als jene Annahmen, die das alltägliche Leben bestimmen. Im Mahāyāna-Buddhismus gilt es geradezu als axiomatisch, dass hinsichtlich der letztgültigen Wahrheit die angemessene sprachliche Antwort letztendlich das Schweigen ist (siehe zum Beispiel Vn 9). Aber unter den letzten und höchsten Dingen, die wir noch sagen können, bevor wir schließlich schweigen müssen, befinden sich Aussagen wie die, dass die Wirklichkeit in ihrer wahren Natur einem Bodhisattva gleicht, dass sie eigentlich ein reines Buddha-Land ist oder dass sie sogar Buddha *ist.*

Yogācāra Idealismus?

Innerhalb der Madhyamaka-Schule drehten sich die philosophischen Debatten nach Nāgārjuna größtenteils um Fragen, die das nähere Verständnis der »relativen Wahrheit« betreffen. Erfüllt sie ihre Funktion dann am besten, wenn man gezielt alle Ansichten dekonstruiert, zusammen mit ihrer eigenen Selbst-Aufhebung? Oder ist es zulässig, sich auch auf eine positive und konstruktive Argumentation einzulassen (solange man dabei nicht vergisst oder leugnet, dass die Wahrheit letztlich nicht ausgedrückt werden kann)? Während in der Madhyamaka-Schule in dieser Frage unterschiedliche Auffassungen herrschten, konzentrierte sich die zweite wichtige Schule der Mahāyāna-Philosophie, die Yogācāra- beziehungsweise Vijñānavāda-Schule, auf die epistemologischen Probleme, die sich aus der Lehre von der universalen Leerheit ergaben: Was sind die mentalen Mechanismen, die unsere gewöhnliche, illusionäre Wahrnehmung der Welt erzeugen, und wie kann man diese überwinden, damit wahre Einsicht erlangt oder erfahren werden kann? Um einige Ideen dieser Schule zu veranschaulichen, wende ich mich nun kurz Vasubandha zu, einem ihrer wichtigsten frühen Repräsentanten.

Wie viele andere Yogācāra-Gelehrte und viele Schriften des Yogācāras unterscheidet auch Vasubandhu »drei« Aspekte oder »Naturen« (*trisvabhāva*) aller Wesen und nimmt dies zum Ausgangspunkt seiner Überlegungen. Für ihn (wie schon im *Saṃdhinirmocana-Sūtra*, siehe Powers, 1995, S. 95-127) sind die drei Naturen aller Dinge lediglich drei unterschiedliche Arten, ihre Leerheit oder »Naturlosigkeit« zu bezeichnen. Erstens besitzt alles eine »vorgestellte Natur« (*parikalpita-svabhāva*), mit anderen Worten, das, was ein Ding in unserer konventionellen, verblendeten Wahrnehmung zu sein scheint. Die »vorgestellte Natur« ist ein Hinweis auf die Leerheit insofern, als das, was das Ding unserer Vorstellung nach ist, nicht real ist. Zweitens hat alles in dem Sinn eine »von-anderem-abhängige Natur« (*paratantra-svabhāva*), als alles in seinem Dasein von etwas anderem abhängig ist (so wie es in der buddhistischen Lehre vom abhängigen Entstehen erklärt wird). Die »von-anderem-abhängige Natur« ist ein Anzeichen für Leerheit insofern, als die Abhängigkeit eines Dinges von etwas anderem beweist, dass es nicht aus sich selbst oder für sich selbst existiert und ihm deswegen das »Eigen-Sein« fehlt. Drittens besitzt alles eine »absolut vollendete Natur« (*pariniṣpanna-svabhāva*), das heißt, seine letzte, unbeschreibliche Natur. Auch das ist ein Anzeichen für universale Leerheit insofern, als es uns dazu anhält, über die vorgestellten, unwirklichen und vom verblendeten Geist auferlegten »Eigen-Naturen« hinauszugehen.

Für Vasubandhu besteht der besondere Wert dieser Unterscheidung von drei Naturen, oder besser gesagt, von drei Arten, »Naturlosigkeit« aufzuzeigen, darin, dass sie auf eine bestimmte Strategie zur Überwindung der Illusion hinweist. Ausgangspunkt ist hierbei die zweite, die »von-anderem-abhängige Natur«: Indem man die vollständige, wechselseitige Abhängigkeit von allem erkennt, versteht man zugleich die unwirkliche, illusionäre Natur unserer gewöhnlichen begrifflichen Unterscheidungen. Die begriffliche Repräsentation der Wirklichkeit besitzt immer einen »dualistischen« Charakter, insofern jeder Begriff nur mit Hilfe seiner Unterscheidung von einem anderen Begriff konstruiert wird. Das Verständnis der vollständigen gegenseitigen Abhängigkeit beziehungsweise Interdependenz von »allem« (beziehungsweise von allen Begriffen) enthüllt somit die Unwirklichkeit jeglicher Dualität, und durch das Verständnis des künstlichen, unwirklichen Charakters der Dualität versteht man die »vorgestellte Natur« von allem. Von hier aus kann man dann zur wahren, zur »absolut vollendeten Natur« voranschreiten, denn diese wird nun als die vollständige Abwesenheit von Dualität bezeichnet (siehe *Trisvabhāva-Nirdeśa* 24f.; Kochumuttom, 1989, S. 107-111). Alles, was man innerhalb eines dualistischen Rahmens erkennt und denkt, das heißt, mit Hilfe von begrifflichen Unterscheidungen, besitzt somit eine »vorgestellte Natur«. Aus dieser Perspektive ist alles »nur Geist« beziehungsweise »nur eine geistige Bewusstseinsvorstellung« (*Viṃśatikā* 1; Kochumuttom, 1989, S. 166). Derartige Aussagen haben viele Interpreten zu der Ansicht geführt, dass die Yogācāra-Schule eine Form des metaphysischen Idealismus beziehungsweise einen idealistischen Monismus vertritt. Aber für Vasubandhu würde die Einsicht, dass alles, insofern es dualistisch verstanden wird, lediglich »Geist« oder »Gedanke« ist, auch auf eine solche quasi idealistische Konzeption zutreffen – und damit wäre diese genauso fehlerhaft:

> Aufgrund der Wahrnehmung, dass es nur Gedanken gibt,
> Entsteht die Nicht-Wahrnehmung von erkennbaren Dingen;
> Aufgrund der Nicht-Wahrnehmung von erkennbaren Dingen
> Entsteht auch die Nicht-Wahrnehmung von Gedanken.
>
> (*Trisvabhāva-Nirdeśa* 37; Kochumuttom, 1989, S. 124)

Auch der Geist, ob nun der eigene oder der eines anderen, darf also nicht innerhalb des begrifflichen Schemas einer Subjekt-Objekt-Dualität verstanden werden (siehe auch *Viṃśatikā* 21). Solange man annimmt, dass der Geist die einzige Realität ist, die es gibt, behandelt man ihn immer noch als ein »begreifbares« Objekt (*Triṃśatikā* 27f.). Um die wahre Wirklichkeit zu »sehen«, muss man jegliche Dualität aufgeben – einschließlich idealistischer oder monistischer Vorstellungen (denn diese wären als begriffliche Konstrukte immer noch »dualistisch«). Erst dann kann man eine nicht-dualistische oder nicht-begriffliche Form von Einsicht erlangen:

> Das ist in der Tat das überweltliche Wissen,
> Wenn man weder einen Geist hat, der weiß,
> Noch Objekte, auf die er sich stützt; …

> Allein das ist die reine Ursprungs-Wirklichkeit,
> Unbegreiflich, glückverheißend und unveränderlich;
> Da sie erfreulich ist, ist sie der befreite Körper,
> Der auch der Wahrheits(-Körper) (*dharmakāya*) des großen Weisen ist.
>
> (*Triṃśatikā* 29f.; nach Kochumuttom, 1989, S. 160)

Die Yogācārins haben diese erleuchtete Erkenntnis als »Umbildung« oder »Revolution der Grundlage« (*āśraya-parāvṛtti*) bezeichnet. Allerdings wird diese »Umbildung« teilweise unterschiedlich verstanden. Zuweilen versteht man sie lediglich als das vollständige und dauerhafte Erlöschen all jener Kräfte im Bewusstsein, die karmische Tendenzen und Befleckungen erzeugen und für die Konstruktion von Illusion verantwortlich sind. Aber die »Umbildung der Grundlage« kann auch als eine Art von Reinigungsprozess aufgefasst werden, so wie in den beiden gerade zitierten Versen. Demnach wird bei der Erleuchtung die ursprüngliche Reinheit des Geistes – die sich nicht von der ursprünglichen Reinheit oder Leuchtkraft aller Wirklichkeit unterscheidet – wiederhergestellt, indem der Geist von den Befleckungen befreit wird, die seine Reinheit verdeckt haben. Dann erstrahlt die »reine Ursprungs-Wirklichkeit« von allem. In jedem Fall wird angenommen, dass sich ein derartiger Zustand nur durch meditative Praxis erreichen lässt, wie es das *Saṃdhinirmocana-Sūtra* kurz und prägnant ausdrückt:

> ... ein Geist, der nicht meditiert, kann die Wirklichkeit nicht so erkennen, wie sie ist, wohingegen jemand, der meditiert hat, sie so erkennen kann.
>
> (Powers, 1995, S. 187)

Literaturhinweise: Cabezón (1994), King (1999), Kochumuttom (1989), Nagao (1991), Pye (1978), Sprung (1973), Streng (1967).

13 TANTRISCHER BUDDHISMUS

Der illusionäre Charakter aller begrifflichen Unterscheidungen (einschließlich der Unterscheidung zwischen Saṃsāra und Nirvāṇa), der unvorstellbare, aber nichtsdestoweniger glückverheißende und leuchtende Charakter der wahren Wirklichkeit, die Buddha-Natur nicht nur der empfindenden Wesen, sondern aller Dinge – solche Ideen des Mahāyāna-Buddhismus hatten weitreichende Implikationen im Hinblick auf ein neues Verständnis und eine Neugestaltung buddhistischer Praxis innerhalb des allgemeinen Rahmens des mahāyānistischen Bodhisattva-Ideals. Ein besonders deutliches Beispiel hierfür ist der Aufstieg des tantrischen Buddhismus.

Was ist Tantrismus?

Der Begriff »Tantrismus« bezieht sich auf eine bestimmte religiöse Bewegung und eine Reihe von Praktiken, die in der zweiten Hälfte des ersten Jahrtausends u.Z. sowohl im Hinduismus als auch im Buddhismus große Bedeutung erlangten. Einige der ältesten tantrischen Schriften wurden vermutlich bereits zwischen dem dritten und fünften Jahrhundert u.Z. verfasst, und eine Reihe tantrischer Ideen und Motive wurzeln in alten vedischen Traditionen (besonders in jenen des Atharvavedas) und möglicherweise sogar in vor-vedischen Fruchtbarkeitskulten.

»Tantra« bedeutet wörtlich »Webstuhl« oder »Webkette«, erlangte dann aber auch die metaphorische Bedeutung von »das zugrunde liegende Prinzip« oder »der eigentliche Punkt« in einer Reihe von Lehren oder einem System religiöser Praktiken. Seinem Selbstverständnis nach offenbart der Tantrismus den tiefsten – und verborgenen – Sinn des Dharmas. Seine Ideen und Praktiken sind in einer umfangreichen Gruppe von Schriften dokumentiert, die als »*tantras*« bezeichnet werden. Obwohl es sich bei den hinduistischen und buddhistischen

Tantras um deutlich voneinander verschiedene Schriften handelt und obwohl scheinbar (soweit wir es wissen) keine der beiden Traditionen die Tantras der jeweils anderen verwendet hat, weisen sie dennoch viele gemeinsame Merkmale auf. Zum Beispiel benutzen beide eine erotische Bildsprache und beide denken in Begriffen von weiblich-männlicher Polarität. Außerdem finden sich auffällige Ähnlichkeiten in ihren rituellen Praktiken (*sādhana*). Dazu gehören die Verwendung geometrischer Strukturen (*yantras* und *maṇḍalas*), um durch sie reale oder imaginäre heilige Räume darzustellen, die Anwendung heiliger Formeln oder Silben (*dhāraṇīs* und *mantras*) sowie besonderer Gesten (*mudrās*), die Visualisierung einer auserwählten Gottheit (*iṣṭadevatā*) und die entscheidende Bedeutung der Einweihung (*dīkṣā*) durch einen tantrischen Meister (*guru*). Letzteres, zusammen mit dem Anspruch, den verborgenen und tiefsten Sinn der Lehren darzustellen (häufig in mehrdeutiger oder verschlüsselter symbolischer Sprache), verleiht dem Tantrismus seinen esoterischen Charakter. Ein weiteres gemeinsames Merkmal besteht darin, dass sowohl das hinduistische als auch das buddhistische Tantra, zumindest im Sinne eines vorläufigen spirituellen Ziels, darauf abzielen, magische oder übernatürliche Kräfte zu erwerben (einschließlich bestimmter Formen von Zauberei und Alchemie). Außerdem belegen tantrische Praktiken die Überzeugung, dass man alles, was normalerweise als ein unheilsamer Faktor angesehen wird, wie beispielsweise Aggression und Begierde, innerhalb der tantrischen spirituellen Schulung benutzen und dadurch in heilsame Energie verwandeln kann. In diesem Zusammenhang finden sich im hinduistischen und im buddhistischen Tantrismus bestimmte antinomistische Tendenzen, die sich nicht allein in einem unkonventionellen Lebensstil zeigen, sondern auch in rituellen Praktiken, die teilweise den Konsum verbotener oder unreiner Substanzen wie Alkohol, Fleisch oder Exkremente beinhalten oder auch den Vollzug sexueller Handlungen.

Insbesondere diese antinomistische Tendenz, ob sie nun rein symbolisch verstanden wird, sich nur in der imaginären Visualisierung manifestiert oder tatsächlich in einer konkreten Übung vollzogen wird, hat häufig dazu geführt, dass der hinduistische und buddhistische Tantrismus beim eher konservativen Lager beziehungsweise beim Mainstream beider Traditionen auf heftige Kritik oder unverhohlene Ablehnung stieß. Trotzdem erlangte der Tantrismus zu bestimmten Zeiten und in bestimmten Gegenden großen Einfluss oder wurde teilweise sogar zur dominierenden Form des Hinduismus und Buddhismus. Was den Buddhismus betrifft, so finden sich Spuren des Tantrismus (meistens aus der Zeit des ersten Jahrtausends oder des frühen zweiten Jahrtausends) überall in der buddhistischen Welt, sei es nun in Indonesien oder Sri Lanka, in China oder Korea. Aber seine erste große Blütezeit erlangte der tantrische Buddhismus in Nordindien: in Bihar und in Bengalen. Dort genoss der Tantrismus die kräftige Förderung durch die Pāla-Dynastie (8.-12. Jh.), und die Klosteruniversitäten von Vikramaśīla und Odantapurī entwickelten sich zu seinen dynamischen Zentren. Von hier aus wurde der tantrische Buddhismus nach Tibet exportiert, wo man ihn sorgfältig bewahrt, zutiefst verehrt, praktiziert und bis zum heutigen Tag weiterentwickelt hat. Von Tibet aus gelangte er in die Mongolei, die ebenfalls eine Hochburg des tantrischen Buddhismus (tibetischer Art) wurde, und überlebte dort in der zweiten Hälfte des zwanzigsten Jahrhunderts sogar die Unterdrückung durch das kommunistische Regime. In einer gemäßigteren Variante gelangte der tantrische Buddhismus auch nach China und in die benachbarten Länder. In den Gebieten des chinesischen Kulturkreises überdauerte er insbesondere in Japan, und zwar in Gestalt der alten, einst mächtigen und bedeutsamen Schule des Shingon-Buddhismus.

Tantrismus im Buddhismus

Eine große Anzahl buddhistischer Tantras blieb in ihrer ursprünglichen Sprache oder in tibetischen, mongolischen und chinesischen Übersetzungen erhalten. Der tibetische Kanon enthält ungefähr 500 Tantras, die in vier unterschiedliche Gruppen eingeteilt sind: (1) *Kriyā-Tantras* (die Tantras der »Taten«), (2) *Caryā-Tantras* (die Tantras der »Observanzen«), (3) *Yoga-Tantras* (die Tantras der »Vereinigung«) und (4) *Anuttarayoga-Tantras* (die Tantras der »letzten Vereinigung«); die zuletzt genannten sind weiter unterteilt in die sogenannten »Vater-Tantras« (*Yogottara-Tantras* = »die Tantras des höheren Yogas«) und »Mutter-Tantras« (*Yoganiruttara-Tantras* = »die Tantras des höchsten Yogas«) (siehe Williams mit Tribe, 2000, S. 202-217; Skilton, 1997, S. 140ff.).

Obwohl diese Klassifizierung in etwa auch die chronologische Reihenfolge der ursprünglichen Entstehung dieser Texte widerspiegelt, ist sie in erster Linie aufgrund ihrer inhaltlichen Einteilung bedeutsam. Die Kriyā-Tantras bilden die bei weitem umfangreichste Gruppe und handeln vorwiegend von jenen rituell-magischen Methoden, die dazu dienen, eine Vielzahl weltlicher Vorteile zu erlangen oder weltliches Unheil abzuwehren. Damit bedient der tantrische Meister in gewisser Weise eines der klassischen vedischen Lebensziele: das Streben nach materiellem Wohlergehen und weltlicher Macht (*artha*). Die sehr kleine Gruppe der Caryā-Tantras beschäftigt sich hauptsächlich mit dem Kult des Vairocana-Buddhas, der als zentrale und vorrangige Figur innerhalb eines Schemas von fünf überweltlichen Buddhas dargestellt wird (siehe unten S. 256ff.). Aber auch hier geht es in erster Linie um das Streben nach übernatürlichen Kräften, die sich für weltliche Ziele anwenden lassen. Die Yoga-Tantras beschäftigen sich gleichfalls primär mit Vairocana und den diesem zugeordneten Bodhisattvas wie Mañjuśrī, dem berühmten und populären Bodhisattva der Weisheit. In dieser Gruppe von Texten lässt sich jedoch eine bemerkenswerte Verlagerung des Ziels tantrischer Praktiken feststellen. Das Erlangen übernatürlicher Kräfte wird zweitrangig und ist dem Streben nach der Buddhaschaft ein- und untergeordnet. Diese beiden Gruppen tantrischer Texte, Caryā und Yoga, wurden zu den zentralen Texten des Shingons, der japanischen Schule des tantrischen Buddhismus. In der vierten Klasse von Tantras, den Anuttarayoga-Tantras, steht nicht mehr Vairocana, sondern der Buddha Akṣobhya im Mittelpunkt der Aufmerksamkeit (obwohl er in der Unterabteilung der Mutter-Tantras von verschiedenen anderen göttlichen Wesen begleitet und teilweise auch ersetzt wird). Hier besteht das Ziel eindeutig im raschen Erreichen der Buddhaschaft, oder besser gesagt, in der raschen Erkenntnis, dass man selbst Buddha *ist.* Die zu diesem Zweck angewandten Mittel sind jedoch ausgesprochen ungewöhnlich, denn gerade in den beiden Unterabteilungen der Anuttarayoga-Tantras rücken die antinomistischen Tendenzen und die breite Verwendung einer erotischen Bildsprache in den Vordergrund. Berühmte und einflussreiche Texte wie das *Guhyasamāja-Tantra*, das *Hevajra-Tantra* oder das *Caṇḍamahāroṣaṇa-Tantra* gehören zu dieser Gruppe. Innerhalb der tantrischen Tradition hat man die Verschiebungen der inhaltlichen Schwerpunkte in den vier Klassen buddhistischer Tantras häufig als Spiegelung einer spirituellen Entwicklung interpretiert, bei der der Praktizierende allmählich von den ausschließlich äußerlichen Zielen der Kriyā-Tantras zu dem letzten und höchsten Ziel der inneren Erkenntnis der Anuttarayoga-Tantras voranschreitet. Die innere Dynamik dieses Aufstiegs wurde traditionell recht nett – und typisch tantrisch – in folgenden Bildern ausgedrückt: In den Kriyā-Tantras scherzen die Gottheiten miteinander; in den Caryā-Tantras schauen sie einander an; in den Yoga-Tantras halten sie sich bei der Hand, und in den Anuttarayoga-Tantras sind sie schließlich sexuell vereint (siehe Wayman, 1997, S. 221f.).

In den Anuttarayoga-Tantras wird häufig das Symbol des »*vajras*« (»Diamant« oder »Donnerkeil«) verwendet. Der *vajra* ist ein Symbol von vielschichtiger Bedeutung: Er kann Macht bedeuten (»Donnerkeil«), die Unzerstörbarkeit der Erleuchtung, den diamantenen Glanz der letzten Wirklichkeit (»Diamant«) sowie die universale Leerheit (denn das Instrument, das beim tantrischen Ritual als *vajra* dient, besitzt die Form zweier leerer Kolben, die jeweils aus einer Lotosblüte hervorgehen und über diese Blüten miteinander verbunden sind). Im Kontext erotischer Symbolik repräsentiert der *vajra* das männliche Genital, während die *Lotosblüte* entsprechend die Vulva symbolisiert. Die herausgehobene Bedeutung, die das Symbol des Vajras in einigen Tantras besitzt, hat manchmal dazu geführt, dass man den gesamten tantrischen Buddhismus als »*vajrayāna*« (»Diamantfahrzeug«) bezeichnet hat. Diese Bezeichnung kann allerdings irreführend sein, insofern sie leicht die Tatsache verstellt, dass sich der Inhalt der Anuttarayoga-Tantras doch in mancher Hinsicht deutlich von den anderen tantrischen Texten unterscheidet.

Was die Lehre betrifft, so bewegen sich die buddhistischen Tantras im Rahmen des Mahāyānas. Wer den tantrischen Weg praktiziert, der *yogin* (männlich) oder die *yoginī* (weiblich), versteht sich in der Regel als jemand, der dem Bodhisattva-Ideal folgt. Er oder sie strebt danach, die Vollkommenheit der Weisheit (*prajñā*: die Einsicht in die universale Leerheit) mit der Geschicklichkeit in den Mitteln (*upāya*: das Wissen darum, wie man das Mitleid, *karuṇā*, verwirklicht und es wirksam ausübt) zu verbinden. In den Anuttarayoga-Tantras und den mit diesen verwandten Schriften wird die innere Komplementarität und Einheit dieser beiden vorrangigen Bodhisattva-Tugenden symbolisch dargestellt als die sexuelle Vereinigung eines Buddhas, der die *Geschicklichkeit in den Mitteln* beziehungsweise das *Mitleid* repräsentiert, mit einer weiblichen Gefährtin, die die *Vollkommenheit der Weisheit* darstellt (siehe Abbildung 10). In der Regel beginnt jedes buddhistische Sūtra mit einer kurzen Beschreibung des Ortes und des Anlasses für Buddhas Verkündigung der betreffenden Lehrrede. In den Anuttarayoga-Tantras ist dieser »Ort« die sexuelle Vereinigung Buddhas mit seiner Gefährtin, das heißt, der höchsten Weisheit: »So habe ich es gehört: Einst ruhte der Herr in der Vagina der Dame der

Vajra-Sphäre – dem Herzen des Körpers, der Sprache und des Geistes aller Buddhas« (siehe Snellgrove, 2002, S. 152).

Diese Klassifizierung der höchsten Weisheit als weiblich wird nicht selten von einem außergewöhnlichen Lobpreis der Frauen begleitet – etwas, das ansonsten im buddhistischen Kontext ohne Parallele ist. So kann zum Beispiel das Caṇḍamahāroṣaṇa-Tantra (8:35f.) sagen:

> Frauen sind der Himmel; Frauen sind der Dharma;
> und Frauen sind die höchste Bußübung.
> Frauen sind Buddha; Frauen sind der Saṅgha;
> und Frauen sind die Vollkommenheit der Weisheit.
>
> (George, 1974, S. 82).

Insofern der Mahāyāna-Buddhismus insgesamt die Vollkommenheit der Weisheit als Quelle aller Buddhas betrachtet – denn diese »Vollkommenheit« ist ja die Erleuchtung und macht somit einen Buddha erst zu einem Buddha –, können tantrische Texte die höchste Weisheit als die *Mutter* aller Buddhas identifizieren. Durch diese Metapher erlangt der Aspekt weiblicher Fruchtbarkeit eine hervorgehobene symbolische Bedeutung. Die Vulva wird zur *mahāmudrā*, zum »großen Symbol«, das sich auf die absolute Wirklichkeit selbst bezieht. Nicht nur die Buddhas, sondern die ganze Wirklichkeit (denn im Grunde *ist* jede Wirklichkeit Buddha) teilt die eine, letzte Buddha-Natur und hat deswegen einen einzigen schöpferischen Ursprung (siehe HT 1:8:39ff.). Eine Reihe tibetischer Texte können die letzte Wirklichkeit daher nicht nur als »allerhöchst« und »allerschaffend« charakterisieren, sondern auch als eine mütterliche Wirklichkeit (siehe Neumaier-Dargyay, 1992, S. 28ff.): »Als Mutter wird Prajñā bezeichnet, weil sie die Welt gebiert«, heißt es im Hevajra-Tantra (1:5:16; Snellgrove, 1971, S. 62).

Die Mutter-Symbolik steht auch im Zusammenhang mit den sittlichen Qualitäten des Bodhisattvas. Auf die Frage, wie die »liebevolle Freundlichkeit« beziehungsweise das »Wohlwol-

Abb. 10: Die Vereinigung von Weisheit und Mitleid

len« (*maitrī*), also der erste der vier göttlichen geistigen Zustände (siehe oben S. 113f.), zu allererst hervorgebracht wird, erklärt der bedeutende tibetische tantrische Meister Gampopa (1079-1153), dass die Liebe aus der »Erinnerung an die empfangenen Wohltaten« entspringt. Und das eine Wesen, von dem alle die ersten und grundlegendsten Wohltaten empfangen haben, ist die eigene Mutter: Sie schenkte uns das Leben, zog uns auf, vermittelte uns die ersten Lehren über die Welt und nahm für uns Leiden auf sich. Die Liebe zu ihr können wir auf alle Wesen ausweiten, indem wir uns in Erinnerung rufen, dass in dem langen Ablauf des *saṃsāras* jedes Wesen schon einmal unsere Mutter war (siehe Guenther, 1970, S. 92-94). Letztlich sind alle Wesen von der universalen Buddha-Natur durchdrungen, und es ist die all-umfassende Aktivität der Buddha-Natur, die durch die Wesen widergespiegelt wird (ebd. S. 2f., 273f.).

Die Lehre des Mahāyānas von der universalen Buddha-Natur (siehe oben S. 216ff.) ist für die tantrische spirituelle Praxis besonders wichtig, denn sie bildet die Basis für eine veränderte Haltung gegenüber den »Befleckungen«, den Wurzeln des spirituellen und moralischen Übels: Wenn nämlich alles an der Buddha-Natur teilhat, dann trifft dies auch auf die Befleckungen selbst zu. Deswegen besteht die spirituelle Aufgabe nicht darin, die Befleckungen zu beseitigen, sondern ihren spezifischen Anteil an der universalen Buddha-Natur zu entdecken, damit sie in ihre eigene wahre strahlende Natur transformiert werden können. Aus dieser Perspektive lässt sich dann beispielsweise die »Gier« so verstehen, dass sie eigentlich in der Sehnsucht nach letzter Seligkeit und Befriedigung wurzelt; sexuelle »Lust« hat dann ihren Ursprung in dem mächtigen Verlangen nach Überwindung der Dualität; »Hass« lässt sich als Projektion dessen verstehen, was eigentlich eine Abscheu gegenüber dem eigenen verblendeten Zustand ist, usw.

Den grundlegenden symbolischen Schlüssel für dieses Verständnis bieten das Schema der Fünf Buddhas (*pañcatathāgatas*) und die Art, wie diese in bestimmten Maṇḍalas jeweils angeordnet sind. An ihnen zeigt sich nicht nur die Integration makrokosmischer und mikrokosmischer Aspekte der universalen Buddha-Natur. Sie verdeutlichen auch die Auffassung, dass die spirituellen Übel ein integraler Bestandteil der mächtigen und heilsamen kreativen Energien des universalen Buddhas sind. Innerhalb der Struktur des Maṇḍalas ist jeder der ersten vier Buddhas einer der Haupthimmelsrichtungen zugeordnet, während der fünfte (normalerweise Vairocana oder Akṣobhya) das Zentrum besetzt. Auf diese Weise wird die Immanenz der Buddha-Natur, ihr alles (alle Himmelsrichtungen) durchdringender Charakter, ausgedrückt, während ihr transzendenter Aspekt manchmal eigens durch die Einführung eines sechsten Buddhas, der als »primordialer Buddha« oder »Ur-Buddha« (*ādibuddha*) alle anderen überragt und zugleich in sich einschließt, dargestellt ist.

Da sich die makrokosmische Realität in jeder einzelnen ihrer mikrokosmischen Unterstrukturen spiegelt, repräsentieren die Fünf Buddhas nicht nur die universale Buddha-Natur, sondern ebenso die Buddha-Natur eines jeden Individuums. Jeder der Fünf Buddhas ist daher mit einem der fünf *skandhas* verknüpft, das heißt mit den fünf Bestandteilen des menschlichen Individuums (siehe oben S. 80): Vairocana mit dem Bewusstsein, Akṣobhya mit der materiellen Gestalt, Ratnasambhava mit der Empfindung, Amitābha mit der Wahrnehmung und Amoghasiddhi mit den karmischen Gestaltungskräften beziehungsweise der Willenskraft. Weiterhin entsprechen die Fünf Buddhas fünf spezifischen Befleckungen und den jeweiligen Formen von Weisheit, die den Befleckungen innewohnen und in die die Befleckungen transformiert werden sollen, damit ihre wahre Buddha-Natur zum Vorschein kommt: »Hass wird in spiegelgleiche Weisheit transformiert, Arroganz wird zur Weisheit der Gleichheit, Gier wird zur unterscheidenden Bewusstheit, Eifersucht verwandelt sich in alles vollbringende Weisheit, und Unwissenheit wird zur panoramaartigen Weisheit des all-umfassenden Raumes« (Shaw, 1995, S. 26f.). Solche

Entsprechungen variieren jedoch in den unterschiedlichen Tantras und den auf diesen aufbauenden Traditionen, und durch die Einführung zusätzlicher Fünfergruppen mit weiteren Entsprechungen werden sie erheblich ausgebaut und vertieft: fünf Farben, fünf identifizierende Embleme, fünf Gesten, fünf Silben, fünf Gefährtinnen, fünf Bodhisattvas, fünf Elemente, fünf Energiezentren im Körper (*cakras*) usw. (siehe Williams mit Tribe, 2003, S. 209-229; Snellgrove, 2002, S. 189-213). Diese Schemata sollen dem Praktizierenden dabei helfen, die Interdependenz aller Dinge zu verstehen und ihre Buddha-Natur zu entdecken. Innerhalb des tantrischen Rituals werden diese Korrelationen und Verbindungen dann quasi dramaturgisch inszeniert, liturgisch aufgeführt und reproduziert – und auf diese Weise erkannt und verwirklicht.

Der heilige Raum eines bestimmten Maṇḍalas wird entweder physisch geschaffen oder im Geist bildlich vorgestellt. Durch das Aussprechen einer bestimmten Silbe oder eines Mantras wird der jeweilige Buddha oder eine auf diesen bezogene Gottheit herbeigerufen, und der oder die Praktizierende identifiziert sich selbst mit der »auserwählten Gottheit« (*iṣṭadevatā* oder *yidam*), wobei die »Auswahl« entweder mit der Hilfe eines Meisters oder aufgrund orakel-ähnlicher Praktiken geschieht (beispielsweise indem man eine Blüte auf ein Maṇḍala fallen lässt und sieht, im Feld welcher Gottheit sie landet). Die Identifikation mit einer Gottheit wird als die Entfaltung des durch die Gottheit symbolisierten Aspektes der Wirklichkeit im eigenen Inneren verstanden. Durch eine ganze Reihe von Visualisierungsaufgaben und mit Unterstützung diverser Abfolgen ritueller Gesten, Rezitationen und Opfergaben, wie auch durch unterschiedliche Formen von Yoga-Praktiken werden bestimmte Prozesse der spirituellen Transformation konkret sichtbar gemacht, ausgeübt und hierdurch ausgelöst oder verstärkt. Während der tantrischen Praxis können die meditativen Visualisierungsübungen auch in solche überbewusste Zustände übergehen, die den traditionellen meditativen Zuständen der formlosen Versenkung gleichen (siehe oben S. 121ff.). Schließlich geht der Übende aus dieser Praxis als eine Person hervor, in der eine bestimmte Gottheit – das heißt, ein bestimmter Aspekt der universalen Buddha-Natur – Gestalt angenommen hat, damit das mitleidvolle Wirken für die Befreiung aller Wesen so kraftvoll wie möglich ausgeführt werden kann.

Antinomistische Tendenzen

Traditionell ist ein tantrisches Ritual nicht öffentlich, sondern auf einen kleinen Kreis auserwählter Adepten beschränkt, die von einem tantrischen Meister ermächtigt und in die jeweiligen Praktiken initiiert wurden. Für die rituellen Praktiken der Anuttarayoga-Tantras benötigt man Initiationen, die als besonders geheim gelten. Zu diesen Ritualen und Initiationszeremonien gehören auch sexuelle Handlungen, der Verzehr unreiner Substanzen – Alkohol, Fleisch (sogar Menschenfleisch), Urin, Fäkalien, Samen- und Vaginalflüssigkeiten usw. Zudem enthalten die entsprechenden Texte Ausführungen, die offenbar zu einer Verletzung der fundamentalen Regeln buddhistischer Moral auffordern. So heißt es beispielsweise im Guhyasamāja-Tantra (5:5:4f.):

> ... alle, die Leben nehmen, Freude am Lügen haben, die immer nach dem Reichtum der anderen gieren, die Spaß am Sex haben, die mit Absicht Fäkalien und Urin zu sich nehmen, sind dieser Praktiken würdig.
>
> (Snellgrove, 2002, S. 170f.)

Ähnliche Aussagen finden sich in mehreren Anuttarayoga-Tantras. Die Texte selbst zeigen, dass man sich der schockierenden Natur solcher Aussagen vollkommen bewusst war. Zum Beispiel beschreibt das Guhyasamāja-Tantra, wie die versammelten Bodhisattvas, als sie die oben zitierte Aussage gehört hatten, konsterniert, ja verschreckt, reagierten und etliche von ihnen in Ohnmacht fielen. Die Provokation geschieht also völlig absichtlich. Es ist wichtig zu verstehen, dass es diesen tantrischen Texten nicht darum geht, grundsätzlich zu bestreiten, dass solche grenzüberschreitenden Handlungen einen moralisch falschen und spirituell gefährlichen Charakter haben. Sie bestehen allerdings darauf, dass diese Handlungen innerhalb des Kontextes tantrischer Praktiken und bei einem entsprechend richtigen Verständnis spirituell wirksam und förderlich sind: »Dieselbe schreckliche Tat, die Menschen in die Hölle bringt, führt sie zweifellos zur Erlösung, wenn sie mit einer bestimmten Methodik ausgeführt wird« (CT 7:24; George, 1974, S. 79). Doch wie ist das zu verstehen?

Eine einflussreiche Interpretationslinie vertritt die Ansicht, man müsse solche schockierenden Aussagen ausschließlich als extreme Formen bildhafter Sprache deuten. »Lebendige Wesen töten« meint dann beispielsweise, die saṃsārische Existenz zu überwinden; »lügen« bedeutet, relative Wahrheit zu sprechen; »stehlen« meint, den Bodhisattva-Geist entwickeln; »die Frauen«, bei denen man Zuflucht suchen soll, sind nichts anderes als die vier göttlichen Zustände (liebevolle Freundlichkeit, Mitleid, Mitfreude und Gleichmut); und »Alkohol trinken« bedeutet, die höchste Seligkeit zu erfahren. (Für ein klassisches buddhistisches Beispiel dieser Interpretation siehe die Position der Bri-gung-pa-Schule in Sobisch, 2002, S. 375-379.) Manchmal unterstützen auch die Tantras selbst diese Art der Interpretation, wenn beispielsweise das Hevajra-Tantra (2:3:30) erklärt, »Leben nehmen« beziehe sich darauf, in der Meditation das konzeptuelle Denken zu beenden, »denn das Denken ist das Leben«; oder »lügen« beziehe sich auf das Gelübde des Bodhisattvas, alle Menschen zu retten, denn in Wahrheit gebe es ja weder Wesen, die gerettet werden müssten, noch irgendwelche Wesen, die sie retten könnten (wie es bereits von den Prajñāpāramitā-Sūtras verkündet wurde, siehe oben S. 231).

Allerdings ist eine rein metaphorische Interpretation insofern problematisch, als sie nicht wirklich erklärt, warum man denn derartig provokante Bilder für ansonsten vollkommen akzeptable Aussagen verwenden musste. Außerdem vermag sie nicht zu erklären, warum in einer ganzen Reihe von Sūtras so anschauliche und detaillierte Anweisungen für die rituelle Durchführung grenzüberschreitender Akte gegeben werden. Diese konkreten Anweisungen, wird manchmal gesagt, solle man so verstehen, dass sie sich nur auf die Übung des Visualisierens beziehen: Unter bestimmten Umständen und innerhalb eines von einem Meister kontrollierten meditativen Rahmens solle sich der Praktizierende die grenzüberschreitenden Handlungen geistig vorstellen. Diese Übung diene dazu, sich der jeweiligen Formen von »Zuneigung und Abneigung« im eigenen Geist deutlicher bewusst zu werden, so dass diese Tendenzen in heilsame spirituelle Energien transformiert werden können. Ein Verständnis der grenzüberschreitenden Handlungen, wonach es sich hierbei ausschließlich um Visualisierungspraktiken handle, findet sich vor allem im klösterlichen Kontext, innerhalb dessen sich Mönche und Nonnen, aufgrund ihrer Bindung an die monastischen Regeln, nicht dazu berechtigt sahen, derartige Handlungen tatsächlich auszuführen.

Eine andere Interpretationslinie zögert jedoch nicht, die grenzüberschreitenden Handlungen so zu verstehen, dass sie, im Rahmen der richtigen Methode und der geeigneten Umstände, tatsächlich praktisch ausgeführt werden müssen. Ein Argument lautet, dass grenzüberschreitende Handlungen dann gerechtfertigt und sogar notwendig sein können, wenn sie von Mitleid motiviert sind und von einem Buddha oder Bodhisattva als »geschickte Mittel« ausgeführt werden (Beispiele aus tantrischen Texten findet man bei Snellgrove, 2002, S. 175f.). Diese Idee ist im mahāyānistischen Bodhisattva-Ideal fest verwurzelt (siehe oben S. 199ff.) und auch in Texten, die sehr viel älter sind als die Anuttarayoga-Tantras, gut dokumentiert, wie zum Beispiel im *Upāyakauśalya-Sūtra* (siehe

Tatz, 1994). Zweifellos gibt es Situationen, in denen Menschen Handlungen wie Lügen, Stehlen oder sogar Töten für unvermeidlich und moralisch gerechtfertigt halten, wenn und weil diese Taten aus Mitleid heraus begangen werden. Einige klassische Schriften des Mahāyānas erweitern diese Argumentation auch auf sexuelle Handlungen, wie etwa in jenem bekannten Fall, in dem der Bodhisattva zu einer Zeit, als er sich zur Askese verpflichtet hatte, dennoch in eine Heirat einwilligte, um damit den Selbstmord eines liebeskranken Mädchens zu verhindern (siehe Tatz, 1994, S. 34f.). Das *Vimalakīrtinirdeśa-Sūtra* und das *Gaṇḍavyūha-Sūtra* berichten zudem von Bodhisattvas, die selbst zu Kurtisanen werden, »um Männer für sich zu gewinnen ... mit dem Haken der Begierde« (Thurman, 1976, S. 71). Doch schon bei diesen relativ einfachen Beispielen wirkt die zur Rechtfertigung dieser Verhaltensweisen herangezogene Logik etwas an den Haaren herbeigezogen. Hinsichtlich der wesentlich komplexeren tantrischen Beispiele, bei denen es um bestimmte sexuelle Praktiken, den Verzehr von verbotenen oder unreinen Substanzen geht usw., ist diese Logik kaum mehr nachvollziehbar. In solchen Fällen kann sich die Rechtfertigung nicht mehr darauf stützen, es handle sich hierbei um Taten, deren Ausübung unmittelbar vom Mitleid mit konkreten Personen geboten sei. Die Rechtfertigung durch das Mitleid fällt hier eher indirekt aus: In dem Maß, in dem die tantrischen Methoden einen Beitrag zur eigenen spirituellen Entwicklung des Praktizierenden auf dem Pfad der Vervollkommnung als Bodhisattva leisten, wird dadurch indirekt auch anderen empfindenden Wesen geholfen, insofern diese ja vom Wirken des Bodhisattvas profitieren. Aber wie und warum können die grenzüberschreitenden Handlungen überhaupt diese Funktion erfüllen, einen Beitrag zur Vervollkommnung eines Bodhisattvas zu leisten?

Hier wenden die Tantras das homöopathische Prinzip an, wonach Gleiches mit Gleichem geheilt wird: »So wie Wasser, das ins Ohr eingedrungen ist, mit Wasser beseitigt werden kann oder ein Dorn mit einem anderen Dorn, so beseitigen die Kundigen die Leidenschaft mit Hilfe der Leidenschaft. (...) so entledigt sich der Weise von Unreinheiten mit Hilfe der Unreinheiten« (*Cittaviśuddhiprakaraṇa* 37, siehe Conze, 2000, S. 221; siehe auch HT 2:2:46-51). Die Idee ist also, dass innerhalb des Rahmens tantrischer Rituale und meditativer Übungen unter der Anleitung eines erfahrenen Meisters eine begrenzte und kontrollierte Verwendung grenzüberschreitender Handlungen erlaubt sein kann, um die Wurzeln der eigenen Befleckungen aufzudecken und diese in die ihnen entsprechenden Aspekte der Buddha-Natur zu transformieren, als deren pervertierte Manifestationen sie gelten. Es gibt daher neben dem homöopathischen noch ein zweites Prinzip, das dem ersten zugrunde liegt und demzufolge es letztlich gar keine Unreinheiten gibt. Jeder und alles ist Buddha, alles ist rein in einem absoluten Sinn, der über die konventionelle Unterscheidung von rein und unrein, gut und schlecht usw. hinausgeht (siehe Saraha, *Dohākośa* 106; Conze, 2000, S. 238). Wenn der Praktizierende beispielsweise verbotene und unreine Substanzen konsumiert, sollte er oder sie jede Vorstellung von »essbar« oder »nicht essbar«, von »das tut man« oder »das tut man nicht« aufgeben (CT 7:18; HT 1:7:24). Es wird also eine symbolische, aber nichtsdestoweniger reale Handlung vollzogen, die über die Dualität hinausführt – eine Handlung, mit der man sich von jedem Anhaften an konventionellen Unterscheidungen befreit.

Das Motiv, die Dualität zu transzendieren, liegt auch der rituellen sexuellen Vereinigung zugrunde. Tantrische Texte preisen den Orgasmus nicht einfach nur als einen Moment »seligen Entzückens«, sondern auch als eine »tiefgründige« und »unermessliche« Erfahrung, insofern es darin »weder das Selbst, noch den anderen« gibt (Saraha, *Dohākośa* 96; Conze, 2000, S. 237). Oder wie es die tantrische Meisterin Sahajayoginīcintā ausdrückt:

Stufenweise, durch den Geschmack des Begehrens,
Hört man auf zu wissen, wer der andere ist
Und was mit einem selbst geschah.
Die Liebenden erleben unbeschreibliche Seligkeit,
Die sie noch nie zuvor erlebten.

(Shaw, 1995, S. 186f.)

Die Barrieren zwischen sich selbst und anderen zu überwinden und sich dabei vom dualistischen, begrifflichen Denken zu lösen – dies gilt als die Verwirklichung der fundamentalen Kennzeichen von Mitleid und Weisheit. Wenn die sexuelle Vereinigung in dieser Haltung vollzogen wird, zögern die tantrischen Texte nicht, sie mit der Erleuchtung gleichzusetzen (z.B. CT 8:50): Sich von dualistischem Denken zu befreien ist Befreiung vom Saṃsāra; die mitleidvolle Identifikation von sich selbst mit allen anderen ist das Nicht-Anhaften am Nirvāṇa. Deswegen sind die tantrischen Texte der Überzeugung, dass sich ihre Praktiken in vollständigem Einklang mit dem Bodhisattva-Ideal befinden, dem Ideal, weder im Saṃsāra, noch im Nirvāṇa zu verweilen (siehe oben S. 196).

Der Siddha

Tantrische Buddhisten folgen also, insgesamt gesehen, nach wie vor dem Bodhisattva-Ideal. Wer das Bodhisattva-Ideal jedoch auf tantrische Weise verkörpert, offenbart damit eine ganz eigene Dimension und Qualität dieses Ideals, und zwar in Gestalt des Siddhas, des »Vollkommenen« oder »Vollendeten«, der höhere, übernatürliche Fähigkeiten erlangt hat und weiß, wie sie auf dem tantrischen Weg anzuwenden sind. Der unkonventionelle Lebensstil tantrischer Siddhas demonstriert ihre Freiheit sowohl vom Saṃsāra als auch vom Nirvāṇa. Ihre Beherrschung übernatürlicher Kräfte gilt als ein Zeichen ihrer ungehinderten Einheit mit der letzten Wirklichkeit von allem. »Frei vom Lernen, von Zeremonien und von jeglichem Grund für Schamgefühle, wandert der Yogin, erfüllt von großem Mitleid im Besitz einer Natur, die allen Wesen gemeinsam ist«, heißt es im Hevajra-Tantra (1:6:23; Snellgrove, 1971, S. 65).

In tantrischen Erzählungen (siehe zum Beispiel Dowman, 1985) werden Siddhas häufig als männliche oder auch weibliche buddhistische Laienanhänger dargestellt, die aus allen Gesellschaftsschichten kommen. Normalerweise, so die traditionellen Schilderungen, leben sie mit einem Partner des anderen Geschlechts zusammen, obwohl sich unter ihnen teilweise auch Einsiedler finden (die zumindest für eine gewisse Phase ihres Lebens diese Lebensform wählen). Trotz ihres individualistischen Lebensstils pflegen sie einen engen Kontakt entweder mit ihrem Guru oder mit ihren eigenen Schülern. Mehr oder weniger regelmäßig halten sie gemeinschaftliche Treffen ab, häufig auf Leichenverbrennungsplätzen, wo sie zusammenkommen, um ihre tantrischen Feste zu feiern. Von einigen der besonders bedeutenden Siddhas heißt es, dass sie ehemalige Mönche seien, die ihr klösterliches Leben aus spirituellen Gründen aufgegeben haben. Ein berühmtes Beispiel hierfür ist Nāropa (11. Jh.). Der Tradition nach gilt er als ein hochgebildeter Mönch, der eine Zeit lang sogar Abt der Klosteruniversität Nālandā gewesen sei – eine Position, auf die er verzichtet habe, um ein echter Praktizierender anstatt ein Gelehrter zu werden. Er »gab alle seine Besitztümer und Bücher auf« und wurde Schüler des tantrischen Gurus Tilopa. Nach vielen Jahren der Schulung war er imstande, »wie ein kleines Kind« zu handeln, »mit Kindern zu spielen, zu lachen und zu weinen« (Guenther, 1963, S. 27, 89). Ein anderer berühmter Tantriker, Padmasambhava (8.-9. Jh.), soll seine außerordentlichen übernatürlichen Kräfte erfolgreich benutzt haben, um die Menschen in Tibet zum Buddhismus zu bekehren (für eine Übersetzung seiner legendären Biographie siehe Evans-Wentz, 1975). Auch er wird eng mit der Universität von Nālandā in Verbindung gebracht und gilt ebenfalls als ein

Mönch, der sein zölibatäres Leben aufgegeben hat. Allerdings stellen die tantrischen Siddhas die Institution des monastischen Lebens nicht als solche in Frage. Padmasambhava, zum Beispiel, wirkte trotz seiner eigenen Abkehr vom zölibatären Leben aktiv an der Gründung eines buddhistischen Klosters in Tibet mit. Die Siddhas werden häufig so porträtiert, als wären sie weder richtige Mönche, noch gewöhnliche Laien. Um ein beliebtes tantrischen Bild zu verwenden: Wie Bienen, die von Blüte zu Blüte fliegen, schmecken und genießen sie den Nektar der Sinnenfreuden, ohne jedoch an ihnen zu kleben. Saraha, ein weiterer bedeutender Tantriker aus dem 8. Jahrhundert, formulierte es so: »Sitz nicht zu Hause, geh nicht in den Wald, sondern erkenne den Geist, wo immer du bist« (Conze, 2000, S. 238). Es ist offensichtlich, dass das tantrische Ideal, über alle Dualitäten hinauszugehen, auch die traditionelle buddhistische Unterscheidung zwischen Ordensmitgliedern und Laienanhängern erheblich relativierte, ohne sie jedoch gänzlich aufzugeben.

Gesellschaftliche Konventionen werden von den tantrischen Siddhas häufig souverän vernachlässigt und die Barrieren des Kastensystems – diesmal im Einklang mit dem traditionellen Buddhismus – abgelehnt. Was diese Frage betrifft, ist es recht aufschlussreich, dass im Hevajra-Tantra der rituelle Verzehr verbotener und unreiner Substanzen mit der Einstellung des praktizierenden Tantrikers zu den Mitgliedern der verschiedenen Kasten in Zusammenhang gebracht wird. Genauso wie der Yogin sich nicht weigern soll, unreine Nahrung aufzunehmen, soll er auch den Umgang mit »Menschen aller Kasten« pflegen, »denn sein Geist kennt keine Unterschiede« (HT 2:3:45f.; Snellgrove, 1971, S. 98). Unter heutigen Religionswissenschaftlern ist die Frage umstritten, ob der tantrische Lobpreis der Frauen besser einer egalitären Position entspricht als das, was man im nicht-tantrischen Buddhismus findet. Während die Mehrheit der westlichen Gelehrten dazu neigt, diese Frage zu verneinen und sogar eher der Auffassung ist, dass Frauen im Allgemeinen von den männlichen Tantrikern für rituelle Zwecke ausgenutzt und instrumentalisiert wurden, hat Miranda Shaw einige bedenkenswerte Hinweise für das Gegenteil vorgelegt. Sie vertritt die Auffassung, dass »die radikale Absicht der religiösen Vision im Tantra ... darin besteht, dass *Frauen und Männer gemeinsam Befreiung erlangen können*« (Shaw, 1994, S. 204; für eine eher skeptische Ansicht siehe Young, 2004).

Der tantrische Buddhismus wird vermutlich ein kontroverses Phänomen bleiben (was teilweise ja auch seiner eigenen Absicht entspricht). Zweifellos hat er auf ganz erstaunliche Weise die Fähigkeit demonstriert, scheinbar disparate und unvereinbare Elemente zu integrieren. Seine spirituellen Praktiken und Ziele beinhalten ebenso die grundlegenden Werte der vedischen Tradition (*dharma, artha* und *kāma*) wie auch das Ziel der Śramaṇas, die Erlösung/Befreiung (*mokṣa,* siehe S. 42f., 48). Er verbindet alte Motive von Fruchtbarkeitskulten mit hoch entwickelten Meditationstechniken und vereint höchst philosophische Spekulationen mit anti-intellektuellen, ja ungeniert körperlichen Praktiken. Während einige diese integrative Fähigkeit des Tantrismus als eine außergewöhnliche Stärke ansehen, die den Tantrismus in ihren Augen als Vollendung des indischen religiösen und kulturellen Lebens erscheinen lässt, betrachten andere dies eher als eine außergewöhnliche Schwäche, als das letzte Symptom der Dekadenz des indischen Buddhismus, das schließlich zu seinem Untergang führte.

Ähnlich umstritten ist die Beurteilung der unkonventionellen und antinomistischen Tendenzen des Tantras. Einerseits werden sie (nicht ohne Grund) als Quelle von »Spontaneität und neuer Vitalität« betrachtet (Dowman, 1985, S. 2) und als der therapeutische Versuch, »Begierden dadurch zu meistern, dass man in sie eintaucht, anstatt vor ihnen zu fliehen« (Shaw, 1994, S. 21). Andererseits lässt sich nur schwer leugnen, dass diese Tendenzen insofern ernste Gefahren in sich bergen, als sie zur Rechtfertigung von Praktiken dienen können, die von den Opfern wohl kaum als Ausdruck des »großen Mitleids« erfahren werden. Es ist zweifellos alarmierend, wenn das Caṇḍamahāroṣaṇa-Tantra erklärt, dass ein praktizierender Tantriker, »selbst wenn er hundert Brahmanen töten würde, ... nicht von Sünde befleckt wäre« (CT 7:24; George, 1974, S. 79), oder wenn einige tantrische Scholastiker argumentieren, dass das Töten von Lebewesen kein moralisches Vergehen darstelle, weil unter dem Aspekt der universalen Leerheit weder der Mörder noch das Opfer letztlich real seien (siehe Sobisch, 2002, S. 435f.) Wie weit solche Ansichten die konkrete Praxis beeinflussten, ist schwer zu beurteilen. Die Geschichte Tibets berichtet von mehreren, teilweise recht langen Perioden gewalttätiger Kämpfe zwischen unterschiedlichen Orden und Klöstern, und im Prozess der Missionierung der Mongolei rechtfertigten tantrische Buddhisten die Anwendung von Gewalt gegen nicht-buddhistische schamanische Kreise (siehe Kollmar-Paulenz, 2003). Insgesamt aber war die religiöse Geschichte Tibets vergleichsweise friedlich, und im Großen und Ganzen förderte der tantrische Buddhismus eine Mentalität, die Gewalt für ein Übel hält, das man soweit wie möglich vermeiden sollte. Das wohl beste Beispiel dafür war und ist die gewaltlose Haltung des 14. Dalai Lamas angesichts der gewalttätigen Unterdrückung der tibetischen Bevölkerung im 20. Jahrhundert.

Literaturhinweise: Bharati (1993); Dowman (1985); Shaw (1995); Singh (2004); Snellgrove (2002); White (2000); Williams with Tribe (2000, S. 192-244); Young (2004).

Buddhismus und chinesische Kultur

Wie gezeigt, entstand der Buddhismus in Indien als Teil der Śramaṇa-Bewegung. Und so spiegelt sich in ihm die Sehnsucht der Śramaṇas nach endgültiger Befreiung aus der potenziell endlosen Abfolge von Wiedergeburt und Wiedertod. In China aber gab es ursprünglich keinen Glauben an Reinkarnation. Wollten Buddhisten ihre Botschaft hier verständlich machen, so mussten sie diese zunächst an den kulturellen Kontext Chinas anpassen. Sollte der Dharma kein exotisches und fremdes Element bleiben, dann war es unvermeidlich, ihn nicht nur zu chinesischen Ideen in Beziehung zu setzen, sondern ihn auch mittels dieser Ideen auszudrücken. Die Verpflanzung des Buddhismus in chinesische Erde beinhaltete daher die hermeneutische Herausforderung, ihn auf dem Hintergrund der starken und hochentwickelten kulturell-religiösen Traditionen Chinas, Konfuzianismus und Daoismus, neu zu formulieren.

An erster Stelle stand die gewaltige Aufgabe, die buddhistischen Schriften ins Chinesische zu übersetzen. Genauer gesagt ging es darum, eine geeignete Terminologie zu finden oder neu zu schaffen, mit deren Hilfe man die äußerst spezifischen Konzepte der Lehre und Philosophie des indischen Buddhismus ins Chinesische übertragen konnte, ohne dabei allzu viel von ihrer ursprünglichen Bedeutung und dem ihnen eigenen religiösen Geschmack einzubüßen. Die frühen Übersetzer bedienten sich hierfür zunächst relativ exzessiv und fast wahllos einer daoistischen Terminologie. Erst im Laufe der Zeit fand man Wege, den buddhistischen Konzepten ein deutlicheres Eigenprofil zu verleihen. Aber auch hierzu musste man die buddhistischen Vorstellungen im Hinblick auf den Daoismus neu überdenken und neu formulieren. Jene Schulen des Buddhismus, die nicht zum Mahāyāna gehörten, erwiesen sich hierbei als weniger anpassungsfähig und so gelang es ihnen trotz ihrer missionarischen Bemühungen nicht, sich dauerhaft in China zu etablieren oder dort einen größeren Einfluss auszuüben. Demgegenüber betrachtete der Mahāyāna-Buddhismus einige seiner eigenen Lehren als mit der daoistischen Philosophie grundsätzlich vereinbar und war deswegen besser gerüstet, den Dharma mit Hilfe daoistischer Begriffe zu verkünden. Indem jedoch gerade jene Aspekte des Buddhismus betont wurden, die eine starke Ähnlichkeit mit dem Daoismus aufwiesen, öffnete sich der Buddhismus zugleich in erheblichem Maß einem daoistischen Einfluss.

Buddhistische Ideen wie die der universalen »Leerheit« (*śūnyatā*) und der »Soheit« (*tathatā* – als die wahre, letzte Natur von allem) der Dinge, zusammen mit der Identifikation von »Soheit« und Buddha-Natur (entweder als Dharma-Körper [*dharmakāya*] oder als »Buddha-Keim« [*tathāgatagarbha*] verstanden), wurden besonders hervorgehoben, um sie dem daoistischen Glauben an ein unbeschreibliches *Dao* als der »Mutter der zehntausend Dinge« (*Daodejing* 1) anzunähern. Man glaubte, die daoistische Erfahrung einer innigen Einheit mit der Natur sei der buddhistischen Erleuchtung vergleichbar und laufe auf die Entdeckung hinaus, dass das eigene, wahre, überindividuelle Selbst in Wirklichkeit die universale Buddha-Natur ist. Die Buddha-Natur sei dabei die eigentliche Quelle und Essenz von allem und als solche in allem gegenwärtig »wie das Salz im Wasser«, wie es der berühmte Zen-Text der *Zehn Ochsenbilder* ausdrückt (Kapleau, 1980, S. 316). Unter dem Einfluss des Daoismus artikulierte der Buddhismus sein Verständnis von Erleuchtung nun also auf eine Weise, die erstaunlich deutlich an die klassische Lehre der Upanischaden von der Einheit von *ātman* und *brahman* erinnert (vergleiche die berühmte Metapher des im Wasser aufgelösten Salzes in der *Chāndogya-Upaniṣad* 6:13) – eine Lehre, die der indische Buddhismus einst so heftig abgelehnt hatte.

Das Erwachen zu der Erkenntnis, dass die eigene wahre Natur nicht von der wahren Natur aller anderen Dinge verschieden ist, wurde zunehmend mittels der daoistischen Konzepte des »Nichthandelns« (*wuwei*) und der »Spontaneität« (*ziran*) interpretiert: Die Erleuchtung beziehungsweise das Erwachen könne nicht durch die absichtsvolle Bemühung des individuellen Selbst hervorgebracht werden, sondern müsse »*von selbst*« geschehen, als ein spontanes, natürliches Hervorbrechen der wahren Wirklichkeit selbst. Buddhisten hatten die Lehre der Upanischaden von Brahman-Ātman als (vermeintlich) unvereinbar mit ihrer eigenen Lehre vom »*Nicht-Selbst*« (*anātman*) abgelehnt. Aber für die entsprechenden daoistischen Ideen waren sie offen; denn das daoistische Verständnis von Natürlichkeit und Spontaneität widersprach der Idee eines berechnenden Handelns seitens eines individuellen Selbst und betonte stattdessen ein »ursprüngliches Selbst«. Für die chinesischen Mahāyāna-Buddhisten erschien dies akzeptabel, da für sie dieses »ursprüngliche Selbst« nichts anderes als die Buddha-Natur war.

Im Großen und Ganzen erwies sich die entstehende Symbiose aus Mahāyāna-Buddhismus und Daoismus in spiritueller Hinsicht als äußerst fruchtbar und löste eine ganze Reihe kreativer Entwicklungen im Buddhismus aus, sowohl in China selber, als auch im weiteren Kontext des chinesischen kulturellen Einflussgebietes: in Korea, Vietnam und besonders in Japan. Doch wurde diese fruchtbare Symbiose nicht ohne »Blut, Schweiß und Tränen« erreicht. Zu Beginn manifestierte sich die Nähe der beiden Traditionen nämlich in der Form rivalisierender Überlegenheitsansprüche, was zu einer äußerst angespannten und gefährlichen Konkurrenzsituation führte. Ab dem zweiten Jahrhundert u.Z. verbreiteten Daoisten die Legende, der Buddha sei niemand anderes als Laozi (»Laotse«), der semi-mythologische Begründer des Daoismus, gewesen. Nachdem er aus China verschwunden war, so heißt es in dieser Legende, ging Laozi nach Indien, wo er als der Buddha seine Lehren verbreitete und die »Barbaren« bekehrte. Deshalb sei das, was die Barbaren nun als den Dharma des Buddhas nach China zurückbringen, in Wahrheit nichts anderes als die Weisheit des Laozi. Zunächst, so scheint es, protestierten die Buddhisten nicht gegen eine derartige Vereinnahmung. Doch vom vierten Jahrhundert an, nachdem der Buddhismus sich weit verbreitet und eine beträchtliche Stärke erlangt hatte, attackierten sie diese Legende als eine bösartige und vorsätzliche daoistische Erfindung. Zur Strafe müssten alle, die hierfür verantwortlich seien, in den buddhistischen Höllen leiden. Im Gegenzug erklärten jetzt die Buddhisten den Laozi zu einem »Schüler Buddhas«.

Die Spannungen blieben nicht auf der Stufe wechselseitiger Polemik stehen. Im sechsten Jahrhundert wurden unter der Herrschaft der Liang-Dynastie in Südchina, als der Buddhismus die volle Unterstützung des Hofes genoss, alle daoistischen Tempel geschlossen, und im Namen buddhistischer Überlegenheit zwang man ordinierte daoistische Mönche zur Rückkehr in den Laienstand. Daoisten zettelten ihrerseits im fünften und sechsten Jahrhundert mehrere lokale Buddhisten-Verfolgungen an. Im siebten und achten Jahrhundert gab es offizielle Bemühungen, die Vorherrschaft des Buddhismus wieder zur Geltung zu bringen. Aber in den Jahren 844-845 kam es dann zu einer besonders schweren Verfolgung des Buddhismus. Diese zielte zwar nicht auf die völlige Vernichtung des Buddhismus, aber doch auf eine ernsthafte Schwächung seiner enormen ökonomischen Macht. Mehr als 450 Klöster wurden geschlossen und ungefähr 250.000 Mönche und Nonnen dazu gezwungen, ihre Roben abzulegen. Zwar überlebte der Buddhismus, aber ganz gewann er seine ursprüngliche Stärke nie wieder zurück (siehe Eichhorn, 1973).

Die große Verfolgung ging im Wesentlichen von konfuzianischen Kreisen aus, die schon lange den Verdacht hegten, dass der Buddhismus einige zentrale Tugenden des Konfuzianismus verletze, nämlich die kindliche Pietät gegenüber Eltern und

Ahnen sowie die Loyalität gegenüber dem Herrscher. Zeigte der mächtige Saṅgha nicht die deutliche Tendenz, sich zu einem Staat innerhalb des Staates zu entwickeln? Und befanden sich die monastischen Ideale des Buddhismus nicht im Konflikt mit familiären Werten? Insbesondere der Zölibat widersprach in den Augen der Konfuzianer der moralischen Pflicht, seine eigenen Vorfahren mit Nachkommen zu versorgen. Andererseits jedoch befand sich die buddhistische Tugend des Mitleids durchaus im Einklang mit dem konfuzianischen Ideal der Mitmenschlichkeit beziehungsweise des Wohlwollens (*ren*). So würdigten Konfuzianer denn auch die verschiedenen wohltätigen Aktivitäten der buddhistischen Klöster wie zum Beispiel die Errichtung von Krankenhäusern oder die Einrichtung von Armenspeisungen. Im Unterschied zum Konfuzianismus betrachtete der Buddhismus jedoch das Mitleid nicht nur als eine moralische Tugend. Sein Platz war vielmehr fest verankert im größeren soteriologischen Kontext des Bodhisattva-Ideals. Doch dieses buddhistische Beharren auf der Erlösung oder Befreiung traf wiederum auf den Argwohn der Konfuzianer, deren primäre Sorge den Dingen dieser Welt galt.

Ein wesentlicher Beitrag des Buddhismus zum religiösen Leben Chinas bestand in der Verehrung der Buddhas und Bodhisattvas. Unter den populärsten Gestalten befanden sich der Buddha Amitābha (chinesisch: Amituo; japanisch: Amida) und der mit diesem eng verbundene Bodhisattva Avalokiteśvara, der in China häufig in seiner weiblichen Form als Guanyin verehrt wurde (siehe Palmer und Ramsay, 1995). Während man sich an Avalokiteśvara als den göttlichen Helfer in allen weltlichen Nöten wandte und diesen Bodhisattva in der weiblichen Gestalt der Guanyin insbesondere als die »Kinder Schenkende« anrief, wurde Amitābha immer stärker zu einer kosmischen Erlöserfigur. Beide repräsentieren somit auf ihre Weise das Mitleid: Avalokiteśvara/Guanyin das göttliche Mitleid mit den Menschen in ihren weltlichen Bedürfnissen und Sorgen, und Amitābha das göttliche Mitleid als erlösende

Gnade. Weder der Konfuzianismus noch der Daoismus haben der letzten Wirklichkeit jemals einen so deutlichen personalen Ausdruck verliehen wie der Buddhismus. Im Gegensatz zum weit verbreiteten westlichen Klischee, wonach der Buddhismus ausschließlich mit impersonalen oder nicht-personalen Transzendenzvorstellungen verknüpft sei, führte der Buddhismus in Wahrheit ein starkes personales Element in das religiöse Leben Chinas ein.

Tiantai, Huayan und Nichiren

Anfangs besaßen mehr oder weniger alle philosophischen Schulen des indischen Buddhismus ihre Entsprechungen in China. Die ersten Schulen, die einen stärker chinesischen Charakter aufwiesen (obwohl auch bei diesen eine deutliche Abhängigkeit von den indischen Traditionen fortbestand), waren die beiden Schwestersysteme Tiantai (T'ien-t'ai) und Huayan (Hua-yen). Beide mussten sich mit zwei entscheidenden Fragen auseinandersetzen: Die erste Frage ergab sich daraus, dass die unterschiedlichen buddhistischen Sūtras ohne jegliche systematische Ordnung nach China gebracht worden waren. Da man in China so gut wie nichts über deren indischen Hintergrund und ihre historische Entstehung wusste und da sich alle Sutrās unterschiedslos als Wort des Buddhas präsentierten, bestand das erste zentrale Problem darin, wie sich die häufig sehr unterschiedlichen oder sogar widersprüchlichen Lehren der zahlreichen Sūtras miteinander vereinbaren ließen. Die zweite große Frage lautete, wie man die zentrale mahāyānistische Idee der »Leerheit« verstehen solle angesichts der teilweise recht unterschiedlichen Interpretationen, wie sie von den verschiedenen indischen philosophischen Schulen vertreten wurden. Beiden Fragen lag somit die Notwendigkeit einer Systematisierung unterschiedlicher buddhistischer Lehren zugrunde, und genau das boten die Schulen des Tiantais und Huayans.

Bei ihrer Interpretation der »Leerheit« betonten beide Schulen die »Soheit« (*tathatā*) der Dinge – allerdings nicht als die unbeschreibliche wahre Natur ihrer Wirklichkeit im Gegensatz zu ihrer phänomenalen Erscheinung, sondern als ihre wahre Natur *in Verbindung mit* ihrer Erscheinung. Nach Zhiyi (538-597), dem Begründer der Tiantai-Schule, muss man die »Soheit« in drei Schritten verstehen: Zuerst erkennt man den vordergründigen Charakter der gewöhnlichen Erscheinung (»Form«) und versteht auf diese Weise ihre Leerheit. Im nächsten Schritt sieht man, dass die Leerheit selbst ebenfalls leer ist, das heißt, sie verweist nicht auf eine andere, substanzhafte Realität neben oder hinter der gewöhnlichen Welt. Das führt zur dritten Einsicht, wie sie im Herz-Sūtra (aus der Gruppe der »Vollkommenheit der Weisheit-Sūtras«) formuliert wurde: Leerheit ist nicht von Form verschieden und Form nicht von Leerheit. Beide, Leerheit *und* Form, machen in unterschiedsloser Einheit die wahre Soheit der Dinge aus. Zhiyi nennt diesen dritten Schritt das Verständnis des »Mittleren«. Diese Erkenntnis des »Mittleren« vermag die Vielfältigkeit der Formen mit ihrem Einssein in der Leerheit zu verbinden. Es ist das »Prinzip des eins-ist-alles und alles-ist-eins« – und das ist, nach Zhiyi, das, was eigentlich mit der Buddha-Natur gemeint ist: Alles, keineswegs nur die empfindenden Wesen, teilt diese Buddha-Natur. Ihre vollendete Erkenntnis macht die Erleuchtung aus, die Zhiyi in die Formel fasst: »die dreitausend Welten in einem Gedanken-Moment« (siehe Unno, 1997, S. 350).

Auf der Grundlage einer ganz ähnlichen Ansicht gelangte die Huayan-Schule zur Lehre von der wechselseitigen Durchdringung und Inklusion von allem in allem. Jede Form (= phänomenale Erscheinung) ist nur in Beziehung zu anderen Formen das, was sie ist. Der Vater ist ein »Vater« nur in Beziehung zum Sohn, und der Sohn ist ein »Sohn« nur in Beziehung zum Vater usw. Aus dieser klassischen Position der Madhyamaka-Schule (siehe oben S. 232f.) zog die Huayan-Schule die Schlussfolgerung, dass letztlich alles nur in vollständiger Abhängigkeit von und in wechselseitiger Durchdringung mit allem anderen existiert. In diesem Sinn gilt dann: »eins ist alles«.

Zugleich ist aber alles leer von jeglichem Eigen-Sein, und das bedeutet: »alles ist eins«. Die Wirklichkeit des Einsseins ist also nur in dieser *vollkommenen wechselseitigen Durchdringung* gegeben, bei der jedes einzelne Teilchen des Universums die Gesamtheit des Universums widerspiegelt: Das Sein ist nichts anderes als die Spiegelung des Ganzen in jedem einzelnen Punkt. Die Wahrheit von »alles ist eins« liegt im »eins ist alles«. Einssein als vollständige und restlose wechselseitige Durchdringung ist die universale Buddha-Natur.

Einer der bedeutendsten Repräsentanten dieser Schule, Fazang (643-712), veranschaulichte diesen fundamentalen Gedanken mit seinem berühmten »Spiegelsaal«. Er ließ einen Raum aus zehn großen Spiegeln bauen, die alle vier Wände bedeckten, sowie die vier Ecken, den Boden und die Decke, so dass alle Spiegel einander gegenüberlagen. Dann stellte er eine Buddha-Statue und ein Licht ins Zentrum. In jedem einzelnen Spiegel spiegelten sich somit alle anderen Spiegel – eine vollständige wechselseitige Durchdringung, die zugleich die eine Buddha-Natur in gewissermaßen unendlich vielen Statuen manifestiert, wobei jede einzelne von diesen kein Eigen-Sein besitzt (wie ein leerer Spiegel) und doch gleichzeitig das Ganze beinhaltet (siehe Chang, 1972, S. 22-24). Die Konstruktion von Fazangs »Spiegelsaal« folgte dem klassischen Vorbild von »Indras Netz«, von dem im Avataṃsaka-Sūtra die Rede ist: Ein endloses Netz hängt im himmlischen Wohnsitz des Gottes Indra. In jedem Verbindungspunkt oder »Auge« des Netzes befindet sich ein glitzernder Edelstein, dessen Oberfläche alle anderen unendlich vielen Edelsteine widerspiegelt, zusammen mit den unendlich vielen Spiegelungen des Ganzen in jedem Einzelnen von ihnen (siehe Cook, 1991, S. 2).

Was nun die Verschiedenheit der buddhistischen Texte und Lehren betrifft, so glaubte der Tiantai-Meister Zhiyi, dass Buddha nach seiner Erleuchtung seine Erkenntnis ursprünglich in der Form des Avataṃsaka-Sūtras, einer umfangreichen Sammlung verschiedener Mahāyāna-Texte, gelehrt hatte. Da es aber nur wenige gab, die imstande waren, dieses Sūtra zu verstehen, habe der Buddha – so Zhiyi – seine Lehren den geistigen Fähigkeiten seiner Zuhörer angepasst: Zunächst begann er mit der Verkündigung jener Sūtras, die nicht zum Mahāyāna gehören, predigte danach die Mahāyāna-Lehren über das Bodhisattva-Ideal und anschließend die »Vollkommenheit der Weisheit-Sūtras«. Zum Abschluss, als Höhepunkt seiner Lehre, verkündete der Buddha das *Lotos-Sūtra* in Verbindung mit dem Mahāparinirvāṇa-Sūtra des Mahāyānas. Dementsprechend verehrte die Tiantai-Schule das Lotos-Sūtra als die höchste Offenbarung, die zugleich das grundlegende Schema für die Interpretation und Integration aller anderen buddhistischen Lehren in das »eine Fahrzeug« der universalen Buddhaschaft lieferte. Die Huayan-Schule hingegen bestand auf dem Vorrang des *Avataṃsaka-Sūtras*, weil in diesem die Lehre von der vollkommenen wechselseitigen Durchdringung am deutlichsten ausgedrückt sei. Jede dieser beiden Schulen betrachtete alle anderen buddhistischen Schriften als »geschickte Mittel«. Diesen komme lediglich ein vorläufiger Wert zu, indem sie den Weg für die höchste Einsicht des jeweils eigenen Schlüsseltextes bereiten.

Tiantai und Huayan übten auf die weitere Entwicklung des chinesischen Buddhismus einen erheblichen Einfluss aus. Aber während sie in China nach der großen Verfolgung des neunten Jahrhunderts allmählich immer weiter zerfielen, lebten sie in Japan als eigenständige Schulen weiter: Tiantai als die *Tendai-Schule* und Huayan als die *Kegon-Schule*. Die Tendai-Schule wurde zur Wurzel einer der robustesten Linien des japanischen Buddhismus, die bis heute weiterexistiert, nämlich jener Gruppe von Schulen, die auf dem Lotos-Sūtra aufbauen und ihre Lehren auf Nichiren Shōnin (1222-1282) zurückführen.

Nichiren, ursprünglich ein Mönch des mächtigen Tendai-Klosters auf dem Berg Hiei in der Nähe von Kyōto, verteidigte die Überlegenheit des Lotos-Sūtras mit einem bis dahin im Buddhismus eher unbekannten Eifer. Nichiren hatte auch die

Lehren von Kegon (Huayan) und Shingon (der japanischen Form des tantrischen Buddhismus) studiert. Er räumte ein, dass beide Schulen der höchsten Wahrheit nahekommen, aber er warf ihnen vor, dass sie nicht erkannten, dass ihre eigenen Einsichten ihre letzte und alleinige Basis ausschließlich im Lotos-Sūtra finden.

Zur Begründung seiner Auffassung setzt Nichiren wieder bei dem Problem der enormen Vielfalt der buddhistischen Sūtras an: Da die darin enthaltenen Lehren häufig nicht miteinander vereinbar seien, könnten sie nicht alle gleichermaßen wahr sein. Für Nichiren bestand die entscheidende Wahrheit, quasi das »Mark und Bein« des gesamten Buddhismus, aus letztlich nur zwei Lehren: der Anfangslosigkeit oder Ewigkeit der Buddhaschaft und der Idee von »den dreitausend Welten in einem Gedanken-Moment« (siehe Nichiren, 2003, S. 235, 251). Beide Lehren finden ihren Höhepunkt in der Ununterschiedenheit von *saṃsāra* und *nirvāṇa* oder, wie es Nichiren (nach Art des Huayans) ausdrückt, »in dem gegenseitigen Besitz der zehn Welten«: Die ersten »neun Welten« sind die sechs Formen *saṃsārischer Existenz* (Höllenbewohner, Dämonen, Tiere, Menschen, Titanen [*asuras*] und Götter). Hinzu kommen die drei »Welten« jener Menschen, die den drei Wegen buddhistischer Praxis folgen: als »Hörer«, »Pratyekabuddhas« und »Bodhisattvas« (siehe oben S. 191ff.). Die zehnte »Welt« ist die *nirvāṇische Existenz*, das heißt, der ewige Buddha. Nach Nichiren ist das Lotos-Sūtra die einzige Schrift, die vollkommen und unzweideutig »offenbart, dass die neun Welten alle in der anfangslosen Buddhaschaft gegenwärtig sind und dass die Buddhaschaft den anfangslosen neun Welten inhäriert« (Nichiren, 2003, S. 235).

Wenn andere Schulen wie Kegon und Shingon Anspruch auf dieselben Lehren erheben, dann sind sie nach Nichiren zwar in der Tat nahe an der Wahrheit, aber sie sind unfähig, diese Lehren zu rechtfertigen, da sie diese in ihren eigenen Schlüsselschriften nicht richtig verankern können – entweder, weil ihre Schriften die sogenannten *icchantikas* (siehe oben S. 94) ausschließen und damit nicht die Buddhaschaft *aller* Wesen anerkennen; oder weil ihre Schriften die Anfangslosigkeit der Buddhaschaft leugnen, indem sie die Lehre des Lotos-Sūtras missachten, wonach Śākyamuni (Siddhārtha Gautama) die Erleuchtung vor aller Zeit erlangte, oder indem sie die Aufmerksamkeit auf andere Buddhas wie Amida, Vairocana usw. lenken. Für Nichiren sind somit alle buddhistischen Schriften lediglich ein schwacher Widerschein der einen Wahrheit, wie sie im Lotos-Sūtra geoffenbart wurde (siehe Nichiren, 2003, S. 235), und alle anderen Buddhas sind nur Emanationen des einen wahren Buddhas, Śākyamuni (ebd. S. 256). Der wirkliche Spiegel des Kosmos ist seine Offenbarung im Lotos-Sūtra, und so wie der eine wahre Buddha in allem gegenwärtig ist, so *ist* er auch jedes einzelne der 69.384 Schriftzeichen dieses Textes. Daher ist die Verehrung des Lotos-Sūtras zugleich die wahre Verehrung des einen und einzigen Buddhas. Als Folge dieser Überlegung verkündete Nichiren die Verehrung des Titels des Lotos-Sūtras als die beste Form buddhistischer Praxis. Die Silben des Titels (»*myōhō-renge-kyō*«) sind das höchste Mantra, die konzentrierteste Verdichtung und Verkörperung der buddhistischen Wahrheit. Die Rezitation dieses Mantras ist die Verwirklichung unserer wahren Natur in ihrer Einheit mit aller Natur:

> Die Funktion des Feuers ist es, zu brennen und Licht zu spenden. Die Funktion des Wassers ist es, Schmutz abzuwaschen. Die Winde wehen den Staub fort und hauchen den Pflanzen, Tieren und Menschen das Leben ein. Die Erde erzeugt die Gräser und Bäume, und der Himmel liefert die nährende Feuchtigkeit. So ist es auch mit den fünf Schriftzeichen von Myoho-renge-kyo. Sie sind das Bündel der Segnungen, gebracht von den Bodhisattvas dieser Erde, den Schülern des Buddhas in seiner wahren Identität.

(Nichiren, 2003, S. 218)

Unverkennbar scheint hier der Geist der daoistischen »Natürlichkeit« oder »Spontaneität« auch in Nichirens Verständnis buddhistischer Praxis durch und verbindet sich mit seiner Interpretation des Bodhisattva-Ideals.

Zum Bodhisattva-Ideal hatte Nichiren eine radikale Einstellung. Er war davon überzeugt, dass das Wohl der Nation von der Etablierung und dem Schutz der höchsten Wahrheit abhängt. Schon die geringste Abweichung von der wahren Offenbarung des Lotos-Sūtras werde dazu führen, dass die Wahrheit schließlich vollständig aufgegeben wird (siehe Nichiren, 2003, S. 239). Das wiederum wird unvermeidlich Chaos und gewaltiges Leid für das ganze Land bringen. Denn wenn die wahre Lehre schwindet, gewinnen die dämonischen Mächte freien Lauf. Aus Mitleid mit dem Land betrachtete es Nichiren deshalb als seine Pflicht – und als außerordentlich belastende Pflicht –, alle anderen Schulen des Buddhismus dafür anzugreifen, dass sie das Lotos-Sūtra nicht als die einzige Basis der Offenbarung anerkannten. Sogar die Anwendung von Gewalt könne gerechtfertigt sein, wenn es darum gehe, den wahren Dharma zu schützen. So forderte Nichiren die politischen Autoritäten ernsthaft auf, die anderen Schulen nicht länger zu unterstützen oder sie sogar zu verbieten und allein die Verkündigung des Lotos-Sūtras zu fördern. Das Ergebnis seiner Initiative war jedoch, dass Nichiren selber verbannt wurde, nur knapp seiner eigenen Exekution entkam und viele Jahre unter extrem harten Bedingungen im Exil verbringen musste. All das schwächte jedoch nicht seinen festen Entschluss, »die Säule Japans, … das Auge Japans, … das große Schiff Japans«, »Vater und Mutter für das ganze Volk« zu sein (Nichiren, 2003, S. 280f., 287). Es überrascht somit nicht, dass bei jenen buddhistischen Lotos-Schulen, die dem Weg Nichirens folgen, bis heute die politische Dimension religiöser Überzeugungen besonders ausgeprägt ist.

Zen-Buddhismus

Den Zen-Buddhismus kritisierte Nichiren, weil dieser vermeintlich alle Schriften vernachlässige (siehe Nichiren, 2003, S. 258). Und allein auf der Basis der Meditation, so Nichirens gewichtigster Einwand, könne man zu keinen eindeutigen Schlussfolgerungen hinsichtlich der Frage nach der höchsten Lehre gelangen (siehe Nichiren, 2003, S. 276). In der Tat wird dem Bodhidharma, der nach der zen-buddhistischen Tradition den wahren Geist des Buddhismus im sechsten Jahrhundert von Indien nach China brachte, folgender Vers zugeschrieben:

> Eine besondere Überlieferung außerhalb der Schriften,
> unabhängig von Wort und Schriftzeichen:
> Unmittelbar des Menschen Herz zeigen, –
> die (eigene) Natur schauen und Buddha werden.
>
> (Dumoulin, 1985, S. 83)

Dieser Vers enthält in aller Kürze das, was man immer schon unter Zen verstand: Das Ziel sind nicht dogmatische Gelehrsamkeit und Buchweisheit, sondern die unmittelbare Erfahrung der eigenen wahren Natur als Buddha-Natur. »Der Geist ist Buddha« oder »genau dieser Geist ist Buddha« – dieses Wort ist zu einem geläufigen Grundsatz des Zen-Buddhismus geworden. Die Schriften, so sagt es die bekannte Zen-Metapher, sind wie der »Finger, der auf den Mond zeigt«. Sie verweisen auf eine Weisheit, aus der sie selber entstanden sind. Doch wer diese Weisheit einmal in sich selbst gefunden hat, ist nicht länger vom geschriebenen Wort abhängig (siehe Yampolsky, 1967, S. 149). Durch die Meditation erlangt man den unmittelbaren Zugang zum eigenen Buddha-Geist, der Quelle aller Schriften. Diese Überzeugung spiegelt sich auch im Namen der Schule wider: *Zen* ist der japanische Begriff für das chinesische Wort *Chan*, eine Kurzform der chinesischen

Aussprache des Sanskrit-Begriffs *dhyāna*, was wiederum »Meditation« oder »Versenkung« heißt.

Ein zentrales Thema des Zen-Buddhismus ist die Frage, wie das Verhältnis zwischen der Meditationsübung und der Buddha-Natur genauer zu verstehen ist. Denn wenn Buddhaschaft bereits unsere wahre Natur ist, »genau dieser Geist«, warum ist es dann überhaupt notwendig, nach der Buddhaschaft zu streben? Was ist dann der Zweck der buddhistischen Praxis? Die naheliegende Antwort scheint jene zu sein, wie sie der klassischen Vorstellung der Yogācāra-Schule entspricht: Durch die buddhistische Praxis müssen die Befleckungen beseitigt werden, damit der Geist in seiner ursprünglichen Reinheit erstrahlen kann. Tatsächlich setzte sich diese Idee im frühen chinesischen Zen- beziehungsweise Chan-Buddhismus durch. Doch dann wurde diese »Antwort« immer mehr zu einem Hauptziel der im Zen selbst vorgebrachten Kritik. Ein besonders deutliches Beispiel hierfür bietet die berühmte Geschichte von Huineng, dem Sechsten Patriarchen des chinesischen Chans. Shenxiu, der hochgelehrte Rivale von Huineng in der Nachfolge des Fünften Patriarchen, hatte den Grad seiner Weisheit mit folgendem Gedicht demonstriert:

> Der Körper ist der Bodhi-Baum
> [der Baum der Erleuchtung].
> Der Geist ist wie ein blanker Spiegel.
> Zu allen Zeiten müssen wir uns mühen,
> ihn zu polieren,
> Damit sich kein Staub ansetzen kann.
>
> (Yampolsky, 1967, S. 130)

Huineng selbst war ein ungebildeter Gehilfe in der Klosterküche und antwortete auf das Gedicht des Shenxiu mit einem Gegen-Gedicht. Hiervon sind drei verschiedene Versionen überliefert (Yampolsky, 1967, S. 132):

Der Geist ist der Bodhi-Baum,
Der Körper ist des Spiegels Ständer.
Der Spiegel ist ursprünglich sauber und rein;
Wo kann er von Staub beschmutzt sein?

Eine andere Version lautet:

Bodhi hat ursprünglich keinen Baum,
Der Spiegel hat auch keinen Ständer.
Die Buddha-Natur ist immer sauber und rein;
Wo ist da Platz für Staub?

Die letzte Version (die zur bekanntesten wurde) entspricht der zweiten Version mit Ausnahme einer Änderung der dritten Zeile (siehe Yampolsky, 1967, S. 94, Fn. 14):

Bodhi hat ursprünglich keinen Baum,
Der Spiegel hat auch keinen Ständer.
Von Anfang an gibt es kein einziges Ding.
Wo ist da Platz für Staub?

Die drei Versionen des Gedichts von Huineng bezeugen eine immer schärfer und umfassender werdende Kritik der traditionellen Idee, dass die buddhistische Praxis ein Akt dauernder Reinigung sei. Denn wenn der Geist Buddha-Natur ist und als solcher »immer sauber und rein«, wie kann er dann von irgendeinem Staub beschmutzt sein? Welche Befleckungen hätte irgendeine Übung zu beseitigen? Die zweite Version des Gedichts leugnet, dass Erleuchtung (*bodhi*) und Geist irgendeine substanzielle Stütze haben; sie gründen in Leerheit, wie es die dritte Version ausdrücklich feststellt: »Von Anfang an gibt es kein einziges Ding«. Wenn alles Buddha-Natur ist, weil alles leer ist, wie kann es dann überhaupt einen Unterschied zwischen Spiegel und Staub geben? In der Leerheit gibt es keinen Unterschied zwischen Buddha-Natur und Befleckungen.

»Liebe Freunde, die Leidenschaften selbst sind die Erleuchtung«, lehrt Huineng, und: »Wenn alle Dinge von Weisheit erleuchtet sind und es weder ein Festhalten noch ein Wegwerfen gibt, dann kannst du in deine eigene Natur schauen und den Buddha-Weg gewinnen« (Yampolsky, 1967, S. 148f.).

Die Einstellung des weder Anhaftens noch Loslassens – in der sich das Bodhisattva-Ideal ausdrückt, weder am Saṃsāra noch am Nirvāṇa anzuhaften – kann nur verwirklicht werden, wenn man die traditionelle Vorstellung aufgibt, die Praxis werde ausgeübt, *um* ein bestimmtes Ziel *zu erreichen.* Vielmehr muss die Praxis spontan oder unmittelbar verwirklicht werden – ganz im Einklang mit dem daoistischen Verständnis. Diese Überzeugung steht auch im Hintergrund der langen Auseinandersetzungen im frühen Chan-Buddhismus über die sogenannte »plötzliche« oder »graduelle Erleuchtung«. Die Vertreter der »plötzlichen Erleuchtung« lehnten die traditionelle Vorstellung, man könne durch beständige Übung graduelle Fortschritte machen und auf diesem Weg schließlich das Ziel der Erleuchtung erreichen, als einen Ausdruck genau jenes dualistischen Denkens ab, von dem man in der Erleuchtung befreit sei. Wahre Erleuchtung werde daher nur erlangt, wenn man solche Ideen wie die der graduellen Annäherung an ein Ziel aufgegeben habe. Dementsprechend heißt es in einer eher systematischen Abhandlung des Zen-Buddhismus:

> F: Welche Methode müssen wir praktizieren, um die Erlösung zu erlangen?
> A: Sie kann nur durch plötzliche Erleuchtung erlangt werden.
> F: Was ist plötzliche Erleuchtung?
> A: Plötzlich bedeutet, sich selbst augenblicklich von verblendeten Gedanken zu befreien. Erleuchtung bedeutet die Erkenntnis, dass Erleuchtung nicht etwas ist, das man erlangen kann.
>
> (Blofeld, 1973, S. 43)

Was hier als »verblendete Gedanken« bezeichnet wird, ist jede Art von dualistischem, unterscheidendem Denken. Erleuchtung, die Befreiung von »verblendeten Gedanken«, setzt also voraus, die Idee aufzugeben, dass Erleuchtung »etwas ist, das man erlangen kann«, also etwas, wovon wir gegenwärtig getrennt wären. »Der Ochse hatte sich nie wirklich verlaufen, warum also nach ihm suchen?«, heißt es in der bekannten Zen-Schrift der »Zehn Ochsenbilder« (Kapleau, 1980, S. 314).

Diese Ansicht bewirkte ein neues Verständnis buddhistischer Praxis. Die profansten und alltäglichsten Handlungen konnten nun als authentische Praxis gelten, sofern man darin »eine ursprüngliche Manifestation der Buddha-Natur erblickt« (Wright, 1999, S. 36). Zwar behielt auch die Meditation im engeren Sinn weiterhin ihren Platz, aber sie wurde jetzt als eine Übung im Aufgeben aller Formen des dualistischen Denkens verstanden – entweder indem man »einfach nur sitzt« und nichts anderes, oder indem man über ein *kōan* meditiert, das heißt über ein Rätsel, eine paradoxe Frage oder eine verblüffende Geschichte, die nach einer spontanen Reaktion verlangt, an der sich dann zeigt, ob der Praktizierende das unterscheidende Denken wirklich hinter sich gelassen hat, wie zum Beispiel bei folgendem *kōan*: »Wie kann man, ohne die Worte und ohne das Schweigen zu überschreiten, unverkennbar eins sein mit dem Universum?« (Mumonkan 24).

Unter dem Einfluss des Daoismus wurden nun auch verschiedene Künste als authentische Formen einer Praxis angesehen, in der sich die eigene Buddha-Natur zu manifestieren vermag: beispielweise Malerei oder Kalligraphie, Ikebana, Töpferei, verschiedene Kampfsportarten und die berühmte Praxis der Teezeremonie. Das Prinzip ist dabei immer dasselbe: Die Ausbildung in einer dieser Künste soll den Praktizierenden in einen Geisteszustand bringen, der es ihm oder ihr ermöglicht, eine natürliche, spontane, vollständig un-ge*künste*lte Ausübung der jeweiligen Kunst hervorzubringen.

Trotz all dieser Neuerungen hat das Zen seine Verbindung mit den traditionellen Formen buddhistischer Praxis nicht verloren, wie man an dem japanischen Zen-Meister Dōgen (1200-1253) sehen kann. Die Schlüsselfrage in Dōgens spirituellem Werdegang ist zugleich das zentrale Thema des Zens: Wenn alle Wesen bereits die Buddha-Natur besitzen, warum haben dann alle Buddhas meditiert und die Bodhisattvas bestimmte Übungen ausgeführt, um nach Erleuchtung zu streben (siehe Dumoulin, 1986, S. 42)? Wie Nichiren begann auch Dōgen seine religiöse Entwicklung als Mönch des Tendai-Klosters auf dem Berg Hiei. Später trat er der Zen-Bewegung bei und reiste nach China, um dort seine Praxis zu vertiefen. Im Anschluss an eine Art Erleuchtungserfahrung kehrte er nach Japan zurück und begründete hier die Sōtō-Linie des Zen-Buddhismus. Seine eigene Suche kam zur Vollendung, als er die Non-Dualität von Übung und Erleuchtung erkannte. Er entdeckte, dass das traditionelle Streben nach der Erleuchtung selbst bereits die wahre Manifestation der authentischen Erleuchtung *ist*: »... im Üben des Anfangenden ist bereits das Ganze der ursprünglichen Erleuchtung« (Dumoulin, 1986, S. 59). Daher war Dōgen in der Lage, seine Anhänger auf recht traditionelle Weise zu belehren:

> Nun, da ihr euer Zuhause verlassen habt, in die Familie des Buddhas eingetreten und Mönche geworden seid, solltet ihr die Praxis des Buddhas erlernen. Die Praxis zu lernen und auf dem Weg zu bleiben, besteht darin, das Anhaften am Ego aufzugeben und den Anweisungen des Lehrers zu folgen. Das Wesentliche daran ist, frei von Gier zu sein. Um der Gier ein Ende zu setzen, müsst ihr zuerst von eurem egozentrischen Selbst Abschied nehmen. Um vom egozentrischen Selbst Abschied zu nehmen, ist es zuerst notwendig, die Vergänglichkeit zu erkennen.
>
> (Shōbōgenzō-zuimonki 1:4; Okumura, 1987, S. 26)

»Vergänglichkeit erkennen« bedeutet für Dōgen, sich vollkommen der Kürze eines jeden Augenblickes als der Kürze des eigenen Daseins bewusst zu sein: »Denkt daran, dass ihr nur heute in diesem Augenblick lebendig seid« (Shōbōgenzō-zuimonki 2:14; Okumura, 1987, S. 94). Zeit ist Sein, und für Dōgen, den ehemaligen Tendai-Mönch, umfasst jeder Augenblick in all seiner Kürze dennoch die Gesamtheit von Sein und Zeit (siehe Shōbōgenzō 20: Uji; siehe Tanahashi, 2000, S. 69-76). Aus diesem Grund gilt das Paradox, dass die Erleuchtung bereits da und wahrhaft manifest ist in einer Praxis, die beständig nach der Erleuchtung strebt als nach etwas, das erst kommen wird. Der Vogel ist eins mit dem Himmel, indem er fliegt, und der Fisch ist eins mit dem Wasser, indem er schwimmt, und egal wie weit sie fliegen oder schwimmen, sie kommen nie an ein »Ziel« oder »Ende«. Für uns gilt also: Wir können in unserer Praxis beständig Fortschritte machen hin zu einem unendlich größeren Ende, und genau das *ist* bereits die Verwirklichung der Erleuchtung. Dōgen gebraucht für sein Verständnis der Praxis ein weiteres Gleichnis: Es ist wahr, dass der Wind überall hingelangt, aber das, so Dōgen, ist kein Grund, keinen Fächer zu benutzen. Im Gegenteil! Das Fächeln ist gerade die Erfahrung dessen, dass der Wind überall hinkommt (siehe Shōbōgenzō 1: Genjō Kōan; siehe Tanahashi, 2000, S. 35-39).

Der Buddhismus des Reinen Landes

Der dritte wichtige Strang des chinesischen und japanischen Buddhismus, neben den Lotos-Schulen und dem Zen, ist die Tradition des Reinen Landes. Gemäß dem allgemeinen Glauben des Mahāyānas wird ein Bodhisattva, nachdem er die Buddhaschaft erlangt hat, sein eigenes reines Buddha-Land manifestieren, dem er als ein Buddha vorsteht und in dem er optimale Bedingungen für den Fortschritt der Wesen auf ihrem Weg zur Erleuchtung schafft (siehe oben S. 220ff.). In dem indischen Sukhāvatīvyūha-Sūtra erzählt der Buddha Śākyamuni

(= Siddhārtha Gautama) die Geschichte des Buddhas Amitābha (chinesisch: Amituo, japanisch: Amida). Als Amitābha noch der Bodhisattva Dharmākara war, gelobte er, dereinst als Buddha ein reines Land zu erschaffen, in dem alle Wesen leicht und schnell zur Erleuchtung gelangen und in das sie allein dadurch geboren werden können, dass sie sich aufrichtig nach der Geburt in diesem Land sehnen, sich dem Gelübde Dharmakaras/Amitābhas anvertrauen und seinen Namen anrufen.

In China entwickelte sich die Verehrung des Buddhas Amituo zu einem blühenden und populären Bestandteil buddhistischer Praxis. Schlichte und einfache Menschen, die sich nicht imstande fühlten, eine monastische Laufbahn einzuschlagen, riefen den Namen Amituos an, voll Zuversicht, dass er sie von ihrem Sterbebett zur Wiedergeburt in seinem wunderbaren Land geleiten werde. Doch auch innerhalb monastischer Kreise entwickelten sich die Verehrung des Amituos, die Meditation über ihn und die Visualisierung seines Reinen Landes zu beliebten Übungen. Zhiyi, der Begründer des Tiantais, lehrte die Meditation über Amituo als eine bewährte Praxis. Meister wie Daochuo (562-645) und Shandao (613-681) verkündeten die Theorie und Praxis sowohl der Rezitation als auch der Meditation gemäß der Tradition des Reinen Landes. Einen besonders bedeutsamen Beitrag zur Entwicklung der Philosophie und Lehre dieser Tradition leistete Tanluan (467-542), der im chinesischen Zweig der Madhyamaka-Schule ausgebildet worden war und auch Erfahrungen in daoistischer Praxis besaß. Er interpretierte Buddha Amituo und sein Reines Land als eine Manifestation und Offenbarung der letzten unaussprechlichen Wirklichkeit selbst. Tanluan verstand die Geschichte des Amituos als Ausdruck dafür, dass im Grunde nicht der Mensch nach der letzten Wirklichkeit strebt, sondern sich umgekehrt die letzte Wirklichkeit nach dem Menschen ausstreckt. Für den Japaner Shinran (1173-1262), der diesem Gedanken wohl seine tiefste und radikalste Form verlieh, wurden Tanluans Schriften zu einer entscheidenden Quelle der Inspiration.

Shinran war ein Zeitgenosse von Nichiren und Dōgen und, wie diese, ebenfalls ein ehemaliger Tendai-Mönch des Klosters auf dem Berg Hiei. Aus Unzufriedenheit über seinen Mangel an spirituellem Fortschritt verließ er den Tendai-Orden und wurde ein Schüler von Hōnen (1133-1212), der den Buddhismus des Reinen Landes in Kyōto lehrte. 1207 wurde die Gemeinschaft um Hōnen aufgelöst. Der Meister und seine Schüler wurden voneinander getrennt und in die Verbannung geschickt. Vermutlich während seines Exils heiratete Shinran Eshinni und gründete eine Familie. Aus seiner Sicht war dieser Schritt jedoch keine Rückkehr in den Laienstand, sondern eine Handlung, mit der er ganz bewusst den Unterschied zwischen Ordensangehörigen und Laien transzendieren wollte, da dieser Unterschied angesichts des allumfassenden Mitleids des Buddhas Amida bedeutungslos geworden sei.

Von Anfang an hatte der Buddhismus gelehrt, die Wurzel all unserer Probleme liege in der Selbst-Verhaftung. Wenn dem so ist, dann, so Shinran, können wir uns nicht aus eigener Anstrengung heraus, durch unsere »Selbst-Kraft« (*jirikī*), retten. Jeder Versuch, das zu tun, muss notwendigerweise fehlschlagen. Verstärkt man seine religiösen Anstrengungen, so bedeutet das lediglich, die eigene Selbstbezogenheit weiter zu verstärken. Hinter der größten Frömmigkeit verbergen sich häufig nur eine enorme Arroganz und Eitelkeit:

> ... die im Reinen Land geboren werden möchten, haben nur Gedanken der Täuschung und Schmeichelei. Selbst jene, die dieser Welt entsagen, denken an nichts als an Ruhm und Profit. Wisset daher, dass wir keine guten Menschen sind und auch keine weisen; dass ... im Innern unser Herz immer leer ist, verblendet, prahlerisch und schmeichelhaft. Wir besitzen kein wahres und wirkliches Herz.
>
> (Shinran, 1997a, S. 466)

Nach Shinran besteht unsere einzige Hoffnung darin, sich nicht auf die »Selbst-Kraft«, sondern auf die »Andere-Kraft« (*tariki*) zu verlassen, das heißt auf das Gelübde Amidas. Allerdings sind wir nach Shinran sogar unfähig, die drei mit dem Gelübde verbundenen Bedingungen zu erfüllen: Es mangelt uns an *Aufrichtigkeit*, *Vertrauen* und *echter Sehnsucht* nach dem Reinen Land. Andererseits zeigt sich jedoch in der Tugend Amidas seine vollendete *Aufrichtigkeit*; er hatte, als er sein Gelübde ablegte, volles *Vertrauen*, dass er sein Ziel auch tatsächlich erreichen werde, und er hatte *echte Sehnsucht* nach dem Reinen Land, das er aus seinem grenzenlosen Mitleid heraus erschaffen wollte. Es ist also Amida selbst, der jenen dreifachen Geist besitzt, den wir benötigen, um die Bedingung für eine Wiedergeburt in seinem Reinen Land zu erfüllen. Mit anderen Worten, sogar unser Vertrauen (*shinjin*) auf das Gelübde Amidas muss und wird von Amida selbst kommen. Aus Mitleid wendet er uns seinen Geist zu, so dass wir an seinem Geist teilhaben können. Genau das kann geschehen, wenn wir in tiefer Verzweiflung über unsere eigene Unfähigkeit, irgendetwas Gutes hervorzubringen, die befreiende Botschaft von Amidas grenzenlosem Mitleid hören und dann spontan Vertrauen erlangen. Dieses Vertrauen *ist* die Manifestation von Amidas Herz oder Geist in uns. Den Namen Amidas anzurufen (diese Praxis wird in Japan *nembutsu* genannt) ist, nach Shinran, keine weitere Bedingung, die wir erfüllen müssten; es ist vielmehr der natürliche Ausdruck davon, dass wir voll Dankbarkeit das erlösende Vertrauen in Amidas Gelübde von ihm selbst empfangen.

Shinrans Verständnis des Glaubens oder Vertrauens als einer Teilhabe an Amidas Geist impliziert, dass die Wiedergeburt im Reinen Land und das Erreichen der Erleuchtung in gewisser Weise bereits in dem einen Augenblick geschehen ist, in dem echtes Vertrauen in uns entsteht. Denn wer an Amidas Geist Anteil hat, ist ja schon in seiner Gegenwart. In dieser Hinsicht befindet sich nach Shinran die Tradition des Reinen Landes im Einklang mit dem Zen-Konzept der »plötzlichen

Erleuchtung« (siehe Shinran, 1997, S. 534). Zugleich beinhaltet das Vertrauen jedoch auch, dass man voll Zuversicht die Geburt im Reinen Land als ein zukünftiges Ereignis erwartet. Man ist also schon ins Reine Land hineingeboren, indem man vertrauensvoll diese Hingeburt als zukünftig erwartet. Die strukturelle Ähnlichkeit zur Haltung Dōgens, wonach die Erleuchtung schon in dem Prozess des ernsthaften Strebens nach ihr gegenwärtig ist, ist offensichtlich.

Doch Shinran geht noch weiter. In der Tradition des Reinen Landes bestand die Erwartung, dass die Bodhisattvas, nachdem sie die Erleuchtung im Reinen Land erlangt haben, in die gewöhnliche Welt des Saṃsāras zurückkehren, um für die Befreiung aller anderen Wesen zu arbeiten. Wenn nun aber aufrichtiges Vertrauen bedeutet, den Geist Amidas zu empfangen und dieses Vertrauen in der Anrufung von Amidas Namen zu manifestieren, dann wird ein Mensch mit solchem Vertrauen selbst zu einem sichtbaren Zeichen der erlösenden Gegenwart Amidas. Indem er andere auf Amida als die einzige Quelle unserer Erlösung verweist, ist der wahre Gläubige ein Vehikel für die Gegenwart Amidas in dieser Welt und hat dadurch Anteil an der mitleidsvollen Bodhisattva-Aktivität Amidas. Denn welch größeren Dienst könnte man anderen Wesen erweisen, als sie auf Amida aufmerksam zu machen? In diesem Sinn bedeutet das Entstehen des Vertrauens nicht nur die augenblickliche Hingeburt ins Reine Land, sondern in gewisser Weise auch schon die Rückkehr in diese Welt als ein Bodhisattva. Und wieder gilt: All dies geschieht nur dann, wenn und insofern wir es vertrauensvoll, als Geschenk Amidas, für die Zukunft erwarten. Nur indem wir vollständig von uns weg auf Amida verweisen, manifestiert sich sein Bodhisattva-Wirken in uns und durch uns. Für Shinran ist die Non-Dualität von Nirvāṇa und Saṃsāra wirklich und verwirklicht in dieser paradoxen Struktur des Vertrauens.

Wenn man durch das Vertrauen am Geist Amidas teilhat, so bedeutet dies nach Shinran allerdings nicht, dass die

Befleckungen verschwunden wären; vielmehr hat sich deren Wirkweise völlig verwandelt. Sie dienen nun als ständige Erinnerung an die vollständige Abhängigkeit von Amida und bewirken so eine Vertiefung unseres Vertrauens. In diesem Sinne kann Shinran sagen: Wenn sogar gute Menschen gerettet werden, wie viel mehr dann erst die bösen – denn »den Guten« »mangelt es daran, sich von ganzem Herzen der Anderen-Kraft anzuvertrauen« (Shinran, 1997, S. 663). Indem uns also die Befleckungen dazu antreiben, uns ungeteilt auf die »Andere-Kraft« zu verlassen, leisten sie einen wichtigen Beitrag zur Manifestation Amidas in unseren Herzen und lassen uns damit an seiner Bodhisattva-Aktivität teilhaben. Nicht sich selbst verkündet man den anderen, sondern allein Amida. Während die Vorstellung, man habe irgendwelche spirituellen Errungenschaften aus sich selbst heraus vollbracht, nur das eigene Ego aufbläht, zwingt einen die Erkenntnis der eigenen Verdorbenheit dazu, sich ganz auf Amida als einzige Hoffnung zu verlassen. »Ich ... versinke in einem unermesslichen Meer von Begierden und Anhaftungen und bin verloren in dem gewaltigen Gebirge aus Ruhm und Gewinn«, bekennt Shinran (Shinran 1997, S. 125). Selbst wenn sich sein Vertrauen auf Amida als grundlos herausstellen sollte und ihn in die Hölle führte, so würde er, sagt Shinran von sich, nichts bereuen. Denn »ich bin zu keiner anderen Praxis fähig, also wäre die Hölle in jedem Fall meine Bleibe, was immer ich auch tue«. Er sieht für sich keine andere Wahl, als es »einfach zu akzeptieren und mich anzuvertrauen« (Shinran, 1997, S. 662).

Aber wer oder was ist Amida? Shinran folgt hierin Tanluan und versteht unter Amida die höchste Manifestation der letzten Wirklichkeit. Tanluan unterscheidet zwischen dem *dharmakāya* in seiner unaussprechlichen Soheit und dem *dharmakāya* als geschicktem Mittel, das heißt, dem *dharmakāya*, wie er sich in den beiden Form-Körpern des *sambhogakāyas* und *nirmāṇakāyas* manifestiert (zu den drei Buddha-Körpern siehe oben S. 212ff.). Der formlose *dharmakāya* ist also nicht verschieden von den beiden Form-Körpern; sie sind vielmehr die sakramentalen Mittel, durch die sich die letzte Wirklichkeit vergegenwärtigt. Was an sich selbst unaussprechlich ist, macht sich uns dadurch zugänglich, dass es sich in Gestalt des Amidas und der Manifestation Amidas als Śākyamuni-Buddha zum Ausdruck bringt. Amida – oder besser gesagt: das grenzenlose Mitleid, das er repräsentiert – ist quasi der höchstmögliche Ausdruck dessen, was letztlich nicht ausgedrückt werden kann. Es ist die eine Buddha-Natur, die »Herz und Geist des Ozeans aller Wesen« erfüllt, einschließlich der »Pflanzen, Bäume und der Erde« (Shinran, 1997, S. 461). Diese universale Buddha-Natur wird spontan erkannt (*jinen*), ganz von selbst und ohne Berechnung, im Akt des Vertrauens, wie es als Widerhall beim Hören der Botschaft entsteht. Es ist »der Geist der letzten Gleichheit. Es ist das große Mitleid. Dieser Geist erlangt die Buddhaschaft. Dieser Geist ist Buddha« (Shinran, 1997, S. 314). Shinran stimmt also mit dem Zen-Grundsatz »der Geist ist Buddha« überein, ein Satz, der ursprünglich aus einer Schrift der Reines-Land-Tradition stammt (*Amitāyur-Dhyāna-Sūtra* 17). Allerdings verbindet Shinran diese Zustimmung mit dem entscheidenden Zusatz, dass der Geist, welcher Buddha ist, der Geist des großen Mitleids ist: »das Streben danach, alle Wesen zu retten« (Shinran, 1997, S. 314).

Literaturhinweise: Anesaki (1916); Ch'en (1972); Cook (1991); Dumoulin (1988, 1990); Foard, Solomon, Payne (1996); Swanson (1989); Ueda & Hirota 1989.

Die Herausforderung der Moderne

Die in der heutigen Welt vorherrschende globale Kultur zeichnet sich durch eine ganze Reihe von Merkmalen aus, die es noch nicht gab, als die Hauptströmungen des Buddhismus (ebenso wie die jeder anderen Weltreligion) entstanden sind. Daher steht der Buddhismus, wie alle anderen Religionen auch, vor der Herausforderung, auf diese neue Situation konstruktiv, kreativ, kritisch und selbstkritisch zu reagieren.

Auf der einen Seite – quasi der *praktischen Seite* – ist das Leben heute durch die gewaltigen technologischen Fortschritte der letzten 200 Jahre geprägt: Fortschritte, denen wir zahlreiche Vorteile auf den Gebieten der Medizin, Lebensmitteltechnologie, Bildung, Information, Verkehr usw. verdanken. Leider hatten viele dieser positiven Resultate jedoch auch so etwas wie negative »Nebenwirkungen«. Diese führten nicht nur zu neuartigen Problemen, sondern verliehen auch einigen alten Problemen eine neue, bis dahin nicht gekannte Dimension. So bewirkten die Fortschritte in der Medizin und Lebensmitteltechnologie eine globale Bevölkerungsexplosion, die, wenn sie sich mit der gegenwärtigen Geschwindigkeit – oder sogar noch schneller – fortsetzt, eine enorme Bedrohung für das gesamte Leben auf dieser Erde darstellt. Der technologische Fortschritt brachte sehr vielen Menschen eine enorme Verbesserung ihres Lebensstandards, eine unvergleichliche Erweiterung des Wissens und ein bis dahin unbekanntes Spektrum an Möglichkeiten der Kommunikation und Mobilität. Aber zusammen mit dem Bevölkerungsboom löste der technologische Fortschritt zugleich auch eine globale ökologische Krise aus, die sich zu einer globalen Tragödie entwickeln wird, wenn nichts Wirksames unternommen wird, um sie abzuwehren. Zweifellos haben technologische Fortschritte der Menschheit begeisternde neue Möglichkeiten beschert, aber einige davon beinhalten zugleich auch schreckliche neue Bedrohungen, wie etwa die Gefahr einer globalen Vernichtung durch moderne Waffen. Andere Entwicklungen werfen völlig neue ethische Fragen auf, wie zum Beispiel jene moralischen Probleme, die sich aus der Gentechnik ergeben. Darüber hinaus führen uns die technologischen Fortschritte sehr deutlich die bittere Tatsache vor Augen, dass die mit ihnen verbundenen Vorteile nicht allen Teilen der Welt in gleicher Weise zugänglich sind. Und wir sind mit der skandalösen Tatsache konfrontiert, dass die Armut der einen zum Reichtum der anderen beiträgt.

Auf der anderen Seite – der *kognitiven Seite* – zeichnet sich die heutige globale Situation durch eine bestimmte Einstellung im Bereich des menschlichen Wissens aus, die am deutlichsten in der europäischen Aufklärung zum Ausdruck kommt: der Geist kritischer und uneingeschränkter rationaler Forschung. Erst dieser Geist hat den außerordentlichen Erfolg der Naturwissenschaften überhaupt möglich gemacht, der hinter dem erstaunlichen technologischen Fortschritt steht. Derselbe Geist hat zugleich eine schonungslose Infragestellung, Kritik, Neubewertung und Neugestaltung in mehreren Kerngebieten der menschlichen Kultur und Tradition in Gang gesetzt. Es geht darum, wie wir die Geschichte, unsere Gesetze, die Politik, unser Sozialverhalten und die Religion verstehen. Zumindest in einigen Teilen der Welt führten die aufgeklärte Kritik und die damit verbundene Neuorganisation der Gesellschaft zu Formen von Rechtssicherheit, politischer Mitbestimmung und individueller Autonomie, von denen frühere Generationen kaum zu träumen wagten. Auch hat dieser Geist weltweit eine höhere moralische Sensibilität erzeugt, die die Menschenrechte und Gleichberechtigung der Geschlechter fördert und jede rassistische, sexuelle und religiöse Diskriminierung ablehnt. Doch begleitet den Geist schonungsloser Kritik auch das Potenzial, jene absolut grundlegenden Werte zu relativieren, zu untergraben oder gar preiszugeben, die bisher als Fundament der verschiedenen Gesellschaften dienten: der Glaube an das Gute, das Wahre und das Heilige. In diesem Zusammenhang erhält das geschärfte globale Bewusstsein für die Existenz einer großen religiösen Vielfalt eine besondere Relevanz: Wird die Wahrnehmung der religiösen Vielfalt die relativistische Behauptung verstärken, dass letztlich keine Religion vertrauenswürdig ist, dass alle Religionen lediglich kulturelle Relikte sind, Überreste aus vergangenen Tagen, dass sie keine Juwelen der Weisheit, sondern farbenprächtige und häufig bizarre, aber eigentlich wertlose Klunker sind; dass sie den weiteren Fortschritt der Menschheit eher hemmen als fördern und für das Zusammenleben der Menschheit eher gefährlich als hilfreich sind? Oder wird die bewusste Wahrnehmung religiöser Vielfalt dazu führen, den Reichtum und die Vielgestaltigkeit jener Wege zu erkennen, mittels derer Menschen ihr Leben – und zwar durchaus im Einklang mit der Vernunft – auf eine Wirklichkeit gegründet haben und immer noch gründen, die tiefer geht als das, was an der Oberfläche sichtbar ist?

Beim Umgang mit der Ambivalenz der modernen Welt haben religiöse Reaktionen zuweilen zu den zwei entgegengesetzten Extremen der vollständigen Ablehnung beziehungsweise Opposition einerseits und der völligen Unterwerfung beziehungsweise Anpassung andererseits tendiert. Zumeist aber haben die Religionen darum gerungen, ausgeglichene und differenzierte Antworten zu finden, und dabei den Mut gezeigt, nicht nur bestimmte Aspekte der Moderne zu kritisieren, sondern auch eine durchaus selbstkritische Haltung zu entwickeln, und zwar gerade im Licht der Einsichten und Errungenschaften der Moderne. In jedem Fall aber gilt wohl, dass die Religionen einer differenzierten Auseinandersetzung mit der Moderne auf Dauer nur dann aus dem Weg gehen können, wenn sie dafür den Preis der eigenen Irrelevanz und möglicherweise des eigenen Untergangs bezahlen.

Buddhisten aller Richtungen haben damit begonnen, diese Herausforderung zu erkennen, und arbeiten an einer

»kritischen Reflexion buddhistischer Erfahrung im Licht zeitgenössischer Auffassungen und an einer kritischen Reflexion zeitgenössischer Auffassungen im Licht buddhistischer Erfahrung« (Jackson und Makransky, 2000, S. 19). Im verbleibenden Teil dieses Kapitels kann ich nur grob und in aller Kürze auf einige Beispiele hinweisen, wo und wie sich Buddhisten gegenwärtig mit den Herausforderungen der Moderne auseinandersetzen. Da die wichtigen Gebiete der Politik und der Menschenrechte bereits im 9. Kapitel behandelt wurden, werde ich mich hier auf jene Herausforderungen konzentrieren, die sich im Bereich der Geschlechtergerechtigkeit, der ökologischen Probleme, der Auseinandersetzung mit dem wissenschaftlichen Materialismus und der Frage der religiösen Vielfalt ergeben.

Die feministische Herausforderung

Mit ihrem 1979 erstmals erschienenen Buch *Women in Buddhism* (in Deutschland publiziert als »Die Frau im Buddhismus«) hat Diana Paul eine ebenso grundlegende wie wegweisende Studie zu diesem Thema vorgelegt (Paul, 1985). Dieser Pionierarbeit folgten weitere wichtige Arbeiten. Am einflussreichsten war Rita Gross' bahnbrechendes Werk *Buddhism after Patriarchy* (»Buddhismus nach dem Patriarchat«) (Gross, 1993). Auf der Grundlage historischer Forschungen formulierte sie darin erstmals Prinzipien eines buddhistischen Feminismus. Während Diana Paul überzeugend dargestellt hatte, dass es zwischen dem fundamentalen buddhistischen Prinzip des Nicht-Anhaftens an allen Formen einerseits und der *de facto* männlichen Voreingenommenheit in der Lehre, der Praxis und der historischen Entwicklung andererseits eine starke Spannung gibt, griff Rita Gross das Thema aus einer normativen, buddhistisch geprägten Perspektive auf. Das heißt, sie beschrieb das Problem nicht nur als eine Spannung, sondern behandelte es als einen »massiven und inakzeptablen Widerspruch« (Gross, 1993, S. 215), den es zu überwinden gelte.

Ambivalente Positionen hinsichtlich des Status von Frauen sind im Buddhismus in der Tat offenkundig. Während der Buddhismus zwar die grundsätzliche Gleichheit aller Menschen betont und gegenteilige Tendenzen im Brahmanismus verurteilt, entwerten buddhistische Texte beizeiten die Wiedergeburt als Frau: Zum einen, so heißt es, bringt eine Wiedergeburt als Frau normalerweise mehr Leid mit sich (eine Aussage, die freilich bis zu einem gewissen Grad einfach die untergeordnete Stellung der Frau in der damaligen Gesellschaft widerspiegelt; siehe SN 37:3). Zum anderen besteht aber auch die Auffassung, dass Frauen für die geistigen Befleckungen anfälliger seien als Männer (z.B. AN 4:80; für eine Liste von Beispielen aus Mahāyāna-Texten siehe Dayal, 1932, S. 223f.). Obwohl der frühe Buddhismus (und möglicherweise bereits der Buddha selbst) einerseits den Nonnenorden etablierte und es hierdurch Frauen ermöglicht wurde, einen religiösen Lebensweg einzuschlagen, gilt doch andererseits, dass die Nonnen den Mönchen in fast jeder Hinsicht untergeordnet sind und dass die Gründung des Nonnenordens sogar für einen beschleunigten Niedergang des Dharmas verantwortlich gemacht wurde (siehe oben S. 152f.). Obwohl der Buddhismus anerkennt, dass Frauen *als Frauen* die Erleuchtung erlangen und *arhats* werden können, bekräftigt die buddhistische Tradition dennoch (und nahezu ausnahmslos), dass ein Buddha männlich sein muss und eine Frau erst nach ihrer Wiedergeburt als Mann zu einem Buddha werden kann. Dieser negativen Bewertung der Wiedergeburt als Frau entsprechend, lehrt zum Beispiel die Tradition des Reinen Landes, dass es in Amidas Paradies keine Frauen gibt (siehe Gōmez, 2002, S. 74, 170).

Die Auffassung, dass die Buddhaschaft auf Männer beschränkt ist, hat sich vor allem im Mahāyāna-Buddhismus unglücklich ausgewirkt. Denn anders als im Theravāda besteht ja im Mahāyāna das allgemeine Ziel darin, dem Bodhisattva-Weg zu folgen, das heißt, ein Buddha zu werden. Das impliziert jedoch, dass die Erlangung des höchsten religiösen

Ziels, eben der Buddhaschaft, die Überwindung der Existenz als Frau voraussetzt. Die Überzeugung, dass ein Buddha männlich sein muss, stützt sich auf die mythologische Vorstellung, wonach alle herausragenden »Rollen« – ob gut oder böse – ausschließlich Männern vorbehalten sind. Demnach ist es unmöglich, dass ein Buddha, ein universaler Herrscher (*cakravartin*), der Gott Indra, der Gott Brahmā oder auch die üble Gottheit Māra, der Versucher und hauptsächliche Gegenspieler eines Buddhas, eine Frau ist (siehe MN 115:15; Ñāṇamoli; Bodhi 2001, S. 929). Zu den zweiunddreißig außergewöhnlichen körperlichen Merkmalen, die nur ein Buddha und ein *cakravartin* besitzen, gehört als zehntes Merkmal, »dass das Glied in einer Hautfalte verborgen ist« (DN 30:1:2; Walshe, 1995, S. 441). Das setzt natürlich voraus, dass ein Buddha männliche Genitalien hat (wenn auch auf ungewöhnliche Art) und somit biologisch ein Mann ist. In einem traditionellen Hymnus auf den Buddha, der in der Klosteruniversität Nālandā besonders beliebt war, verneigt sich der Poet voller Verehrung vor der außergewöhnlichen Schönheit des verborgenen Gliedes des Buddhas (Varṇārhavarṇa-Stotra 10:30-34; siehe Bailey 1950 & 1951). Auf der Grundlage solch traditioneller Vorstellungen wurde in der Geschichte des Buddhismus immer wieder neu bekräftigt, dass ein Buddha notwendigerweise männlich zu sein hat. Dennoch gibt es einige Fälle, in denen diese Einschränkung relativiert und untergraben oder auch vollständig zurückgewiesen wurde. So wird beispielsweise im Saṃyutta-Nikāya (5:2) im Namen der Nicht-Selbst-Lehre kritisiert, dass man der sexuellen Identität überhaupt Aufmerksamkeit schenkt. Im Mahāyāna-Buddhismus erzählt das einflussreiche Vimalakīrtinirdeśa-Sūtra von einer Göttin (Vn 7), die mit ihrem männlichen Gesprächspartner Śāriputra (einem der Hauptschüler des Buddhas) die Rollen tauscht: Auf magische Weise verwandelt sie sich in ihn und ihn in sich und zeigt ihm damit, dass es im Licht der universalen Leerheit »bei allen Dingen weder männlich noch weiblich« gibt (Thurman, 1976, S. 62). Im »Sūtra des Nāga-Königs Sāgara« wird die Ansicht, die Buddhaschaft könne nicht in einem weiblichen Körper erlangt werden, sogar ausdrücklich zurückgewiesen, und zwar mit dem Argument, dass die höchste Erleuchtung und der wahre Dharma »weder männlich noch weiblich« sind (siehe Paul, 1985, S. 235f.). Trotz solcher Einsichten gibt es jedoch nur ganz selten Fälle, in denen Frauen eindeutig als Buddhas bezeichnet werden; sie finden sich vorwiegend im tantrischen Buddhismus (siehe Shaw, 1994, S. 27f., 105). Dort wird in einem Fall eine Frau sogar dafür gepriesen, dass sie die zweiunddreißig Merkmale besitzt und dennoch eine »schöne Frau« ist (siehe ebd., S. 119).

Wie lässt sich diese offenkundige Diskrepanz zwischen zentralen buddhistischen Erkenntnissen und der traditionellen Beschränkung der Buddhaschaft auf das männliche Geschlecht, zusammen mit all den anderen Formen von Geschlechterungerechtigkeit, verstehen? Es wäre verlockend einfach, dies einzig und allein dem patriarchalen kulturellen Kontext zuzuschreiben, in dem sich der Buddhismus entwickelte. Diese Interpretation erscheint jedoch zu simpel, denn der Buddhismus hat durchaus seine Fähigkeit bewiesen, anderen Merkmalen seines kulturellen Kontextes zu widerstehen, wie beispielsweise dem Kastensystem (wenn auch nicht immer mit der nötigen Konsequenz). Was also machte es innerhalb des Buddhismus möglich, dass man sich, entgegen besserer Einsicht, den vorherrschenden sexistischen Normen anpasste?

Eine häufig diskutierte Erklärung geht davon aus, dass (männliche) asketische Praxis mit einer frauenfeindlichen Mentalität verknüpft ist. Tatsächlich gibt es neben der psychologischen Evidenz viele Hinweise in den buddhistischen Schriften, dass Frauen von den Mönchen als eine Bedrohung angesehen wurden, entweder weil sie die Mönche zur Rückkehr in den Laienstand verlocken oder weil sie die Mönche dazu verführen könnten, ihr Keuschheitsgelübde zu brechen.

Manchmal, wie zum Beispiel in der Ugraparipṛcchā, wird aber auch buddhistischen Laienanhängern geraten, ihre eigene Ehefrau als »unrein, ... übel riechend, ... unsympathisch, ... als Feind, ... als Scharfrichter, ... als ein Ungeheuer, ... als Dämon, ... als eine Hexe« anzusehen. Denn Frauen, heißt es in diesem Text, sind »eine Gelegenheit für den Aufbau lüsterner Gedanken, ... bösartiger Gedanken, ... ein Hindernis für die Einsicht« (siehe Nattier, 2003, S. 248f.). Offensichtlich sind frauenfeindliche Tendenzen ein Anzeichen für die Probleme, die *männliche* Buddhisten mit ihrer Sexualität hatten oder haben. Dies würde möglicherweise auch erklären, warum im buddhistischen Tantrismus, der die Sexualität in seine spirituelle Praxis integriert, das Pendel in die entgegengesetzte Richtung schwingen konnte, indem nun alle Frauen kollektiv als »Himmel« und »höchste Weisheit« bezeichnet wurden, als »Buddha, Dharma und Saṅgha« (siehe oben S. 254).

Es gibt aber auch Texte, die zumindest insofern eine ausgewogenere Ansicht vertreten, als sie eine wechselseitige Perspektive bieten. Im Aṅguttara-Nikāya (1:1) wird zum Beispiel erklärt, kein Anblick könne den Geist eines Mannes so sehr fesseln wie der Anblick einer Frau und umgekehrt kein Anblick den Geist einer Frau so sehr wie der eines Mannes (siehe Nyanaponika; Bodhi, 1999, S. 33). Doch wenn es eine so klare und ausgewogene Anerkennung dessen gibt, dass die spirituelle Herausforderung, die von der Anziehungskraft des anderen Geschlechts ausgeht, *beide* Seiten betrifft, warum finden wir dann so viele frauenfeindliche und nur so wenige (wenn überhaupt) männerfeindliche Texte? Die wahrscheinlichste Antwort lautet: Die männliche Perspektive dominiert, weil Männer die institutionellen Strukturen des Buddhismus dominierten. Buddhistische Feministinnen, ebenso wie Feministinnen in anderen religiösen Traditionen, arbeiten daher nicht nur darauf hin, dass Frauen einen gleichberechtigten Zugang zu einem Spiel erhalten, dessen Regeln von Männern festgelegt werden. Vielmehr beabsichtigen sie eine Veränderung der Regeln selbst (siehe Gross, 1993, S. 225f.). Dazu gehört auch eine Reihe praktischer Belange. Aus dieser Perspektive kann zum Beispiel die Wiederherstellung des Nonnenordens im Theravāda-Buddhismus nur ein vorläufiges Ziel sein. Eine solche Wiederherstellung würde sich sogar als kontraproduktiv erweisen, wenn damit nicht gleichzeitig auch die Unterordnung des Nonnenordens unter den Mönchsorden aufgehoben wird. (Für eine Auswahl innovativer Aktivitäten von Frauen im Buddhismus siehe Tsomo, 2000.)

Doch wie stark ist überhaupt das Interesse des Buddhismus, radikale Reformen sowohl innerhalb seiner eigenen Institutionen als auch innerhalb der Gesellschaft zu fordern beziehungsweise sich aktiv dafür einzusetzen? Nach Rita Gross fehlt dem Buddhismus der Impuls einer »prophetischen Stimme«, das heißt, einer Stimme, die im Namen von Gerechtigkeit und Rechtschaffenheit eine energische Gesellschaftskritik ausübt. Und weil ihm eine solche Stimme fehle, sei der Buddhismus in der Vergangenheit zu nachlässig gewesen im Hinblick auf die Kritik jener gesellschaftlichen Verhältnisse, die seinen eigenen Einsichten und Idealen widersprechen (siehe Gross, 1979, S. 134f.). In dieser Hinsicht könne der Buddhismus von den abrahamitischen Religionen lernen. Andererseits habe der Buddhismus aber auch etwas zu lehren. Für Feministinnen, so Rita Gross, halte er die wichtige Botschaft bereit, »dass das grundlegende menschliche Leid und die existenzielle Angst kein Fehler des Patriarchats sind und in nach-patriarchalen gesellschaftlichen Verhältnissen auch nicht einfach beseitigt sein werden« (ebd., S. 133).

Die ökologische Herausforderung

Einige Buddhisten vertreten in ihrer anti-westlichen und vor allem anti-christlichen Polemik die Ansicht, dass die biblische Idee, der Mensch solle sich die Natur untertan machen (siehe Genesis 1:28), und das sich daraus (vermeintlich) konsequent ergebende westliche Projekt einer Eroberung der Natur der naturfreundlichen Einstellung des Buddhismus nicht nur wesensfremd seien, sondern auf diese geradezu »abstoßend« wirkten (z.B. D.T. Suzuki, zitiert in Harris, 2000, S. 130). Die sogenannte »öko-buddhistische« Überzeugung, wonach eine Lösung unserer ökologischen Krise auch verlange, die jüdisch-christliche Weltanschauung durch die buddhistische zu ersetzen, hat unter Umweltschützern viel Zustimmung gefunden. Es gibt allerdings zahlreiche Belege dafür, dass auch der Buddhismus traditionell weitgehend eine Haltung beförderte, die der Kultur und Zivilisation den Vorrang vor der Natur gibt, und sich in dieser Hinsicht kaum von der westlichen Tradition unterscheidet (siehe Harris, 2000). Zudem sollte man nicht verkennen, dass die meisten der gegenwärtigen Umweltprobleme als quasi unbeabsichtigte Nebenwirkungen von äußerst segensreichen und willkommenen Entwicklungen entstanden sind und sich nicht irgendwelchen böswilligen Absichten verdanken. Allerdings können wir uns heute, was die Folgen unseres Tuns betrifft, nicht länger auf eine unschuldige Naivität berufen. Zu sehr sind wir uns inzwischen der ökologischen Implikationen unserer »zivilisatorischen« Aktivitäten bewusst und müssen sie im Licht dieses Bewusstseins neu bedenken. Angesichts dessen, dass die ökologische Krise jedoch insgesamt gesehen ein relativ neuartiges Problem darstellt, hat Mary Evelyn Tucker, eine erfahrene Ökologin, diese Krise zu Recht als eine Herausforderung beschrieben, die *alle* Religionen gleichermaßen betrifft. Nach Tucker sind die Religionen insgesamt dazu aufgerufen, in eine »ökologische Phase« einzutreten. Dabei muss sich jede unter ihnen die selbstkritische Frage stellen, was in ihrer jeweiligen Tradition im Hinblick auf eine globale, multidisziplinäre Anstrengung zur wirksamen Lösung der ökologischen Probleme hilfreich und was darin eher hinderlich sein kann (siehe Tucker, 2003; Tucker; Grim, 2001).

Bei dem Versuch, das ökologische Anliegen und so etwas wie eine ökologische Ethik in der buddhistischen Lehre und

Tradition zu verankern, wurden bisher zwei Ansätze vorgeschlagen. Der erste Ansatz stützt sich auf das erste *śīla*, das heißt, auf die Vorschrift, keine empfindenden Wesen zu verletzen oder zu töten (siehe oben S. 131ff.), und argumentiert, dass dieses Gebot auch den Schutz der Natur impliziert. Der zweite Ansatz greift auf die Lehre von der universalen wechselseitigen Abhängigkeit zurück, die als ein besonders starker Ansporn für ein ökologisch sensibles, holistisches Denken verstanden wird.

In der Tat hat das erste *śīla* immer schon die Tiere mit eingeschlossen, und gemäß dem Geiste des buddhistischen Mitleids und der liebevollen Freundlichkeit besteht das Ideal hierbei nicht nur darin, Tiere nicht zu schädigen, sondern beinhaltet auch, diese aktiv zu beschützen und ihnen Gutes zu tun. Wie wir gesehen haben, wird der Schutz der Tiere ausdrücklich unter den grundlegenden Pflichten eines idealen buddhistischen Herrschers aufgelistet (siehe oben S. 171f.). Das Wohlwollen gegenüber Tieren wurzelt in einem tiefen Gefühl der Solidarität mit ihnen als Mitwesen im Saṃsāra, ja sogar als eigene Verwandte, da in dem unermesslich langen Verlauf der saṃsārischen Vergangenheit jedes Wesen irgendwann einmal mit allen anderen Wesen verwandt gewesen ist (siehe oben S. 139f.). Obwohl nun Pflanzen und anorganische Dinge nicht als mögliche Formen der Wiedergeburt angesehen werden und deshalb auch nicht als empfindende Wesen gelten, müssen doch auch sie beschützt werden, da sie ja die Lebensgrundlage und den Lebensraum für Tiere und Menschen darstellen (und auch für andere empfindende Wesen wie etwa für die Baumgeister, von denen man glaubte, dass sie in den Bäumen als ihrer Behausung wohnen).

Aber macht so etwas wie die Wiederherstellung eines Ökosystems, die Erhaltung einer vom Aussterben bedrohten Spezies oder die Neu-Züchtung beziehungsweise Neu-Schöpfung von ausgestorbenen Arten aus buddhistischer Perspektive überhaupt Sinn? Schließlich wird das Dasein als Tier nicht als eine wünschenswerte Form von Wiedergeburt betrachtet, und im Reinen Land, als dem Beispiel einer buddhistischen Ideal-Welt, gibt es nicht nur keine Frauen, sondern auch keine »wirklichen« Tiere (siehe oben S. 222; zu diesem ganzen Abschnitt siehe Schmithausen, 1991 und 1997). Dennoch haben sich beispielsweise in Thailand buddhistische Mönche aktiv an Initiativen zur Wiederherstellung des Ökosystems, wie zum Beispiel an Aufforstungsprojekten, beteiligt. Einige Mönche haben dabei Bäume symbolisch »ordiniert«, um sie so vor dem Fällen zu schützen und durch solche Aktionen gegen die Abholzung zu protestieren. Bäume mit Mönchroben zu bekleiden und diese quasi zu »ordinieren« geht zweifellos weit über das hinaus, was die streng verstandene Ordensregel zulässt; aber es ist ein Weg, um auf besonders spektakuläre Weise die Würde und große Bedeutung der Natur zum Ausdruck zu bringen (siehe Harris, 2000, S. 118; Harvey, 2000, S. 177-185).

Jeder ernsthafte Ansatz einer ökologischen Ethik muss die Komplexität ökologischer Systeme und die Vernetzung all ihrer Teile berücksichtigen. In ihrer klassischen Studie *Mutual Causality in Buddhism and General Systems Theory* (»Wechselseitige Kausalität im Buddhismus und in der Allgemeinen Systemtheorie«; Macy, 1991) vertrat Joanna Macy, dass der Buddhismus für die Entwicklung einer umfassenden ökologischen Weltanschauung (»Tiefenökologie«) besonders geeignet sei. Denn nach Macy betont der Buddhismus nicht nur Kausalität und Abhängigkeit, sondern *wechselseitige* Kausalität und *gegenseitige* Abhängigkeit. Aber Macys Versuch, dies auch für das frühe buddhistische Verständnis des Prinzips des abhängigen Entstehens (siehe oben S. 99ff.) zu belegen, wurde überzeugend als unhaltbar widerlegt (siehe Schmithausen, 1997, S. 56f.). Die Idee einer wechselseitigen, interdependenten Kausalität taucht erst als Folge der Philosophie der Madhyamaka-Schule auf, wonach sich alles in einer logisch-begrifflichen Interdependenz befindet (eine Ursache ist eine Ursache nur in Bezug auf eine Wirkung und umgekehrt, usw.; siehe oben S. 232, 240). Erst im Anschluss daran erlangte die Idee einer wechselseitigen Kausalität in einigen Zweigen des Mahāyānas zentrale Bedeutung, vor allem in den chinesischen Formen des Mahāyānas wie im Huayan. Allerdings ist die Relevanz dieser philosophischen Idee für die Ökologie strittig. Einerseits gibt es ernsthafte Bedenken, ob nicht der Gedanke einer *totalen* wechselseitigen Durchdringung sogar kontraproduktiv sein könnte, weil damit anscheinend jegliche substanzielle Unterscheidung zwischen ökologisch schädlichen und förderlichen Faktoren negiert wird (siehe Harris, 2000, S. 125) und wohl auch keine klaren praktischen Implikationen erkennbar sind (siehe Schmithausen, 2000, S. 62-70). Andererseits gibt es aber auch Stimmen, die die Idee der völligen Interdependenz aus ökologischer Sicht schätzen. Denn auf diese Weise werde die Stellung des Menschen nicht im Gegensatz zur Natur, sondern als Teil der Natur bestimmt, wodurch implizit die Mitverantwortlichkeit des Menschen innerhalb einer übergreifenden, nicht-anthropozentrischen Perspektive betont werde (siehe die Beiträge von Odin und Barnhill in Tucker; Williams, 1997, und die Diskussion in James, 2004, S. 58-105).

Die Herausforderung des wissenschaftlichen Materialismus

In einem sehr differenzierten Aufsatz unterscheidet der tibetisch-buddhistische Gelehrte Thupten Jinpa (Jinpa, 2003, S. 79ff.) drei verschiedene buddhistische Einstellungen gegenüber den westlichen Naturwissenschaften: Buddhismus und Naturwissenschaften als *Konkurrenten*, als *Verbündete* oder als *Partner*. Zumindest bis zu einem gewissen Grad spiegelt diese Reihung auch die historische Abfolge der genannten Einstellungen wider: Bei ihrer ersten Begegnung mit den Ergebnissen westlicher Naturwissenschaften reagierten Buddhisten oft feindselig, und zwar vor allem deswegen, weil die Naturwissenschaften von christlichen Missionaren als polemische Waffen benutzt wurden, um zu belegen, dass der Buddhismus auf einem veralteten Weltbild beruhe (einige Beispiele hierfür findet man bei Cabezón, 2003, S. 41ff; Thelle, 1987, S. 32f.). Es dauerte jedoch nicht allzu lange, bis buddhistische Apologeten den Spieß umdrehten und erklärten, dass gerade der Buddhismus und nicht etwa das Christentum mit den Ergebnissen der Naturwissenschaften vereinbar sei. Vor allem aber stimme der Buddhismus mit dem wissenschaftlichen Geist einer freien, auf Erfahrungen, also Empirie, beruhenden Forschung überein. Ein berühmter und einflussreicher Vertreter dieser typisch modernistischen Position war der Gelehrte K.N. Jayatilleke aus Sri Lanka (1920-1970). Trotzdem ist die Überzeugung, Buddhismus und Naturwissenschaften seien unvereinbar, nicht vollständig verschwunden, und all jene, die daran nach wie vor festhalten, tun dies deswegen, weil sie die modernen Naturwissenschaften mit einer materialistischen Weltanschauung gleichsetzen. Zur deren Widerlegung führen sie die traditionellen buddhistischen Argumente gegen den klassischen Materialismus der Cārvākas ins Feld (siehe Jinpa, 2003, S. 79f.; und auch oben, S. 48ff., 66).

Die Vorstellung von Buddhismus und Naturwissenschaften als Partnern ist zum Teil das Ergebnis einer differenzierteren Betrachtung. Das heißt Buddhisten haben gelernt, zwischen der wissenschaftlichen Methode einerseits und der Ideologie des wissenschaftlichen Materialismus andererseits zu unterscheiden. Während die wissenschaftliche Methode ein vorzügliches Mittel zur Verbesserung unserer Kenntnis und unseres Verständnisses der Welt darstellt, beansprucht der wissenschaftliche Materialismus, er sei die einzig mögliche Weltanschauung, die mit der modernen Naturwissenschaft in Einklang stehe. Versucht man jedoch, etwas genauer zu klären, welche weltanschaulichen Implikationen wissenschaftliche Erkenntnisse tatsächlich haben und worin möglicherweise auch ihre Grenzen liegen, und untersucht man, in welchem Umfang wissenschaftliche Forschung vielleicht auch wertvolle Impulse von traditionellen religiösen Ideen empfangen könnte, dann wäre damit die Basis für einen fruchtbaren und partnerschaftlichen Dialog zwischen Buddhismus und Naturwissenschaft geschaffen. In dieser Hinsicht erweisen sich zwei Themenbereiche als besonders interessant: zum einen die Beziehung zwischen traditioneller buddhistischer Ontologie (der Analyse des »Seins«) und der modernen Molekularphysik und zum anderen das Verhältnis zwischen buddhistischer Epistemologie (der Analyse des Wissens, »Erkenntnistheorie«) und den modernen Kognitionswissenschaften (siehe die Beiträge zu Wallace, 2003).

Mittlerweile ist die Debatte über den wissenschaftlichen Materialismus auch innerhalb des Buddhismus selbst zunehmend ideologisch gefärbt. Viele Buddhisten, vor allem (aber nicht ausschließlich) solche mit westlichem Hintergrund haben sich selbst eine reduktionistische Weltanschauung zu eigen gemacht und legen nun eine hiervon bestimmte Neu-Interpretation des Buddhismus vor. Das zeigt sich besonders deutlich, wenn es um die Möglichkeit eines Lebens nach dem Tod geht und um die damit verknüpfte Frage nach der Natur des Geistes (siehe Wallace, 2003, S. 10-27; Siderits, 2001).

Heutzutage wirbt eine ganze Reihe von Buddhisten für die Auffassung, dass Wiedergeburt (wie auch jede andere Form eines Weiterlebens nach dem Tod) nicht mehr glaubwürdig sei. Keiji Nishitani, ein bedeutender Repräsentant der Kyōto-Schule (ein zeitgenössischer japanischer Zweig der buddhistischen Philosophie), hat Reinkarnation als einen »Mythos« und als eine »vorwissenschaftliche Illusion« bezeichnet. Aus heutiger Sicht solle man den Reinkarnationsglauben am besten als einen radikalen metaphorischen Ausdruck des Bewusstseins von der wesentlichen Vergänglichkeit alles Lebendigen interpretieren (siehe Nishitani 1982, S. 173ff.). Ähnliche Ansichten vertreten Francis Cook (siehe Cook, 1989), Whalen Lai (Lai, 2001), Roger Jackson (Jackson, 2000) und andere. In vergleichbarer Weise haben einige Buddhisten aus der Tradition des Reinen Landes, wie Naotaro Nonomura oder Daiei Kaneko, eine Interpretation des Reinen Landes vorgeschlagen, die dieses ausschließlich als Symbol einer rein *diesseitigen* menschlichen Erkenntnis oder Erfahrung betrachtet (siehe Kigoshi, 2004). Andere Buddhisten wie der bereits genannte K.N. Jayatilleke (1969) oder sein Schüler Gunapala Dharmasiri (1988, S. 179f.) haben demgegenüber erklärt, dass sie weiterhin an der Wahrheit von Reinkarnation in einem wörtlichen – und nicht nur symbolischen – Sinn festhalten; zwar nicht unbedingt in der voll entwickelten klassischen Variante mit all ihren Höllen und Himmelswelten, aber doch im Sinne einer Annahme, die tatsächlich davon ausgeht, dass sich die spirituelle Entwicklung des Menschen über den Tod hinaus fortsetzt, bis das endgültige Ziel des Nirvāṇas erreicht ist. Wie auch Francis Story (1975) sehen sie diesen Glauben von den parapsychologischen Forschungen über scheinbare Erinnerungen an frühere Leben bestätigt (siehe Stevenson, 1966). Andere wiederum versuchen, eine mittlere Position einzunehmen, und fordern zumindest eine teilweise »Entmythologisierung« der traditionellen buddhistischen Konzepte über das Leben nach dem Tod, wobei sie die Frage, ob es überhaupt irgendeine Form von Leben nach dem Tod gibt, bewusst offen lassen (siehe Buddhadāsa, 1989, S. 132-135). Oder sie spekulieren darüber, wie man sich ein »Leben nach dem Tod« auch anders vorstellen könne, zum Beispiel im Sinne der Prozessphilosophie (siehe Yokota, 2000).

Was aber geschieht mit dem Buddhismus, wenn man ihn unter der Vorgabe des »wissenschaftlichen Materialismus« neu interpretiert? Aus einer beeindruckenden Religion wird dann eine beeindruckende Psychologie, aus einem metaphysischen Glauben eine ästhetische Poesie (siehe die »Bekenntnisse« von Roger Jackson in Jackson, 2000, S. 220, 240f.). Aber geht dadurch irgendetwas verloren? Wie der Religionsphilosoph John Hick gezeigt hat, verwandelt eine solche reduktionistische Interpretation des Buddhismus »die Lehre des Buddhas von einer guten in eine schlechte Nachricht«. Denn dann bietet der Buddhismus für die bei weitem größte Anzahl von Menschen, das heißt für alle, die in diesem Leben das Nirvāṇa nicht erreicht haben, keinerlei Hoffnung mehr (siehe Hick, 1989). Mehr noch, das Nirvāṇa selber wäre nicht mehr die unbedingte und todlose Wirklichkeit, als die es die klassischen Schriften bezeugen, sondern lediglich die Bezeichnung für eine Art psychologischen Zustand, der hochgradig bedingt und äußerst fragil ist. Die Ununterschiedenheit von Nirvāṇa und Saṃsāra würde nicht mehr, wie bei Nāgārjuna, bedeuten, dass der Saṃsāra als ebenso geheimnisvoll wie das Nirvāṇa auf die Ebene des Nirvāṇas erhoben wird, sondern vielmehr würde das Nirvāṇa auf die Wirklichkeit des Saṃsāras reduziert, allerdings auf eine Art von Saṃsāra, der ebenfalls nicht mehr als »Kreislauf der Wiedergeburten« verstanden wird und der auch nichts Geheimnisvolles mehr ausstrahlt.

Nach David Loy, der für Buddhisten spricht, die ihren »Glauben an eine transzendente Dimension« verloren haben, soll man versuchen, den damit einhergehenden existenziellen »Mangel« durch »eine *diesseitige* Transzendenz des Selbst« zu kurieren. Loy versteht darunter, dass man all die vergeblichen Bemühungen, »mich selbst zu verankern«, aufgibt, indem man erkennt, dass »ich immer schon in dem Sinn vollkommen verankert bin, als mich kein Dualismus von der Welt trennt« (Loy, 2002, S. 213f.). Nach Loy steht dieser Vorschlag im Einklang mit der Tradition der universalen Leere, insbesondere wie sie in der Huayan-Schule des chinesischen Buddhismus verstanden wird. Dennoch ist seine Interpretation nicht unproblematisch: Denn traditionell war die Erkenntnis, dass man in einem non-dualen Verhältnis zur Welt steht, ein integraler Bestandteil der Erkenntnis, dass auch »die Welt« selbst nondual ist, das heißt, dass die Welt selbst nicht dualistisch von der unbedingten *transzendenten Wirklichkeit* getrennt ist. Wird diese letztere Dimension jedoch negiert und die Welt auf ihre phänomenale Erscheinung reduziert, dann hat auch die »Erkenntnis der Non-Dualität« nur die Funktion eines weiteren Surrogats und wird kaum jenen existenziellen »Mangel« ausfüllen können, den Loy so treffend beschreibt.

Die Herausforderung durch die religiöse Vielfalt

In der gegenwärtigen Diskussion um die religiöse Vielfalt wird häufig jene alte Geschichte von den Blindgeborenen erzählt, von denen jeder einen Elefanten an einer anderen Körperstelle anfasst und sein Aussehen beschreiben soll. Ein Elefant gleicht einem Pfosten, sagt derjenige, der das Bein berührt. Nein, er ist wie ein Vorratsbehälter, antwortet der, der seinen Bauch betastet. Der dritte, der das Ende des Schwanzes in der Hand hält, sagt, der Elefant sei wie ein Fliegenwedel – und so weiter. Heftig bestreitet jeder der Blindgeborenen die Behauptungen der anderen, so dass sie in Streit geraten und sich schließlich »mit ihren Fäusten« prügeln. Heute deutet man diese Geschichte zumeist als eine religiöse Antwort auf jene nicht-religiöse Herausforderung, wie sie von David Hume und anderen Religionskritikern eindrücklich vorgebracht worden ist: Da alle Religionen einander gleichermaßen ihre jeweiligen Behauptungen bestreiten, ist keine vor ihnen vertrauenswürdig, geschweige denn glaubwürdig. Hierauf wird entgegnet: Die Geschichte von den Blinden und dem Elefanten biete insofern eine Lösung, als sie zeige, dass religiöse Behauptungen nur dann als miteinander unvereinbar erscheinen, wenn die beschränkte Wahrnehmung der Wirklichkeit, die eine jede von ihnen zum Ausdruck bringt, als die ganze Wahrheit missverstanden wird. Daher – so lautet die Moral dieser Geschichte, *wie sie heute erzählt wird* – sollten Religionen den Versuch unterlassen, ihre eigenen Lehren zu verabsolutieren. Aber nur wenige, die diese Erzählung heute verwenden, wissen, dass sie, einschließlich ihrer zahlreichen Varianten, auf den buddhistischen Pāli-Kanon zurückgeht. Dort steht sie jedoch im Dienst einer ganz anderen Moral: Zusätzlich zu den blinden Männern findet sich hier nämlich ein König mit gesunden Augen, der ganz klar erkennt, welche Gestalt der Elefant in Wirklichkeit hat, und der sich über das Schauspiel amüsiert, das ihm die Streiterei der Blinden bietet. Der ursprüngliche Text lässt keinen Zweifel daran, wer der König mit den gesunden Augen ist. Denn der Text lässt den Buddha über die verschiedenen religiösen Lehrer seiner Zeit das Urteil fällen, diese seien wie »Menschen, die nur eine Seite der Dinge sehen« und sich deswegen »streiten und bekämpfen« (Ud 6:4; Ireland, 1997, S. 89). Weit entfernt davon, irgendeine Art von religiöser Gleichheit zu veranschaulichen, geht es bei der Geschichte also darum, dass die anderen Lehrer, nicht aber der Buddha, an ihren begrenzten Ansichten festhalten, dass sie nicht wissen, was und wie der wahre Dharma ist, und dass sie daher unfähig sind, dem Strom des Saṃsāras zu entkommen (siehe Ud 6:5). In ihrer ursprünglichen Version veranschaulicht die Geschichte also genau jene Art der Einstellung zur religiösen Vielfalt, gegen die die heutigen Versionen gewöhnlich gerichtet sind.

Traditionell war die buddhistische Einstellung gegenüber anderen Religionen entweder *exklusivistisch*, indem den anderen jegliche Einsicht abgesprochen wird, die den Menschen zur Erlösung oder Befreiung führen könnte, oder *inklusivistisch*, indem ihnen lediglich eine Vorstufe oder eine minderwertige Form der befreienden Einsicht zugestanden wird. Während die letztere Einstellung nur selten gegenüber nicht-buddhistischen Religionen eingenommen wurde, war sie typisch für die buddhistische Haltung gegenüber konkurrierenden Schulen oder Zweigen des Buddhismus selbst. Das Mahāyāna bekräftigte seine Überlegenheit über die nicht-mahāyānistischen Schulen, die abfällig als »Hīnayāna«, das heißt, als »minderwertiges Fahrzeug« bezeichnet wurden. Dagegen bekräftigte die Theravāda-Schule ihre Überlegenheit über das Mahāyāna, das sie als eine buddhistische Häresie betrachtete, die angeblich durch zu viel hinduistischen Einfluss entstanden sei. Und jede der verschiedenen Mahāyāna-Schulen bestand auf ihrer Überlegenheit über alle anderen, indem sie die anderen Schulen hierarchisch und in Form von verschiedenen niedrigeren Vorstufen der eigenen, vermeintlich höchsten Erkenntnis unterordnete. Eine zunehmende Anzahl zeitgenössischer Buddhisten ist inzwischen gewillt, eine solche inklusivistische Position auch auf nicht-buddhistische Religionen auszuweiten (siehe Kiblinger, 2005). Es gibt jedoch auch einige Buddhisten (siehe Buddhadāsa, 1967, S. 12ff.; Abe, 1985; Takeda, 2004; Tanaka, 2005), die einer *pluralistischen* Position zuneigen, das heißt, die zumindest einige andere Religionen als gleichwertig akzeptieren, indem sie anerkennen, dass diese zwar unterschiedliche, aber doch gleichermaßen befreiende Formen der Einsicht und Praxis beinhalten (für eine ausführlichere Erklärung exklusivistischer, inklusivistischer und pluralistischer Ansätze siehe Schmidt-Leukel, 2005a).

Die Entwicklung pluralistischer Positionen im Buddhismus beruht auch auf einer zunehmenden Teilnahme des Buddhismus am interreligiösen Dialog. Der *ökumenische Dialog* zwischen den verschiedenen Zweigen des Buddhismus wurde bis zu einem gewissen Grad durch die Gründung der »World Fellowship of Buddhists« (WFB; »Weltgemeinschaft der Buddhisten«) im Jahre 1950 gefördert. Es lässt sich allerdings feststellen, dass dieser Austausch scheinbar weniger gut in oder zwischen traditionell buddhistischen Ländern funktioniert als zwischen jenen unterschiedlichen buddhistischen Gemeinschaften, die als Minderheiten im Westen leben. Denn einerseits befinden sich Letztere in einer Situation, in der sie sich als buddhistische Minderheiten den Luxus gegenseitiger Rivalität einfach nicht erlauben können. Andererseits leben sie in einer gesamtgesellschaftlichen Atmosphäre, die ihnen echte Gelegenheiten bietet, sich wechselseitig besser kennen und verstehen zu lernen.

Was den interreligiösen Dialog betrifft, so gab es die bisher größten Fortschritte im Dialog zwischen *Buddhismus und Christentum* (für einen umfassenden und detaillierten Überblick siehe Brück; Lai, 2001; für eine kurze Zusammenfassung siehe Schmidt-Leukel, 2005b, S. 1-26). Einige Studienzentren in Asien, zum Beispiel das *Nanzan Institute for Religion and Culture* (Nanzan Institut für Religion und Kultur) in Nagoya, Japan, oder das *Ecumenical Institute for Study and Dialogue*

(Ökumenisches Institut für Studium und Dialog) in Colombo, Sri Lanka, sowie florierende akademische Vereinigungen im Westen wie die amerikanische *Society for Buddhist-Christian Studies* (Gesellschaft für Buddhistisch-Christliche Studien) oder das *European Network of Buddhist-Christian Studies* (Europäisches Netzwerk Buddhistisch-Christlicher Studien) haben dabei geholfen, diesen Dialog voranzubringen und auf allen Ebenen zu vertiefen. Christen haben von buddhistischen Meditationspraktiken sowie von der spirituellen Weisheit buddhistischer Lehren profitiert, und durch die Begegnung mit dem Buddhismus hat das Christentum sein eigenes mystisches Erbe wieder neu entdeckt. Buddhisten haben vom christlichen sozialen Engagement wertvolle Impulse erhalten und auch von der christlichen intellektuellen/theologischen Herangehensweise an die unterschiedlichen Herausforderungen der Moderne. Eine besonders wichtige Form des Austausches ist der inter-monastische Dialog (siehe www.dimmid.org). Er dient dem Ziel, sowohl einen Dialog als auch eine direkte Teilhabe an der monastischen Erfahrung beider Religionen zu fördern, die sich für beide Seiten als fruchtbar und bereichernd erweist.

Dennoch sind die Beziehungen zwischen Buddhisten und Christen, insbesondere in Asien, immer noch durch eine Vergangenheit belastet, in der Christen mit Hilfe der Kolonialmächte häufig versuchten, über den Buddhismus zu triumphieren, zuweilen auch unter Anwendung von Gewalt. In ihrer Reaktion darauf haben Buddhisten ebenfalls beizeiten auf gewalttätige Maßnahmen zurückgegriffen, besonders stark in Japan und in geringerem Maße auch in China. In der Gegenwart rufen die aggressiven missionarischen Praktiken exklusivistisch gesinnter evangelikaler Christen schmerzhafte Erinnerungen an die Vergangenheit wach. In einer Reihe asiatischer Länder, wie vor allem in Korea und Sri Lanka, vergiften diese die Atmosphäre zwischen Buddhisten und Christen und untergraben damit den Fortschritt des Dialogs.

In jüngster Vergangenheit hat auch der *buddhistisch-jüdische* Dialog besondere Bedeutung erlangt, und zwar angesichts der Tatsache, dass eine überraschend große Zahl von Juden im Westen zum Buddhismus übergetreten ist (siehe Linzer, 1996; Kasimow et al., 2003). Wie Christen, so stellen auch Juden fest, dass sie durch die Begegnung mit dem Buddhismus ihre eigene mystische Tradition neu entdecken und zugleich zutiefst bereichert werden durch meditative Praktiken, die der »Entschleunigung« dienen, was für sie gewisse Anklänge an den spirituellen Sinn des »Sabbats« besitzt (siehe Green, 2013). Für Spekulationen darüber, welche Inspiration wohl Buddhisten durch ihre Begegnung mit dem Judentum empfangen könnten, ist es noch zu früh. Aber zwei Dinge sind erwähnenswert: Unter Exil-Tibetern hat sich ein Interesse daran entwickelt, von Juden zu lernen, wie sie ihre Tradition lebendig erhalten haben, obwohl sie so lange von ihrem Heimatland getrennt waren. Einen anderen Punkt hat Norman Fischer, ein Zen-Lehrer mit jüdischem Hintergrund, mit dem folgenden erstaunlichen Eingeständnis angesprochen: »Der Buddhismus ist zwar stark, soweit es Befreiung und Selbsterkenntnis betrifft, aber er ist schwach, wenn es um Beziehungen geht« (Fischer, 2003, S. 259). Zweifellos handelt es sich beim Thema der inter-personalen Beziehung um ein Gebiet, auf dem das Judentum viel zu lehren hat.

Das Verhältnis des *Buddhismus zum Islam* war seit dem muslimischen Einmarsch in Indien und der Zerstörung wichtiger buddhistischer Zentren durch muslimische Truppen mehr oder weniger angespannt. Das Kālacakra-Tantra, ein später indischer tantrischer Text, vermittelt einen Eindruck von den Empfindungen und der Stimmung vieler Buddhisten der damaligen Zeit, wenn es ihnen einen endgültigen militärischen Sieg über die muslimischen Streitkräfte und die Zerstörung dieser »barbarischen Religion« verspricht (siehe Newman, 1995, S. 288). Auf muslimischer Seite betrachtete man die Buddhisten entweder als Polytheisten oder als Atheisten, mit dem Ergebnis, dass ihre Religion kaum als authentische Manifestation göttlicher Offenbarung akzeptiert werden konnte. Es gab jedoch Ausnahmen, und es finden sich sogar Versuche, den Buddha mit dem Propheten *Dhu'l-Kifl* zu identifizieren, der im Koran erwähnt wird (21:85f.; 38:48). Islamische Mystiker in Indien, die Sufis, haben häufig ein echtes Interesse an den meditativen Praktiken der Buddhisten gezeigt, obwohl es kaum Anzeichen dafür gibt, dass damals bereits ein ernsthafter Dialog zwischen Buddhisten und Muslimen bestanden hätte. Heute könnte sich das jedoch ändern. Infolge der Zerstörung der Buddha-Statuen im Bamiyan-Tal durch die Taliban wurde eine fortdauernde Serie von Dialogen zwischen Buddhisten und Muslimen in die Wege geleitet (siehe Yi; Habito, 2005). Zusätzlich haben Daisaku Ikeda, der spirituelle Mentor der zum Nichiren-Buddhismus gehörenden Religionsgemeinschaft Sōka Gakkai, und Majid Tehranian, ein Muslim und Professor für Internationale Kommunikation an der Universität von Hawaii, gemeinsam einen buddhistisch-islamischen Dialog über »Globale Kultur« veröffentlicht (siehe Ikeda; Tehranian, 2003). Im Zentrum dieses Dialogs steht die Frage nach gemeinsamen Glaubensüberzeugungen und verbindenden Zielen im Bereich der Ethik und fundamentaler menschlicher Werte. 2010 legte die islamische Seite das Dokument *Common Ground Between Islam and Buddhism* (Gemeinsamkeiten zwischen Islam und Buddhismus) vor, das für eine muslimische Anerkennung des Buddhismus als echter Religion und eine buddhistische Anerkennung des Islams als einer authentischen Form des Dharmas wirbt.

Als besonders problematisch stellt sich bis heute die Beziehung zwischen *Buddhismus und Hinduismus* dar, und ein Teil des Problems besteht darin, dass beide Seiten dazu neigen, die Existenz eines Problems zu leugnen. Die Geschichte der Beziehungen zwischen Buddhisten und Hindus ist nicht nur voll von gegenseitigen Anschuldigungen, was mit den häufigen polemischen Angriffen auf den Brahmanismus im Pāli-Kanon und der anschließenden Denunzierung des Buddhas als Häretiker in hinduistischen Texten beginnt. Sie ist auch voller Berichte über gewalttätige Zusammenstöße. Nach einem Krieg gegen die hinduistischen Tamilen in Sri Lanka wurde der König Duṭṭhagāmaṇī (2. Jh. u.Z.) von buddhistischen Mönchen mit den Worten getröstet, dass die Tausenden von Hindus, die bei diesem Krieg getötet wurden, »nicht mehr wert waren als wilde Tiere« (Mhv 25:110; siehe Geiger, 1912, S. 178). Und hinduistische Aufzeichnungen berichten davon, dass Sudhanvan (8. Jh. u.Z.), ein König in Zentralindien, von dem bedeutenden hinduistischen Philosophen Kumārila Bhaṭṭa aufgefordert wurde, alle Buddhisten in seinem Reich auszurotten (siehe Hazra, 1995, S. 387). Auch der Konflikt zwischen den buddhistischen Singhalesen und den hinduistischen Tamilen im heutigen Sri Lanka ist keineswegs nur ein ethnischer Konflikt. Vielmehr besitzt er auch eine religiöse Komponente. Sie wurzelt in den gegenseitigen Ängsten, die aus den Konflikten der Vergangenheit herrühren und aufgrund der vermeintlichen Notwendigkeit, die eigene Religion gegen die der anderen zu verteidigen, wieder neue Nahrung gefunden haben (zur buddhistischen Perspektive siehe Bartholomeusz, 2002).

Trotz der zahlreichen Berichte über gegenseitige Polemiken und Feindseligkeiten lässt es sich nicht leugnen, dass Buddhismus und Hinduismus im Laufe der Geschichte sehr viel Inspiration voneinander empfangen haben, und man findet in beiden Traditionen Entwicklungen, die ohne die Impulse der jeweils anderen Seite undenkbar gewesen wären. Dennoch haben die vermeintliche Unüberwindbarkeit der traditionellen Barrieren zwischen beiden Religionen sowie die beiderseitige Unwilligkeit, einzugestehen, dass es überhaupt ein Problem zwischen ihnen gibt, bisher dazu geführt, einen aufrichtigen und unvoreingenommenen Dialog zu verhindern. Erneut war es Daisaku Ikeda, der gemeinsam mit Karan Singh einen ersten

Vorstoß zu einem solchen Dialog unternommen hat (siehe Singh; Ikeda, 1988), auch wenn diese Initiative bisher keine Nachfolger fand.

Ein, ja vielleicht sogar *das* bedeutsamste *Thema* der Dialoge des Buddhismus mit Judentum, Christentum, Islam und dem theistischen Hinduismus betrifft das *Verständnis der letzten Wirklichkeit.* Sind die buddhistischen Auffassungen über das Unbedingte vereinbar mit denen der theistischen Religionen, die das Unbedingte als einen personalen Gott verstehen? Sie lassen sich dann als miteinander vereinbar betrachten, wenn man einerseits nicht vergisst, dass das Nirvāṇa nicht nur einen unbedingten Zustand, sondern eine unbedingte Wirklichkeit bezeichnet, und wenn man andererseits die Gott zugesprochenen personalen Eigenschaften durch die traditionelle, immer wieder bekräftigte Einschränkung relativiert, wonach Gott, streng genommen, unvorstellbar und unaussprechbar ist. Bei der Rede von Gott als einer Person handelt es sich daher eher um den Ausdruck einer spezifischen Form von Gotteserfahrung als um die Beschreibung der Natur Gottes an sich. Der Buddhismus hat aufgrund seiner eigenen spezifischen Formen, die letzte Wirklichkeit zu erfahren und das menschliche Leben von dieser Erfahrung transformieren zu lassen, viel zu bieten und mit anderen Religionen zu teilen. Auf lange Sicht gesehen muss man allerdings abwarten, ob der Buddhismus sich weiterhin mit dem sehenden König identifizieren wird, der den Blinden dabei hilft, sich von ihren unvollständigen Einsichten zu befreien, indem er sie die höhere Wahrheit über den Elefanten lehrt (oder sie, gemäß der modernen Variante, darüber belehrt, dass es in Wirklichkeit gar keinen Elefanten gibt), oder ob er dahin findet, sich selber als einen Weg unter anderen Wegen zu verstehen, von denen jeder gemeinsam mit den anderen das je eigene Verstehen vertiefen und erweitern kann, indem alle aufeinander hören und miteinander teilen, was sie durch ihre eigenen unvollständigen Erfahrungen gelernt haben.

Wenn das Zusammentreffen des Buddhismus mit der Moderne eines unmissverständlich klarmacht, dann ist es wohl das: »Buddhismus verstehen« ist nicht nur eine Aufgabe für Nicht-Buddhisten, sondern in ganz besonderer Weise auch für Buddhisten selbst.

Literaturhinweise: Gross (1993); Harvey (2000); Jackson, Makransky (2000); Keown (2000); Kiblinger (2005); Schmidt-Leukel (2008) und (2013); Tucker, Williams (1998); Wallace (2003).

LITERATUR

Die Übersetzung der Zitate aus buddhistischen Quellenwerken und Sekundärliteratur folgt in der Regel den im Text angegebenen englischsprachigen Ausgaben. Im nachfolgenden Literaturverzeichnis wurden bei einigen Titeln in eckigen Klammern Hinweise auf deutschsprachige Ausgaben hinzugefügt und auf die in »Understanding Buddhism« verwendeten englischen Übersetzungen ursprünglich deutscher Werke. Außerdem wurde das Verzeichnis um einige aktuelle Publikationen ergänzt.

Abe, M. (1985), ›A Dynamic Unity in Religious Pluralism: A Proposal from the Buddhist Point of View‹, in: Hick, J. and Askari H. (eds), *The Experience of Religious Diversity*, Aldershot: Gower Publishing, 163-190.

Anesaki, M. (1916), *Nichiren, the Buddhist Prophet*, Cambridge: Harvard University Press.

Aronson, H.B. (1980), *Love and Sympathy in Theravāda Buddhism*, Delhi: Motilal Banarsidass.

Aung, S.Z. and Rhys Davids, C.R.F. (1969), *Points of Controversy or Subjects of Discourse being a Translation of the Kathā-Vatthu from the Abhidhamma-Piṭaka*, London: Pāli Text Society.

Bailey, Shackleton (1950), ›The Varṇārhavarṇa Stotra of Mātṛceṭa (I)‹, in: *Bulletin of the School of Oriental and African Studies* 13, 671-701.

Bailey, Shackleton (1951), ›The Varṇārhavarṇa Stotra of Mātṛceṭa (II)‹, in: *Bulletin of the School of Oriental and African Studies* 13, 947-1003.

Bartholomeusz, T. (2002), *In Defense of Dharma: Just-War Ideology in Buddhist Sri Lanka*, Richmond: Curzon.

Bechert, H. (1966, 1967, 1973), *Buddhismus, Staat und Gesellschaft in den Ländern des Theravāda Buddhismus* (Schriften des Instituts für Asienkunde in Hamburg, Bände XVII/1, XVII/2, XVII/3), Frankfurt am Main/Berlin: Otto Harrassowitz.

Bechert, H. and Gombrich, R. (eds) (1984), *The World of Buddhism*, London: Thames and Hudson [d.: *Die Welt des Buddhismus*, 2002].

Bendall, C. and Rouse, W.H.D. (transl.) (1971), *Śikshā-Samuccaya: A Compendium of Buddhist Doctrine Compiled by Śāntideva*, Delhi: Motilal Banarsidass (repr.).

Benz, E. (1966), *Buddhism or Communism: Which Holds the Future of Asia?* London: George Allen and Unwin [d.: *Buddhas Wiederkehr und die Zukunft Asiens*, 1963].

Bharati, A. (1993), *Tantric Traditions*. Revised and enlarged edition of *The Tantric Tradition*, Delhi: Hindustan Publishing Corporation [d.: *Die Tantra Tradition*, 1977].

Blofeld, J. (transl.) (1973), *The Zen Teaching of Hui Hai on Sudden Illumination: A Complete Translation of the Tu Wu Ju Tao Yao Mên Lun and of the previously unpublished Tsung Ching Record*, London: Rider & Company.

Bodhi, B. (transl.) (2000), *The Connected Discourses of the Buddha: A Translation of the Saṃyutta Nikāya*, Boston: Wisdom Publications [deutsche Übersetzung des *Saṃyutta Nikāya* durch verschiedene Übersetzer: *Die Reden des Buddha. Gruppierte Sammlung*, 1997]

Brockington, J.L. (1998), *The Sacred Thread: Hinduism in its Continuity and Diversity*, Edinburgh: Edinburgh University Press.

Bronkhorst, J. (1986), *The Two Traditions of Meditation in Ancient India*, Stuttgart: Franz Steiner Verlag.

Brück, M. von and Lai, W. (2001), *Christianity and Buddhism: A Multi-Cultural History of Their Dialogue*, Maryknoll: Orbis [deutsche Originalausgabe: *Buddhismus und Christentum. Geschichte, Konfrontation, Dialog*, 1997].

Buddhadāsa, B. (1967), *Christianity and Buddhism*, Bangkok: Sinclaire Thompson Memorial Lecture, 5th Series.

Buddhadāsa, B. (1989), *Me and Mine: Selected Essays of Bhikkhu Buddhadāsa*, ed. D.K. Swearer, Albany: State University Press of New York.

Burton, D. (2004), *Buddhism, Knowledge and Liberation: A Philosophical Study*, Aldershot: Ashgate.

Cabezón, J.I. (1994), *Buddhism and Language: A Study of Indo-Tibetan Scholasticism*, Albany: State University Press of New York.

Cabezón, J.I. (2003), ›Buddhism and Science: On the Nature of the Dialogue‹, in Wallace, B.A. (ed.), *Buddhism and Science: Breaking New Ground*, New York: Columbia University Press, 35-68.

Cahill, P.J. (1982), *Mended Speech: The Crisis of Religious Studies and Theology*, New York: Crossroad.

Carter, R.; Palihawadana, M. (transl.) (1987), *The Dhammapada: A New English Translation with the Pāli Texts and the First English Translation of the Commentary's Explanation of the Verses*, New York and Oxford: Oxford University Press [vom *Dhammapada* bestehen mehrere deutsche Übersetzungen, z.B.: K. Schmidt, *Sprüche und Lieder*, 1954; Nyanatiloka, *Dhammapada: Wörtliche metrische Übersetzung der ältesten buddhistischen Spruchsammlung*, 2010].

Carrithers, M. (1983), *The Buddha*, Oxford: Oxford University Press [d.: Der Buddha. Eine Einführung, 1996].

Ch'en, K. (1972), *Buddhism in China: A Historical Survey*, Princeton: Princeton University Press.

Chappell, D. (ed.) (1999), *Buddhist Peacework: Creating Cultures of Peace*, Boston: Wisdom Publications.

Chandrkaew, C. (1982), *Nibbāna: The Ultimate Truth of Buddhism*, Bangkok: Mahachula Buddhist University.

Chang, G.C.C. (1972), *The Buddhist Teaching of Totality: The Philosophy of Hwa Yen Buddhism*, London: Allen and Unwin [d.: *Die buddhistische Lehre von der Ganzheit des Seins*, 1989].

Collins, S. (1982), *Selfless Persons: Imagery and Thought in Theravāda Buddhism*, Cambridge: Cambridge University Press.

Collins, S. (1998), *Nirvana and Other Buddhist Felicities: Utopias of the Pali imaginaire*, Cambridge: Cambridge University Press.

Conze, E. (1959), *Buddhist Scriptures*, London: Penguin Books.

Conze, E. (1980), *A Short History of Buddhism*, London: Allen & Unwin [d.: *Eine kurze Geschichte des Buddhismus*, 2005].

Conze, E. (1995), *The Perfection of Wisdom in Eight Thousand Lines & Its Verse Summary*, San Francisco: Four Seasons Foundation (5th repr.) [eine deutsche Auswahl-Übersetzung des Aṣṭasāhasrikā Prajñāpāramitā Sūtra enthält: M. Walleser, *Prajñāpāramitā: die Vollkommenheit der Erkenntnis, nach indischen, tibetischen und chinesischen Quellen*, 1914].

Conze, E. (ed.) (2000), *Buddhist Texts Through the Ages*. In collaboration with I.B. Horner, David Snellgrove and Arthur Waley, Oxford: Oneworld (repr.) [d.: *Im Zeichen Buddhas. Buddhistische Texte*, 1957].

Conze, E. (2001), *Buddhism: Its Essence and Development*, Birmingham: Windhorse [d.: *Der Buddhismus. Wesen und Entwicklung*, 1977].

Cook, F.H. (1989), ›Memento Mori: The Buddhist Thinks about Death‹, in Davis, S. (ed.), *Death and Afterlife*, Houndmills: Macmillan, 154-176.

Cook, F.H. (1991), *Hua-yen Buddhism: The Jewel Net of Indra*, University Park, PA and London: Pennsylvania State University Press.

Crosby, K. (2014), *Theravada Buddhism. Continuity, Diversity, and Identity*, Chichester: Wiley Blackwell.

Crosby, K.; Skilton, A. (transl.) (1995), *Śāntideva: The Bodhicaryāvatāra*, Oxford: Oxford University Press [vom *Bodhicaryāvatāra* bestehen mehrere deutsche Übersetzungen, z.B.: E. Steinkellner, *Der Weg des Lebens zur Erleuchtung: Das Bodhicaryavatara*, 2005; D. Hangartner, *Anleitungen auf dem Weg zur Glückseligkeit. Bodhicaryāvatāra*, 2005].

Dayal, H. (1932), *The Bodhisattva Doctrine in Buddhist Sanskrit Literature*, London: Paul Kegan.

Dharmasiri, G. (1988), *A Buddhist Critique of the Christian Concept of God*, Antioch: Golden Leaves Publishing.

Dharmasiri, G. (1989), *Fundamentals of Buddhist Ethics*, Antioch: Golden Leaves.

Dhirasekera, J. (1982), *Buddhist Monastic Discipline: A Study of its Origin and Development in Relation to the Sutta and Vinaya Piṭakas*, Colombo: Ministry of Higher Education Research Publication Series.

Dowman, K. (1985), *Masters of Mahāmudrā: Songs and Histories of the Eighty-Four Buddhist Siddhas*, Albany: State University Press of New York [d.: *Die Meister der Mahamudra. Leben, Legenden und Lieder der 84 Erleuchteten*, 1991].

Dumoulin, H. (1985), *Geschichte des Zen-Buddhismus. Band I: Indien und China*, Bern und München: Francke Verlag [englische Ausgabe: *Zen Buddhism: A History: Vol. 1: India and China*, New York–London: Macmillan 1988]:

Dumoulin, H. (1986), *Geschichte des Zen-Buddhismus. Band II: Japan*, Bern und München: Francke Verlag [englische Ausgabe: *Zen Buddhism: A History: Vol. 2: Japan*, New York–London: Macmillan 1990].

Eckel, M.D. (1997), ›Is There a Buddhist Philosophy of Nature?‹, in Tucker, M.E. and Williams, D.R. (eds), *Buddhism and Ecology: The Interconnection of Dharma and Deeds*, Cambridge, MA: Harvard University Press, 327-349.

Eichhorn, W. (1973), *Die Religionen Chinas* (Die Religionen der Menschheit 21), Stuttgart: Kohlhammer.

Emmerich, R. (2017), ›Reliquien und staatliche Förderung des Buddhismus im China der Dynastien Sui und Tang‹, in: S. Greiff et al. (Hrsg.), *Dem Buddha geweiht. Neue Forschungen zu den kaiserlichen Seiden der Tang-Zeit aus dem Tempel von Famen*, Mainz: Verlag des RGZM.

Emmerick, R.E. (transl.) (1970), *The Sūtra of the Golden Light: Being a Translation of the Suvarṇabhāsottamasūtra*, London: Luzac. [*Das Goldglanz-Sūtra.* Übersetzt von J. Nobel, 1937]

Evans-Wentz, W.Y. (1975), *The Tibetan Book of the Great Liberation*, Oxford: Oxford University Press (repr.) [d.: *Der geheime Pfad der großen Befreiung*, 1982].

Fischer, N. (2003), ›Calling, Being Called‹, in: Kasimow, H., Keenan, J.P. and Klepinger Keenan, L. (eds.), *Beside Still Waters: Jews, Christians, and the Way of the Buddha*, Boston: Wisdom Publications, 251-260.

Flood, G. (2002), *An Introduction to Hinduism*, Cambridge: Cambridge University Press.

Foard, J., Solomon, M. and Payne, R. (eds.) (1996), *The Pure Land Tradition: History and Development*, Berkeley: Asian Humanities Press.

Freiberger, O., Kleine, C. (2011), *Buddhismus. Handbuch und kritische Einführung*, Göttingen: Vandenhoeck & Ruprecht.

Fuchs, R. (transl.) (2000), *Buddha Nature: The Mahayana Uttaratantra Shastra by Arya Maitreya. With Commentary by Jamgön Kongtrül Lodrö Thayé*, Ithaca, NY: Snow Lion Publications. [d: *Buddha-Natur: Das Mahayana Uttaratantra-Shastra mit Kommentar*, 2014]

Gard, R.A. (1961), *Buddhism*, New York: George Braziller [d.: *Der Buddhismus*, 1985].

Geiger, W. (transl.) (1912), *The Mahāvaṃsa or The Great Chronicle of Ceylon*, Oxford: Pali Text Society.

George, C.S. (1974), *The Caṇḍamahāroṣaṇa Tantra: A Critical Edition and English Translation, Chapters I-VIII*, New Haven: American Oriental Society [deutsche Übersetzung des *Caṇḍamahāroṣaṇa Tantra*: P. Gäng, *Caṇḍamahāroṣaṇa-Tantra. Das Tantra des Grausig-Groß-Schrecklichen*, 1981]

Gethin, R. (1998), *The Foundations of Buddhism*, Oxford: Oxford University Press.

Gombrich, R. (1988), *Theravāda Buddhism: A Social History from Ancient Benares to Modern Colombo*, London: Routledge & Kegan [d.: *Der Theravāda-Buddhismus: Vom alten Indien bis zum modernen Sri Lanka*, 1996].

Gomez, L.O. (1996), *The Land of Bliss: The Paradise of the Buddha of Measureless Light*, Honolulu: University of Hawaii Press.

Gowans, C.W. (2003), *Philosophy of the Buddha*, London–New York: Routledge.

Green, A. (2003), ›To Learn and to Teach: Some Thoughts on Jewish-Buddhist Dialogue‹, in: Kasimow, H., Keenan, J.P. and Klepinger Keenan, L. (eds.), *Beside Still Waters: Jews, Christians, and the Way of the Buddha*, Boston: Wisdom Publications, 231-242.

Griffiths, P.J. (1987), *On Being Mindless: Buddhist Meditation and the Mind-Body Problem*, LaSalle: Open Court (repr.).

Griffiths, P.J. (1994), *On Being Buddha: The Classical Doctrine of Buddhahood*, Albany: State University Press of New York

Griffiths, P.J. (1997), ›Indian Buddhist Meditation‹, in Takeuchi, Y. (ed.), *Buddhist Spirituality I: Indian, Southeast Asian, Tibetan, and Early Chinese*, New York: Crossroad, 34-66.

Grosnick, W.H. (1995), ›The Tathāgatagarbha Sūtra‹, in: Lopez, D. (ed.) *Buddhism in Practice*, Princeton: Princeton University Press, pp. 92-106

Gross, R. (1993), *Buddhism After Patriarchy: A Feminist History, Analysis and Reconstruction of Buddhism*, Albany: State University Press of New York

Guenther, H. von (1963), *The Life and Teaching of Nāropa*, Oxford: Oxford University Press.

Guenther, H. von (1970), *Jewel Ornament of Liberation*, London: Rider & Co. [d.: Juwelenschmuck der geistigen Befreiung, 1989]

Habito, R. (2005), *Experiencing Buddhism: Ways of Wisdom and Compassion*, Maryknoll: Orbis.

Halbfass, W. (2000), *Karma und Wiedergeburt im indischen Denken*, München: Diederichs.

Harris, E. (1997), *Detachment and Compassion in Early Buddhism* (Bodhi Leaves 141), Kandy: Buddhist Publication Society.

Harris, I. (2000), ›Buddhism and Ecology‹, in: Keown, D. (ed.), *Contemporary Buddhist Ethics*, Richmond: Curzon, 113-135.

Harris, I. (2013), *Buddhism in a Dark Age. Cambodian Monks und Pol Pot*, Honolulu: University of Hawai'i Press.

Harrison, P. (1992), ›Is the Dharma-kāya the Real »Phantom Body« of the Buddha?‹, in: *Journal of the International Association of Buddhist Studies* 15, 44-94.

Harvey, P. (1998), *An Introduction to Buddhism: Teachings, History and Practices*, Cambridge: Cambridge University Press (repr.).

Harvey, P. (2000), *An Introduction to Buddhist Ethics: Foundations, Values, Issues*, Cambridge: Cambridge University Press. Harvey, P. (2004),

The Selfless Mind: Personality, Consciousness and Nirvāṇa in Early Buddhism, London–New York: Routledge Curzon (repr.).

Hazra, K.L. (1995), *The Rise and Decline of Buddhism in India*, New Delhi: Munshiram Manoharlal Publishers.

Hick, J. (1989), ›Response to Cook‹, in: Davis, S. (ed.), *Death and Afterlife*, Houndmills: Macmillan, 177-179.

Hirakawa, A. (1990), *A History of Indian Buddhism: From Śākyamuni to Early Mahāyāna*, Honolulu: University of Hawai'i Press.

Hoffmann, H. (1961), *The Religions of Tibet*, London: Allen & Unwin [d.: *Die Religionen Tibets*, 1956].

Hookham, S.K. (1991), *The Buddha Within: Tathagatagarbha Doctrine According to the Shentong Interpretation of the Ratnagotravibhaga*, Albany: State University Press of New York.

Huong, B.G. (2004), *Bodhisattva and Śūnyatā: In the Early and Developed Buddhist Traditions*, Delhi: Eastern Book Linkers.

Ikeda, D.; Tehranian, M. (2003), *Global Civilization: A Buddhist-Islamic Dialogue*, London–New York: British Academic Press.

Inada, K.K. (1970), *Nāgārjuna: A Translation of his Mūlamadhyamakakārikā with an Introductory Essay*, Tokyo: Hokuseido Press [eine deutsche Übersetzung der *Mūlamadhyamakakārikā* ist: B. Weber-Brosamer, D.M. Back, *Die Philosophie der Leere: Nāgārjunas Mūlamadhyamaka-Kārikās*, 2006].

Ireland, J.D. (transl.) (1997), *The Udāna & The Itivuttaka*, Kandy: Buddhist Publication Society [beide Texte wurden ins Deutsche übersetzt von K. Seidenstücker: *Udana. Das Buch der feierlichen Worte des Erhabenen*, 1920; *Itivuttaka. Das Buch der Herrenworte*, 1922].

Jackson, R. (2000), ›In Search of a Postmodern Middle‹, in Jackson R. and Makransky, J. (eds), *Buddhist Theology: Critical Reflections by Contemporary Buddhist Scholars*, Richmond: Curzon, 215-246.

Jackson, R.; Makransky, J. (eds) (2000), *Buddhist Theology: Critical Reflections by Contemporary Buddhist Scholars*, Richmond: Curzon.

James, S.P. (2004), *Zen and Environmental Ethics*, Aldershot: Ashgate.

Jamspal, L. (2010), *The Range of the Bodhisattva. A Mahāyāna Sūtra (Ārya-bodhisattva-gocara). The Teachings of the Nirgrantha Satyaka.* Introduction and Translation, ed. by Paul G. Hackett, New York: Columbia University Center for Buddhist Studies.

Jayatilleke, K.N. (1969), *Survival and Karma in Buddhist Perspective* (The Wheel Publication 141/2/3), Kandy: Buddhist Publication Society.

Jinpa, T. (2003), ›Science As an Ally or a Rival Philosophy? Tibetan Buddhist Thinkers' Engagement with Modern Science‹, in: Wallace, B.A. (ed.), *Buddhism and Science: Breaking New Ground,* New York: Columbia University Press, 71-85.

Jones, K. (1989), *The Social Face of Buddhism: An Approach to Political and Social Activism,* London: Wisdom Publications.

Kapleau, P. (1980), *The Three Pillars of Zen,* London: Rider and Co (rev. and expanded) [d.: *Die drei Pfeiler des Zen. Lehre, Übung, Erleuchtung,* 1994].

Kasimow, H., Keenan, J.P. and Klepinger Keenan, L. (eds.) (2003), *Beside Still Waters: Jews, Christians, and the Way of the Buddha,* Boston: Wisdom Publications.

Kawamura, L.S. (ed.) (1981), *The Bodhisattva Doctrine in Buddhism,* Waterloo, Ontario: Wilfried Laurier University Press.

Keenan, J.P. (transl.) (1992), *The Summary of the Great Vehicle by Bodhisattva Asaṅga* (BDK English Tripitaka 46-III), Berkeley: Numata Center for Buddhist Translation and Research.

Keown, D.V., Prebish, C.S. and Husted, W.R. (eds) (1998), *Buddhism and Human Rights,* Richmond: Curzon.

Keown, D.V. (2001), *The Nature of Buddhist Ethics,* Basingstoke – New York: Palgrave.

Keown, D.V. (ed.) (2005), *Contemporary Buddhist Ethics,* Richmond: Curzon.

Kern, H. (transl.) (1963), *Saddharma-Puṇḍarīka or The Lotus of the True Law* (SBE 21, repr.), New York: Dover Publications [vom Lotos-Sūtra gibt es mehrere deutsche Übersetzungen, darunter: M. v. Borsig, Lotos-Sūtra, 1999; M. Deeg, Das Lotos-Sūtra, 2009, im

Unterschied zu Kern aber beide auf der Basis der chinesischen Übersetzung].

Kiblinger, K.B. (2005), *Buddhist Inclusivism: Attitudes Towards Religious Others*, Aldershot: Ashgate.

Kigoshi, Y. (2004), ›Shin Buddhist Doctrinal Studies and Modernization. A Dispute over the Understanding of the Pure Land, in: Barth, H.-M. et. al. (eds), *Buddhismus und Christentum vor der Herausforderung der Säkularisierung*, Hamburg: EB-Verlag, 89-101.

King, R. (1999), *Indian Philosophy: An Introduction to Hindu and Buddhist Thought*, Edinburgh: Edinburgh University Press.

King, S.B. (1991), *Buddha Nature*, Albany: State University Press of New York.

Kochumuttom, T.A. (1989), *A Buddhist Doctrine of Experience: A New Translation and Interpretation of the Works of Vasubandhu the Yogācārin*, Delhi: Motilal Banarsidass (repr.).

Kollmar-Paulenz, K. (2003), ›Der Buddhismus als Garant von »Frieden und Ruhe«. Zu religiösen Legitimationsstrategien von Gewalt am Beispiel der tibetisch-buddhistischen Missionierung der Mongolei im späten 16. Jahrhundert‹, in: *Zeitschrift für Religionswissenschaft* 11, 185-207.

Kornfield, J. (1977), *Living Buddhist Masters*, Santa Cruz: Unity Press.

Krishna, D. (1996), *The Problematic and Conceptual Structure of Classical Indian Thought about Man, Society and Polity*, Delhi: Oxford University Press.

Küng, H. (ed.) (1996), *Yes to a Global Ethic*, London: SCM [d.: *Ja zum Weltethos: Perspektiven für die Suche nach Orientierung*, 1995] .

La Vallée Poussin, L. de (1936-1937), ›Musīla et Nāradā: le chemin du Nirvāṇa‹, in: *Mélanges chinois et bouddhiques* 5, 189-222.

Lai, W. (2001), ›A Renewal of Samsara (Rebirth) - New Heaven, New Earth, and New Hell in Buddhist China‹, in: Schweidler, W. (ed.), *Wiedergeburt und kulturelles Erbe – Reincarnation and Cultural Heritage*, Sankt Augustin: Academia Verlag, 133-154.

Lindtner, C. (1982), *Nagarjuniana: Studies in the Writings and Philosophy of Nāgārjuna*, Copenhagen: Akademisk Forlag.

Lindtner, C. (1999), ›Madhyamaka Causality‹, in: *Hōrin: Vergleichende Studien zur japanischen Kultur: Comparative Studies in Japanese Culture* 6, 37-77.

Linzer, J. (1996), *Torah and Dharma: Jewish Seekers in Eastern Religions*, Northvale: Jason Aronson.

Liu, M.-W. (1984), ›The Problem of the Icchantika in the *Mahāyāna Mahāparinirvāṇa Sūtra*‹, in: *The Journal of the International Association of Buddhist Studies* 7:1, 57-82.

Loy, D. R. (2002), *A Buddhist History of the West: Studies in Lack*, Albany: State University Press of New York.

Macy, J. (1991), *Mutual Causality in Buddhism and General Systems Theory. The Dharma of Natural Systems*, Albany: State University Press of New York.

Makransky, J.J. (1997), *Buddhahood Embodied: Sources of Controversy in India and Tibet*, Albany: State University Press of New York.

Matthews, B. (1994), *Craving and Salvation: A Study in Buddhist Soteriology* (Bibliotheca Indo-Buddhica Series 135, repr.), Delhi: Sri Satguru Publications.

Meadows, C. (1986), *Ārya-Śūra's Compendium of the Perfections: Text, Translation and Analysis of the Pāramitāsamāsa*, Bonn: Indica et Tibetica Verlag.

Müller, F.M. (transl.) (2000), *Wisdom of the Buddha: The Unabridged Dhammapada*, Mineola, NY: Dover Publications (repr.) [vom *Dhammapada* bestehen mehrere deutsche Übersetzungen, z.B.: K. Schmidt, *Sprüche und Lieder*, 1954; Nyanatiloka, *Dhammapada: Wörtliche metrische Übersetzung der ältesten buddhistischen Spruchsammlung*, 2010].

Nagao, G.M. (1991), *Mādhyamika and Yogācāra: A Study of Mahāyāna Philosophies*, Albany: State University Press of New York.

Ñāṇamoli, B. (transl.) (1999), *The Path of Purification (Visuddhimagga) by Bhadantācariya Buddhaghosa*, Seattle: BPS Pariyatti Editions [deutsche Übersetzung des Visuddhimagga: Nyanatiloka, *Der Weg zur Reinheit /Visuddhi-Magga: Die größte und älteste systematische Darstellung des Buddhismus*, 2002].

Ñāṇamoli, B.; Bodhi, B. (transl.) (2001), *The Middle Length Discourses of the Buddha: A Translation of the Majjhima Nikāya*. 2nd edn, Boston: Wisdom Publications [eine vollständige deutsche Übersetzung des *Majjhima Nikāya* ist: K. Zumwinkel, *Die Lehrreden des Buddha aus der Mittleren Sammlung: Majjhima Nikaya*, 2014].

Nattier, J. (2003), *A Few Good Men: The Bodhisattva Path according to ›The Inquiry of Ugra‹ (Ugraparipṛcchā)*, Honolulu: University of Hawaii Press.

Neumaier-Dargyay, E.K. (1992), *The Sovereign All-Creating Mind – the Motherly Buddha: A Translation of the Kun byed rgyal po'i mdo*, Albany: State University Press of New York.

Nichiren (2003), *The Writings of Nichiren Daishonin*, ed. by The Gosho Translation Committee, Tokyo: Soka Gakkai [deutsche Ausgabe der Schriften Nichirens: Soko Gakkai, *Die Schriften Nichiren Daishonins*, 2014].

Nishitani, K. (1982), *Religion and Nothingness*, Berkeley: University of California Press [d.: *Was ist Religion?*, 1986].

Nyanaponika (1971), *The Heart of Buddhist Meditation*, New York: Samuel Weiser [d.: *Geistestraining durch Achtsamkeit*, 1989].

Nyanaponika; Bodhi, B. (transl.) (1999), *Numerical Discourses of the Buddha: An Anthology of Suttas from the Aṅguttara Nikāya*, Walnut Creek: AltaMira Press [eine vollständige deutsche Übersetzung des *Aṅguttara Nikāya* ist: Die Lehrreden des Buddha aus der Angereihten Sammlung, 2013; eine vollständige neue englische Übersetzung ist: Bodhi, B.: *The Numerical Discourses of the Buddha: A Complete Translation of the Aṅguttara Nikāya*, 2012]

O'Flaherty, W.D. (1981), *The Rig Veda: An Anthology*, London: Penguin Books [eine vollständige deutsche Übersetzung des Ṛg-Veda ist: *Rig-Veda: Das heilige Wissen Indiens in zwei Bänden*, 2008].

Okumura, S. (transl.) (1987), *Shōbōgenzō-zuimonki: Sayings of Eihei Dōgen Zenji recorded by Koun Ejo*, Kyōto: Sōtō-Zen Centre [eine vollständige deutsche Übersetzung des *Shōbōgenzō* ist: *Shobogenzo – Die Schatzkammer des wahren Dharma: Gesamtausgabe*, 2008]

Orzech, C.D. (1998), *Politics and Transcendent Wisdom: The ›Scripture for Humane Kings‹ in the Creation of Chinese Buddhism*, University Park, PA: Pennsylvania State University Press.

Palmer, M.; Ramsay, J., with Kwok, M.-H. (1995), *Kuan Yin: Myths and Revelations of the Chinese Goddess of Compassion*, London: Thorsons.

Pande, G.C. (1999), *Studies in the Origins of Buddhism*, Delhi: Motilal Banarsidass.

Pandit, M.L. (1993), ›Nirvāṇa as the Unconditioned‹, in: *Being as Becoming: Studies in Early Buddhism*, New Delhi: Intercultural Publications.

Panikkar, R. (1978), *The Intrareligious Dialogue*, New York: Paulist Press [d.: *Der neue religiöse Weg*, 1990].

Paul, D. (1985), *Women in Buddhism: Images of the Feminine in Mahāyāna Tradition*, 2nd edn, Berkeley: University of California Press [d.: *Die Frau im Buddhismus. Das Bild des Weiblichen in Geschichten und Legenden*, 1985].

Pérez-Remón, J. (1980), *Self and Non-Self in Early Buddhism*, The Hague: Mouton Publishers.

Perera, L.P.N. (1991), *Buddhism and Human Rights: A Buddhist Commentary on the Universal Declaration of Human Rights*, Colombo: Karunaratne & Sons.

Powers, J. (transl.) (1995), *Wisdom of Buddha: The Saṁdhinirmocana Sūtra*, Berkeley: Dharma Publishing.

Prebish, S. (1996), *Buddhist Monastic Discipline: The Sanskrit Prātimokṣa Sūtras of the Mahāsāṃghikas and Mūlasarvāstivādins*, Delhi: Motilal Banarsidass.

Pye, M. (1978), *Skilful Means: A Concept in Mahayana Buddhism*, London: Duckworth.

 Pye, M. (1979), *The Buddha*, London: Duckworth.

Radhakrishnan, S.; Moore, C.A. (1989), *A Source Book in Indian Philosophy*, Princeton: Princeton University Press (repr.).

Rhys Davids, C.A.F. (transl.) (1909), *Psalms of the Early Buddhists. Psalms of the Sisters*, London: Pali Text Society [eine neuere deutsche Übesetzung ist enthalten in: E. Saß, Theragatha und Therigatha, 2000].

Rhys Davids, T.W.; Oldenberg, H. (transl.) (1881), *Vinaya Texts: Part I* (Sacred Books of the East Series, vol. 13), Oxford: Clarendon Press.

Ruegg, D.S. (1981), *The Literature of the Madhyamaka School of Philosophy in India*, Wiesbaden: Otto Harrasowitz.

Runzo, J.; Martin, N.M. (2001), *Ethics in the World Religions*, Oxford: Oneworld.

Saddhatissa, H. (transl.) (1987), *The Sutta-Nipāta*, London: Curzon Press (repr.) [eine deutsche Übersetzung des *Sutta-Nipāta* ist: Nyanaponika, *Sutta-Nipāta: Frühbuddhistische Lehrdichtungen*, 1996].

Schlingloff, D. (1987), ›Die Bedeutung der Symbole in der altbuddhistischen Kunst‹, in: Falk, H. (Hg.), *Hinduismus und Buddhismus: Festschrift für Ulrich Schneider*, Freiburg: Hedwig Falk, 309-328.

Schlingloff, D., Zin, M. (2007), *Saṃsāracakra. Das Rad der Wiedergeburten in der indischen Überlieferung* (Buddhismus-Studien 6/2007), Düsseldorf: EKŌ-Haus.

Schmidt-Leukel, P. (ed.) (2004a), ›War and Peace in Buddhism‹, in: *War and Peace in World Religions: The Gerald Weisfeld Lectures 2003*, London: SCM-Press, 33-56.

Schmidt-Leukel, P. (2004b), ›Buddhism and the Idea of Human Rights‹, in: *Studies in Interreligious Dialogue* 14, 216-234.

Schmidt-Leukel, P. (2005a), ›Exclusivism, Inclusivism, Pluralism: The Tripolar Typology – Clarified and Reaffirmed‹, in: Knitter, P. (ed.), *The Myth of Religious Superiority: Multifaith Explorations of Religious Pluralism*, Maryknoll: Orbis, 13-27.

Schmidt-Leukel, P. (ed.) (2005b), *Buddhism and Christianity in Dialogue: The Gerald Weisfeld Lectures 2004*, London: SCM.

Schmidt-Leukel, P. (ed.) (2006), *Buddhism, Christianity and the Question of Creation: Karmic or Divine?* Aldershot: Ashgate.

Schmidt-Leukel, P. (ed.) (2008), *Buddhist Attitudes to Other Religions*, St. Ottilien: EOS-Verlag.

Schmidt-Leukel, P. (2013), *Buddhism and Religious Diversity*. 4 volumes, London – New York: Routledge.

Schmithausen, L. (1981), ›On some aspects of descriptions or theories of »Liberating Insight« and »Enlightenment« in early Buddhism‹, in: Bruhn, K. und Wezler, A. (Hg.), *Studien zum Jainismus und Buddhismus*, Wiesbaden: Franz Steiner Verlag, 199-250.

Schmithausen, L. (1991), *Buddhism and Nature: The Lecture delivered on the Occasion of the EXPO 1990. An Enlarged Version with Notes*, Tokyo: The International Institute for Buddhist Studies.

Schmithausen, L. (1997), ›The Early Buddhist Tradition and Ecological Ethics‹, *Journal of Buddhist Ethics* 4, 1-74.

Schmithausen, L. (1999), ›Aspects of the Buddhist Attitude Towards War‹, in: Houben, J.E.M. and Van Kooji, K.R. (eds), *Violence Denied: Violence, Non-Violence and the Rationalization of Violence in South Asian Cultural History*, Leiden: Brill, 45-67 [teilweise deutsch als: ›Buddhismus und Glaubenskriege‹, in: P. Herrmann (Hg.), *Glaubenskriege in Vergangenheit und Gegenwart*, 1996, 63–92].

Schmithausen, L. (2000), ›Buddhism and the Ethics of Nature – Some Remarks‹, *The Eastern Buddhist: New Series* 32, no. 2, 26-78.

Schumacher, E.F. (1993), *Small is Beautiful: A Study of Economics as if People Mattered*, London: Vinage [d.: *Small is beautiful. Die Rückkehr zum menschlichen Maß*, 1993]

Schweitzer, A. (1936), *Indian Thought and Its Development*, London: Hodder & Stoughton [d.: *Die Weltanschauung der indischen Denker: Mystik und Ethik*, 2010].

Seth, V. (1992), *Study of Biographies of the Buddha: Based on Pāli and Sanskrit Sources*, New Delhi: Parimal Publications.

Shaw, M. (1995), *Passionate Enlightenment: Women in Tantric Buddhism*,

Princeton: Princeton University Press (4th repr.) [d.: *Erleuchtung durch Ekstase*, 1997.]

Shinran (1997a), *The Collected Works of Shinran: Vol. I: The Writings*, Kyoto: Jōdo Shinshū Hongwanji-ha [einige Texte Shinrans sind übersetzt in: C. Steineck, *Quellentexte des japanischen Amida-Buddhismus*, 1996].

Shinran (1997b), *The Collected Works of Shinran: Vol. II: Introduction, Glossaries and Reading Aids*, Kyoto: Jōdo Shinshū Hongwanji-ha.

Siderits, M. (2001), ›Buddhism and Techno-Physicalism: Is the Eightfold Path a Program?‹, in: *Philosophy East & West* 51, 307-314

Singh, N.K. (2004), *Buddhist Tāntricism*, Delhi: Global Vision Publishing House.

Singh, K.; Ikeda, D. (1988), *Humanity at the Crossroads: An Inter-cultural Dialogue*, Delhi: Oxford University Press.

Skilton, A. (1997), *A Concise History of Buddhism*, Birmingham: Windhorse Publications.

Smith, W.C. (1978), *The Meaning and End of Religion*, San Francisco: Harper & Row.

Smith, W.C. (1979), *Faith and Belief*, Princeton: Princeton University Press.

Smith, W.C. (1981), *Towards a World Theology: Faith and the Comparative History of Religion*, Maryknoll: Orbis.

Smith, W.C. (1997), *Modern Culture from a Comparative Perspective*, ed. by J.W. Burbidge, Albany: State University Press of New York.

Snellgrove, D. (1971), *The Hevajra Tantra: A Critical Study: Part I: Introduction and Translation*, London: Oxford University Press (repr.) [eine deutsche Übersetzung des *Hevajra Tantra* ist: R.F. Meyer, *Das Hevajratantra*, 2005].

Snellgrove, D. (2002), *Indo-Tibetan Buddhism: Indian Buddhists and their Tibetan Successors*, Boston: Shambala (repr.).

Sobisch, J.-U. (2002), *Three-Vow Theories in Tibetan Buddhism: A Com-*

prehensive Study of Major Traditions from the Twelfth through Nineteenth Centuries, Wiesbaden: Dr. Ludwig Reichert Verlag.

Sprung, M. (ed.) (1973), *The Problem of Two Truths in Buddhism and Vedānta*, Dordrecht–Boston: D. Reidel Publishing.

Stcherbatsky, T. (1988), *The Central Conception of Buddhism and the Meaning of the World »Dharma«*, repr. of the 1st edn (1922), Delhi: Motilal Banarsidass.

Stury, F. (1975), *Rebirth as Doctrine and Experience: Essays and Case Studies*, Kandy: Buddhist Publication Society.

Streng, F. (1967), *Emptiness: A Study in Religious Meaning*, Nashville–New York: Abingdon Press.

Streng, F. (1985), *Understanding Religious Life*, 3rd edn, Belmont: Wadsworth Publishing.

Stevenson, I. (1966), *Twenty Cases Suggestive of Reincarnation*, New York: American Society for Psychical Research [d.: *Reinkarnation – Der Mensch im Wandel von Tod und Wiedergeburt – 20 überzeugende und wissenschaftlich bewiesene Fälle*, 1977].

Story, F. (1975), *Rebirth as Doctrine and Experience: Essays and Case Studies*, Kandy: Buddhist Publication Society.

Studholme, A. (2002), *The Origins of Oṃ Maṇipadme Hūṃ: A Study of the Kāraṇḍavyūha Sūtra*, Albany: State University Press of New York.

Swanson, P. (1989), *Foundations of T'ien-t'ai Philosophy: The Flowering of the Two Truths Theory in Chinese Buddhism*, Berkeley: Asian Humanities Press.

Swearer, D. (ed.) (1989), *Me and Mine: Selected Essays of Bhikkhu Buddhadāsa*, Albany: State University Press of New York.

Takeda, R. (2004), ›Mutual Transformation of Pure Land Buddhism and Christianity‹, in: Bloom, A. (ed.), *Living in Amida's Universal Vow: Essays in Shin Buddhism*, Bloomington: World Wisdom, 255-287.

Takeuchi, Y. (1983), *The Heart of Buddhism: In Search of the Timeless Spirit of Primitive Buddhism*, New York: Crossroad.

Takeuchi, Y. (ed.) (1997), *Buddhist Spirituality I: Indian, Southeast Asian, Tibetan, and Early Chinese*, New York: Crossroad.

Takeuchi, Y. (ed.) (1999), *Buddhist Spirituality II: Later China, Korea, Japan, and the Modern World*, New York: Herder & Herder.

Tambiah, S. (1976), *World Conqueror and World Renouncer: A Study of Buddhism and Polity in Thailand Against a Historical Background*, Cambridge: Cambridge University Press.

Tanahashi, K. (ed.) (2000), *Enlightenment Unfolds: The Essential Teachings of Zen Master Dōgen*, Boston: Shambala.

Tanaka, K. (2005), ›Acceptance of the Other as a similarly valid path and awareness of one's self-culpability: a deepening realization of my religious identity through dialogue‹, in: *Buddhist-Christian Studies* 25, 41-46.

Tatz, M. (1994), *The Skill in Means (Upāyakauśalya) Sūtra*, Delhi: Motilal Banarsidass.

Thelle, N.R. (1987), *Buddhism and Christianity in Japan: From Conflict to Dialogue, 1854-1899*, Honolulu: University of Hawaii Press.

Thomas, E.J. (1952), *The Perfection of Wisdom: The Career of the Predestined Buddhas*, London: John Murray.

Thomas, E.J. (1992), *The Life of Buddha as Legend and History* (repr. of the 3rd edn, London, 1949), New Delhi: Munshiram Manoharlal Publishers.

Thurman, R. (transl.) (1976), *The Holy Teaching of Vimalakīrti: A Mahāyāna Scripture*, University Park, PA: Pennsylvania State University Press [eine neubearbeitete deutsche Übersetzung des *Vimalakīrtinirdeśa Sūtra* liegt vor als: *Vimalakirti – Das Sutra von der unvorstellbaren Befreiung*, übers. von Jakob Fischer, bearb. von Monika Dräger (2008]

Tsomo, K.L. (ed.) (2000), *Innovative Buddhist Women: Swimming Against the Stream*, Richmond: Curzon.

Tucker, M.E. and Williams, D. (eds) (1997), *Buddhism and Ecology: The Interconnection of Dharma and Deeds*, Cambridge, MA: Harvard University Press.

Tucker, M.E. and Grim, J.A. (2001), *Religion and Ecology: Can the Climate Change?* Issued as *Daedalus.* Journal of the American Academy of Arts and Sciences Vol. 130, No. 4.

Tucker, M.E. (2003), *Worldly Wonder: Religions Enter Their Ecological Phase,* Chicago and La Salle: Open Court.

Ueda, Y.; Hirota, D. (eds.) (1989), *Shinran. An Introduction to His Thought,* Kyoto: Hongwanji International Center.

Unno, T. (1997), ›San-lun, T'ien-t'ai, and Hua-yen‹, in: Takeuchi, Y. (ed.), *Buddhist Spirituality I: Indian, Southeast Asian, Tibetan, and Early Chinese,* New York: Crossroad, 343-365.

Vetter, T. (1988), *The Ideas and Meditative Practices of Early Buddhism,* Leiden: Brill.

Victoria, B. (1997), *Zen at War,* New York: Weatherhill [d.: *Zen, Nationalismus und Krieg. Eine unheimliche Allianz,* 1999].

Wallace, B.A. (ed.) (2003), *Buddhism and Science: Breaking New Ground,* New York: Columbia University Press.

Walshe, M. (transl.) (1995), *The Long Discourses of the Buddha: A Translation of the Dīgha Nikāya,* Boston: Wisdom Publications [eine vollständige, aber recht eigenwillige Übersetzung des *Dīgha Nikāya* ist: K.E. Neumann, Die Reden des Buddha. Längere Sammlung, 1996; eine recht gute Teilübersetzung bietet R.O. Franke, *Dīghanikāya: das Buch der langen Texte des buddhistischen Kanons,* 1913].

Watts, J., Senauke, A. and Santikaro, B. (eds) (1998), *Entering the Realm of Reality: Towards Dhammic Societies,* Bangkok: International Network of Engaged Buddhists.

Wayman, A. (1997), ›The Diamond Vehicle‹, in: Takeuchi, Y. (ed.) *Buddhist Spirituality I: Indian, Southeast Asian, Tibetan, and Early Chinese,* New York: Crossroad, 219-241.

Weber, M. (1958), *The Religion of India: The Sociology of Hinduism and Buddhism,* Glencoe, Ill.: Free Press [d.: *Die Wirtschaftsethik der Weltreligionen Hinduismus und Buddhismus,* 1998].

White, D.G. (ed.) (2000), *Tantra in Practice,* Princeton, Oxford: Princeton University Press.

Wijayaratna, M. (1990), *Buddhist Monastic Life According to the Texts of the Theravāda Tradition*, Cambridge: Cambridge University Press.

Williams, P. (1989), *Mahāyāna Buddhism: The Doctrinal Foundations*, London and New York: Routledge.

Williams, P., with Tribe, A. (2000), *Buddhist Thought: A Complete Introduction to the Indian Tradition*, London: Routledge.

Wright, D.S. (1999), ›Four Ch'an Masters‹, in: Takeuchi, Y. (ed.), *Buddhist Spirituality II: Later China, Korea, Japan, and the Modern World*, New York: Herder & Herder, 33-43.

Yampolsky, P.B. (transl.) (1967), *The Platform Sutra of the Sixth Patriarch: The Text of the Tun-Huan Manuscript with Translation, Introduction, and Notes*, New York: Columbia University Press [eine deutsche Übersetzung des *Platform-Sūtras* ist: *Das Sūtra des sechsten Patriarchen: das Leben und die Zen-Lehre des chinesischen Meisters Hui-neng (638 – 713)*, übers. von Ursula Jarand, 2008]

Yi, L.; Habito, M.R. (eds) (2005), *Listening. Buddhist-Muslim Dialogues 2002-2004*, Taipei: Museum of World Religions Development Foundation.

Yokota, J.S. (2000), ›Understanding Amida Buddha and the Pure Land. A Process Approach‹, in: Hirota, D. (ed.), *Toward a Contemporary Understanding of Pure Land Buddhism: Creating a Shin Buddhist Theology in a Religiously Plural World*, Albany: State University Press of New York, 73-100.

Young, S. (2004), *Courtesans and Tantric Consorts: Sexualities in Buddhist Narrative, Iconigraphy, and Ritual*, New York–London: Routledge.

Zimmermann, M. (2000), ›A Mahāyānist Criticism of Arthaśāstra: The Chapter on Royal Ethics in the *Bodhisattva-gocaropāya-viṣaya-vikurvaṇa-nirdeśa-sūtra*‹, in: *Annual Report of The International Research Institute for Advanced Buddhology at Soka University for the Academic Year 1999* (ARIAB 3), Tokyo: Soka University, 179-211.

GLOSSAR

abhijñā – höhere oder übernatürliche Geisteskräfte.

ādibuddha – uranfänglicher Buddha; Bezeichnung der letzten Wirklichkeit im späten Mahāyāna und tantrischen Buddhismus.

Akṣobhya – einer der → pañcatathāgata, der »Fünf Buddhas« des tantrischen → maṇḍalas.

Amida – japanischer Name für Buddha Amitābha (→ pañcatathāgata); die zentrale Buddha-Gestalt im → Reines-Land-Buddhismus.

amṛta – (Pāli: amata) das »Todlose«; Synonym für das → nirvāṇa.

anātman – (Pāli: anattā) »Nicht-Selbst« oder »nicht der → ātman«.

arhat – (Pāli: arahat) jemand, der Erleuchtung erlangt hat; das höchste religiöse Ziel im → Theravāda-Buddhismus.

artha – »Reichtum« oder »Macht«; eines der traditionellen vedischen (→ Veda) Lebensziele.

āśraya-parāvṛtti – »Umwandlung« oder »Revolution der Grundlage«; Bezeichnung für die Erleuchtung in der → Yogācāra-Schule.

ātman – »Selbst«, in den Upanischaden (→ upaniṣad) Bezeichnung für die Gegenwart der letzten Wirklichkeit (→ brahman) in jedem Individuum.

Avalokiteśvara – »Kuan-yin« in China, »Kwannon« oder »Kannon« in Japan; einer der am meisten verehrten → Bodhisattvas im → Mahāyāna-Buddhismus.

Avataṃsaka-Sūtra – ein indischer → Mahāyāna-Text; grundlegende Schrift der → Huayan-Schule.

avidyā – (Pāli: avijjā) Unwissenheit, Verblendung; zusammen mit → tṛṣṇā (Durst) die Wurzel der menschlichen Unheilssituation.

bhvacakra – das »Rad des Werdens«; traditionelle buddhistische Darstellung des → saṃsāras.

bhikṣu – (Pāli: bhikkhu) buddhistischer Mönch.

bhikṣuṇī – (Pāli: bhikkhunī) buddhistische Nonne.

bhūmi – Stadium oder Stufe der spirituellen Entwicklung eines → Bodhisattvas.

bodhi –Erleuchtung, wörtlich »Erwachen«.

bodhicitta – der »Erleuchtungs-Geist«; das anfängliche Erwachen der altruistischen Gesinnung eines → Bodhisattvas.

bodhisattva – »Erleuchtungs-Wesen«; ein zukünftiger Buddha; das zentrale religiöse Ideal im → Mahāyāna-Buddhismus.

bodhisattvayāna – das »Bodhisattva-Fahrzeug«; ein anderer Ausdruck für das → Mahāyāna.

Brahmā – einer der Hauptgötter Indiens (→ deva).

brahman – in den Upanischaden (→ upaniṣad) eine Bezeichnung für die letzte göttliche Wirklichkeit.

brāhmaṇa – Brahmane, Mitglied der Priesterkaste.

buddha – der »Erwachte« oder »Erleuchtete«.

cakravartin – ein Weltenherrscher nach der buddhistischen Mythologie. Bezeichnet das buddhistische Herrscherideal.

Cārvāka – frühe indische Schule der Materialisten.

Chan – »Meditationsschule«; eine wichtige chinesische → Mahāyāna-Schule, in Japan als → Zen bekannt.

Dalai Lama – »Meer (der Weisheit) Lehrer«; Titel des Oberhauptes des → Gelug-Ordens.

dāna – »geben« oder »Freigebigkeit«; die erste und grundlegende Tugend (→ pāramitā) eines → Bodhisattvas.

deva – indische »Gottheit«; nach dem Buddhismus eine mögliche Form von Reinkarnation und daher ein endliches, wenn auch äußerst langlebiges Geistwesen.

dhamma – Pāli-Form von → dharma.

dhāraṇī – magische oder rituelle Formel, die im → Mahāyāna und im → Tantrismus verwendet wird.

dharma – (Pāli: dhamma) (1) kosmisches »Gesetz«, aber auch die Pflicht für eine bestimmte Gruppe/Kaste; das Studium des Dharmas ist eines der traditionellen vedischen (→ Veda) Lebensziele; (2) die Lehre des Buddhas; (3) eine Entität oder einer ihrer (materiellen oder geistigen) Bestandteile.

dharmakāya – »Dharma-Körper«, der grundlegende unter den »Drei Buddha-Körpern« (→ trikāya): Im späteren → Mahāyāna eine Bezeichnung für die letzte Wirklichkeit.

Dharmaguptaka – eine der frühen vor-mahāyānistischen Schulen.

dhyāna – meditative Versenkung; man unterscheidet zwischen der »formhaften Versenkung« (rūpa-dhyāna) und der »formlosen Versenkung« (ārūpya-dhyāna).

duḥkha – (Pāli: dukkha) »Leiden«; buddhistischer Terminus für die menschliche Unheilssituation.

Gelug – Schule des tibetischen Buddhismus.

guru – »Lehrer«, spiritueller Meister.

Hīnayāna – »kleines« oder »minderwertiges Fahrzeug«; abwertender Ausdruck, von → Mahāyāna-Buddhisten als Bezeichnung für die vor- beziehungsweise nicht-mahāyānistischen Schulen verwendet.

Huayan – chinesische Schule des Mahāyānas (in Japan: Kegon); sie basiert auf den Lehren des → Avataṃsaka-Sūtras.

icchantika – ein Wesen, dem jegliches Potenzial für Erleuchtung fehlt; die Existenz von icchantikas ist im → Mahāyāna umstritten.

Indra – einer der Hauptgötter Indiens (→ deva).

Jainas, Jainismus – alte indische Religion, die aus den → Śramaṇa-Bewegungen hervorging.

Jātakas – Literaturgattung; Geschichten über die früheren Leben des Buddhas.

Kagyü – Schule des tibetischen Buddhismus.

kāma – Sinnenfreuden, insbesondere erotische Lust; eines der traditionellen vedischen (→ Veda) Lebensziele.

karma – »Tat«; ursprünglich die wirksame Ausführung des Opferrituals; im Buddhismus die spirituelle Wirkung (auf den Geist und die Art der Wiedergeburt) unseres Verhaltens (der »Taten«) in Gedanken, Worten und Werken.

karuṇā – Mitleid (mahākaruṇā = großes Mitleid); die grundlegende Einstellung eines → Bodhisattvas.

kōan – japanische Bezeichnung (chinesisch: gong'an) für eine verwirrende oder paradoxe Aussage, Frage, Geschichte usw.; wird als Objekt bei einigen Formen der → Zen-Meditation angewendet.

kṣatrya – Mitglied der »Krieger«-Kaste beziehungsweise Feudal-Kaste.

Lotos-Sūtra – → Saddharmapuṇḍarīka-Sūtra.

Madhyamaka – die Schule des »mittleren Weges«; eine philosophische Schule des Mahāyāna-Buddhismus, die auf den Lehren von Nāgārjuna (2./3. Jh. u.Z.) beruht.

mahāmudrā – das »große Symbol«; auch als Bezeichnung für eine Gruppe spezifischer tantrischer Lehren und Praktiken im tibetischen Buddhismus, die sich auf die Erkenntnis der letzten Wirklichkeit konzentrieren.

Mahāsaṅghika – eine Gruppe mehrerer vor-mahāyānistischer Schulen, die einige der → Mahāyāna-Lehren vorwegnahmen.

Mahāyāna – »Großes Fahrzeug« oder »Erhabenes Fahrzeug«; einer der Haupt-Zweige des Buddhismus, der vermutlich zwischen 100 v.u.Z. und 100 u.Z. entstand.

maṇḍala – geometrische Figur, häufig eine bestimmte Anordnung der Fünf Buddhas (→ pañcatathāgata).

mantra – heilige Silbe oder eine Gruppe von Silben, die bei den Praktiken des → Mahāyānas und → Tantras benutzt werden.

Māra – in der buddhistischen Mythologie eine bösartige Gottheit; Versucher und Gegenspieler des Buddhas; er ist verknüpft mit den Fesseln der Sinnesfreuden und der Welt des Todes.

maitrī – (Pāli: mettā) Liebe, liebevolle Freundlichkeit.

Maitreya – in der buddhistischen Mythologie der zukünftige Buddha nach → Siddhārtha Gautama.

Milindapañha – eine (besonders im → Theravāda-Buddhismus) einflussreiche philosophische Lehr-Abhandlung aus vor-mahāyānistischer Zeit.

mokṣa – Erlösung, Befreiung.

mudrā – Geste, normalerweise der Hand/Hände, mit symbolischer und ritueller Bedeutung.

nirmāṇakāya – »Transformationskörper«, die menschliche Manifestation des → Buddhas, einer der drei Buddha-Körper (→ trikāya).

nembutsu – japanische Kurzform für »Namu Amida Butsu«, die Formel zur Anrufung des → Amida Buddhas.

nibbāna – Pāli-Form für → nirvāṇa.

nirvāṇa – (Pali: nibbāna); »Verwehen, Verlöschen«; buddhistischer Terminus für die unbedingte, letzte Wirklichkeit, in der und durch die die Existenz im → saṃsāra beendet wird.

Nyingma – eine Schule des tibetischen Buddhismus.

Pāli-Kanon – die kanonische Sammlung von Texten der Theravāda-Schule; auch tipiṭaka (»Dreikorb« → tripiṭaka) genannt.

pañca śīla – die »fünf Regeln«: Verzicht auf Töten, Stehlen, sexuelle Verfehlungen, Lügen und Rauschmittel.

pañcatathāgata – die »Fünf Buddhas«: Vairocana, Akṣobhya, Ratnasambhava, Amitābha und Amoghasiddhi, ein mikro-makrokosmisches Symbol, besonders im buddhistischen → Tantrismus.

pāramitā – »Vollkommenheit« oder »Tugend«, die ein → Bodhisattva erlangen muss.

prajñā – (Pāli: paññā) Weisheit.

Prajñāpāramitā-Sūtras – »Vollkommenheit der Weisheit-Sūtras«; eine Gruppe von frühen Mahāyāna-Texten.

praṇidhāna – das formelle Gelübde eines → Bodhisattvas, für die Befreiung aller Wesen zu arbeiten.

prapañca – »Pluralität, Ausbreitung«; philosophisch: die begrifflich strukturierte und unterschiedene Repräsentation der Wirklichkeit.

prātimokṣa – Rezitationsformular, das die monastischen Regeln enthält.

pratītyasamutpāda – (Pāli: paṭiccasamuppāda) die buddhistische Lehre vom »Abhängigen Entstehen«.

pratyekabuddha – »Einzelbuddha«; jemand, der ohne die Lehre eines Buddhas selbst die Erleuchtung findet, aber keinen → Saṅgha gründet.

Reines-Land-Buddhismus – eine wichtige Form des ostasiatischen Buddhismus, die sich auf den → Amida Buddha konzentriert und auf das Reine Land Amidas (→ Sukhāvatī).

puruṣa – primordiale(r) »Mann/Mensch/Person«; im Hinduismus eine Bezeichnung der letzten Wirklichkeit.

puruṣa-Mythos – mythologische Erzählung im Ṛgveda 10:90 von der Schöpfung der Welt aus dem Opfer des → puruṣas.

Saddharmapuṇḍarīka-Sūtra – »Sūtra vom Lotos des Wahren Gesetzes« = »Lotos-Sūtra«; äußerst einflussreicher früher Mahāyāna-Text.

sādhana – rituelle/spirituelle Übung im → Tantrismus.

Sakya – Schule des tibetischen Buddhismus.

Śākyamuni – »der Weise unter den Śākyas«; anderer Name für → Siddhārtha Gautama.

samādhi – Konzentration, Meditation.

sambhogakāya – »Genusskörper« oder »Körper des gemeinschaftlichen Genusses«; der Buddha als übernatürliches Wesen; einer der drei Buddha-Körper (→ trikāya).

saṃsāra – der Kreislauf von Wiedergeburt und Wiedertod (Reinkarnation).

saṅgha – die buddhistische Gemeinschaft; im engeren Sinn: die buddhistischen Mönche und Nonnen.

Shingon – japanische Schule des buddhistischen → Tantrismus.

siddha – ein »Vollendeter« oder »Vollkommener«; Bezeichnung für das religiöse Ideal des buddhistischen → Tantrismus.

Siddhārtha Gautama – (Pāli: »Siddhattha Gotama«) (ungefähr 560-480 oder 450-370 v.u.Z.), der »Buddha«; Begründer des Buddhismus.

śīla – (Pāli: sīla) Moral, Ethik, Sittenregel.

skandhas – (Pāli: khandhas) die fünf »Gruppen«, das heißt, Konstituenten, aus denen sich ein Mensch zusammensetzt: Körper (wörtlich: »Form«), Empfindung, Wahrnehmung, Geistesformationen (oder: Gestaltungskräfte) und Bewusstsein.

Sōtō – eine japanische → Zen-Schule.

śramaṇa – (Pāli: samaṅa = »Strebende«) frühe indische Bewegung von Asketen und Weltentsagern.

śrāvakayāna – das »Fahrzeug der Hörenden«; verächtliche Bezeichnung der Mahāyāna-Buddhisten für die vor- oder nicht-mahāyānistischen Schulen. Näherhin: jene, die die Erleuchtung eines → arhat anstreben (die Erleuchtung durch das »Hören« der Lehre), anstatt dem Weg des → Bodhisattvas zur Buddhaschaft zu folgen.

Sthaviravāda – Vorläufer der → Theravāda-Schule.

stūpa – symbolischer Grabhügel, der Reliquien oder Texte enthält; Ort für die rituelle Verehrung des → Buddhas.

Sukhāvatī – »Land des Glücks«, Name des Reinen Landes, das → Amida Buddha geschaffen hat.

śūnyatā – »Leerheit«; zentraler religiös-philosophischer Begriff im → Mahāyāna-Buddhismus: Alle Wesen/Entitäten sind leer von einer »Eigen-Natur« (Substanz, Essenz).

sūtra – (Pāli: sutta) ein buddhistischer Text, der normalerweise beansprucht, die Lehrrede eines Buddhas wiederzugeben.

tantra – wörtlich: »Webstuhl« oder »Webkette«, auch: das »zugrunde liegende Prinzip« oder der »eigentliche Punkt«; Bezeichnung für eine Klasse von buddhistischen Schriften, die zum buddhistischen → Tantrismus gehören.

Tantrismus – Bezeichnung einer religiösen Bewegung und einer bestimmten Gruppe von Lehren/Praktiken, die in der zweiten Hälfte des ersten Jahrtausends u.Z. sowohl im Hinduismus als auch im Buddhismus große Bedeutung erlangt hat.

tathāgata – der »So-Gegangene«; anderer Titel für einen → Buddha.

tathāgatagarbha – »Keim« oder »Embryo« oder »Uterus« des Tathāgatas; die Buddha-Natur in jedem (empfindenden) Wesen.

tathatā – »Soheit«, die wahre oder letzte Wirklichkeit, wie sie jenseits aller begrifflichen Repräsentation ist.

Theravāda – der »Weg der Älteren«; eine der Haupt-Formen des Buddhismus in Südostasien mit alter, vor-mahāyānistischer Abstammung.

Tiantai – einflussreiche chinesische und japanische (Tendai) Schule des Buddhismus, in deren Mittelpunkt das Lotos-Sūtra steht.

trikāya – die »Drei Körper« eines → Buddhas; eine der grundlegenden Lehren im späteren → Mahāyāna über die verschiedenen Ebenen der Wirklichkeit/Existenz des Buddhas.

tripiṭaka – »Dreikorb«; Bezeichnung für den Kanon buddhistischer Texte/Schriften. Die kanonischen Sammlungen von Sanskrit-Texten unterscheiden sich teilweise erheblich vom tipiṭaka (Pāli), der kanonischen Sammlung der Theravāda-Schule (→ Pāli-Kanon).

trisvabhāva – »drei« Aspekte oder »Naturen«; zentrales Konzept in der philosophischen → Yogācāra-Schule, bei der es um die Natur der Wirklichkeit und ihre geistigen Repräsentationen geht.

tṛṣṇā – (Pāli: taṇhā) »Durst«; die falsche, unbefriedigt bleibende existenzielle Orientierung; zusammen mit → avidyā die Wurzel der menschlichen Unheilssituation.

upaniṣad – Bezeichnung für einen Text aus den Upanischaden, einer Gruppe von hinduistischen Texten (meist zwischen ca. 700 und

300 v.u.Z. verfasst), die von den Ideen der → Śramaṇas beeinflusst sind und später in die Veden (→ Veda) als deren abschließende Sektionen (Vedānta = Ende des Vedas) eingefügt wurden.

upāsaka – buddhistischer Laienanhänger.

upāsikā – buddhistische Laienanhängerin.

upāya – (geschicktes) »Mittel«; geistige und praktische Mittel, die ein Buddha oder Bodhisattva geschickt und von Mitleid motiviert zum Wohle der unerleuchteten Wesen anwendet. Teilweise synonym zu Mitleid (→ karuṇā) gebraucht.

Vairocana-Buddha – in einigen → Tantras der Hauptbuddha unter den → pañcatathāgata.

vajra – »Diamant« oder »Donnerkeil«; vielschichtiges Symbol und rituelles Instrument im buddhistischen → Tantrismus.

Vajrayāna – »Diamant-Fahrzeug«; die Lehren einer spezifischen Unterklasse buddhistischer → Tantras; oft auch als allgemeine Bezeichnung für den tantrischen Buddhismus verwendet.

Veda – (= die Veden); Sammlung heiliger Texte, die zwischen ca. 1.200 und 300 v.u.Z. verfasst wurden; im Hinduismus gelten sie als göttliche Offenbarung.

Vijñānavāda – »Bewusstseins-Schule«; philosophische Schule des → Mahāyāna-Buddhismus (auch → Yogācāra genannt).

vinaya – »Regel« oder »Disziplin« buddhistischer Mönche und Nonnen.

Visuddhimagga – wichtiges Werk der → Theravāda-Orthodoxie, verfasst von Buddhaghosa (5. Jh. u.Z.).

Yama – in der buddhistischen Mythologie eine mit dem Tod eng verknüpfte Gottheit.

yantra – geometrische Repräsentation kosmologischer Vorstellungen; wird für meditative und rituelle Praktiken im Hinduismus und tantrischen Buddhismus benutzt.

Yogācāra – »Yoga-Praxis«-Schule; philosoph. Schule des Mahāyāna-Buddhismus (auch → Vijñānavāda genannt).

yogin – Tantra praktizierender Mann.

yoginī – Tantra praktizierende Frau.

zazen – Meditationspraxis im → Zen-Buddhismus.

Zen – japanische Form der chinesischen → Chan-Schule.

Abhängiges Entstehen 91, 99-103, 168, 240, 245, 305

Abhidharmakośabhāşya 25

Absicht 84f., 96, 137f., 175, 178f., 179, 198, 303, *siehe auch* Rechte Absicht

Abstinenz: *siehe* sexuelle Abstinenz

Achtsamkeit 84, 118-121, 126, 198

Aggañña-Mythos 167, 183

Aṅgulimāla 70ff., 175

Ajanta (Höhlengemälde von) 91

Akṣobhya 252, 257

Almosengänge 157

Ambedkar, Bhimrao 36

Amida, Amituo/Amida Buddha 26, 222, 273, 279, 288-293, 298, *siehe auch* Amitābha

Amitābha 222, 257, 273, 288

Amoghasiddhi 257

Ananda 152f.

Anātman: siehe Nicht-Selbst

Anhaften/Anhaftung 80f., 196, 284; Anhaften am Körper 116; Anhaftung an Sinnesfreuden/weltlichen Freuden 78, 98, 128; Befreiung von Anhaftung 78ff., 81f., 85; Leid 100, 128f., 219; Liebe/anhaftungslose Liebe 143f.; *siehe auch* Nicht-Anhaftung; Anhaftungslosigkeit

Anhaftungslosigkeit 142-147, 196, 231

Anuttarayoga Tantras 251ff., 259, 261

arhat/Arhat 23, 149, 161, 189, 191ff., 298

Aristoteles 219

Armut 154, 168, 180, 295

artha: siehe Reichtum/Macht

Asaṅga 25

Askese/asketisch 49, 57, 63f., 66f., 150, 156f., 165, 187, 262, 300

Aśoka, Kaiser 21

Aṣṭasāhasrikā Prajñāpāramitā 194, 197, 226, 260

Aśvaghoṣa 52

Atem, Atembeobachtung 117-120

Atīśa 32

ātman: siehe Selbst

Avalokiteśvara 203f., 206, 273

Avataṃsaka-Sūtra 26, 276f.

avidyā: siehe Verblendung

B

Bamiyan-Tal 316

Banditen-Geschichte 71, 175, *siehe auch* Verbrecherbanden-Geschichte

Befleckungen 83, 95, 104, 119, 182, 184, 216f., 221, 224f., 247, 256f., 263, 282f., 292, 298

Begehren 10f., 73, 75f., 126, *siehe auch* Gier

Begierde 138, 249, 262, 267, 292

Bhagavadgītā 208

bhavacakra: siehe Rad des Werdens

Bhāvaviveka 27

bodhi: siehe Erleuchtung

bodhicitta 194

Bodhidharma 281

Bodhisattva 189-196; elitär 216; Erlösung 199; Jātakas 145, 189-190; König 171ff.; kosmisch 204f., 224; Mahāyāna 188-193, 201f., 298f.; Mitleid 199, 253; Nirvāṇa 196; saṃsāra 195f.; Śāntideva 141; Tugenden 196-199, 226; überweltliche 201-204

Böses 59, 131-138, 167, 176, 292, *siehe auch* Übel

brahman 47f., 270

Brahmanismus, brahmanisch 21, 38-43, 64, 153, 169-173

Buddha 60f.; als Laozi 271f.; als islamischer Prophet 316; Cārvākas 19, 48, 50; dharma 64-66, 86, 88, 210-211; Kastensystem 65; liebevolle Freundlichkeit 68, 139; mittlerer Weg 50; nirvāṇa 210; der überweltliche Buddha 207-215, 221ff.; Upanischaden 65f.; *siehe auch* Buddhaschaft, Siddhārtha Gautama

Buddhacarita 52

Buddhadāsa, Bhikkhu 181ff.

Buddhaghosa 25, 102, 139-142, 145ff., 220

Buddha-Körper 211-215, 292

Buddha-Länder 220-224, 243

Buddha Legende 51-63, 74, 91, 99, 120, 175

Buddha-Natur 83, 211f., 216-220, 224f., 248, 254, 256-259, 263, 270f., 275f., 281-286, 293

Buddhaschaft 189-196, 201, 210, 214, 216ff., 221, 251f., 277ff., 282, 287, 298ff.

Buddhismus: Ausbreitung 25, 27, 29, 32; dominierende männliche Perspektive 301; Entstehung 21ff.; Frauen 297-302; Niedergang und Konsolidierung 28-33; Tantrischer Buddhismus 248-250; Verfolgung 272; Westen 19f., 33-37; Wichtigste Schulen 30

Buddhistischer Missionsverein in Deutschland 34

Buddhistischer Modernismus 162f.

Buddhist Society of Great Britain and Ireland 34

Burma 25, 30, 33, 34, 183

C

cakravartin 54, 170ff., 175, 186, 299, *siehe auch* Königsherrschaft

Caṇḍamahāroṣaṇa-Tantra 252, 254, 267

Candrakīrti 27

Cārvākas 19, 48, 50, 63f., 88, 308

Caryā Tantras 251f.

Chan Buddhismus 26f., 30f., 282, 284, *siehe auch* Zen Buddhismus

China 25f., 28, 30f., 33-36, 164, 172, 177, 250, 269-274, 277, 281, 286, 288, 314, *siehe auch* Konfuzianismus, Daoismus

Christentum 18, 33-35, 109, 307, 313f., 318

Conze, E. 107

Cook, Francis 308

D

Dalai Lama 32, 173, 178, 268

dāna: siehe Geben, Freigebigkeit

Daoismus 26-27, 31, 269ff., 274, 285

Deutschland 9, 34

devas 38, 94, 107, *siehe auch* Götter

Dhammapada 137, 174

Dharma: Arhat 191; aufeinander folgende Dharmas 227ff., 234f.; Buddha 64-69, 86, 210; Hauslosigkeit 156; Königtum 178; Leerheit 227f.; Mönche und Nonnen 134f.; Rechte/Verantwortung 185f.; Tantrismus 248; Theorie der »zwei Wahrheiten« 239-243; vedisch 41f., 48, 267; Verbreitung des Dharmas 150f.

dharmadhātu 218

Dharmaguptaka (Mission der Dharmaguptakas) 22

dharmakāya 212-215, 217f., 225, 270, 292

Dharmakīrti 27

Dharma-König 171

Dharmakörper: *siehe* dharmakāya

Dharmasiri, Gunapala 309

Dhu'l-Kifl 316

Diamant-Sūtra 226

Dictatorial Dharmic Socialism (diktatorischer dharmischer Sozialismus) 181

Dignāga 27

Dōgen 32, 286f., 289, 291

Doṇa 207

Donnerkeil 27, 252

duḥkha: siehe Leid

Duṭṭhagāmaṅī, König 317

E

Eckel, Malcolm David 219

Ecumenical Institute for Study and Dialogue (Ökumenisches Institut für Studium und Dialog) 313f.

Edler achtfacher Pfad 73, 76, 84ff., 104, 112, 118, 128, 131f., 136ff., 140, 154, 179, 197f.

Einsicht 46f., 59, 64, 77ff., 82, 84-87, 96, 112, 116f., 121, 128, 131, 137, 147, 154, 185, 201, 225, 231, 240, 242ff., 246, 253, 275, 277f., 312f., *siehe auch* Weisheit

Eisai 32

Enthaltsamkeit 132

Epikie 136

Erleuchtung 23, 28, 57, 59, 62ff., 68, 71-72, 79, 85f., 88, 94, 97f., 103f., 120f., 125, 127, 131, 147, 149, 152, 161, 189, 191f., 202, 206, 208-211, 215-218, 221ff., 225, 227, 231, 247, 252, 254, 264, 270f., 275, 276, 279, 283-288, 290, 298, 300; Einsicht 85f.; Erleuchtung des Buddhas 57-63, 207-211; Huineng 282ff.; Meditation 118ff.; Moral 131; nirvāṇa 79; Shinran 288-291; Vergänglichkeit 287

Erleuchtungsgeist 194

Erlösung 19ff., 46, 48, 50, 61, 65, 87, 94, 98, 105, 107, 109, 112, 125, 140, 150, 193ff., 199, 202, 225, 260, 267, 273, 291, 312

Erotische Bildsprache 249, 252f.

Ethnischer Konflikt 178, 317

Europäische Aufklärung 295

F

Fazang 276

Feminismus 297-302

Fischer, Norman 315

Floß-Gleichnis 88, 241

Frankreich 34

Frauen 132f., 152f., 254, 266f., 298-302, 305, *siehe auch* Nonnen

Frauenfeindliche Tendenzen 300f.

Freigebigkeit 114, 129, 138, 151, 171, *siehe auch* Geben

Freude 45, 57, 93, 121, 126f., 222, *siehe auch* Glück

Fünf Buddhas 256f.

G

Gampopa 32, 256

Gaṇḍavyūha-Sūtra 262

Geben 129f., 145, 151, 198, *siehe auch* Freigebigkeit

Gelübde 155, 194f., 201, 223, 231, 260, 288, 290f.

Gelug-Orden 32

Gemeinschaft: *siehe* Saṅgha

Genital-Symbolik 252ff.

Gentechnik 295

Geschichte von den Blinden und dem Elefanten 311

Geschlecht 295, 297, 300f.

Gewalt 56, 71f., 129, 166f., 173-178, 183, 268, 280, 314, 317

Gewaltlosigkeit 171, 174ff., 178f., 268

Gier 10, 79, 83, 92, 95-98, 103, 119, 126f., 134, 138f., 145f., 167f., 181f., 216, 221, 256f., *siehe auch* Begehren, Begierde

gLang Dar-ma 177

Gleichnis von der Säge 140

Glück 50, 70, 76, 78, 85f., 126, 139, 141, 194, 222, *siehe auch* Freude

Gnade 109, 203, 206, 274

Götter 38-43, 65, 93, 124, 204-207, 278

Göttliche Verweilzustände 113, 145, *siehe auch* Unermesslichkeiten

Goldene Regel 138f.

Goldglanz Sūtra 172, 175

Gombrich, Richard 36f.

Gott 9, 19, 38-43, 59, 65, 93f., 107-111, 208, 276, 299, 318

Grenzüberschreitende Handlungen 260-263, 267f.

Gross, Rita 297, 302

Großbritannien 34

Guanyin 203f., 273

Guhyasamāja Tantra 252, 259

Gunga Nyingpo 32

H

Harṣavardhana 177

Hass 79, 83, 92, 95-98, 103, 119, 126-127, 138ff., 182, 216, 221, 256f.

Hauslosigkeit 156, 161

Heilige 192

Hemmnisse 126f.

Henotheismus 38

Herz-Sūtra 226, 275

Hevajra-Tantra 252, 254, 260, 265f.

Hick, John 309

Hinduismus 26-31, 109, 187, 205, 248, 250, 316ff.

Hōnen 32, 289

Huayan-Schule 26, 274f., 277f., 310

Huineng, Geschichte von Huineng 282ff.

Hume, David 311

I

icchantikas 94, 278

Ikeda, Daisaku 316ff.

Immanent, Immanenz 110, 257

Indonesien 27f., 31, 250

Islam 29, 31, 33, 109, 35f., 318

J

Jackson, Roger 308f.

Jainas, Jainismus 47, 66-67, 153

Japan 14, 26, 28, 30f., 33f., 36, 112, 162, 164, 172, 176, 178, 204, 232, 250, 269, 271, 277, 280, 286, 288, 290, 308, 313f.

Jātakas 145, 189f.

Jayatilleke, K.N. 307, 309

Jinpa, Thupten 306

Johannes Paul II. 20

Judentum 109, 315, 318

K

Kagyü-Orden 30, 32

kāma: *siehe auch* Sinnesfreuden, Sinnenfreuden

Kamalaśīla 28

Kambodscha 25, 30, 33, 34f., 180

Kaneko, Daiei 308

Kāraṇḍavyūha-Sūtra 204

karma 9, 48, 66f., 80, 89, 93-98, 108, 140, 176f., 185, 202, 221

karuṇā: siehe Mitleid

Kastensystem 36, 40, 65, 165, 205, 266, 300

Kausalität, kausales Denken 51ff., 102f. 168, 234, 240, 305f., *siehe auch* Abhängiges Entstehen

Kegon-Schule 277f.

Kern, H. 204, 208f., 211, 224

Keśakambalī, Ajita 49

Keuschheit 154

Keuschheitsgelübde 300

Kloster 156ff., 162ff., 180, 188, 261, 265f., 268, 272f., 277, 282, 286, 289

Klosteruniversität 250, 265, 299

Königsherrschaft 171f.

Königtum 178

Körperliche Merkmale 54, 299

Konfuzianismus 26f., 31, 269, 272ff.

Kontemplation 114-117

Konzentration: *siehe* Meditation

Kisāgotamī 70ff.

kōan 117, 120, 285

Kommunismus 35, 181

Konchok Gyalpo 32

Korea 14, 25f., 28, 30f., 34f., 160, 162, 164, 172, 232, 250, 271, 314

Kosmologie 108, 216

Krieg 56, 68, 128, 172, 175ff., 317

Kriminalität 168f., 175, 178

Krishna, D. 47

Kriyā-Tantras 251f.

Kṣitigarbha 203

Kumārajīva 25

Kumārila 317

Kunst 115, 164, 190, 203, 285

Kyōto-Schule 308

L

Lai, Whalen 309

Laienanhänger 68, 125, 134f., 148f., 151, 154-157, 161-165, 171ff., 187, 223, 265f., 301

Lalitavistara 51

Lamaismus 28

Laos 30, 33ff.

Laozi 271f.

Leerheit: Abhängiges Entstehen 240, 244f.; Daoismus 270; dharma 231, 234ff.; Mahāyāna 232, 234, 244; Nāgārjuna 232, 239-243; Vollkommenheit der Weisheit 232, 239

Leid 70f., 80, 84, 86, 88, 93, 100, 103ff., 128f., 132, 139, 141, 146, 168, 221, 224, 231, 280, 298, 302; Anhaftung 128f.; Befreiung von/Nichtanhaftung an 70-74, 80f., 139; Hölle 94; Kausales Denken 100; Moral 128-132; Wurzeln des Leids 128f.

Liang-Dynastie 272

Liberalismus 181f., 184

Liebe 68, 130, 133, 139-147, 256; Buddha 66, 68, 139f.; Gampopa 256; Göttliche Verweilzustände 113, 145; Liebevolle Freundlichkeit, liebevoller Geist 96, 113, 138ff., 142f., 145f., 158, 255, 260, 304; Mönchsorden 158f.; Tierschutz 304

lokāyatā: siehe Materialismus

Lotos-Sūtra 24, 26, 32, 118, 178, 188, 193, 204, 207ff., 211f., 214, 216, 224, 277-280

Loy, David 310

M

Macao 33

Macht 78, 164, 175, 177, 202, 272, *siehe auch* Reichtum/Macht (artha)

Macy, Joanna 305

Madhyamaka-Schule 24, 27, 232, 235, 244, 275, 288, 305

Magha 169f.

Mahāparinirvāṇa-Sūtra des Mahāyānas 277

Mahāprajāpatī 53, 152

Mahāsaṅghika-Schule 187, 207

Mahāsaṅghikas 23f., 187

Mahāvastu 51

Mahāyāna 23ff., 27, 30f., 33, 69, 82f., 109, 114, 128, 142, 146f., 162, 172, 187-190, 192ff., 196f., 201-206, 208, 210, 212, 225f., 234, 243f., 248, 253, 270f., 277, 287, 298f., 306, 312

Mahāyānasaṃgraha 215

Mahāyāna-Schule 24f., 187f.; Bodhisattva 147, 187-190, 196f., 201-206; Buddha-Länder 220-224; Buddha-Natur 216, 256; Gelehrte 27; Königtum 172; Kosmos 204-206; Leerheit 226f., 232, 244; Ordensmitglieder und Laienanhänger 162; trikāya-Lehre 212-215; Überlegenheit 312; Vollkommenheit der Weisheit 226, 254; Zwei Wahrheiten 239-242

Maitreya 190, 203

Mālunkyāputta 87f.

Maṇḍalas 114, 249, 256ff.

Mañjuśrī 203, 251

Mantra 249, 258, 279

Māra 59, 64, 91, 98, 110, 148, 299

Marpa 32

Materialismus 19, 49, 64, 297, 306-309

Meditation 26, 46, 64, 79, 84f., 112ff., 118-125, 139, 154, 158, 163, 167, 198, 213, 222, 260, 267, 285, 288, 315; Erleuchtung 120f., 125, 127; hinduistisch 114; kōan 117; Moral 131, 136; Nichiren 281; Rechte Meditationspraxis 131; Śramaṇa 56ff.; Über den Tod 115f., 119f.; Unterweisung in der buddhistischen Lehre 123; Versenkung 120ff., 124, 126, 198, 227; Zen Buddhismus 281f.

Menschenrechte 183ff., 295, 297

Mettā-Sutta 144

Milarepa 32

Milinda, König 106

Milindapañha 102, 104, 106, 161, 233

Mitleid 59, 61-64, 109f., 113, 126, 133, 138, 143-147, 151, 161, 177, 196, 199, 202-206, 222, 224, 231, 239, 253, 260ff., 264f., 268, 273f., 280, 289f., 293, 304; Anhaftungslosigkeit 231; Bodhisattva 199, 202ff., 206, 253; Buddha 59, 62ff.; Göttliche Verweilzustände 113, 145; Grenzüberschreitende Handlungen 260ff.; Mitleidvolles Töten 177; Ökologie 304; Rechtes Handeln 133; Weisheit 255

Moderne 35-36, 295-298, 314, 319

Mönche 11, 20f., 28, 60, 63, 67f., 70, 72, 106, 117, 125, 132, 134f., 148-165, 173, 177ff., 183, 187, 261, 265f., 272, 277, 286f., 289, 298, 300, 302, 305, 317

mokṣa 48, 267

Mongolei 30, 32, 35f., 250, 268

Monismus 38f., 39, 48, 238, 246

Monotheismus 9, 38, 48

Moral 65, 84f., 96f., 108, 112ff., 128-138, 140f., 154, 159, 171, 173, 175, 192, 198, 202, 256, 259f., 262, 268, 273, 295; Einsicht 84-87; Fünf Regeln 135; Intention 136-137; Laienanhänger 151; Meditation 112ff., 131, 136; Soziale Dimension 134

mukti: siehe Erlösung

Myanmar (Burma) 25, 30, 33, 183

N

Nāgārjuna 24, 82, 220, 232-244, 310

Nanzan Institut 313

Nāropa 265

National Heritage Party (Partei des nationalen Erbes) 183

Naturwissenschaft 295, 306ff.

Neo-Buddhismus 30, 36

Nichiren 30, 32, 178, 274, 277-281, 286, 289, 316

Nicht-Anhaftung 77, 82f., 119, 142-147, 151, 264, 297

Nicht-Selbst 80-83, 220, 227, 271, 299

Nindānakathā 52

nirmāṇakāya 214, 292

nirvāṇa 11, 58f., 68, 76, 79, 83f., 89, 103-110, 114, 119-123, 125, 127, 196, 202, 209f., 216f., 219f., 224f., 229ff., 237f., 240, 242f., 248, 264, 278, 284, 291, 309ff., 318; Abhängiges Entstehen 240ff.; Bodhisattva 195f.; Buddha 209ff.; Erleuchtung 79; Körperliche Erfahrung 122f.; Nāgārjuna 242f.; Reinkarnation 101ff., 309; Unbedingte Wirklichkeit 103f., 109; Vorgeschmack auf 125ff.

Nishitani, Keiji 308

Nonnen 21, 60, 63, 71, 125, 132, 134f., 148ff, 153-164, 183, 261, 272, 299

Nonomura, Naotaro 309

O

Öko-Buddhismus 303

Ökologie 294, 302-306

Ökonomie 17, 132, 164, 173, 178-181, 272

Opfer 40-41, 43, 45, 48, 65, 96, 144f., 169, 171

Orden 21, 28, 32, 60, 67, 87, 149-165, 173, 180, 183, 268, 288, 298, 302, *siehe auch* Mönche, Nonnen, Ordensregeln

Ordensregeln 158, 160, 163, 305

P

Padmasambhava 28, 265f.

Pāli-Kanon 22f., 25, 51ff., 56, 62, 67f., 75, 86f., 99, 105, 109, 116, 119, 123, 126, 128, 130, 142, 161, 189, 207, 213, 216, 311, 317; Abhängiges Entstehen 99; Befleckungen 216; Blindgeborene-Elefanten-Geschichte 311; Buddha und Dämon 62; Hemmnisse 126; Leid 128; Mālunkyāputta 87-88; Siddārtha 51; Tantrischer Buddhismus 248ff.; Theravāda 22, 25

Panikkar, Raimon 16

Paradies 222f., 298

pāramitās: siehe Tugenden, Vollkommenheit

Pasenadi, König 71f., 153

Patriarchat 153, 297, 300, 302

Paul, Diana 297

Pfad: *siehe* Edler achtfacher Pfad

Politik 134, 166, 168, 173, 181f., 295, 297

Polytheismus 38

Portugal 34

prajñā: siehe Weisheit

Prajñāpāramitā-Sūtras 24, 226, 231, 260

prātimokṣa-sūtras 159

Pratyekabuddhas 191f., 278

Profit 179f.

puruṣa 40f., 47, 65, 204ff., 213, *siehe auch* Wirklichkeit, Letzte Wirklichkeit

R

Rad des Werdens (bhavacakra) 10, 91, 92, 98f., 110

Ratnagotravibhāga 219f.

Ratnasambhava 257

Rebellion 177

Rechte Absicht 84f., 137f., 198

Rechte Achtsamkeit 84, 118, 198

Rechte Anschauung 84ff., 137f., 198

Rechte Anstrengung 76, 84, 198

Rechter Glaube 86

Rechter Lebenserwerb 20, 73, 84, 131ff., 179, 198

Rechtes Handeln 84, 131ff., 136, 198, *siehe auch* Rechtes Verhalten

Rechte Konzentration 84, 198

Rechte Rede 84, 131f., 136

Rechtes Verhalten 137, 174

Reichtum 78, 134, 179, 181, 295f., *siehe auch* Reichtum/Macht (artha)

Reichtum/Macht (artha) 42-45, 48, 63, 251, 267

Reines-Land-Buddhismus 26f., 30ff., 109, 112, 220-225, 243, 288-293, 299, 305, 308

Reinigung 219ff., 283

Reinkarnation 44, 48, 58, 90f., 93, 96, 98, 101f., 108, 269, 308f.; Bodhisattva 195, 201f.; China 269; Geschlecht 298; Japan 308; mukti 48; Mutterliebe 256; nirvāṅa 103ff., 278, 309ff.; Ökologie 305f.; Sechs Bereiche 93; Seelenwanderung 101f.; Siddhārtha 57ff.; Śramaṇas 44

Ṛgveda 38-43

Rituelle Praktiken 248f., 251, 259, 267

rūpakāya 214

Russland 34

S

Saddharmapuṇḍarīka-Sūtra 24

Sahajayoginīcintā 263

Sakya-Orden 30, 32

Śākyamuni 53, 279, 287, 293

samādhi: siehe Meditation

Samantabhadra 203

saṃbhogakāya: siehe Buddha, überweltlicher

Saṃdhinirmocana-Sūtra 244, 247

saṃsāra: siehe Reinkarnation

Saṅgha 20f., 68f., 114, 148-154, 160, 165, 172f., 182, 188, 191f., 221, 273, 301

Śāntarakṣita 28

Santi Asoke 116

Śāntideva 128f., 141, 197, 199

Santikaro, Bhikkhu 183

Saraha 266

Śāriputra 299

Sarvāstivādins 187

Schema der Fünf Buddhas 256f.

Schopenhauer, Arthur 34

Schumacher, Ernst F.: 179

Schweitzer, Albert 20

Seelenwanderung 101, *siehe auch* Reinkarnation, saṃsāra

Selbst 47f., 66, 81ff., 101ff., 105, 138, 141f., 184, 217f., 220, 227, 231, 243, 263, 270f., 286, 288ff., 310

Selbstbestimmung 184f.

Selbstbezogene, egoistische Motivation 140, 181, 184, 193

Selbstmord 159, 262, *siehe auch* Suizid

Senfkörner-Geschichte 70

Sexuelle Abstinenz 132

Sinnesfreuden 42, 45, 48, 59, 63, 78f., 267

Sinnenfreuden 77, 98, 126, 128, 134, 266

Sexuelle Identität 299

Sexuelle Vereinigung 252f., 263f.

Shaw, Miranda 267

Shingon 28, 30, 250, 252, 278

Shinran 32, 162, 288-293

Shōtoku, Prinz 26

Siddha 28, 125, 264ff.

Siddhārtha Gautama: Biographie 51ff.; Erleuchtung 54-69, 120, 207-210; Jātakas 189f.; Leben als Buddha 63-69, 207ff.; Lehren 222ff.; Religiöse Suche 55-59; *siehe auch* Buddha

Sigālovāda-Sutta 133

śīla: *siehe* Moral

Silla 26

Singh, Karan 218f.

Singhalesen 178, 317

Smith, Wilfred Cantwell 14, 16

Soheit 230, 270, 274f., 292

Soziale Entwicklung 169f.

Soziale Sicherheit 177

Sozialer Unfriede 168

Soma 42

Spiegelsaal 276

Spontaneität 267, 271, 280

Śramaṇa-Bewegung 21, 44-49; Askese 64, 157f.; Freiheit von Anhaftung 147; Indien 269; Karma 96; Königsherrschaft 171ff.; Meditation 56f.; Verblendung/Einsicht 225

Śrāvakas 193

Sri Lanka 14, 22, 25, 28, 30, 33f., 165, 178, 183, 188, 250, 307, 314, 317

Sthaviravādins 23

Streben, edles/unedles 75ff., 83, 97f.

Sudhanvan, König 317

Sufismus 31

Suizid 117, *siehe auch* Selbstmord

Sukhāvatī 222

Sukhāvatīvyūha-Sūtra 287

śūnyatā: *siehe* Leerheit

Sūtra in Hunderttausend Versen 226

T

Tamilen 178, 317

Tanluan 288, 292

Tantrischer Buddhismus 26-31, 109, 248-268; Befleckungen 263; dharma 248; Frauen 254, 266f., 300; Homöopathisches Prinzip 262f.; Metaphorische Interpretation 261; Mongolei 268; Rituelle Praktiken 249, 251; Tibet 250f., 256, 265f., 268

Tantrischer Hinduismus 27, 248, 250

Tārā 203

Tathāgata 52, 86f., 105, 216, 236

tathāgatagarbha 220

Tathāgatagarbha-Sūtra 218

tathatā: siehe Soheit

Technologischer Fortschritt 294f.

Tendai-Schule 30, 277

Thailand 14, 25, 30, 33, 36, 116, 181, 305

Theravāda-Schule 22, 207, 312; Almosengänge 157; Buddha 51, 207; Leichenbetrachtung 116; Nonnen 302; *siehe auch* Pāli-Kanon

Tibet 14, 26, 28, 30, 32, 35, 160, 162, 164, 173, 178, 203, 250f., 254, 256, 265f., 268, 306, 315

Tiantai-Schule 26, 274-277, 288

Tilopa 265

Tod 43, 114-116, 119

Töten 131, 136, 159, 170, 177, 260, 262, 268, 304

Transzendenz 9, 11, 15, 19, 107, 109ff., 210, 220, 243, 257, 274, 310

trikāya-Lehre 212-215

Tsong Khapa 32

Tucker, Mary Evelyn 303

Tugenden 85, 129, 131, 133f., 145, 148, 171, 182, 196, 198-199, 201, 223, 226, 253, 272-273, 290, *siehe auch* Vollkommenheit, Vollkommenheiten

U

Übel 92, 103, 127, 132, 136, 138f., 152, 167f., 170, 223f., 256f., 268, *siehe auch* Böses

Übernatürliche Kräfte 28, 71, 124, 159, 249, 251, 264f.

U Wisara 179

Ugra, Die Fragen des Ugras 194

Ugraparipṛcchā 301

Umbildung 247

Unermesslichkeiten 113, 145, *siehe auch* göttliche Verweilzustände

Upanischaden 44, 47, 65f., 82, 218, 220, 270f.

upāya 201, 253

Upāyakauśalya-Sūtra 261

V

Vairocana 251f., 257, 279

Vajrapāṇi 203

vajra-Symbol 27, 252ff.

Vajrayāna 27, 30, 253

Vasubandhu 25, 196, 244ff.

Veden 38, 42ff., 47, 50, 64, 167

Verantwortung 65f., 185, 307

Verblendung 51, 77, 83, 88, 92, 95-99, 101, 103, 110, 119, 127, 138, 182, 216f., 221, 224f.

Vereinigte Staaten von Amerika 14, 34

Vergänglichkeit 44, 68, 78, 103, 128, 228, 234, 308

Versenkung 56, 120-126, 198, 227, 242, 259, 282

Versucher/Versuchung 11, 59, 64, 91, 148, 299

Vier Edle Wahrheiten 72-77, 80f., 84, 97, 100f., 121-125, 168

Vietnam 25, 27f., 30, 33f., 160, 271

Vijayavardhana 180

Vijñānavāda-Schule 25, 244

Vimalakīrtinirdeśa-Sūtra 199, 205, 221, 223, 262, 299

Vimuttimagga 73

vinaya: siehe Ordensregeln

Visualisierung 114f., 213, 249f., 258, 261, 288

Visuddhimagga 25, 104

Vollkommenheit, Vollkommenheiten 62, 196-199, 201, 223, 226

Vollkommenheit der Weisheit-Sūtras 24, 226-232, 239, 241, 253f., 275, 277

W

Wahrheiten: *siehe* Edle Wahrheiten, Zwei Wahrheiten

Weber, Max 20

Weisheit 62f., 84, 128, 131, 137, 161, 196, 198, 218, 224, 231, 251, 253f.,

257, 264, 272, 281f., 284, 296, 301, 314, *siehe auch* Vollkommenheit der Weisheit-Sūtras

Weltgemeinschaft der Buddhisten: *siehe* World Fellowship of Buddhists

Westen 10, 19, 33-37, 163, 302f., 306, 308, 313ff.

Wiedergeburt 11, 44, 48, 58, 65f., 77, 89ff., 93-99, 103, 140, 189, 195, 196, 202, 222, 228, 269, 288, 290f., 298, 304f., 308, 310, *siehe auch* Reinkarnation

Williams, Paul 209

Wirklichkeit: Aufteilung in Entitäten 227, 229; Letzte göttliche Wirklichkeit 47; Letzte Wirklichkeit 9, 39, 45, 107, 109, 213, 218, 229, 242, 254, 288, 292, 318; makrokosmisch/mikrokosmisch 257; Nicht-bedingte/unbedingte Wirklichkeit 9, 103f., 109, 215, 224, 227, 310, 318; Transzendente Wirklichkeit 9, 11, 15, 19, 107-111, 310

Wittgenstein, Ludwig 241

World Fellowship of Buddhists (Weltgemeinschaft der Buddhisten) 313

Y

Yama 91

Yogācāra-Schule 25, 27, 212, 232, 244, 246, 282

Yoga-Tantras 251f.

yogin/yoginī 253, 265f.

Z

zazen 120

Zehn Ochsenbilder 270, 285

Zen 26, 30ff., 285f., 287, 290, 293

Zen Buddhismus 176, 281f., 284, 286; koan 117; Meditation 120; Orden/Klöster 161-165; Zehn Ochsenbilder 270, 285

Zhiyi 275ff., 288

Zölibat 135, 162, 273, *siehe auch* enthaltsam leben, Keuschheitsgelübde, sexuelle Abstinenz, zölibatäres Leben, Keuschheit

Zölibatäres Leben 46, 160, 162, 266

Zwei Wahrheiten 239-243, *siehe auch* Edle Wahrheiten

Bibliografische Information der Deutschen Nationalbibliothek
Die Deutsche Nationalbibliothek verzeichnet diese Publikation
in der Deutschen Nationalbibliografie; detaillierte bibliografische
Daten sind im Internet über https://portal.dnb.de abrufbar.

Klimaneutral
Druckprodukt
climate-id.com/12559-1708-1001

FSC
www.fsc.org
MIX
Papier aus verantwortungsvollen Quellen
FSC® C014496

Verlagsgruppe Random House FSC® N001967

Titel der Originalausgabe:
Perry Schmidt-Leukel: Understanding Buddhism

Die deutschsprachige Übersetzung wird mit freundlicher Genehmigung
von Dunedin Academic Press Limited, Edinburgh, United Kingdom,
veröffentlicht.

2. Auflage, 2020

Umschlaggestaltung: Gute Botschafter GmbH, Haltern am See
Umschlagmotiv: Mandala/Indien, © Katyau / shutterstock.com
Druck und Bindung: GGP Media GmbH, Pößneck
Printed in Germany
ISBN 978-3-579-08532-6

www.gtvh.de